Zu diesem Buch

Die Schuldenlast der Dritten Welt hat astronomische Höhen erreicht. Über eine Billion Dollar betragen heute die Forderungen der internationalen Geldverleiher aus den westlichen Industriestaaten, vor allem aus den USA.

Mit diesem Geld wurde in der Vergangenheit eine fragwürdige Entwicklung finanziert. Wachstum, Industrialisierung, Integration in den Weltmarkt hießen ihre ehernen Maximen. Die Eliten aus dem reichen Norden liehen denen der Dritten Welt gigantische Summen, damit diese bei ihnen einkaufen konnten. Kaum «entwickelte» Agrarstaaten wurden mit großtechnologischen Produktionsstätten und Kraftwerken beliefert, die sie nicht brauchten, Anlagen zur Ausbeutung der Rohstoffe entstanden, Luxusartikel und riesige Mengen von Rüstungsgütern gingen auf den Weg nach Süden. Traditionelle landwirtschaftliche Strukturen verkümmerten, der Anbau von Agrargütern für den Export bekam Vorrang vor der Versorgung der einheimischen Bevölkerung.

Den erhofften Wohlstand hat diese Entwicklung nur einer kleinen Oberschicht gebracht. Die Länder der Dritten Welt und ihre Menschen wurden dabei immer ärmer.

Heute wird ein großer Teil der Exporterlöse der Dritten Welt für den Schuldendienst aufgewendet, ein unablässiger Kapitalstrom aus dem Süden fließt auf die Konten westlicher Banken. Mit drastischen Sparprogrammen versucht der Internationale Währungsfonds im Verein mit den Gläubigern, auch das letzte aus den Schuldnerländern herauszuholen: Massenentlassungen im öffentlichen Dienst, Kürzung von Bildungs- und Sozialausgaben, Einstellung von Nahrungsmittelsubventionen und Schulspeisungen machen das Geld für die fälligen Zahlungen flüssig. Millionen von Menschen bezahlen die Schulden – mit Hunger, Elend und Tod.

Dieses Buch ist nicht für Ökonomen geschrieben. Anschaulich und nicht ohne bittere Ironie stellt Susan George die globalen Zusammenhänge der Verschuldungskrise dar. An vielen Beispielen beschreibt sie die zerstörerischen Folgen, und sie macht deutlich: So kann und darf es nicht weitergehen. Entwicklung muß an den Bedürfnissen der Menschen orientiert sein. Konzepte dafür gibt es genug. Für eine «kreative Lösung» der Schuldenkrise ist es noch nicht zu spät.

SUSAN GEORGE ist Autorin zahlreicher Veröffentlichungen über Ernährungspolitik und Hunger in der Dritten Welt. In der Bundesrepublik ist sie bekannt geworden mit ihrem 1980 erschienenen Buch *Wie die anderen sterben*.

Bände zum Thema bei rororo aktuell:
Fröbel/Heinrichs/Kreye: Umbruch in der Weltwirtschaft (5744)
Paul Harrison: Die Zukunft der Dritten Welt (5243)
Michael Kidron/Ronald Segal: Die Armen und die Reichen. Der politische Atlas zu einer Welt im Umbruch (5445)

Susan George

Sie sterben an unserem Geld

Die Verschuldung der Dritten Welt

Aus dem Amerikanischen von Udo Rennert

Rowohlt

rororo aktuell – Herausgeber
Ingke Brodersen · Freimut Duve

Deutsche Erstausgabe
Redaktion Thomas Becker

Veröffentlicht im Rowohlt Taschenbuch Verlag GmbH,
Reinbek bei Hamburg, Mai 1988
Copyright © 1988 by Rowohlt Taschenbuch Verlag GmbH,
Reinbek bei Hamburg
Die deutsche Übersetzung beruht auf dem Originalmanuskript
mit dem Titel «A Fate Worse Than Debt»,
Copyright © 1987 by Susan George
Alle Rechte vorbehalten
Umschlaggestaltung Jürgen Kaffer/Peter Wippermann
Satz Times (Linotron 202)
Gesamtherstellung Clausen & Bosse, Leck
Printed in Germany
1680-ISBN 3 499 12316 9

Inhalt

Einleitung 9

Teil I
Die Akteure und das Problem

Einführung 21
Wieviel sind eine Billion Dollar? 22
Die Geldhändler 47
Der Internationale Währungsfonds 69
Ein Teufelskreis aus Schulden 83

Teil II
Die Opfer

Einführung 107
Marokko – Die bittere Ernte der «Entwicklung» 109
Schulden in Afrika – Die Bürde des schwarzen Mannes 121
Zaire – Absturz ins Bodenlose 147
Lateinamerika – Verschuldung und Verfall 163
Die wachsende Kluft zwischen Arm und Reich 190
Schulden und Umwelt – Die Finanzierung des Ökozids 209

Teil III
Was können wir tun?

Einführung 229
Das IWF-Rezept – Mismanagement in Jamaika 232
Wege aus der Krise – Vorschläge aus dem Norden 255
Der Kampf ums Überleben – Selbsthilfe im Süden 285
Kreative Schuldentilgung – Modelle für die Zukunft 307
Entwicklung gegen die Entwickler?
Ein philosophisches Nachwort 340

Danksagung 355

Anmerkungen 359

Für Bob Borosage und meine Freunde
im Institute for Policy Studies und im Transnational Institute
und für Robin Sharp und meine Kollegen
von der World Food Assembly

Einleitung

Dieses Buch ist das Ergebnis mehrerer zusammenwirkender Faktoren. Am Anfang stand die Erkenntnis einiger Mitglieder der World Food Assembly, daß die Verschuldung zahlreicher Länder der Dritten Welt sich immer mehr zur eigentlichen, ungenannten Ursache von wachsendem Hunger und mangelhafter Nahrungsmittelversorgung entwickelte. Die Abschlußresolution der Assembly im November 1984 und ihr Manifest im folgenden Jahr brachten dies eindringlich zur Sprache. Da ich seit ihren Anfängen aktiv in der WFA mitgearbeitet habe und mir meine Arbeitszeit freier einteilen kann als die meisten anderen WFA-Mitglieder, konnte ich mich der Aufgabe kaum entziehen!

Zu dieser Zeit waren das Institute for Policy Studies (IPS) in Washington und dessen Schwesterinstitution, das Transnational Institute (TNI) im Amsterdam, an dem ich seit 1974 als Fellow tätig bin, bereits mit Forschungsarbeiten und direkten Maßnahmen zum Thema Verschuldung beschäftigt. Beide Institute waren an der Gründung und Leitung des «Debt Crisis Network» in den USA beteiligt und haben die bisher beste Kurzuntersuchung zu diesem Thema vorgelegt.[1] Einige der Kollegen dort forderten mich zur Mitarbeit an dem Problem auf, über das unsere «Weltwirtschaftsgruppe» ohnehin seit langem auf Institutstagungen diskutierte.

Schließlich waren meine langjährigen Freunde am Institute for Food and Development Policy (auch bekannt unter dem Schlagwort «Food First») in San Francisco der Überzeugung, eine Arbeit über die menschliche Seite des Problems könnte in den USA und in anderen Länder zur politischen Debatte über die Beziehungen zur Dritten Welt beitragen. Auch sie baten mich, ein Buch zu diesem Thema zu schreiben.

Es mag so scheinen, als wären das fast unwiderstehliche Kräfte gewesen, aber trotzdem bin ich nicht einfach in diesen Job geprügelt worden! Ich war es seit langem leid, mit anzusehen, wie die Schulden-«Krise» ausschließlich als Problem für die Privatbanken, die Regierungen der reichen Länder, den IWF und tutti quanti dargestellt wurde. Die gängige Berichterstattung befaßte sich fast ausschließlich mit der Gefahr eines finanziellen Zusammenbruchs (und allgemeiner mit dem Fortbestand eines ungebrochenen Kapitalismus wie eh und je).

Die «Krise» tauchte in periodischen Abständen in der Versenkung unter, wenn die Länder die Schulden in geordneter Weise zurückzuzahlen schienen. So verkündete etwa das US-Wirtschaftsmagazin *Fortune* im Februar 1985: «Die Schuldenkrise ist vorbei». Aber für wen? Berge von Berichten und Stapel von Studien nahmen sich der Probleme der Reichen an; doch über das Elend derjenigen, die am Ende die Zeche für die Dummheit, Habgier oder Kurzsichtigkeit anderer Leute bezahlen müssen, war kaum etwas zu lesen. Alle waren sie auf der Jagd nach raschen Erfolgen und dem schnellen Geld, ohne sich um die langfristigen Folgen zu kümmern.

Ich stimmte also zu. Seither habe ich meine Entscheidung mehr als einmal bereut! Es gibt nur zwei Möglichkeiten, ein Buch dieser Art in Angriff zu nehmen. Die eine besteht darin, in jedes der verschuldeten Länder zu reisen und sich selbst ein Bild von den Zuständen zu machen. Ganz abgesehen von dem unrealistisch hohen Aufwand an Zeit und Geld hinderte mich daran noch etwas anderes: Niemand sollte so naiv oder so arrogant sein zu glauben, an Ort und Stelle würden ihm die richtigen Informationen ganz von allein zufliegen.

Ich glaube statt dessen, daß die Menschen in den betroffenen Ländern weit mehr über die eigene Situation wissen als ein Außenstehender – ganz zu schweigen von den erforderlichen sprachlichen und kulturellen Kenntnissen. Und so habe ich mich für die andere Möglichkeit entschieden: dafür, die eigenen Freunde und wiederum deren Freunde dienstzuverpflichten, sich an Menschen zu wenden, zu denen sich im Lauf etlicher Jahre der gemeinsamen Arbeit für die Opfer des Hungers und der Unterentwicklung ein besonderes Vertrauen hergestellt hat.

Vor allem habe ich mit Mitgliedern der WFA zusammengearbeitet. Eines habe ich dabei gelernt, und diese Lehre will ich nicht für mich behalten: Beginne niemals ein solches Unternehmen ohne ein Budget. Sicher finden sich Helfer, aber auch sie müssen leben. Die meisten Menschen in der Dritten Welt haben bereits mehr am Hals, als sie verkraften können. Sie können nicht einfach ihre Arbeit liegenlassen, um dafür unsere zu machen. Viele opfern ihre knappe Freizeit für die Mitarbeit in den unterschiedlichsten unabhängigen Entwicklungsorganisationen, schreiben unentgeltlich für örtliche Tagungen und Publikationen usw.

Etliche Freunde und Kollegen haben mich gefragt, ob ich X Dollar für diesen Sozialforscher oder jene Soziologin auftreiben könne, die arbeitslos seien und einen oder zwei Monate an dem Projekt mitarbeiten könnten. Ich hatte weder X noch Y Dollar, andernfalls hätte das einiges geändert. Doch Geldgeber waren nicht zu finden.

Ich schildere die Situation vielleicht mit brutaler Offenheit. Doch die Leser haben ein Recht zu erfahren, was sie erwartet. Der Preis dafür, daß ich ohne Budget gearbeitet habe, ist eine gewisse Unausgeglichenheit des Buches. Ich hatte von Anfang an die Absicht, überwiegend an Ort und Stelle erhobenes Material zu verwenden, das die Sicht der Betroffenen widerspiegelt. Etwa die Hälfte meiner Schreibarbeiten für das Buch waren Briefe... Über einige Schuldnerländer, darunter auch einige kleine wie Jamaica, bekam ich eine Fülle von Informationen, bei einigen anderen, auch etlichen großen, war es genau umgekehrt.

Mein Dank an alle, die geholfen haben, findet sich am Ende dieses Buches, in der «Danksagung». Dies ist die gebräuchliche Wendung, aber ein armseliger, schwacher und nichtssagender Ausdruck angesichts ihrer Leistung und der Dankbarkeit, die ich ihnen gegenüber empfinde. Lesen Sie ihre Namen. Es sind die Namen von großherzigen, überarbeiteten und mutigen Leuten, für die «Solidarität» noch mehr bedeutet als den Namen einer polnischen Gewerkschaft. Eines der schönsten Worte der englischen Sprache ist inzwischen so entwertet und abgedroschen, daß ich es kaum noch aussprechen möchte: Es lautet «comrade», Genosse. Ich bin stolz darauf, all diese Leute zu meinen «comrades» zählen zu dürfen. Ich hoffe, sie werden feststellen, daß ich ihnen die Treue gehalten habe.

Die Tatsache, daß in diesem Buch nicht alle betroffenen Länder behandelt werden, machte mir anfangs sehr zu schaffen. Doch inzwischen habe ich gelernt, daß die Auswirkungen der Verschuldung überall in der Welt dasselbe bedrückende Bild bieten. Denn die Maßnahmen, die die Gläubigerländer und vor allem der IWF in seinen «Anpassungsprogrammen» fordern, folgen alle demselben Muster. Selbstverständlich gibt es regionale Unterschiede, doch die Leiden der Bevölkerung aufgrund dieser Programme unterscheiden sich kaum voneinander – in Argentinien ist es schlimm, in Zaire unerträglich, und so das ganze Alphabet hindurch. So halte ich es heute nicht mehr für einen schweren Nachteil, wenn hier die Beispiele bestimmter Länder fehlen. Sie würden leider auch nicht anders aussehen.

Die meisten der hier dargestellten Beispiele stammen aus afrikanischen oder lateinamerikanischen Ländern. Zumindest bis Ende 1986 bezahlten die asiatischen Länder – mit den Philippinen als bemerkenswerter Ausnahme – ihre Schulden zurück, ohne sichtbaren Schaden zu leiden. Immer wieder werden sie vom IWF und den Bankern als Musterbeispiele vorgeführt, und gleich anderen guten Nachrichten finden sie in der Literatur kaum Erwähnung. Ich fürchte allerdings, daß auch diese «Musterländer» schon bald Rückzahlungsschwierigkeiten haben und die Menschen dort ebenso darunter leiden werden. Wahrscheinlich ist es schon soweit, nur wir erfahren kaum etwas darüber.

Dieses Buch beansprucht also weder in geographischer noch in anderer Hinsicht, erschöpfend zu sein. Insbesondere behandelt es die grundlegenden Tatsachen der Verschuldung – worin sie besteht, wie es dazu kam usw. – ziemlich oberflächlich. Denn darüber gibt es bereits Tausende von Druckseiten zu lesen. Das Buch sollte einerseits nützlich und damit auch recht ausführlich sein, doch zugleich kurz genug, um die Leser nicht einzuschüchtern. Ich hoffe, es regt andere zu ähnlichen Untersuchungen an, zur Frage danach, was mit den wirklichen Opfern und nicht was mit Chase Manhattan oder dem IWF geschieht.

Ich wünschte, ich hätte mehr Beispiele dafür bringen können, auf welche Weise sich die Betroffenen organisieren, um den katastrophalen politischen Entscheidungen begegnen zu können, die über sie verhängt werden. Es ist bedauerlich für uns, daß denjenigen, die in diesen Kämpfen engagiert sind, die Zeit fehlt, darüber zu schreiben, und solange man sich nicht selbst an den Schauplatz der Ereignisse begibt, bleibt vieles im verborgenen. Ein mexikanischer Kollege vertrat mir gegenüber die verblüffende Auffassung, auf eine perverse Weise sei die Schuldenkrise sogar eine große Chance. Sie nehme den überlasteten Regierungen die Zeit, den kleinen Leuten das Leben schwer zu machen, und sie rege zu neuartigen Lösungen an, auch wenn diese aus der Verzweiflung geboren seien.

Obgleich ich diese Ansicht nicht uneingeschränkt teile, bin ich doch überzeugt, daß die wirkliche Entwicklung überwiegend darin besteht, was die Menschen erfolgreich gegen die offiziellen «Entwickler» wie die Weltbank unternehmen. Die soziale und politische Kreativität der

Dritten Welt ist die große ungeschriebene Geschichte dieses Jahrzehnts. Neuartige Organisationen entstehen aus der Not heraus selbst in Gegenden, wo niemand damit rechnet. Viele lassen sich kaum einordnen und haben nicht einmal erkennbare Führer, und so neigen wir Bewohner der nördlichen Hemisphäre dazu, sie zu ignorieren. Denn sie verhalten sich nicht wie unsere eigenen politischen Parteien, Gewerkschaften oder Bürgerinitiativen. Ich möchte sogar die Behauptung wagen, daß im Vergleich zu dem heute in der Dritten Welt an den Tag gelegten Erfindungsreichtum unsere eigenen Organisationen gelähmt, erstarrt und äußerst altmodisch wirken.

Ist dies ein «wissenschaftliches» Buch? Wenn damit eine Fülle von Zahlen und offiziellen Statistiken gemeint ist, dann sicher nicht. Die meisten Regierungen in der Dritten Welt haben kein großes Interesse daran, genaue Statistiken über die zunehmende Unterernährung und Krankheitsanfälligkeit, den Anstieg der vorzeitigen Schulabgänge, der Arbeitslosigkeit und dergleichen mehr zu führen. Dieses Buch ist jedoch nach meiner Überzeugung «wissenschaftlich» in einem qualitativen Sinne. Nichts darin ist frisiert oder übertrieben. Das ist auch gar nicht nötig. Das Elend und die Verwüstung, die hier geschildert werden, sind wirklich.

Genauso, wie der Krieg zu wichtig ist, um ihn den Generälen zu überlassen, ist die Schuldenkrise zu schwerwiegend, um sie den Finanzleuten und Ökonomen zu überlassen. Die Vertreter der Volkswirtschaftslehre haben in der Mehrzahl das Schuldenproblem mystifiziert. Sie haben jenes berühmte, wenngleich möglicherweise mythische Geschöpf – den Durchschnittsleser – vergrault, denn sie konnten ihn/sie davon überzeugen, daß alles, was mit Finanzen zu tun hat, zum einen unverständlich und außerdem langweilig sei. Ich bin keine Wirtschaftswissenschaftlerin. Das ist lediglich eine Feststellung und keine Entschuldigung. Auch wenn manche das als verhängnisvollen Mangel betrachten mögen: Mir scheint es eher eine Geheimwaffe zu sein.

Fachchinesisch und eine einschläfernde Sprache sind für manche Zwecke ganz nützlich, da sie den Eindruck von Unergründlichkeit vermitteln, eine Entschuldigung für Gleichgültigkeit liefern und damit eine Änderung verhindern. «Hier besteht ein Problem», so vermitteln sie zwischen den Zeilen, «das man am besten den Fachleuten überläßt.» Ich hoffe, es ist mir hier gelungen, meine eigenen Lernerfahrungen mitzuteilen und für Sie ebenso interessant zu machen, wie sie es für mich waren; denn dann hätten wir beide den Beweis dafür erbracht, daß die Alltagssprache sich durchaus dafür eignet, ein wichtiges Problem verständlich zu machen, und daß ihr Gebrauch auch eine politische Tugend sein kann.

In diesem Zusammenhang ein paar Worte zur Terminologie: Ich weiß sehr wohl, daß «Dritte Welt» heute kein brauchbarer Begriff mehr ist, wenn er es überhaupt jemals war. Dafür sind die unter diesem Etikett zusammengefaßten Länder viel zu unterschiedlich. Der Ausdruck wird in diesem Buch als eine Art Kürzel verwendet. Dasselbe gilt für das Gegensatzpaar «Nord/Süd», das nicht unbedingt die tatsächliche geographische Lage wiedergibt. Heutzutage ist die Unsitte verbreitet, einfach von «Amerika» zu sprechen, wenn in Wirklichkeit lediglich die USA gemeint sind. Dies ist häufig eine Kränkung gegenüber Lateinamerikanern, denn sie haben nicht weniger Anspruch auf diese Bezeichnung als ihre Nachbarn im Norden. Dem möchte ich in diesem Buch Rechnung tragen.

Eine Einleitung ist vermutlich der beste Ort, um einige Schlußfolgerungen vorzustellen, vor allem, wenn diese vorläufiger Art sind und weitere Beobachtungen erfordern. Als ich diese Untersuchung begann, war ich überzeugt, der IWF sei innerhalb der Finanzwelt der Feind Nr. 1. Heute bin ich anderer Ansicht. Vielleicht steht diese Institution am hellsten im Rampenlicht, aber ihre Rolle besteht zu einem Großteil darin, andere Hauptakteure des internationalen Systems aus der Schußlinie zu nehmen

Zu Beginn möchte ich eines dick unterstreichen: *Ich glaube nicht an die Verschwörungstheorie in der Geschichte.* Auf diese Feststellung lege ich ganz besonderen Wert, denn man hat mir genau dies vorgeworfen, als ich darauf hinwies, daß eine Vielzahl der unterschiedlichsten Kräfte alle in dieselbe Richtung wirken. Eine Verschwörung aber haben sie gar nicht nötig, solange sie dieselbe Weltanschauung teilen, nach ähnlichen Zielen streben und zu deren Verwirklichung ihr Vorgehen miteinander abstimmen.

Ich habe den Eindruck, daß die Schuldenkrise der Dritten Welt zu einer größeren Übereinstimmung und einem stärkeren Zusammenhalt zwischen den wichtigsten Akteuren im internationalen Finanzsystem geführt hat. Noch immer bestehen gewisse Gegensätze, aber grundsätzlich arbeiten diese Leute alle mehr oder weniger harmonisch zusammen, um die Länder der Dritten Welt bei der Stange zu halten. Diese Emporkömmlinge hatten in den beiden Jahrzehnten nach 1960 einfach zuviel Wind gemacht mit ihren Forderungen nach Gleichberechtigung mit den reichen Staaten, nach verbindlichen Verhaltensregeln für dieses und jenes, nach einer neuen internationalen Wirtschaftsordnung und was noch alles. Ihre Verschuldung wurde zumindest teilweise zu einer Gelegenheit, die Uhr wieder zurückzustellen.

Vielleicht ist es zweckmäßig, daran zu erinnern, daß die Schuldenkrise in der Zeit nach 1870 unmittelbar zur Besetzung etlicher zahlungsunfähiger Länder durch die Kolonialmächte führte. Die gegenwärtige Schuldenkrise hat ähnliche Folgen, obgleich sich das äußere Erscheinungsbild dem Wandel der Zeiten angepaßt hat. Wir erleben bereits eine beschleunigte Verschiebung des Wohlstandes von den armen zu den reichen Ländern, ganz wie in den «guten alten Zeiten». Allein in den vergangenen vier Jahren gingen Nettozahlungen – Rückzahlungen alter abzüglich neuer Kredite – in Höhe von 100 Milliarden Dollar von Lateinamerika in die Vereinigten Staaten. Außerdem haben die Banken damit begonnen, als Ersatz für überfällige Zinszahlungen nationale Industrien und andere Sachvermögen in den Schuldnerländern zu übernehmen.

Die meisten Regierungen und Eliten in den Schuldnerländern arbeiten vorbehaltlos mit dem von mir so bezeichneten «Konsortium» zusammen – jenem informellen finanzpolitischen Klub aus Großbanken, Regierungen von Gläubigerländern und deren Zentralbanken, der Weltbank und natürlich dem IWF. Bis heute haben die verschuldeten Regierungen gemeinsame Schritte vermieden, und sie haben die Kredite nicht im Sinne der demokratischen Entwicklung in ihren Ländern genutzt.

Ich war nie eine überzeugte Befürworterin einer «Neuen Internationalen Wirtschaftsordnung», wie sie während des überschwenglich gepriesenen «zweiten Entwicklungsjahrzehnts» im Mittelpunkt zahlreicher Verlautbarungen der Vereinten Nationen stand. Forderungen, wie sie etwa von der Brandt-Kommission formuliert wurden – einem Zusammenschluß von Eliten aus Ländern der Ersten und der Dritten Welt –, nämlich den Dritte-Welt-Ländern Verbrauchs- und Investitionsgüter in großen Mengen zukommen zu lassen, wurden tatsächlich erfüllt. Nicht anders, als dies auch im Rahmen einer formal ausgehandelten neuen internationalen Wirtschaftsordnung der Fall gewesen wäre, transferierten die Eliten der Ersten Welt riesige Summen an die Eliten der Dritten Welt. Die kumulativen Auswirkungen dieser Zahlungen bezeichnet man heute als Schuldenkrise.

Warum handeln die Regierungen der Schuldnerländer nicht? Wie ein scharfsichtiger Wirtschaftsfachmann festgestellt hat, «dienen die orthodoxen (Anpassungs- oder Spar-)Programme, wie sie in Lateinamerika befolgt werden, in Wirklichkeit den herrschenden Gruppen... Reiche Lateinamerikaner haben sich zwar nicht völlig vom Vermögen ihrer Unternehmen im eigenen Land getrennt, aber es ist ihnen gelungen, sich zu schützen, und möglicherweise haben sie durch den Anpassungsprozeß sogar gewonnen.»[2] Es gibt durchaus hoffnungsvolle Ansätze wie etwa die Haltung des peruanischen Präsidenten Alan Garcia, der sich geweigert hat, mehr als zehn Prozent der Exporteinkünfte Perus für den Schuldendienst auszugeben. Doch solange die Regierungen der Dritten Welt keine eigene, geschlossene und einheitliche Strategie entwickeln, werden sie im Konsortium die Juniorpartner bleiben und darauf setzen müssen, daß ihr Volk die Schulden bezahlt.

Wirtschaftspolitik ist niemals unparteiisch. Entgegen der landläufigen Meinung kann sie sogar tödlich sein. Die Verantwortlichen wären zweifellos empört, wenn man ihnen die Absicht unterstellte, Menschen ihres Lebensunterhalts zu berauben oder sie umzubringen. Doch im Ergebnis läuft ihre Politik häufig genau darauf hinaus. Die Manager der unauffälligen Institutionen, von deren Entscheidungen das Schicksal von Millionen abhängt, haben nie gelernt darüber nachzudenken, daß ihre Tätigkeit etwas mit so verwirrenden Dingen wie Leben und Tod zu tun haben könnte. Sie sind fähige, gut bezahlte Technokraten und tun ihre Arbeit in bequemer Distanz zu denen, deren Leben letztlich von ihnen abhängt. Ihre Welt ist abgekapselt, ähnlich wie die Welt eines Bomberpiloten in seiner Kanzel. Auch er tut schließlich nur seine Arbeit.

Erstmals in der Geschichte besteht heute eine unmittelbare Verbindung zwischen den machtvollen, elitären Zentralinstitutionen der reichen Länder wie dem IWF und den ärmsten, unscheinbarsten und hungrigsten Bauern oder Slumbewohnern in armen Ländern wie Brasilien oder Zaire. Es bedarf keiner Vermittler mehr zwischen den hochzentralisierten Organisationen der Ersten und den an den Rand gedrängten Menschen der Dritten Welt; keine Pufferzonen mildern die Auswirkungen von Entscheidungen im Zentrum auf die Peripherie ab. Unsere zentrifugale Welt spult ihre Verordnungen gleich Geschossen ab, die von der Achse zum Rand fliegen und Tod und Verwüstung anrichten, wo immer sie auftreffen. Diejenigen, die im Zentrum leben und arbeiten, die die Verordnungen erlassen, interessieren sich nicht für deren verheerende Folgen – sowenig wie der Bomberpilot Interesse aufbringt für die zerschmetterten Körper weit unter ihm.

Der Pilot fühlt sich nicht verantwortlich für die internationalen Spannungen und diplomatischen Fehlschläge, die zu seinem Auftrag geführt haben. Er ist nur ein Werkzeug. Ebensowenig fühlt sich der Beamte in einer nationalen oder internationalen Behörde verantwortlich für die jahrelange verfehlte Politik in Nord und Süd, für die riskanten Kredite, den plötzlichen Verfall der Rohstoffpreise, kurz, den weltweiten wirtschaftlichen Niedergang. Seine Aufgabe ist es, die dem allgemein anerkannten Dogma entsprechende «richtige» Arznei zu verabreichen. Wenn durch diese «Medizin» die Armen ihre Arbeit, ihre Kinder und ihre Hoffnung verlieren, wenn sie rebellieren und niedergeschossen werden, weil sie gegen unvermittelte und unerträgliche Steigerungen der Lebenshaltungskosten protestiert haben, dann fällt das nicht in die Zuständigkeit des Beamten in der internationalen Behörde.

Wir müssen versuchen, alles zu tun, damit sich jemand zuständig fühlt. Ich bin nicht sicher, ob wir das anerkannte Dogma außer Kraft setzen und die Bürokraten und Bankiers für ihr Handeln zur Rechenschaft ziehen können. Im «philosophischen Nachwort» am Schluß dieses Buches werde ich einige theoretische Gründe für meine Unsicherheit erläutern. Ansonsten aber halte ich es mit dem berühmten Ausspruch Wilhelm von Oraniens: «Man braucht keine Hoffnung, um etwas zu tun, noch einen Erfolg, um auszuharren.» Oder etwas weniger vornehm ausgedrückt, eine wacklige Theorie ist keine Ausrede für Untätigkeit. Jede politische Maßnahme läßt sich nach einem einfachen moralischen Prinzip beurteilen: Wer den Nutzen hat, der soll auch die Kosten tragen.

Das ist – höflich gesagt – nicht gerade die Meinung des Konsortiums. Seine Sicht der Dinge ließe sich eher so formulieren: Wer die Gewinne einstreicht, der soll noch mehr davon bekommen. Und diejenigen, die dafür bezahlen, sollen das zum Teufel noch mal auch weiterhin tun. Diejenigen, die erkannt haben, daß heute winzige Minderheiten in der Ersten wie in der Dritten Welt die Früchte der Arbeit unzähliger Menschen ernten, können selbst unterschiedliche Ziele verfolgen und unterschiedliche Aufgaben erfüllen. Darüber werde ich in diesem Buch noch Genaueres sagen. Vorläufig mögen einige allgemeine Hinweise genügen.

Zunächst einmal geht es darum, die Aktivitäten des Konsortiums darzustellen und zu brandmarken, wirksame Hilfsmaßnahmen in den Gläubigerländern zu initiieren und Einigkeit unter den Schuldnerländern herzustellen. An erster Stelle steht jedoch die Anhebung des

Lebensstandards für die Bevölkerung. Wenn die Schuldnerländer weiterhin ihre Schulden zurückzahlen, darf dies nicht den Armen aufgebürdet werden. Werden die Schulden abgeschrieben, so daß die Regierungen nicht mehr in der Klemme stecken, dann müssen sie endgültig Abschied nehmen von den falschen Entwicklungsmodellen, durch die sie überhaupt erst in die roten Zahlen geraten sind. Im Idealfall kann die Schuldenkrise völlig umgekrempelt werden und damit einer echten Entwicklung unter demokratischen Vorzeichen Vorschub leisten.

Ich wünsche mir, daß dieses Buch den Weg zu einigen dieser Ziele ebnet.

Teil I

Die Akteure und das Problem

Einführung

Wenn wir verstehen wollen, warum die Schulden der Dritten Welt alle Bewohner unseres Planeten angehen, wo auch immer sie leben mögen, müssen wir zunächst die Handlungen und die Beweggründe der Hauptakteure in der Krise kennen. Dieses Wissen soll im ersten Teil möglichst knapp vermittelt werden.

Zunächst beantworte ich die Fragen danach, was Schulden sind, wie sie sich vermehren, wofür das Geld ausgegeben wurde und wer den Nutzen davon hatte. Insgesamt entsteht daraus ein Modell der Fehlentwicklung. Danach geht es um westliche Banken und Bankiers, ihre florierende Ertragslage und ihre Ängste vor einem Einbruch des Booms sowie um ihre Methoden, sich aus einer Krise herauszumogeln, die sie selbst verschuldet haben. Das dritte Kapitel untersucht die Rolle des Internationalen Währungsfonds als Mitverantwortlicher für den gegenwärtigen Zustand und als Urheber von «Anpassungs»-Programmen, die das Leben zahlloser Menschen in der Dritten Welt zerstören. Zu guter Letzt bemühe ich mich um eine Antwort auf die Frage, ob und wie die Dritte Welt ihre Schulden zurückzahlen kann, und erörtere die Gefahren, die mit ihrer Zahlungsunfähigkeit verbunden sind.

In diesem ersten Teil des Buches geht es um die Machtstrukturen einer Welt, in der Schulden eines unter vielen Symptomen einer aus den Fugen geratenen Wirtschaft darstellen, von der nur wenige Auserwählte profitieren. Diejenigen, die diese Strukturen verkörpern, am Leben erhalten und verstärken, nenne ich das Konsortium.

Machtstrukturen sind – wie schon ihr Name sagt – mächtig. Wäre es anders, so bräuchte man nichts darüber zu schreiben oder zu lesen oder dagegen zu tun. Doch wenn Sie in diesem Buch darüber lesen, vergessen Sie nicht, daß «mächtig» nicht dasselbe heißt wie «unverwundbar».

Wieviel sind eine Billion Dollar?

Was sind Schulden? Was für eine Frage! Jeder kennt die Antwort, zumindest auf einer persönlichen Ebene. Menschen machen Schulden, um Grundstücke, Häuser oder Autos zu kaufen oder um die Ausbildung ihrer Kinder zu finanzieren; dann zahlen sie das Darlehen über einen längeren Zeitraum hinweg mit Zinsen zurück – das ist der Preis dafür, daß sie das Geld anderer Leute benutzen. Obwohl Schuldenmachen für viele unserer Vorfahren als verwerflich galt, ist es eigentlich eine grandiose Erfindung. In einigen Ländern (im Osten wie im Westen) befriedigt der Staat bestimmte Grundbedürfnisse der Bevölkerung wie Gesundheitsfürsorge, Schulbesuch und preiswerte Mietwohnungen unabhängig vom jeweiligen Einkommen. In zahlreichen westlichen Gesellschaften, vor allem in den USA, ist der Kauf auf Kredit jedoch für die meisten Leute die einzige Möglichkeit, ein Eigenheim zu erwerben oder eine Ausbildung zu finanzieren. Denn sie könnten die erforderliche Summe niemals auf einen Schlag bezahlen. Ohne das Kreditwesen würde der moderne Kapitalismus bald zum Erliegen kommen, und meist können die Kreditnehmer ihre Schulden ohne Schwierigkeiten zurückzahlen und stehen sich am Ende besser als zuvor. Die amerikanischen Farmer in unserem Jahrzehnt bilden hier eine bemerkenswerte und tragische Ausnahme, doch das ist eine andere Geschichte. In vielen Fällen trägt die Möglichkeit der Kreditaufnahme zu größerer gesellschaftlicher Chancengleichheit bei.*

Jenseits der individuellen Ebene sind Schulden etwas anderes. Im

---

* Manche meiner nordamerikanischen Kollegen werden dagegen einwenden, dies sei heute im Gegensatz zu früher nicht mehr der Fall. Die Verschuldung der US-Konsumenten sei mittlerweile völlig außer Kontrolle geraten und erdrücke zunehmend die Schuldner, die immer neues Geld aufnehmen müssen, nur um ihre alten Schulden bezahlen zu können.

Gegensatz zu den meisten Familienhaushalten stehen Großunternehmen ständig in der Kreide. Sie möchten gar nicht von ihren Schulden herunterkommen – und ihre Banken erwarten das auch nicht von ihnen, im Gegenteil. Die französische Firma Aérospatiale brüstete sich in einer ganzseitigen Anzeige in Le Monde Ende 1986: «Wir sind einen Kredit von 695 Millionen Dollar wert! Die Banken der ganzen Welt setzen ihr Vertrauen in uns.» Sobald ein Unternehmen einen Kredit zurückzahlt, nimmt es einen neuen auf, wobei die Laufzeiten immer länger werden. Das geht so lange gut, wie mit dem geliehenen Geld eine Unternehmenserweiterung und damit eine Steigerung der Erträge finanziert werden kann.

Souveräne Nationen geben ihre eigenen Schuldverschreibungen oder Schatzanweisungen aus, doch auch sie sind zur Finanzierung häufig auf Banken angewiesen und haben deren Hilfe seit dem 15. Jahrhundert in Anspruch genommen. Die Schulden von Wirtschaftsunternehmen oder Nationen sind weder ehrenrührig noch verantwortungslos – die moderne Welt könnte ohne sie gar nicht funktionieren und ebensowenig ohne die Banken, die den Mechanismus der Weltwirtschaft schmieren. Keine Schulden zu haben, wäre dagegen wirklich ein Grund zur Besorgnis – es würde bedeuten, daß eine Nation oder ein Unternehmen keinerlei Vermögenswerte besäße, daß die Unterschrift ihres Oberhauptes oder ihrer leitenden Direktoren wertlos wäre. In den eisigen Höhen unternehmerischer oder staatlicher Macht ist nicht das Borgen, sondern ein Mangel an Kreditwürdigkeit die Todsünde.

Was soll dann das ganze Geschrei um die Schulden der Dritten Welt? Die Zahlen klingen ungeheuerlich – im Frühjahr 1986 lag diese Schuld bei über einer Billion Dollar. Aber ist das wirklich so viel Geld? Es gibt mehrere Möglichkeiten, das festzustellen. So macht diese im Lauf der letzten fünfzehn Jahre insgesamt von den Ländern der Dritten Welt angesammelte Schuldenlast zum Beispiel lediglich ein Achtel des von den OECD-Ländern (den 24 reichen Nationen, die der Organisation für wirtschaftliche Entwicklung und Zusammenarbeit angehören) während eines Jahres erzeugten Bruttosozialprodukts aus.[1] Die Schulden der Entwicklungsländer verblassen auch, wenn man sie mit der Staatsverschuldung der USA vergleicht, die 1986 den Betrag von zwei Billionen Dollar erreichte, doppelt soviel wie die Verschuldung aller Länder der Dritten Welt zusammengenommen.

Nehmen wir eine weitere Vergleichszahl: die 200 größten multinationalen Unternehmen der Welt. Sie erzielen heute einen kaum vorstellbaren Jahresumsatz von über drei Billionen Dollar – das sind fast 30 Prozent des weltweiten Bruttosozialprodukts.[2] Demnach belaufen sich die gesamten Schulden der Dritten Welt auf nicht mehr als ein Drittel der Jahresumsätze dieser 200 größten Unternehmen oder etwa zehn Prozent der wirtschaftlichen Aktivität der ganzen Welt pro Jahr (die heute auf rund zehn Billionen Dollar veranschlagt wird). Also noch einmal: Wozu soviel Wind? Nach all dem können eine Billion Dollar doch nicht so schrecklich viel Geld sein.

Die Schulden Lateinamerikas füllen zahllose Spalten von Wirtschaftszeitungen und -magazinen mit düsteren Kommentaren. Doch nach täglichen Berichten etwa über die Schulden Frankreichs wird man vergeblich suchen. Dabei lag die Staatsverschuldung dieses Landes zum Jahresende 1985 bei über 62 Milliarden Dollar – weit mehr als die Schulden Argentiniens und etwa soviel wie die von Chile, Peru und den Philippinen zusammen. Einige Länder, die nominell zur Dritten Welt zählen, insbesondere in Asien, krümmen sich ebenfalls unter schweren Schuldenlasten, treten jedoch selten in den Schlagzeilen in Erscheinung, weil sie zumindest bis heute ihre Raten anstandslos zurückgezahlt haben. Vielleicht übertreiben die Zeitungen das Ganze, und wir können alle Berichte über eine Krise ignorieren? Die Antwort lautet jein.

Die absolute Summe aller Schulden der Dritten Welt – etwa eine Billion plus/minus ein paar Milliarden Dollar – ist nicht das Problem, wenn sie uns auch astronomisch hoch erscheinen mag. Schulden erzeugen nur dann weiche Knie in den Chefetagen der Banken und bedrohen das weltweite Finanzsystem und die breite Bevölkerung erst, wenn sie nicht mehr bedient werden können, das heißt, wenn das Schuldnerland mit seinen Tilgungs- und Zinszahlungen beträchtlich in Verzug gerät oder diese gänzlich einstellt.

Entgegen den landläufigen Vorstellungen machen sich die Kreditgeber keine wirklichen Sorgen darüber, ob die verschuldeten Staaten den Kredit als solchen jemals zurückzahlen. Solange ein Bankier Vertrauen in die Fähigkeit eines Landes hat, die für einen Kredit fälligen Zinsen zu zahlen, kann er es sich leisten, im Hinblick auf das ausgeliehene Kapital großzügig zu sein. Wie in jedem anderen Wirtschaftsunternehmen geht es bei den Banken in erster Linie um Gewinne. Sie sind daran interessiert, für ihr ausgeliehenes Geld regelmäßige Zinszahlungen zu erhalten, und je länger die Laufzeit der Kredite, desto höher ist der Gewinn. Kredite, die auf diese Weise regelmäßig «bedient» werden, bezeichnet man als «gesund». Erst die «faulen» Kredite bereiten den Bankiers schlaflose Nächte.

Die meisten Bankiers verschlossen lange Zeit die Augen vor der Möglichkeit, daß die an Regierungen einzelner Länder vergebenen Kredite eines Tages nicht mehr bedient werden könnten. Einige gingen sogar so weit, die eigene unkluge Praxis der Kreditvergabe mit der Erklärung zu rechtfertigen, dieses Geld könne unmöglich verloren sein, da «Länder nicht einfach aufhören, zu existieren». Dieser Ausspruch von Walter Wriston, dem ehemaligen Präsidenten der Citibank, provozierte Lord Lever zu dem Kommentar: «Für mich ist Walter Wriston der Peter Pan der Bankiers, denn er glaubt noch immer an den Weihnachtsmann.»[3] Offenbar hatte Wriston die Fähigkeit von Citibank, das Auto eines säumigen Ratenzahlers pfänden zu lassen, mit der Möglichkeit verwechselt, zum Beispiel in Peru entsprechend einzugreifen, falls dieses Land seine Zinszahlungen einstellen sollte.

Viele Länder der Dritten Welt stecken heute so tief in den roten Zahlen, daß ihre gesamte Neuverschuldung dafür herhält, die alten Kredite zu bedienen. Die Liste der Länder, die ihre Zinsen gar nicht mehr anders bezahlen können, wird lang und immer länger. Im weltweiten Finanzkarussell sieht es zunehmend so aus, als ob die Bankiers zu ihrer eigenen Kundschaft werden und sich selbst ihr Geld leihen. Denn viele laufende Kredite wandern, nachdem sie ihren Weg durch die Bücher Ecuadors oder Brasiliens genommen haben, schnurstracks als Zinsen auf frühere Kredite in die Banktresore zurück. Solche finanztechnischen Kunstgriffe dienen dazu, Bankprüfern Sand in die Augen zu streuen, und liefern jedem einen Vorwand, um an der rettenden Fiktion festzuhalten, die Kredite seien nach wie vor gesund. Ein prominenter Spitzenbankier hat es mir gegenüber so ausgedrückt: «Es ist nicht der Schuldner, der entscheidet, wann eine Zahlungsunfähigkeit eintritt, sondern der Kreditgeber!»[4]

Nun wiederholen wir unsere eingangs gestellte Frage: Was sind Schulden? Diesmal klingt die Frage schon nicht mehr so unsinnig. Wenn ganze Länder ihre Kredite nicht zurückzahlen, dann bedeutet dies unter anderem, daß das geliehene Geld nicht produktiv eingesetzt wurde. Für zahlungskräftige Unternehmen oder Länder sind Schulden kein Problem, weil sie die Darlehen in Wirtschaftsaktivitäten investiert haben, durch die neue Einkommensmöglichkeiten geschaffen werden. Diese Schaffung von neuem Wohlstand müßte normalerweise die Bedienung des Kredits und noch einiges dazu sichern.

Fehlinvestitionen durch Unternehmer müssen schnell korrigiert werden, sonst führen sie zum Bankrott. Länder, deren Führungseliten falsche Investitionsentscheidungen getroffen haben, können den wirtschaftlichen Zusammenbruch etwas länger hinauszögern, aber nicht auf ewig.

Um zu verstehen, was es wirklich mit den Schulden auf sich hat und wie sie entstehen, müssen wir uns die Entwicklungsmodelle näher anschauen, die wirtschaftlichen und sozialpolitischen Entscheidungen von Ländern, die sich heute in ökonomischer Bedrängnis befinden. Denn es waren in der Hauptsache diese Entscheidungen, die dazu führten, daß sie und ihre Kreditgeber heute in der Klemme stecken. Obgleich dabei auch andere Faktoren im Spiel waren, auf die ich noch zurückkomme, müssen wir zunächst die folgende Frage beantworten: Wie konnte aus dem normalen wirtschaftlichen Phänomen der nationalen Verschuldung hier ein kaum lösbares Problem entstehen? Kurz gesagt, was ist eigentlich mit dem geliehenen Geld geschehen?

Das Fehlentwicklungs-Modell: Ein Fiasko auf Raten

Die ehrliche Antwort auf die Frage, was aus dem Geld geworden ist, ist eng verknüpft mit den historischen Ereignissen nach dem Zweiten Weltkrieg. Zu Beginn der fünfziger Jahre erfand eine neue Sippschaft von Ökonomen den Begriff «Entwicklung» – ein Wort, das mittlerweile fast jede Bedeutung verloren hat. Es bräuchte ein eigenes Buch, um dieses Allerweltskonzept eingehend zu behandeln, und da ich dieses Buch nicht zu schreiben gedenke, werde ich mich nicht mit Definitionen herumschlagen, sondern das vorliegende Problem einfach als «das Modell» bezeichnen.

Jahrelang hatte man in weiten Kreisen (zum Teil noch bis heute) angenommen, junge, «aufstrebende» Nationen hätten nur ein einziges Ziel, zu dessen Verwirklichung es nur einen einzigen Weg gebe. Die erschreckende Phantasielosigkeit, die sich in dieser Vorstellung ausdrückt, soll uns hier nicht kümmern; jedenfalls wollten bestimmte Machteliten im Norden wie in den gerade erst entkolonialisierten Ländern, daß der Süden «wie» die reichen Industrieländer würde (die häufig ehemalige Kolonialmächte waren).

Das Modell ist folglich rein nachahmend. Es imitiert ohne Verstand und ohne Prüfung an der Realität. Da es nicht in der einheimischen Kultur oder Umgebung verwurzelt ist, erschlafft es in kurzer Zeit und verdorrt, wenn es nicht durch Transfusionen – von Kapital, Technologie und Ideen aus dem Ausland – künstlich am Leben erhalten wird. Sein Ziel ist «Wachstum», im allgemeinen ohne daß die Frage gestellt würde, was eigentlich wachsen und wem das Wachstum nützen soll. Häufig bildet die Industrialisierung das Herzstück des Modells, gelegentlich auch eine exportorientierte Landwirtschaft unter Einsatz industriell erzeugter Produktionsmittel. Die reichen Länder des Nordens haben ihre eigenen Industrien fast ausnahmslos auf eine gut entwickelte Landwirtschaft gegründet; das Modell läßt diesen Umstand geflissentlich außer acht und gibt statt dessen einer sofortigen Industrialisierung den Vorzug vor der Sicherung der Nahrungsmittelversorgung. Die Konstrukteure des Modells hatten besonders wenig für eine kleinbäuerliche Landwirtschaft übrig, obwohl sie die Lebensquelle für das Gros der Bevölkerung der betroffenen Länder darstellte.

Das Modell ist kostspielig. Es vernachlässigt lokale Ressourcen und die Qualifikationen der einheimischen Bevölkerung und verläßt sich statt dessen auf Importgüter zu ständig steigenden Preisen. Es läßt nicht nur Kleinbauern unberücksichtigt, sondern überhaupt alle Menschen, die nicht zu einer dünnen Schicht an der Spitze der Gesellschaft gehören, zu den sogenannten «Modernisierungselementen». Sie sind die eigentliche Zielgruppe der «Entwicklung», und von ihrem Wohlstand und ihren Investitionen verspricht man sich die Antriebskräfte für ein weiteres Wachstum. Am Ende – es bleibt unklar, wann dies sein wird – profitiert jedermann in der Gesellschaft von diesem «Sikkerprozeß». «Modernisierung» ist ebenso wie «Entwicklung» ein Zauberwort, in dessen Namen jede Zerstörung und jede Geldverschwendung ungestraft vorgenommen werden können.

Das Modell orientiert sich an den Auslandsmärkten. Niemals versucht es, an den spezifischen, eigenständigen und historisch gewachsenen Besonderheiten «unentwickelter» Länder und ihrer Menschen anzuknüpfen. Es behandelt sie statt dessen, als wären sie ein homogener Tonklumpen, der den feststehenden Erfordernissen des Weltmarkts und des Weltkapitals angepaßt werden muß; entsprechend den einheitlichen Vorstellungen von internationalen wie an deren Vorbild geschulten nationalen Bürokraten. Eine von vielen Folgen des Modells ist Hunger – Menschen, die nicht als Verbraucher am internationalen System der Nahrungsmittelverteilung teilnehmen können oder wollen, haben nicht genug zu essen. Eine zweite ist die Militarisierung von Gesellschaften. Massen von notleidenden Menschen, die kaum etwas zu verlieren haben, neigen zu Aufruhr. Die Streitkräfte (einschließlich der Polizei) in den Ländern der Dritten Welt werden ebensooft gegen Unruhen im Landesinnern eingesetzt wie gegen Feinde von außen.

Verschuldung ist ein weiteres Resultat des Fehlentwicklungs-Modells. Die Eliten verschuldeten sich, um es in die Praxis umzusetzen, und erwarten nun von ihren mittellosen Landsleuten, daß diese den Karren aus dem Dreck ziehen. Im gesamten Teil II geht es darum zu zeigen, wie teuer die Bevölkerung dafür bezahlen muß. Doch zunächst beschäftigen wir uns mit den einzelnen Merkmalen des Modells, die zusammen zu einer Schuldenlast von einer Billion Dollar geführt haben.

Finanzierung des Verbrauchs: Nach uns die Sintflut

In Kalifornien verkündet ein Autoaufkleber: «Wer bei seinem Tod die meisten Spielzeuge hat, gewinnt.» Dieser Geist eines ungebrochenen Konsumdenkens ist ebenso Bestandteil des Modells, wie der Kauf westlicher Konsumgüter zum Bild der «Modernisierung» gehört. In einzelnen Fällen wie in Chile wurden die Kredite fast ausschließlich für den laufenden Verbrauch ausgegeben. Bei einem einzelnen Menschen oder einer Familie nennt man das »über die eigenen Verhältnisse leben». Ein Land, das Geld aufnimmt, um damit importierten Schnickschnack für die Ober- und Mittelschicht zu finanzieren, ohne auch nur einen Pfennig in die Zukunft zu investieren, wird über kurz oder lang in Not geraten.

Seit 1979 förderte Chile gezielt ein immer weiter aufgeblähtes Importvolumen. Die Bevölkerung konnte ihre Pesos uneingeschränkt gegen Dollars eintauschen, und zugleich wurde der Peso völlig überbewertet – bis 1982 der Tag der Abrechnung kam. Mit anderen Worten, die Chilenen konnten Dollars und damit in Dollar berechnete Güter kaufen, ohne dafür besondere Opfer bringen zu müssen. Aber die Regierung machte das Problem noch schlimmer. In Chile herrschte zu dieser Zeit eine hohe Inflation, weit höher als in den USA, und die Löhne und Gehälter waren an die Inflationsrate im

Land gekoppelt. Da der Wechselkurs konstant blieb, nahm die Kaufkraft all der Glücklichen, die Arbeitslohn oder ein Gehalt bezogen, in Dollar gemessen rapide zu.

Kein Wunder also, daß die chilenischen Mittelschichten wie besessen langlebige, aus dem Ausland importierte Konsumgüter kauften.[5] Die chilenischen Hersteller blieben dagegen auf ihren Produkten sitzen und machten scharenweise bankrott. Chile importierte weit mehr, als es jemals hätte exportieren können, und das Handelsdefizit und die Arbeitslosenquote schossen in die Höhe. Wie sollte man das Defizit finanzieren? Ganz einfach – durch Kredite! Die Verschuldung pro Kopf der Bevölkerung beträgt heute in Chile 1540 Dollar und gehört damit zu den höchsten in ganz Lateinamerika. Von den 19 Milliarden Dollar Gesamtschuld müssen mindestens elf Milliarden an Banken zurückgezahlt werden und gehen auf den massenhaften Kauf von Verbrauchsgütern zurück.

Industrialisierung: Warum billig kaufen, wenn es auch teuer geht?

Das Fehlentwicklungs-Modell fordert eine Industrialisierung um jeden Preis. Eine der Hauptursachen der gegenwärtigen Verschuldung waren Investitionen in unüberlegte, fehlgeplante Projekte, die häufig mit aufgeblähten Kapitalkosten und ansehnlichen Schmiergeldern belastet waren. Ein Bekannter, der für eine Entwicklungsbank arbeitet, erzählte mir dazu eine bezeichnende Geschichte. Der Hintergrund: Der Boom der Zuckerpreise 1974 ermutigte zahlreiche Länder zum Bau weiterer Anlagen zur Verarbeitung von Zuckerrohr, obgleich jede gewissenhafte Analyse der Weltmarktverhältnisse zur Zurückhaltung geraten hätte. Es war von vornherein keine gute Idee, sich alle diese Zuckerraffinerien aufzuhalsen, aber lassen wir das einmal außer acht.

Während dieser Zeit einer ungerechtfertigten Zuckereuphorie Mitte der siebziger Jahre schrieb ein großes asiatisches Land den Bau einer neuen Zuckerfabrik aus. Wie viele andere Produkte gibt es auch Zuckerraffinerien in zwei verschiedenen Ausführungen – einfach oder aufwendig. Man hat die Wahl zwischen solider Technik und solider Technik plus glänzender Verpackung. Letzteres ist natürlich teurer. Im vorliegenden Fall stammte das billigste Angebot von einer nordamerikanischen Firma; es lag bei rund 50 Millionen Dollar. Für diesen Betrag konnte das Land die benötigte robuste, zweckdienliche, ganz gewöhnliche Zuckerfabrik kaufen, nicht mehr und nicht weniger. Ein britisches Unternehmen bot eine Anlage für 55 Millionen Dollar an. Die Briten glaubten zwar, die Anlage zum selben Preis wie die Amerikaner bauen zu können, doch aufgrund ihrer langen Erfahrung hatten sie einen Aufschlag von zehn Prozent an Schmier- und Bestechungsgeldern einkalkuliert. Als man den Umschlag mit dem Angebot einer französischen Firma öffnete, fand man eine Offerte über 75 Millionen Dollar. Das mag ein wenig hoch erscheinen. Die Vertreter des asiatischen Landes allerdings sahen das anders.

Sie wollten ein großes nordamerikanisches Unternehmen nicht dadurch brüskieren, daß sie dessen günstiges Angebot ablehnten, und suchten deshalb seine Bevollmächtigten auf, um ihnen zu verstehen zu geben, daß eine höhere Forderung wesentlich zu einer wohlwollenden Prüfung des Angebots beitragen würde. Damit stießen sie jedoch auf wenig Gegenliebe, möglicherweise, weil sich der US-Kongreß gerade zu dieser Zeit mit Bestechungsaffären im Ausland beschäftigte, an denen auch US-Unternehmen beteiligt waren. Auch die Briten weigerten sich, ihr Angebot für den Bau einer Zuckerfabrik nachträglich zu versüßen. So wurde der Auftrag den Franzosen zugeschlagen, obwohl diese von Anfang an 50 Prozent über dem niedrigsten Angebot lagen; ihre Offerte enthielt fünf bis zehn Millionen für eine besondere äußere Aufmachung und 15 bis 20 Millionen für «die richtigen Leute».

Aber selbst dort, wo keine Korruption im Spiel ist – was einigermaßen selten vorkommt –, macht eine optische Veredelung das Projekt regelmäßig um etliche Millionen teurer. Die Käufer aus der Dritten Welt geben sich häufig nur mit der allerneusten, glänzendsten und schimmerndsten Apparatur zufrieden, deren zusätzlicher Wert gegenüber dem gewöhnlichen Modell gering oder gleich Null ist, auch wenn der Preis weit höher liegt.

Derartige Vorlieben bei den Entscheidungsträgern in Entwicklungsländern stellen die Anbieter von technischen Anlagen vor heikle Probleme: Versprechen diese zusätzlichen Posten im Angebot überhaupt einen Gewinn? Der Verkäufer kann zwar einen Aufschlag für die äußere Aufmachung berechnen, aber keinen für Schmiergelder. Allein schon um den Auftrag effizient und wirtschaftlich abzuwickeln, muß der Anbieter den voraussichtlichen Korruptionsfaktor so genau wie möglich kennen. Seine Einschätzung wird sich nicht so sehr darauf stützen, ob Bestechungsgelder im betreffenden Land Usus sind oder nicht, nicht einmal auf die relative Habsucht der Schmiergeldempfänger. Für das Unternehmen kommt es allein darauf an, ob Schmiergelder überhaupt etwas nützen. In manchen Ländern kommt man nun mal ohne großzügige Sonderzahlungen nicht weiter, aber dafür werden auch die nötigen Stempel ohne Verzögerungen auf die Einfuhrpapiere gedrückt, und das bestellte Material trifft rechtzeitig ein. In den entmutigenderen Fällen (Nigeria soll hier ein besonders nervenaufreibendes Beispiel sein) kann man fleißig zahlen und ist trotzdem nicht sicher, daß die zur Fertigstellung der Anlage erforderliche Zusammenarbeit auch tatsächlich zustande kommt.

Aufgeblähte Kapitalkosten erhöhen zwangsläufig auch die Geldsummen, die von den Schuldnerländern an die Zulieferer, Privatbanken und häufig an die bilateralen und multilateralen Institutionen zurückgezahlt werden müssen, die zur Finanzierung der Projekte beitragen. Immerhin kann die Mitarbeit einer offiziellen Entwicklungsbehörde an einem Projekt von Vorteil sein, da deren standardisierte Bewilligungsbedingungen die Verschwendung normalerweise in Grenzen halten.[6]

Mit einer genügend großen Zahl aufgeblasener Projekte, die ausschließlich von Privatunternehmen und -banken finanziert werden, gelangt man schließlich zu einer Art industriellem Greshamschen Gesetz. So wie nach Gresham schlechtes Geld gutes Geld aus dem Umlauf vertreibt, so vertreiben verschwenderische Anbieter mit der Zeit die sparsamen, wenn sie immer wieder den Zuschlag erhalten. Wenn schließlich die teuren Anbieter den Markt beherrschen und auch die zuvor hart kalkulierenden Unternehmen hohe Preise veranschlagen, um mithalten zu können, dann schießen die Schulden der Abnehmerländer rapide in die Höhe.

Einige unverhüllte Raubzüge wie der des Somoza-Clans in Nicaragua werden nie gesühnt, und ihre Opfer werden niemals entschädigt werden. Im Gegenteil, von den Geschädigten wird sogar noch erwartet, daß sie für die unrechtmäßigen Erwerbungen ihrer früheren Herrscher weiterhin bluten – und das unter wirtschaftlichen Bedingungen, die von mächtigen und feindseligen Nachbarn zunehmend erschwert werden. Somoza steckte den Löwenanteil der für den Wiederaufbau Managuas nach dem Erdbeben von 1972 bestimmten Kredite in die eigene Tasche und bereicherte sich so lange am Volksvermögen, bis er schließlich 1979 aus dem Land gejagt wurde. In der Staatskasse hinterließ er gerade einmal drei Millionen Dollar. Nicaraguas Verschuldung beträgt heute vier Milliarden Dollar. Drei Viertel davon wurden unter Somoza aufgenommen.

Im Frühjahr 1986 ergötzten uns die Zeitungen täglich mit neuen Großtaten von Ferdinand und Imelda Marcos. Ein Kommentator brachte es auf den Punkt: «Neben Imelda Marcos wirkt Marie-Antoinette wie eine Bettlerin.» Nach vorsichtigen Schätzungen kostete die Marcos-Version des «nach uns die Sintflut!» ihr Volk mindestens fünfzehn Prozent der Staatsschulden von insgesamt 26 Milliarden Dollar. Möglicherweise gelangt ein Teil davon dank der internationalen Kooperation mit der Regierung Aquino in die Staatskasse zurück.

Dieser Schuldenberg war allerdings nicht ausschließlich dazu bestimmt, die erstaunliche Schuhsammlung von Frau Marcos zu bezahlen. Zu den teuren philippinischen Entwicklungsprojekten gehört auch die 1976 für 2,1 Milliarden Dollar bei Westinghouse in Auftrag gegebene Kernkraftanlage in Morong (Bataan). Allein der für dieses Kraftwerk aufgenommene Kredit kostet die philippinische Bevölkerung täglich mindestens 350 000 Dollar Zinsen – eine Summe, die sich 1987 sogar auf 500 000 Dollar erhöhte, als die Rückzahlung an die US-Export-Import-Bank fällig wurde. Der Reaktor kann jederzeit den Betrieb aufnehmen; daß er noch nicht arbeitet, ist jedoch wohl eher ein Segen. Denn er liegt mitten im «Feuergürtel», der pazifischen Erdbebenzone, am Fuß eines Vulkans. Die Internationale Atomenergiebehörde stellte in einem Bericht aus dem Jahr 1978 fest, diese Standortwahl in einer Zone mit so starker seismischer Aktivität sei «einmalig in der Atomindustrie», und hielt das Risiko eines zukünftigen Vulkanausbruchs für «wahrscheinlich».[7]

Nach einem Bericht in der *New York Times* erhielt Marcos von Westinghouse durch einen seiner Spießgesellen eine Provision in Höhe von 80 Millionen Dollar; das US-Unternehmen hatte den Auftrag zum Bau des Kernkraftwerks auf mysteriöse Weise seinem Erzrivalen General Electric weggeschnappt. Das weit niedrigere Angebot von General Electric war bereits von einem von Marcos selbst ernannten Ausschuß und vom damaligen Vorsitzenden der Philippine National Power Corporation gebilligt worden. Marcos setzte sich über das Votum des Ausschusses hinweg und schanzte Westinghouse den Auftrag zu, noch ehe das Unternehmen überhaupt ein detailliertes Angebot unterbreitet hatte. Der aufgebrachte philippinische Industrieminister schrieb seinem Präsidenten, er kaufe «einen Atomreaktor zum Preis von zweien».

Der Verbündete von Marcos, der den Handel einfädelte, ein gewisser Herminio Disini, «lebt heute in einem Schloß in der Nähe Wiens», heißt es dazu in der *Times*. Westinghouse gab zu, ihm eine Provision gezahlt zu haben, behauptete aber dennoch ungerührt, «Gerüchte über unzulässig hohe Kostenrechnungen für die Reaktoranlage auf den Philippinen ‹entbehren jeder Grundlage›».[8]

Cora Aquinos Regierung hat verkündet, nach der Katastrophe von Tschernobyl werde die Anlage keinesfalls in Betrieb genommen – eine willkommene Nachricht, sofern man davon absieht, daß die fälligen Zinszahlungen immer weiter anwachsen. Auch andere Länder gerieten in diese Falle – ein beträchtlicher Anteil der Schulden Brasiliens (nach verschiedenen Quellen bis zu 40 Milliarden Dollar) wurde durch den Kauf von Kernkraftwerken verursacht; zum Zeitpunkt der Niederschrift dieses Buches ist noch keines davon ans Netz gegangen.

Kapitalflucht: Get the Money and Run

Die Finanzierung des laufenden Verbrauchs und nutzloser oder überteuerter Projekte ist freilich nicht die einzige sichere Methode, sich bis zur Halskrause zu verschulden: Eine der schnellsten und erfolgreichsten Möglichkeiten ist die Kapitalflucht. Ein altes Sprichwort besagt, man könne einen Kuchen nicht gleichzeitig haben und verspeisen. Doch dank der Unsummen von Geld, die aus dem Süden verschwunden sind, hat dies für die Geschäftsbanken der nördlichen Hemisphäre keine Gültigkeit mehr. Denn sie haben beide Seiten des Kreditsystems unter Kontrolle. Zunächst vergeben sie den Kredit. Postwendend wandert jedoch ein Großteil des Geldes wieder in ihre Tresore zurück, zum Teil als Einlagen von korrupten Regierungsbeamten. Nationale Unternehmen, große Schuldenmacher, deren Regierungen für ihre Kredite bürgen, sind vielfach ebenfalls der Meinung, das angeblich für Investitionszwecke geliehene Geld werde sich im Ausland wohler fühlen.

Dieses Kapital erscheint jedoch nach wie vor in den Büchern der Banken als Kredit, für den Zinsen fällig werden – auch wenn es in Wirklichkeit schon vor Jahren aus dem Schuldnerland abgezogen wurde. Auf diese Weise werden die Banken für ein und dieselbe Leistung zweimal bezahlt – erst in Form von Einlagen aus dem Ausland und dann durch die Kapitalzinsen. Ein Kenner der Materie, James S. Henry, hat hierzu bemerkt:

«Die aggressivsten Banken wie etwa die Citibank haben wahrscheinlich ebensoviel Kapital aus armen Ländern angehäuft, wie sie ihnen geliehen haben. Ihre eigentliche Rolle bestand darin, Geldmittel entgegenzunehmen, die von Eliten in Ländern der Dritten Welt ihren Regierungen gestohlen wurden, und diese erneut als Kredite zu vergeben, wobei sie jedesmal einen ordentlichen Anteil für sich kassierten.»[9]

Die Bank für Internationalen Zahlungsausgleich (BIZ) – die Bank der Zentralbanken mit Sitz in Basel – ist nicht gerade für aufgebauschte Äußerungen bekannt. Trotzdem liest man in ihrem Jahresbericht für 1983, daß die Kapitalflucht aus Ländern der Dritten Welt mittlerweile «eine eindrucksvolle Größenordnung» angenommen habe. Die BIZ schätzt, daß zwischen 1977 und 1983 etwa 55 Milliarden Dollar aus Lateinamerika den Weg nach Norden angetreten haben. Nach Aussage eines BIZ-Mitarbeiters ist diese Zahl »eine zurückhaltende Schätzung».[10] 1986 schätzte Morgan Guaranty die Kapitalflucht aus den zehn größten lateinamerikanischen Schuldnerländern* auf gut 70 Prozent ihrer gesamten Neuverschuldung von 1983 bis 1985. Den unrühmlichen ersten Rang nimmt dabei Mexiko ein mit einer Nettokreditaufnahme von neun Milliarden und einer geschätzten Kapitalflucht in Höhe von 16 Milliarden Dollar.[11]

Schon mit dieser Größenordnung ist das Beispiel Mexiko unerreicht. Der Präsident der Interamerikanischen Entwicklungsbank, selbst ein Mexikaner, ist jedoch weit weniger zurückhaltend als die BIZ. Er beziffert die Kapitalflucht aus Mexiko allein von 1979 bis 1983 auf 90 Milliarden Dollar – eine größere Summe als die gesamte mexikanische Schuldenlast zu dieser Zeit. Im März 1985 veröffentlichte eine Zeitung in Mexico City die Namen von 575 Mexikanern, von denen man annahm, daß jeder von ihnen mindestens eine Million Dollar bei einer ausländischen Bank angelegt hatte. Einer der reichsten dieser sogenannten *sacadolares* war vermutlich der frühere Präsident Mexikos selbst, Lopez-Portillo. Es heißt, «er sei mit über einer Milliarde Dollar außer Landes gegangen», als seine Amtszeit abgelaufen war.[12]

Karen Lissakers, eine ehemalige Mitarbeiterin im US-Außenmini-

---

* Brasilien, Mexiko, Venezuela, Peru, Kolumbien, Ecuador, Bolivien, Uruguay, Argentinien und Chile.

sterium, die heute als Autorin über das internationale Bankwesen schreibt, verweist darauf, daß «die Wiederbeschaffung auch nur eines Bruchteils jener rund 130 Milliarden Dollar an lateinamerikanischem Fluchtkapital die Zinszahlungsprobleme des Subkontinents auf Jahre hinaus lösen würde». Ein großer Teil dieser Milliarden gelangte buchstäblich in Koffern über die Grenze, die vielfach von Bankangestellten persönlich geschleppt wurden. Ein Bankier «erwähnte nebenbei, selbst heute, 1986, da Mexiko wirtschaftlich erneut am Boden liege und Devisenkontrollen eingeführt habe, schicke sein Unternehmen regelmäßig ‹einen Mann mit zwei Koffern› nach Mexico City».[13]

Doch Bankmanager sind nicht nur Gepäckträger. Sie sind auch Experten in der Konstruktion komplizierter Verfahren, mit denen sie ihren wohlhabenden Privatkunden behilflich sind, Geld aus ihrem Land herauszuschleusen – Anlagen in Auslandsniederlassungen US-amerikanischer Trusts oder in Investitionsgesellschaften, die nur auf dem Papier stehen, Tauschgeschäfte mit Devisen, bei denen die Nationalbanken umgangen werden, «Back-to-back»-Kreditgeschäfte, bei denen die Bank dem Kunden dessen eigenes Geld «leiht» – ihre Erfindungsgabe kennt keine Grenzen. Allein die Citibank «beschäftigt anscheinend rund 1500 Leute, die sich weltweit ausschließlich diesen Aufgaben widmen». Dank dieser Privateinlagen – so James Henry – «schuldet die Citibank lateinamerikanischen Kunden vermutlich mehr Geld, als deren Regierungen der Bank schulden».

Gibt es überhaupt Möglichkeiten, das Fluchtkapital wieder «nach Hause» zurückzubringen? Karen Lissakers empfiehlt den Banken, sie sollten die Kapitalflucht nicht so leicht machen und damit aufhören, «Leute mit Koffern» über die Grenze zu schicken. Sie ist außerdem überzeugt, daß Banken «unmittelbar Druck auf Privatkunden ausüben können, einen Teil dieser im Ausland gehorteten Gelder für den Schuldendienst wieder herauszurücken, statt die bereits von ihrer Schuldenlast geplagten Regierungen dazu zu zwingen, die Auslandsschulden des privaten Sektors zu übernehmen».

Schöne Träume! Diese blauäugige Empfehlung ignoriert die Grundregeln des Spiels. Lissakers zitiert selbst den Verantwortlichen einer großen New Yorker Bank, nach dessen Worten «in seiner Bank über die Doppelrolle der Vergabe von Krediten an ein Land und der Anlage von Fluchtkapital aus demselben Land nicht diskutiert wird. Beides wird von unterschiedlichen Abteilungen abgewickelt. ‹Ein moralisches Problem stellt sich dabei nicht. Wenn wir es nicht machen, machen es die Schweizer.›» Ein Bankmanager, der es über sich brächte, Einlagen von Privatkunden abzulehnen, damit deren Regierungen leichter ihre Schulden zurückzahlen können, der sich also damit begnügen würde, den Profit nur einmal einzustreichen – wo doch das Doppelte üblich ist –, würde von seinen Kollegen unweigerlich für geisteskrank gehalten und wäre über kurz oder lang weg vom Fenster.

Nein, die Leute von der Reisekofferabteilung und ihre Kunden werden erst dann mit vollem Gepäck nach Mexiko zurückfliegen, wenn die mexikanische Regierung höhere Zinsen anbietet – als Entschädigung für die Inflation und die allgemeine wirtschaftliche Unsicherheit sogar wesentlich höhere Zinsen –, als die Vereinigten Staaten zu zahlen bereit sind. Erst dann würde das Geld zurückfließen und auch in Mexiko bleiben. Doch eine solche Maßnahme hätte auch schmerzhafte Nebenwirkungen, da Kapital für die meisten Mexikaner zu teuer würde, für Einzelpersonen ebenso wie für Unternehmen. Die lokale Wirtschaft würde wieder stagnieren. Die Moral von der Geschichte ist wohl, daß man immer der Verlierer ist, es sei denn, man heißt Citibank, Manufacturing Hanover («Manny Hanny») oder Morgan Guaranty. Wenn sich die Regierungen der Schuldnerländer jedoch zusammenschlössen, um ihr Fluchtkapital zurückzufordern, dann wäre die Geschichte eine ganz andere. Darauf werde ich im Schlußkapitel noch eingehend zu sprechen kommen.

Das Militärmodell: Kanonen statt Butter

Einige Länder haben enorme Schuldenberge aufgetürmt, um Spielzeug für ihre Generäle zu kaufen. Die über Kredite finanzierte Militarisierung hat mittlerweile ein solches Ausmaß angenommen, daß das renommierte Institut für internationale Friedensforschung in Stockholm (SIPRI) in seinem Jahrbuch 1985 diesem Phänomen ein eigenes Kapitel gewidmet hat. Ausgehend von der Frage: «Wie hoch wäre die Auslandsverschuldung ohne Rüstungskäufe?» versucht das Institut die Beziehungen zwischen den Waffenarsenalen und der Hochfinanz aufzuklären.

Militärausgaben für den «Nationalen Sicherheitsstaat» untermauern und schützen das Fehlentwicklungsmodell. SIPRI gelangt zu dem Schluß, daß 20 Prozent aller Schulden der Dritten Welt (ohne die OPEC-Staaten) unmittelbar mit Rüstungskäufen zusammenhängen.

Die wohlhabenderen Erdölförderländer des Nahen Ostens haben sich allesamt mit AWAC-Systemen und anderen kostspieligen Waffensystemen eingedeckt. Die wirtschaftlichen Einschränkungen im Zuge der Umschuldungen haben zwar insbesondere seit 1982 einige Streichungen notwendig gemacht, aber selbst dort, wo die Militärausgaben real zurückgegangen sind, ist der Anteil der Rüstungsausgaben am Gesamtbudget der Länder der Dritten Welt fast überall konstant geblieben oder sogar weiter angestiegen.[14]

Man sollte meinen, daß in hoch verschuldeten Ländern bei Sparprogrammen zuallererst die Militärausgaben beschnitten werden müßten, vor allem, wenn ein großer Teil der Bevölkerung Hunger und Not leidet. Man sollte auch annehmen, daß jene westlichen Institutionen, die dazu die Macht haben, auf solchen Kürzungen bestehen. Doch das ist leider nicht der Fall. Der IWF fordert von seinen Zöglingen fortwährend drastische Einsparungen im zivilen Sektor, ohne die Militärausgaben anzutasten. Spricht man Vertreter des IWF auf diesen Umstand an, so zucken sie zusammen und erklären gequält, solche Maßnahmen seien «eine Einmischung in die inneren Angelegenheiten souveräner Nationen» (genau das, was der IWF von morgens bis abends tut).[15]

Es sind gerade die ärmsten Länder Afrikas, vor allem jene mit den höchsten Schuldendiensten, die am meisten für die nationale Sicherheit ausgeben. Äthiopien, das seit Jahren in seinen nördlichen Provinzen (Eritrea und Tigray) einen Krieg gegen die dortigen Befreiungsbewegungen führt, steht am untersten Ende der Liste aller armen afrikanischen Länder. Sein Bruttosozialprodukt liegt bei 4,3 Milliarden Dollar, das macht rund 110 Dollar pro Kopf. Nach Angaben der Weltbank ist dies das niedrigste BSP pro Kopf in der Welt überhaupt. Das hindert die äthiopische Regierung jedoch nicht daran, pro Einwohner und Jahr 13 Dollar für das Militär auszugeben – gegenüber lediglich sieben Dollar für Gesundheitswesen und Erziehung zusammen. Die jährlichen Militärausgaben pro Kopf der Bevölkerung betragen im Sudan 15, in Tansania 16, in Kenia 17, in Somalia 20 und in Zimbabwe die erkleckliche Summe von 55 Dollar (um der Drohung aus Südafrika begegnen zu können). Die Verschuldung dieser Länder schwankt zwischen 1,5 und vier Milliarden Dollar, die des Sudan beläuft sich sogar auf elf Milliarden.[16]

Zehn Milliarden der argentinischen Gesamtschulden in Höhe von 45 Milliarden Dollar gehen unmittelbar auf Militärausgaben unter der Regierung der Generäle zurück. Vor der Wahl Alan Garcias zum peruanischen Präsidenten gab dieses Land jährlich mindestens 300 bis 400 Millionen Dollar für Waffen aus, ganz abgesehen von weiteren 700 Millionen für 26 französische Mirage-Flugzeuge. Schuldendienst und Militärausgaben machten über 50 Prozent des peruanischen Staatshaushalts aus. Es ist kein Zufall, daß jene Länder, die heute die größten Schuldenprobleme haben, gestern noch die größten Waffenkäufer waren.

Paradoxerweise bezahlen einige Großschuldner wie Brasilien oder Ägypten, deren übermäßige Waffenkäufe sie überhaupt erst in finanzielle Bedrängnis gebracht hatten, einen Teil ihrer Zinsen heute aus dem Waffenexport. Brasiliens Einkünfte aus seinen Waffenexporten «ohne unnötige Fragen» werden für 1984 auf 3,5 Milliarden Dollar geschätzt.[17] Ägypten zählt inzwischen zu den zehn größten Waffenlieferanten und hat sich auf Abnehmerländer des Nahen Ostens wie den Irak spezialisiert, dem es die Munition für den endlosen Golfkrieg liefert. Gegenwärtig macht der Umsatz aus diesen Waffenexproten zwar nur drei Prozent des weltweiten Waffenhandels aus (und vier Prozent des Handels mit anderen Ländern der Dritten Welt), aber sobald sich der Druck der Gläubigerbanken verstärkt, bleibt diesen Ländern nur die Möglichkeit, ihre Handelsposition in diesem tödlichen Geschäft zu verbessern.

Zwar kommt es gelegentlich vor, daß die Supermächte die von ihnen abhängigen Staaten der Dritten Welt unentgeltlich mit Waffen beliefern, aber ihre politischen Maßnahmen sind nicht notwendig widerspruchsfrei, und in Wirklichkeit bekommt kein Staat etwas ohne Gegenleistung. 1972 beispielsweise, während des Vietnamkriegs, führte sich Uncle Sam tatsächlich wie ein reicher Onkel auf und schenkte den Ländern der Dritten Welt (ohne die Ölförderländer) 40 Prozent aller Waffen, die sie während dieses Jahres insgesamt bezogen. Weitere acht Prozent wurden kostenlos von der Sowjetunion geliefert. Demnach erhielten 1972 die armen Länder fast die Hälfte ihrer Waffenlieferungen im Wert von sechs Milliarden Dollar umsonst.

Zehn Jahre später betrugen die US-amerikanischen Rüstungsgeschenke an dieselben Länder nur noch zwei Prozent des Gesamtwerts der gelieferten Rüstungsgüter. Die Sowjets hatten hingegen ihren Anteil an umsonst gelieferten Waffen auf zwölf Prozent erhöht. Dank der beiden Supermächte empfingen also die Nicht-Ölförderländer der Dritten Welt 1982 noch immer 14 Prozent ihrer Waffen kostenlos. Der Haken an der Sache war nur, daß sie den Rest sehr wohl bezahlen mußten, und der belief sich 1982 auf rund zwölf Milliarden Dollar.[18]

Die USA verfolgen hier dieselbe Strategie wie bei ihren Nahrungsmittellieferungen: Zuerst kommen die Werbegeschenke in Form von Billiglieferungen, die in lokaler Währung berechnet werden. Wenn dann der Abnehmer an der Angel hängt und die Generäle sicher sein können, daß ihre Forderungen befriedigt werden, müssen die Waffenlieferungen in Dollar und zu ihrem wirklichen Wert bezahlt werden.

Wie das Stockholmer Institut für Friedensforschung erläutert, ist das Endresultat für den Zeitraum 1972–1982, daß «sich der Wert der an die Entwicklungsländer ohne eigene Ölförderung gelieferten Waffen zwischen 1972 und 1982 real verdoppelt hat und daß ihr Anteil an den Waffenlieferungen der gesamten Welt im genannten Zeitraum von 31 auf 41 Prozent gestiegen ist».[19]

Wen wundert es da noch, daß dies genau jener Zeitraum war, in dem sich die Schuldenberge anhäuften. SIPRI vertritt, wie schon gesagt, die Auffassung, die Länder der Dritten Welt hätten während dieses Jahrzehnts ohne die Waffenkäufe jährlich 20 Prozent weniger Schulden gemacht. Ein offensichtlicher, aber immer wieder geflissentlich übersehener Punkt kommt noch dazu: Waffenkäufe sind niemals produktiv. Sie schaffen keinen Wohlstand, und sofern die Waffen nicht im eigenen Land produziert werden, schaffen sie nicht einmal Arbeitsplätze oder pumpen Geld in die Wirtschaft des Landes – sie sind nichts als reiner Verbrauch. Jene Länder, die sie einst auf Kredit gekauft haben, müssen sich heute mit dem Problem herumschlagen, wie sie die Zinsen und das Kapital aufbringen sollen, ohne daß ihnen aus den Käufen die geringsten Erträge zufließen.

Solange sie nicht bei der Ernte helfen oder Brücken bauen, sind auch Soldaten unproduktiv und kosten dennoch den Staat im Frieden wie im Krieg enorme Summen. In den Vereinigten Staaten beliefen sich die Militärgehälter 1985 auf 90 Milliarden oder knapp 35 Prozent der gesamten Militärausgaben.[20] In armen Ländern liegt dieser Anteil wahrscheinlich niedriger, aber noch immer gilt ein ehernes Gesetz, das sich auf die Budgets der Länder in der Dritten Welt verheerend auswirkt: Je mehr Rüstungsgüter die Militärs bekommen, desto mächtiger werden sie, und je mächtiger sie werden, desto nachhaltiger können sie Zivilregierungen zu erhöhten Waffenkäufen erpressen. Und so dreht sich die Spirale immer weiter, bis die Generäle selbst die Macht übernehmen und nach eigenem Belieben schalten und walten können.

Dieses «Gesetz» erklärt zweifellos auch die Zuwachsraten der Waffenimporte, die in der Zeit von 1972 bis 1982 besonders alarmierend waren. Während dieser zehn Jahre stiegen die lateinamerikanischen

Importe von Rüstungsgütern jährlich um 13 und in Afrika um 18,5 Prozent (wobei im letzteren Fall zugegebenermaßen die Ausgangssituation bescheidener war). Sechs von zehn schwarzafrikanischen Ländern werden heute von einem Militärregime beherrscht. Diese zunehmende Militarisierung des Kontinents wurde durch Auslandskredite unterstützt: Die enormen Steigerungen der Waffenlieferungen fallen genau in die Periode des «leichten Geldes» von 1973 bis 1982 (vom ersten Ölpreisanstieg der OPEC bis zur mexikanischen Schuldenkrise). Diese unproduktiven Ausgaben waren außerdem mitverantwortlich für die afrikanische Hungerkatastrophe.

Der Demokratisierungsprozeß in Lateinamerika macht nur zögernd Fortschritte. In einigen Fällen erwiesen sich die Militärregierungen schlicht als unfähig, die vom IWF geforderten Sparprogramme durchzuführen, und übergaben den bankrotten Staat einer Zivilregierung. Demokratische Errungenschaften der jüngsten Zeit sind in Gefahr, unter der Bürde der hohen Verschuldung wieder rückgängig gemacht zu werden – man braucht eben eine starke Regierung, um das eigene Volk ausbluten zu lassen.

US-Militarisierung und die Verschuldung der Dritten Welt

Es sind nicht aber nur die eigenen Rüstungskäufe, die die Länder der Dritten Welt in die Verschuldung getrieben haben. Auf eine verwikkelte Weise verschärft auch das Militärbudget der USA die Schuldenkrise im Ausland.

Die Verteidigungsausgaben der USA zwingen die übrige Welt in ein tödliches Spiel, bei dem jeder nur verlieren kann (mit Ausnahme der eingeschworenen Feinde der USA). Der Spielstand zu Beginn der achtziger Jahre war folgender: Die Vereinigten Staaten hatten mehr Geld als jeder andere Mitspieler (1981: 140 Milliarden Dollar Auslandsvermögen). Das Land verpraßte seither weit mehr Geld als es einnahm, in der Hauptsache für Rüstungsgüter, deren Käufe fast ein Drittel des Staatshaushalts ausmachten. Die Folge davon war ein seit langem absehbares Loch in der Staatskasse.

1986 hatten die USA nicht nur ihre ursprünglichen Auslandsguthaben und -beteiligungen durchgebracht, sondern darüber hinaus selbst über 250 Milliarden Dollar im Ausland geliehen; damit hatte die nordamerikanische Auslandsverschuldung eine Höhe erreicht, vor der die Schulden Lateinamerikas lächerlich gering erscheinen. Dieser Betrag von 250 Milliarden Dollar bezieht sich jedoch lediglich auf die Auslandsschulden – 1986 schuldete die US-Regierung den Inhabern von US-Schatzanweisungen weitere 1750 Milliarden Dollar, so daß die gesamte Staatsverschuldung tatsächlich zwei Billionen Dollar betrug. Die meisten Experten sind sich darin einig, daß die USA weitere Schulden machen müssen und daß ihre Auslandsschulden zu Beginn der neunziger Jahre bei einer glatten Billion Dollar liegen werden. Zu diesem Zeitpunkt werden die USA voraussichtlich über 215 Milliarden Dollar an ihre Gläubiger im Ausland zahlen müssen – dank der «Magie des gemeinsamen Interesses», wie Keynes es einmal genannt hat. Wenn alles glatt verläuft.

Senator Daniel Patrick Moynihan vom Senatsausschuß für Finanzen und den Staatshaushalt hat plastisch beschrieben, was passiert, wenn nicht alles glatt läuft:

«Wenn man vor 40 Jahren als Arbeiter auf den Piers der New Yorker West Side Montag morgens keinen Cent mehr in der Tasche hatte, war das überhaupt kein Problem. Man lieh sich 20 Dollar, für die man am Zahltag 30 Dollar zurückzahlte. Zahltag war am Freitag, und wenn man die 30 Dollar am Freitag nicht hatte, war das überhaupt kein Problem. Man zahlte am kommenden Donnerstag eben 40 Dollar zurück. Der Aufschlag von zunächst zehn, dann 20 Dollar stieg immer mehr in die Höhe. Früher oder später mußte man sich unter großem Geschrei von seiner Familie auslösen lassen, oder man landete im St. Clare's Hospital. Nicht anders steht es heute mit dem Haushaltsdefizit der USA. Nicht die Finanzierung der Ausgaben ist das Problem, sondern die der Zinsen.»[21]

In Washington wie auf den Piers der West Side gilt: Je mehr man sich ausborgt, desto schneller explodieren die Zinsen, bis sie schließlich das Defizit allein am Leben erhalten. Für die übrigen Mitspieler – den Rest der Welt – besteht das Spiel darin, den USA die größte finanzielle Bluttransfusion der Geschichte zu spenden; und trotzdem bleibt die US-Wirtschaft anämisch. Bei einem gewöhnlichen Land – das nicht über das Privileg verfügt, die Leitwährung der Welt zu drucken – hätte dies Sanktionen zur Folge. Der Spieler müßte entweder seine Ausgaben kürzen oder die Steuern erhöhen oder wesentlich mehr Waren als bisher ins Ausland verkaufen. Am besten, er macht alles zusammen, oder er verliert sein letztes Hemd und ist aus dem Spiel.

Die USA hingegen tun nichts von alledem. Sie erhöhen ihre Ausgaben (wiederum in der Hauptsache für Rüstungsgüter); sie senken die Steuern, sie setzen weniger Güter im Ausland ab und importieren zugleich mehr als bisher. Selbst der einst glänzende Export von Agrarprodukten rutscht in die roten Zahlen. So hatten die Vereinigten Staaten 1986 sowohl ein riesiges Haushaltsdefizit (220 Milliarden Dollar) als auch ein enormes Handelsdefizit (140 Milliarden Dollar) aufzuweisen. Um beide Defizite zu finanzieren, müssen neue Kredite aufgenommen werden, und die Zinszahlungen steigen – was dazu führt, daß (wie Moynihan erläutert) der Staatshaushalt jeder parlamentarischen Kontrolle entgleitet. Die Abgeordneten Gramm, Rudman und Hollings, die eine Gesetzesvorlage zur Herstellung eines ausgeglichenen Budgets eingebracht haben, hätten ebensogut angeln gehen können, denn mit ihrem Gesetz kann man kein Defizit auf Null bringen, weil es die Zinszahlungen selbst sind, die zukünftige Haushaltsdefizite in schwindelnde Höhe treiben.

Es wäre zweckmäßig, die Steuern anzuheben, vor allem beim Energieverbrauch und bei Luxusgütern, aber bei den nordamerikanischen Neokonservativen ist es zu einem Glaubensgrundsatz geworden, die Steuern zu senken. Noch klüger wäre es, den Außenhandel zu verstärken, aber die meisten Wirtschaftsfachleute sehen keine Möglichkeit für die USA, innerhalb kurzer Zeit ihre katastrophale Handelsbilanz in Ordnung zu bringen – gleichgültig, wie weit der Dollar fällt. Um das Problem in den Griff zu bekommen, bleibt also nur noch eine Möglichkeit, die Kürzung der Ausgaben, und zwar sofort. In einer Situation, da die Zinszahlungen immer weiter zunehmen und nicht gekürzt werden können, bleibt nur noch ein tiefer Schnitt in das Fett des Pentagon. Außer wir leisten uns den Luxus eines Zusammenbruchs der US-Wirtschaft und des internationalen Finanzsystems sowie der Vernichtung sämtlicher privater Sparguthaben.

Die Alternative zu diesem Szenario besteht darin, daß die US-Regierung die Notenpresse heißlaufen läßt. Da der Dollar die Leitwährung der Welt ist, kann die nordamerikanische Regierung – falls die Schulden zu groß werden und die Möglichkeit oder die Bereitschaft fehlt, mehr Güter und Dienstleistungen zu exportieren – jederzeit beschließen, ihre Gläubiger mit wertlosem Inflationsgeld zu bezahlen. Die USA sind das einzige Land der Erde, das diesen Ausweg aus der Schuldenmisere wählen könnte, selbstverständlich um den Preis einer erneuten globalen Inflation.

Da allein die Vereinigten Staaten dieses Vorrecht besitzen, da allein sie einseitig beschließen können, ihre Schulden mit dieser simplen, wenngleich brutalen Methode loszuwerden, müßte ihr Zustand beim IWF Heulen und Zähneknirschen auslösen und dessen Spezialtruppen schnellstens auf Trab bringen. Es ist die Aufgabe des IWF, «Ländern mit einer unausgeglichenen Zahlungsbilanz zu helfen» – mit anderen Worten, er vergibt Darlehen an Länder mit enormen Handelsdefiziten, aber nur, wenn sie sich einverstanden erklären, den Gürtel enger zu schnallen und ihre Wirtschaft den Forderungen des IWF zu unterwerfen.

Kein anderes Land hat so große Probleme mit der Zahlungsbilanz wie die USA. Wir dürfen also annehmen, daß der Fonds den USA ein maßgeschneidertes Sparprogramm vorlegt, das vor allem eine drastische Kürzung der Rüstungsausgaben vorsieht. Doch nein, da habe ich wohl einen Augenblick lang geträumt – der IWF ist schließlich ein Instrument des Fünferrats, eines Gremiums aus Vertretern von fünf westlichen Staaten unter der Führung der USA. Deshalb wird auch dem größten Schuldnerland der Erde, der größten Bedrohung des internationalen Finanzsystems kein Anpassungsprogramm aufgezwungen.

Dennoch haben die Rüstungsausgaben der USA einen unmittelbaren Einfluß auf die Höhe der von anderen Nationen zu zahlenden Zinsen. Der nordamerikanische Verteidigungshaushalt halst armen Ländern und deren Bevölkerung eine riesige und völlig ungerechtfertigte Steuerlast auf. Wie das? Will die US-Regierung zur Finanzierung ihres Defizits ausländisches Kapital anlocken, so muß sie dafür bezahlen. Wie wir gesehen haben, kommt dieses Defizit durch den Kauf von Rüstungsgütern zustande. Wenn die ausländischen Geldgeber, die den USA ihre Ersparnisse leihen, plötzlich kalte Füße bekommen und beschließen, ihre Einlagen in den USA zu kürzen oder ganz abzuziehen, könnten sie ein Austrocknen des Kapitalmarktes, vielleicht sogar eine Panik verursachen. Um sie bei Laune und ihr Geld im Lande zu halten, muß die US-Regierung mit einer attraktiven Belohnung, das heißt mit hohen Zinsen winken. Da der in den USA geltende Zinssatz praktisch überall auf der Welt maßgeblich ist, müssen die Länder der Dritten Welt für ihre Schulden nun Zinsen in einer Höhe bezahlen, von der vorher nie die Rede war.

Zinsen und Ölpreise: Womit niemand rechnen konnte

Die hohen Zinsen drohen den Schuldnerländern der Dritten Welt den Garaus zu machen. Ihre Schulden sind nicht nur das Ergebnis von Waffenkäufen, von nutzlosen, gefährlichen oder überteuerten Projekten, von Geldverschwendung, Korruption und Kapitalflucht. Es gab auch einige völlig unvermeidliche Gründe für diese Verschuldung, die mit den Entscheidungen der Schuldner selbst überhaupt nichts zu tun hatten. Die Länder der Dritten Welt hätten von den moralisch integersten und den genialsten Politikern regiert werden können und wären trotzdem tief in die Kreide geraten.

Zwei dieser unkontrollierbaren Faktoren waren die Zinsraten und die Ölpreise. Hier waren die Länder der Dritten Welt den Gläubigerländern und deren Bankiers und den Entscheidungen der OPEC unterworfen. In den siebziger Jahren handelten die betroffenen Länder bei der Mehrzahl ihrer Kredite (vor allem bei Banken) einen variablen oder Marktzinssatz aus. Das bedeutete, daß sich der Zinssatz im Lauf der Jahre ändern konnte. Zur Zeit der Kreditaufnahme hofften die Schuldner auf langfristig sinkende Zinsen. Doch aufgrund des wachsenden Haushaltsdefizits der USA stiegen die Zinsen an – und mit ihnen die aufzubringenden Rückzahlungssummen.

Außerdem ist zu beachten, daß es zweierlei Arten von Zinsen gibt, «Nominal-» und «Realzinsen». Die Höhe der Nominalzinsen steht im Kreditvertrag (oder richtet sich nach den Marktzinsen, falls zu variablem Zinssatz abgeschlossen wurde); zur Ermittlung der realen Zinsen wird von den Nominalzinsen die Inflationsrate abgezogen. Liegt zum Beispiel das nominale Zinsniveau bei zehn, die Inflationsrate jedoch bei zwölf Prozent, dann betragen die Realzinsen minus zwei Prozent. Normalerweise richten sich die Zinsraten unmittelbar nach den Inflationsraten – beide steigen und fallen gemeinsam.[22]

Das ist jedoch nicht immer der Fall. In der zweiten Hälfte der siebziger Jahre stiegen die Zinsen weniger stark an als die Inflation. Kredit war nicht nur zum Nulltarif zu haben, Kreditnehmer wurden fürs Schuldenmachen sogar noch bezahlt. Im Durchschnitt lag der Realzins in den siebziger Jahren bei − 0,8 Prozent, und in manchen Jahren sank er sogar auf − 3 bis − 4 Prozent. Wenn damals ein Land zur Begleichung seiner Schulden einen neuen Kredit aufnahm, statt seine Rücklagen anzutasten, so bekam es wegen der Inflation letztlich die für das geliehene Geld erworbenen Güter und Dienstleistungen billiger.

Doch die Sache hatte einen Haken. Als seit 1980 die Inflationsrate zurückging, fielen die Zinsen nicht im gleichen Tempo. Jetzt waren die Schuldnerländer die Dummen. Jeder zusätzliche Realzinspunkt bedeutete, daß mehrere zusätzliche Dollarmilliarden an Zinszahlungen fällig wurden (pro Zinspunkt zwischen zwei und sechs Milliarden, je nachdem, welcher Quelle man Glauben schenkt). Neue Kredite zur Deckung früherer Schulden wurden aufgenommen, und immer mehr Schuldnerländer wurden zahlungsunfähig. Obgleich die Nominalzinsen ab 1985 wieder zurückgingen (im Spätjahr 1986 lagen sie bei acht bis neun Prozent), waren die Realzinsen nach wie vor erdrückend hoch und trugen zur Verschärfung der Krise bei.

Die zweite unliebsame Überraschung für die Schuldnerländer war die Energiekrise, insbesondere der zweite Ölpreisschock von 1979. William Cline vom Institute of International Economics in Washington behauptet, «die wichtigste (externe) Einzelursache der hohen Verschuldung der Entwicklungsländer ohne eigene Ölvorkommen war der scharfe Anstieg der Ölpreise 1973–74 und 1979–80». Aus den Zahlen von Cline läßt sich ablesen, daß diese Länder im Zeitraum 1974–1982 Öl im Wert von knapp 345 Milliarden Dollar importierten.

Hätte der Ölpreis sich entsprechend der Inflationsrate entwickelt, wäre er also nicht stärker gestiegen als der Preis anderer Waren – entsprechend dem US-Großhandelspreisindex –, so hätte der Preis für diese Ölimporte lediglich 85 Milliarden Dollar betragen, 260 Milliarden Dollar weniger also. Doch selbst diese Mehrbelastung von 260 Milliarden Dollar ist – so William Cline – noch zu niedrig gegriffen, da sie nicht die steigenden Zinsbelastungen der jährlich für die Ölimporte aufgenommenen Kredite berücksichtigt. Der wirkliche Anteil der gestiegenen Ölpreise an den Schulden der Entwicklungsländer liegt demnach sogar noch höher.[23]

Wenn wir die Schätzungen Clines übernehmen (und es gibt nichts, was dagegen spräche), dann müssen wir feststellen, daß allein die Steigerungen des Ölpreises zu mehr als einem Viertel der Gesamtschulden der Länder der Dritten Welt beigetragen haben. Die Nicht-Ölländer waren davon besonders stark betroffen, und sie hatten überhaupt keine Wahl. Ohne die weitere Verschuldung hätten sie ihre Wirtschaftssysteme durch Energiemangel schlagartig zum Stillstand gebracht. Die Möglichkeit einer Finanzierung der Ölimporte durch eine drastische Steigerung der eigenen Exporte war diesen Ländern versperrt.

Aber wie stand es mit Ölexportländern wie Mexiko, Venezuela

oder Nigeria, die zu den größten Schuldnern zählen? Haben sie nicht von den höheren Ölpreisen profitiert? Haben ihre Ölexporte diesen Ländern nicht geholfen, ihre Schulden zumindest im Rahmen zu halten?

Wahrscheinlich nicht. Zum einen haben Länder wie Mexiko riesige Kredite aufgenommen, nur um eine eigene Ölindustrie aufzubauen. PEMEX, die staatliche Ölgesellschaft Mexikos, benötigte allein schon 20 Milliarden Dollar – oder ein Viertel der Gesamtverschuldung im Jahre 1982.[24] Außerdem waren die Banken bei den Ölförderländern besonders darauf erpicht, ihr Geld unterzubringen. Denn sie gingen fest davon aus, die Erträge aus der Ölförderung würden eine Rückzahlung der Kredite garantieren. Ohne das schwarze Gold in seiner Erde hätte es zum Beispiel Nigeria weit schwerer gehabt, an Kredite zu kommen.

Säße ich heute als politischer Führer eines Landes der Dritten Welt auf der Anklagebank, weil ich mein Land hoffnungslos tief in die Schulden geritten hätte, dann würde ich zu meiner Verteidigung vorbringen, daß in den siebziger Jahren Geld viel zu billig zu haben war, als daß man sich die Vorteile dieses Glücksfalles hätte entgehen lassen dürfen. Wie hätte ich, an der Spitze einer schuldenmachenden Regierung, den beispiellosen Anstieg der Zinsraten vorhersehen oder gar kontrollieren können, der doch weitgehend durch die irrsinnig hohen Rüstungsausgaben der kapitalistischen Supermacht verursacht war? Außerdem würde ich der Jury sagen:

«Alle westlichen Experten, die unser Land aufgesucht haben – insbesondere die Fachleute der Entwicklungsbanken –, haben uns gesagt, wir könnten uns nur entwickeln, wenn wir industrialisieren. Sollte unser Land für immer abhängig bleiben und Rohstoffe in den Norden exportieren, so daß andere Länder sie zu Fertigprodukten verarbeiteten und das große Geld damit verdienten? Woher sollten wir denn das zur Industrialisierung und für die Energie erforderliche Kapital bekommen, wenn nicht als Kredit von den Banken?»

Unter all diesen Umständen war es keine Kunst, eine Rechnung über eine Billion Dollar auflaufen zu lassen.

Die Geldhändler

«Es ist ein merkwürdiges Geschäft, am Rande der zivilisierten Welt von Tür zu Tür zu gehen und Geld zu verkaufen», sagt ein bekehrter Bankvertreter über sein ehemaliges Metier, und er ist offenbar heilfroh, daß er nichts mehr damit zu tun hat.[1] Die Schilderung seiner «Abenteuer im Kreditgeschäft» ist der mit Abstand komischste – und zugleich bedrückendste – Bericht aus einer Branche, in der es in den vergangenen Jahren an Merkwürdigkeiten wahrlich nicht gefehlt hat.

Dieser junge Mann von 25 Jahren und einer Bankerfahrung von ganzen 18 Monaten reiste im Auftrag einer Bank aus dem nordamerikanischen Mittelwesten mit einem Stammkapital von fünf Milliarden Dollar innerhalb von sechs Monaten in 28 Länder. Er war keineswegs ein Finanzgenie, sondern durchaus typisch für «die Welt des internationalen Bankverkehrs, (die) heute voll ist von aggressiven, intelligenten, aber hoffnungslos unerfahrenen Kreditsachbearbeitern, kaum älter als Mitte Zwanzig. Sie reisen durch die Welt wie ambulante Bürstenbinder, erfüllen ihre Kreditquoten, hausieren mit Geld und führen ein Leben wie ein Pascha.» Die Vorgesetzten dieser Bürschchen, kaum weniger unerfahren als diese, zählen auch noch keine 30 Lenze; deren Vorgesetzte wiederum mögen etwas älter sein und kennen auch das US-Bankensystem aus dem Effeff, doch von den Verhältnissen im Ausland haben sie meist keinen blassen Schimmer.

Obgleich der Löwenanteil der Kredite an die Dritte Welt von den Großbanken vergeben wurde, drängten in den siebziger Jahren Hunderte von US-Banken aus dem zweiten Glied in die Auslandsmärkte, weil alle anderen es auch so machten. In weniger euphorischen Zeiten wären sie bei ihrer Kundschaft am Ort geblieben. Das gesamte Finanzvolumen, mit dem die US-Banken in der Dritten Welt engagiert waren, stieg zwischen 1978 und 1982 von 110 auf 450 Milliarden Dollar – jährlich um mehr als 75 Prozent.

Gab es denn keinen, den dieses galoppierende Wachstum beunruhigt hätte, vor allem unter denen, die es anheizten? Der bereits zitierte ehemalige Bankangestellte bemerkte dazu ganz einleuchtend:

«Ein Kreditsachbearbeiter ist hauptsächlich damit beschäftigt, Kredite zu vergeben. Es ist nicht seine Aufgabe, sich den Kopf über so abstrakte und weltbewegende Fragen zu zerbrechen wie die, ob seine Tätigkeit die Stabilität der Weltwirtschaft bedroht. In dieser Hinsicht gleicht ein junger Bankmitarbeiter einem Soldaten an der Front: Er ist gehorsam, aggressiv und amoralisch.»

In einer anderen Hinsicht hat er zweifellos keine Ähnlichkeit mit einem Frontsoldaten, es sei denn, dieser würde in der Kantine regelmäßig mit Champagner und Hummer verwöhnt und käme in den Genuß teurer Hotelzimmer, großartiger Dienstwagen und gelegentlich auch weiblicher Begleitung. Ein internationaler Bankvertreter bleibt abgeschirmt von der lokalen Bevölkerung, deren Regierung er Kredite andient, und er hat an ihr auch gar kein Interesse. Selbst wenn es ihm gelänge, sich den Aufmerksamkeiten seiner Kunden zu entziehen, die ihn mit Bedacht vor solch unerquicklichen Kontakten beschützen, würde die Armut der Mehrheit für seine Entscheidungen keine Rolle spielen. Da seine «berufliche Leistung nach der Höhe der vergebenen Kredite eingestuft wird», kommt es ihm gar nicht in den Sinn, seinen Vorgesetzten mitzuteilen, dieses oder jenes Land stehe vor dem wirtschaftlichen Ruin. Denn es liegt in seinem eigenen Interesse, den Mund zu halten.

Unser junger Held brachte einmal einen Kredit bei der Construction and Development Corporation (CDCP) auf den Philippinen unter. Seine Bank übte beträchtlichen Druck auf ihn aus, diesen Kredit zu «verkaufen», da einer der besten Inlandskunden der Bank ein Hersteller von Erdbaumaschinen war, der mit der CDCP Geschäfte machen wollte. Ein Großteil der internationalen Bankgeschäfte ist einfach daraus entstanden, daß die Banken ihren Kunden folgten, als diese begannen, sich im Ausland zu betätigen. Und das war Ende der sechziger Jahre.

An der CDCP war einiges faul, das konnte selbst einem unerfahrenen 25jährigen Bankvertreter nicht verborgen bleiben. Die wackelige Finanzstruktur des Unternehmens war jedoch kein Grund, den Kredit zu verweigern. Wie der Autor bemerkt, wird man bei Inlandskrediten dazu angehalten, die Bonität des Antragstellers zu überprüfen. Im Ausland dagegen spielt dieser Grundsatz ausdrücklich keine Rolle. Will man einen Kredit unter allen Umständen unterbringen, sei das betroffene Unternehmen auch noch so marode, so gilt es schlicht, «die Verantwortung einem Dritten zuzuschieben», und zwar durch eine «Bürgschaft» oder einen «Hilfskreditbrief» – am besten von einer Zentralbank oder von der entsprechenden Regierung selbst. Das war auf den Philippinen kein Problem, da der Präsident der CDCP und der Direktor der größten Handelsbank des Landes beide ihren Platz in der von Marcos geförderten philippinischen «Vetternwirtschaft» hatten.

Das Geld, das der junge Mann der mehr als begierigen CDCP «aufdrängte», stammte nicht von irgendeinem schemenhaften Eurodollarmarkt, wie dies wohl der Fall gewesen wäre, wenn er für eine Großbank gearbeitet hätte, sondern «aus den Sparguthaben von Amerikanern aus Ohio». In diesem wie in Dutzenden anderer Fälle «waren zu dem Zeitpunkt, als der Schuldner seine Zahlungen einstellte, alle Kreditsachbearbeiter, die mit der Sache zu tun gehabt hatten, bei anderen Banken beschäftigt... Die Leute, die die großen internationalen Kredite vergeben, sind nicht mehr zur Stelle, um das Geld einzutreiben, wenn die Kredite einmal faul werden.»[2]

Ein anderer junger Bankangestellter, der aus der Schule geplaudert hat, ist Richard W. Lombardi, dem als Vizepräsident einer großen Bank in Chicago die Kreditgeschäfte mit West- und Zentralafrika unterstanden. 1985 veröffentlichte er ein Buch über die Schuldenkrise.[3] Doch er hatte schon lange vorher Alarm geschlagen und im Frühjahr 1981 prophezeit, «eine untragbar große Zahl von ansonsten wirtschaftlich gesunden Entwicklungsländern wird vor unlösbaren Schuldenproblemen stehen... Es ist absehbar, daß deren soziale und wirtschaftliche Auswirkungen tragisch sein werden.»[4]

Entwicklung? Nicht unsere Sache

Banken können unmöglich zu einer «Entwicklung» beitragen, die diesen Namen verdient – so Lombardi –, wenn ihre Methode der Kreditvergabe darin besteht, in New York oder Chicago «Länderlimits» festzulegen und anschließend «Marketingleute» anzuhalten, Kredite in den betreffenden Ländern bis zur Höchstgrenze unterzubringen. Er sähe es lieber, wenn die Banken ihre Kredite den realen Bedürfnissen und Möglichkeiten der einzelnen Länder anpaßten und jedes Geschäft verweigerten, das offensichtlich über die Kräfte – oder die

Zahlungsfähigkeit – der Bevölkerung geht. Die Banken sollten das Geld unter dem Blickwinkel des Kreditnehmers sehen – als eine begrenzte Ressource. «Die Auslandsfinanzierung von... Luxusgütern hat nichts mit dem optimalen Einsatz dieser begrenzten Ressource zu tun.»

Einige dieser Projekte, die Lombardi aus eigener Anschauung kennt, haben nachgerade tragikomische Züge. Zum Beispiel in Togo: «(Hier) finanziert die Bundesrepublik Deutschland ein bedeutendes Stahlwerk in der Nähe vom Lomé, der Hauptstadt des Landes. Nach der Fertigstellung stellt die Regierung fest, daß es keinerlei Eisenerze oder Schrottmetall gibt, um die Anlage anzufahren. Die Glaubwürdigkeit des Staatsoberhauptes steht auf dem Spiel. Deutsche Techniker demontieren eilig einen eisernen Pier am Hafen. Dieser Pier war ausgerechnet von Deutschen vor dem Ersten Weltkrieg erbaut worden und erfüllte noch immer seinen Zweck. Nach der Verarbeitung dieses Alteisens stellt das Stahlwerk seinen Betrieb ein.»[5]

Zaire wirkte auf die Banken wegen seiner reichen Rohstofflager – Kupfer, Kobalt, Diamanten und seltene, rüstungsstrategisch bedeutsame Metalle – wie ein Magnet. Das Land war so verschwenderisch, daß es sich bereits in eine ausgewachsene Schuldenkrise hineinmanövriert hatte, als dieses Wort noch kaum zu hören war. Schon 1975 war Zaire ein häufiger Bittsteller beim IWF. Was immer die Banken zu finanzieren glaubten – das Resultat ihrer Kredite waren ein 25prozentiger Rückgang der Kupfer- und Kobaltförderung zwischen 1975 und 1978, ein «Welthandelszentrum in Kinshasa, ein unterirdischer Parkplatz, eine Flotte von Düsenflugzeugen, ein piekfeiner Flughafen in der Nähe des Geburtsdorfes des Staatsoberhaupts» sowie massenhafte Importe von Nahrungsmitteln, Autos und natürlich Waffen.[6]

Lombardi ist der Ansicht, die Banken hätten sich die Projekte genauer ansehen müssen, die sie finanzierten, und die zwangsläufigen und schmerzvollen sozialen und wirtschaftlichen Erschütterungen erkennen müssen, die sie mit ihrer Kreditpolitik heraufbeschworen. Von Banken aus solchen moralischen Gründen zu erwarten, daß sie auf Kreditgeschäfte verzichten, ist vielleicht etwas naiv, besonders bei einem ehemaligen Bankmanager. Lombardis Haltung verdeutlicht zudem das klassische Dilemma jedes Geschäftsmanns in einem Konkurrenzsystem: Wenn ich es nicht mache, macht es Meyer (oder die Citibank). 1981 lautete Lombardis Antwort darauf, derartige Rechtfertigungen erschienen im Moment vielleicht vernünftig, könnten jedoch leicht einen bitteren Beigeschmack bekommen «in einer Dritten

Welt, in der souveräne Schuldner (Regierungen) häufig institutionell bei weitem nicht so gut abgesichert sind wie die Banken selbst».[7]

Doch auch die «institutionelle Absicherung» der Banken erscheint fragwürdig, wenn man deren (übermäßiges) Engagement in der Dritten Welt berücksichtigt. Ein Vergleich ihrer Kreditsumme mit ihrem Eigenkapital zeigt, daß 1984 die neun größten US-Banken allesamt allein an Mexiko, Brasilien, Argentinien und Venezuela Kredite im Wert von über 100 Prozent ihres Eigenkapitals vergeben hatten. An der Spitze steht hier die Bank Manufacturers Hanover mit 173 Prozent. Auf kaum weniger brachte es Lloyds in England mit einer Kreditvergabe von 165 Prozent des Eigenkapitals an die genannten vier größten Schuldnerländer der Welt. Den absoluten Rekord hielt das englische Bankhaus Midland mit schwindelerregenden 205 Prozent.[8]

Zum Teil aufgrund dieses riskanten Engagements haben sich mittlerweile auch andere Bankmanager die Auffassungen Lombardis zu eigen gemacht. Einer von ihnen, ein anonymer Autor, behauptet von sich, an Kreditverträgen mit einem Gesamtvolumen von über 50 Milliarden Dollar beteiligt gewesen zu sein. Salomonisch gibt er sowohl den Banken als auch den Regierungen die Schuld an der Misere: den Regierungen, weil sie das Geld für sinnlose Projekte, zur Korruption und für luxuriöse Prestigeanschaffungen verwendet hätten, und seinen Kollegen und sich selbst, weil «wir blind einen Regenbogen erjagen wollten, der uns mühelose Gewinne verschaffen sollte».[9] Regierungen, die früher ihre Kredite verplempert hätten, versuchten heute, die Banken glauben zu machen, sie würden neue Kredite «investieren, um die Wirtschaft anzukurbeln und die Schulden zurückzuzahlen». Der ungenannte Schreiber hält das für ausgemachten Unsinn. Diese Länder seien Schwarze Löcher, die neues Geld ebenso verschlängen wie das alte. Was die Banken angeht, so konstatiert er:

«Unsere leidvolle Erfahrung hat gezeigt, daß Privatbanken unfähig sind, zuverlässige Urteile über die Risiken abzugeben, die mit der Finanzierung der wirtschaftlichen Entwicklung eines Landes verbunden sind. Überdies haben wir nicht den geringsten Einfluß darauf, wie und zu welchem Zweck die bereitgestellten Mittel verwendet werden.»

Leidvolle Erfahrung? Für die meisten Banken sicher nicht. Und ein Mann, der behauptet, bei der Plazierung von über fünf Prozent der gesamten Schulden der Dritten Welt mit dabeigewesen zu sein, müßte dies besser wissen als jeder andere. Denn die Gewinne waren immens. Sein Rezept für die Zukunft? Nur öffentliche, multilaterale Finanzinstitutionen dürften für das Kreditgeschäft mit souveränen Staaten zugelassen werden. Denn nur sie «können darauf rechnen, die erforderliche Kontrolle über die Verwendung der Geldmittel und die Führung der Wirtschaft auszuüben. Allein diese Kontrolle gewährleistet, daß gute Kredite zu Bedingungen vergeben werden, bei denen die Chancen einer Rückzahlung und damit eines für die Schuldner produktiven Einsatzes möglichst groß sind... Die verheerenden Erfahrungen mit der privaten Finanzierung von Entwicklungsprojekten lehren, daß diese nicht Sache der Banken sein kann.»[10]

Ich persönlich würde diesem vorausschauenden Fachmann nicht einmal die Führung einer Würstchenbude anvertrauen und noch weit weniger die Spareinlagen Tausender von Bankkunden. Seine Sicht des Schuldenproblems kommt zwar ziemlich spät, findet mittlerweile jedoch immer mehr Anhänger in seinem Verein. Nicht daß die Banker sich zur Tugend bekehrt hätten, aber einige haben sich schon verbrannt, und viele andere befürchten, daß auch sie einige Blasen abbekommen werden.

Diese Banken wurden vom IWF und dessen Verbündeten in der US-Regierung dazu verpflichtet, «erzwungene Kredite» zu akzeptieren (wie wir alsbald in der Geschichte über die mexikanische Rettungsaktion sehen werden). Heute sähen sie es wohl lieber, alle Kreditverträge, die sich als riskant oder letztlich unprofitabel erwiesen haben, an öffentliche, multilaterale Finanzinstitutionen abzutreten – getreu ihrem Verständnis von «Privatisierung«, demzufolge Gewinne der Privatwirtschaft zufließen sollen, Verluste dagegen auf Regierungen oder internationale Institutionen, sprich auf die Steuerzahler abzuwälzen sind.

Die Geldzentralen – Führer oder Lemminge?

Sind die Bankiers größere Herdentiere als andere Menschen? Jedenfalls neigen sie dazu, sich in Formation zu bewegen. Die Leittiere bei der Anhäufung des Schuldenbergs waren die «Money Center Banks«. Diese MCBs sind eine relativ neue Errungenschaft und bilden gemeinsam einen der exklusivsten Klubs auf der Welt, der nach gängiger

Auffassung aus neun amerikanischen Großbanken besteht.* Eine etwas großzügigere Definition zählt weltweit etwa 50 Banken dazu.

Der Terminus «Money Center Bank» ist eine Erfindung von Citicorp, der größten der neun Großbanken, aus dem Jahr 1971. Im Gegensatz zu einer herkömmlichen Bank verleiht eine MCB ihr Geld nicht auf der Grundlage der Spareinlagen ihrer Kunden oder des Stammkapitals, sondern sie kauft Geld, entweder auf dem Eurodollarmarkt oder von anderen Banken, und ist damit keine Bank mehr im klassischen Sinne, sondern ein Geldvermittlungsinstitut; aus dem Bankier ist ein Finanzmakler geworden, der bei der Beschaffung der benötigten Geldmittel nicht mehr auf Einleger angewiesen ist.

David Rockefeller bezeichnet die Chase Manhattan Bank als ein «Unternehmen für multinationale Finanzdienste». Ein so banales Wort wie «Bankgeschäfte» nimmt er nicht mehr in den Mund. Richard Lombardi beklagt, daß «die Bankiers in der Dritten Welt nicht als Kreditgeber, sondern als Finanzmakler aufgetreten sind. Bereits bei der Dienstleistung der Kapitalrückführung, zu der sich so viele Bankmanager beglückwünschen, ... ist von Geldwechsel statt von Investitionen die Rede.» Walter Wriston, der damalige Präsident von Citicorp, brachte es in einer Broschüre mit dem Titel «The Citicorp Concept» noch besser auf den Punkt: «Unser Ziel ist es nicht, Geld zu verleihen, sondern Geld zu verdienen.» [12]

Was das Geldverdienen angeht, so hatten die neun US-MCBs Ende 1985 knapp 50 Milliarden Dollar allein an die sechs größten lateinamerikanischen Schuldnerländer (Argentinien, Brasilien, Chile, Kolumbien, Mexiko und Venezuela) als Kredite vergeben. Die vier großen britischen Banken hatten bis zum Jahresende 1984 in Lateinamerika Kredite mit einem Gesamtvolumen von 16 Milliarden Pfund plaziert.[13] Für sämtliche amerikanischen Banken sowie für Midland und Lloyds war dies weit mehr, als sie tatsächlich in der Kasse hatten. Selbstverständlich erwartet man von Banken, daß ihre Kredite höher

---

* Es sind dies im einzelnen Bankers Trust, Bank of America, Chase Manhattan Bank, Chemical Bank, Citicorp, Continental Illinois, First Chicago Bank, Manufacturers Hanover und Morgan Guaranty. 1985 betrugen die Nettoeinnahmen dieser neun Bankhäuser insgesamt 3,4 Milliarden Dollar (einschließlich eines Verlusts von 337 Millionen Dollar der Bank of America). Diese Zahl bedeutet gegenüber 1984 eine Steigerung um 56 Prozent. Zu den britischen Mitgliedern in diesem illustren Zirkel gehören Lloyds, Barclays, National Westminster und Midland. 1985 lagen ihre Gewinne vor Steuern insgesamt bei über 2,6 Milliarden Pfund, was einem Anstieg um 35 Prozent gegenüber 1984 entspricht.[11]

liegen als die Summe der Gelder, die sie in ihren Tresorräumen untergebracht (oder zumindest in ihren Büchern aufgeführt) haben. In den USA bestehen jedoch Vorschriften darüber, um welchen Prozentsatz die Kredite die Einlagen übersteigen dürfen. Die einzel- und bundesstaatlichen Bankaufsichtsbehörden begrenzen auch den Anteil der Gelder, die an einen Einzelkunden als Kredit vergeben werden dürfen. Doch für die Kredite an Länder der Dritten Welt gibt es weder Wachhunde noch Vorschriften.

Tatsächlich waren die US-Banken auch deshalb so erpicht auf diese Kreditgeschäfte, weil ihnen da niemand ins Handwerk pfuschen konnte. Die Findigkeit von Finanzexperten ist den Vorschriften der Bankenaufsicht seit jeher um Lichtjahre voraus – so trägt nicht zuletzt das phänomenale Wachstum von «staatenlosem Geld» und von sicheren Filialen außerhalb der USA dazu bei, daß die nordamerikanischen Banken eine staatliche Einmischung umgehen können (zumindest so lange, bis sie wegen ihrer eigenen Unvorsichtigkeit auf die Hilfe des Staates angewiesen sind). Die Eurodollarmärkte, auf denen sich die MCBs einen Großteil der benötigten Geldmittel besorgen, repräsentieren heute etwa zwei Billionen Dollar (niemand kennt den genauen Betrag) der von Howard Wachtel so bezeichneten «ersten wirklich übernationalen Form des Geldes». Dieses Geld entgeht der Kontrolle durch staatliche Behörden um so leichter, je mehr es ihr Fassungsvermögen übersteigt.[14]

Regionalbanken – Die zweite Garnitur

Hunderte von Regional- und Lokalbanken überall in den USA, die zumeist bis dato kaum Erfahrung im Auslandsgeschäft hatten, haben sich ebenfalls nach Kräften in der Dritten Welt engagiert und stecken deshalb mit in der Schuldenkrise. Es wird häufig übersehen, daß ein einziger großer Konsortialkredit an einen bedeutenden Kunden aus der Dritten Welt, zum Beispiel an die Regierung von Brasilien oder Mexiko, durch die Mitwirkung von über 1000 Banken zustande kommen kann.

Einige der Regionalbanken, die lieber heute als morgen wieder aus dem Geschäft aussteigen möchten, benahmen sich in den wilden Jahren vor der mexikanischen Schuldenkrise wie törichte Jungfrauen; bei der BancOhio etwa stieg das Volumen der Auslandskredite von 1979 bis 1983 von Null auf über eine Milliarde Dollar. Der verantwortliche Manager bekennt heute, «es gibt immer weniger sichere Plätze, um einen Kredit unterzubringen». Er zieht sich aus den bisherigen Kreditgeschäften mit dem Ausland zurück, bezeichnet dies jedoch als «Flucht in die Qualität» – nämlich nach Europa, wo das Geld sicherer angelegt ist. Eine Bank in Indianapolis steigerte das Volumen ihrer Auslandskredite zwischen 1979 und 1983 um das 15fache, eine andere Bank in Baltimore schaffte während desselben Zeitraums jährliche Zuwachsraten von 25 Prozent.

Wie schon erwähnt, wurden zahlreiche Banken in das Kreditgeschäft mit Ländern der Dritten Welt hineingezogen, weil sie die Auslandsaktivitäten ihrer nordamerikanischen Kunden finanzierten. Das böse Erwachen kam – so ein Bankier aus Milwaukee –, als ihnen bewußt wurde, daß selbst «einfache Kreditpakete nicht vom wirtschaftlichen Gesamtklima in dem betreffenden Schuldnerland isoliert werden können. Plötzlich... wird deutlich, daß das Kreditlimit sich nicht mehr nach der finanziellen Gesundheit des *einzelnen* Kunden bemißt, sondern danach, wie dessen *Land* an die Dollars kommt.»

Der Anteil nordamerikanischer Regionalbanken an der Schuldenlast der Dritten Welt ist schwer abzuschätzen, doch laut regierungsamtlicher Zahlen, die das Finanzmagazin *Euromoney* anführt, ist er auf jeden Fall beträchtlich. Bei den Krediten an Argentinien, Brasilien, Mexiko und die Philippinen wird er auf 36, 39, 44 bzw. 32 Prozent geschätzt. Allein für diese vier Länder liegen die Kredite der Regionalbanken bei 25 Milliarden Dollar. Die MCBs sind nicht gewillt, eines schönen Tages die Alleinverantwortlichen für die Refinanzierung dieser Kredite zu sein, wenn die kleineren Banken mit fliegenden Fahnen die Flucht antreten. «Ich glaube zwar nicht gerade, daß die Money Center Banks darüber verzweifelt sind, aber es ist immer mißlich, wenn zu viele Gäste sich von einer Party verabschieden» – so wird ein Bankier aus New York von *Euromoney* zitiert.[15]

Eine Möglichkeit, die kleineren Banken zum weiteren Verbleib auf der Party zu überreden, war es, dafür zu sorgen, daß sie nicht aufgrund von Gerüchten, Fehlinformationen oder einfach von mangelndem Vertrauen zu ihren größeren Schwesterinstituten in Panik gerieten. Deren Weste war allerdings nicht blütenweiß. Wie ein Bankdirektor aus Indianapolis klagte, «organisieren einige (große) Banken diese (von vielen Banken gemeinsam finanzierten) Kredite mit Methoden, die wir für mehr als schlampig halten».

In der Absicht, die Manager der Regionalbanken besser zu informieren und ihre Nerven zu beruhigen, kamen im Oktober 1982 in New York 31 der einflußreichsten Bankiers der Erde zusammen. Es war gerade erst zwei Monate her, daß Mexiko beinahe für zahlungsunfähig erklärt worden wäre, und so mußten die Großbanken schleunigst etwas unternehmen, um ihre Juniorpartner bei der Stange zu halten. Auf dieser Zusammenkunft beschlossen die Großbanken, «ein internationales Institut (ins Leben zu rufen), das die Aufgabe hat, den Zugang zu finanziellen und ökonomischen Informationen von wichtigen Schuldnerländern zu erleichtern und deren Qualität zu verbessern» – genauer hätte es heißen müssen «Informationen *über* wichtige Schuldnerländer».[16]

So wurde das Internationale Finanzinstitut IIF (International Institute of Finance) ins Leben gerufen.* Im Januar 1984 nahm es seine Tätigkeit auf, und ein Jahr später gehörten ihm 187 Banken aus 37 Ländern als Mitglieder an. Einige hatten ihren Sitz in den bedeutenden Schuldnerländern wie Brasilien, Argentinien, Mexiko und Venezuela. Aber 49 Mitglieder – über 25 Prozent – waren US-Banken; Japan war mit 15, Frankreich und Großbritannien waren mit jeweils 14 Banken vertreten.

Das IIF berechnet die Mitgliedsbeiträge auf der Grundlage des jeweiligen Engagements in der Dritten Welt – jährlich 85 000 Dollar für Banken mit Außenständen von über zehn Milliarden; 27 000 Dollar für Kredite von zwei bis zehn Milliarden und lediglich 5000 Dollar für Banken mit geringeren Krediten. Die MCBs und andere Großbanken sind ebenfalls Mitglieder – für sie sind 85 000 Dollar Kleingeld aus der Portokasse. Gerade die größten Banken sind am wenigsten auf die Informationen des IIF angewiesen. Denn sie verfügen alle über ein eigenes Aufgebot an ökonomischen und politischen Beobachtern sowie über Außenstellen in den betreffenden Ländern der Dritten Welt, die sie auf dem laufenden halten. Die niedrigen Mitgliedsbeiträge für die kleinen Fische passen ausgezeichnet zu der Bemerkung eines der Teilnehmer an der Gründungskonferenz des IIF: «Es ist tatsächlich für die Regionalbanken gedacht. Aber wir wollen nicht den Anschein erwecken... daß wir das Ganze für die Kleinen inszenieren, damit sie schön artig sind.»[17]

---

* Es ist interessant festzuhalten, daß die Schuldenkrise der zwanziger Jahre eine ähnliche Reaktion auslöste – die Gründung des Institute for International Finance 1928 mit Sitz an der Universität New York.

Unter der Führung von André de Lattre, einem Franzosen, der sowohl im Staatsdienst als auch bei Privatbanken hohe Posten bekleidet hat, ist das IIF zu weit mehr geworden als zu einer Zentrale für abrufbare Computerdaten oder für fundierte Berichte über die wirtschaftliche Lage von Schuldnerländern. Das IIF erfüllt außerdem eine wichtige Rolle als Vermittlungs- und Koordinationsinstanz zwischen den Mitgliedsbanken. Auch gegenüber dem IWF, der Weltbank oder der Welthandelskonferenz nimmt de Lattre kein Blatt vor den Mund.*[18]

Profit und Risiko – zwei Seiten einer Medaille?

Manche Leute haben noch immer die kuriose Vorstellung, zum Kapitalismus – oder zum freien Unternehmertum, wenn man so will – gehöre auch Risikobereitschaft. Das würde bedeuten, daß Banken wie andere Unternehmen die Verantwortung für ihre Fehler selbst tragen, so wie sie ja auch die Gewinne selbst einstreichen, wenn sie alles richtig gemacht haben. Nach dieser altmodischen Vorstellung bedeutet die Verantwortung eines Unternehmers, daß er unter Umständen Verluste und sogar einen Bankrott in Kauf nimmt. Wenn die Banken nicht in der Lage sind, verläßliche Urteile über die Risiken der wirtschaftlichen Entwicklung abzugeben und dennoch die Milliarden anderer Leute in derart riskante Unternehmungen stecken, dann sollten ihre Manager sich einen anderen Beruf suchen und vielleicht mit Bürsten hausieren gehen. All jene, die noch immer dieser antiquierten, auf Adam Smith zurückgehenden Denkweise darüber anhängen, wie ein normales kapitalistisches System funktionieren müßte, können sich von den gegenwärtigen Entwicklungen nur mit Schaudern abwenden.

Die Laissez-faire-Politik Reagans versucht um jeden Preis zu verhindern, daß den Großbanken auch nur kein Haar gekrümmt wird. Der Gemeinsame Wirtschaftsausschuß des US-Kongresses gab 1986 eine Studie in Auftrag, die zu folgenden Ergebnis gelangte:

«Statt die Lösung des Schuldenproblems der unsichtbaren Hand zu überlassen, hat die Reagan-Administration die Macht der Regierung

---

* 1987 trat de Lattre seinen Posten beim IIF an Horst Schulman ab.

und die Geldmittel des Finanzministeriums mobilisiert, um die Zahlungsfähigkeit des US-Bankensystems zu gewährleisten und einzelne Banken vor den Folgen ihrer unüberlegten Kreditpolitik zu schützen... Mittlerweile zeichnet sich sogar ab, daß die Maßnahmen der Regierungen weit über das hinausgingen, was für den Schutz der (größten) Banken vor dem Bankrott erforderlich war. Die Regierung hat nicht nur die Sicherheit und Solidität dieser Banken geschützt, sondern zusätzlich ihre Gewinne abgesichert und sogar aktiv gefördert... Mit dieser Handhabung der Schuldenkrise hat sie letzten Endes jene Institutionen belohnt, die einen wesentlichen Anteil an ihrem Zustandekommen hatten.»[19]

Das Weiße Haus wird sich beeilen, dieses Urteil als Quertreiberei des Kongresses abzutun, aber die Zahlen sprechen für den Ausschuß. Obwohl es von Anfang an nicht an warnenden Hinweisen gefehlt hat, wird der Beginn der «Schuldenkrise» im allgemeinen auf den Sommer 1982 datiert, als Mexiko haarscharf an der Zahlungsunfähigkeit vorbeischlitterte. Zwischen 1982 und 1985 stiegen die Gewinne von Bankers Trust um 66, Chase Manhattan um 84, Chemical um 61, Citicorp und Manufacturers Hanover um 38 und Morgan Guaranty um 79 Prozent.

Trotz des übermäßigen Engagements in Lateinamerika stiegen die im selben Zeitraum von den neun größten US-Banken ausgeschütteten Dividenden um mehr als ein Drittel. Zusätzlich profitierten die Aktionäre noch von dem enormen Kursanstieg der betreffenden Aktien. Die Steigerungen betrugen im einzelnen: Chase Manhattan 86 Prozent, Chemical 97, Citicorp 83, Morgan Guaranty 142 und Bankers Trust 154 Prozent. Kann man hier von einer Krise reden?[20]

Kleinere Banken hingegen werden von der Regierung nicht mit Samthandschuhen angefaßt. Statt dessen gehen sie mit trauriger Regelmäßigkeit eine nach der anderen zugrunde. Zwischen 1982 und 1986 gab es in den USA 428 Zusammenbrüche lokaler Bankinstitute (davon über ein Drittel sogenannte Agrarkreditbanken). Auch die Schließungen von Regionalbanken nehmen bedrohliche Ausmaße an: 1986 gingen dreimal so viele von ihnen bankrott wie 1982.[21] Würden jedoch auch nur die geringsten Anzeichen sichtbar, daß auch die Großbanken wegen fauler Auslandskredite ins Wanken geraten, dann käme es zu einem umfassenden nationalen und internationalen «Blitzkrieg» mit protektionistischen und anderen Abwehrmaßnahmen. Das jedenfalls hat sich am Beispiel des Alarmsignals Mexiko

1982 gezeigt. Die drohende Krise wurde zwar mit viel Glück gemeistert, aber erst nach wochenlangen Marathonsitzungen und in planloser, improvisierter Manier. Die Banken gingen ohne jeden Kratzer daraus hervor.

Weit unten in Mexiko

Die Geschichte der großen Rettungsaktion für Mexiko, die der verstorbene Joseph Kraft so schön erzählt hat[22], überzeugte mich zunächst einmal davon, daß seither eine vollkommen neue Errungenschaft das internationale Finanzsystem bereichert. Sie war das Produkt einer Notwendigkeit, die durch die mexikanische Krise schmerzhaft ins allgemeine Bewußtsein gedrungen ist. Ich nenne diese Neuerscheinung das Konsortium. Die Wörterbuchdefinition dafür lautet «Zusammenschluß mehrerer Staaten, Firmen usw.», während ich es definieren möchte als einen «Zusammenschluß von Staaten und Firmenunternehmungen (im vorliegenden Fall Banken) sowie internationalen Organisationen und ad hoc ins Leben gerufenen Institutionen». Die Mitglieder des Konsortiums – die Regierungen der Schuldnerländer, Banken, internationale Behörden – haben (zumindest) dieselben Interessen und verfolgen deshalb ähnliche Ziele. Sie bilden zwar keine Verschwörung, aber sie beraten sich gegenseitig, und die Mitarbeiter in den höheren Etagen kennen sich alle persönlich. Folglich handeln sie im allgemeinen auch gemeinsam, auch wenn dies gelegentlich daran liegen kann, daß ihnen keine andere Wahl bleibt.

Kraft befragte Dutzende von Teilnehmern an der Rettungsaktion und machte daraus ein flüssig und spannend zu lesendes Buch. Im Gegensatz zu den meisten übrigen Veröffentlichungen zum Thema Schuldenkrise ist es eine unterhaltsame Lektüre, wenn einem auch nachträglich die Haare zu Berge stehen. Das war Krisenmanagement von ganz oben mit allem drum und dran. Irgendwie kriegten sie es wieder hin, aber sie waren nur mit Mühe und Not noch einmal davongekommen. Während sie an einer Lösung arbeiteten, legten sie das Fundament zum Konsortium.

Das mexikanische Debakel begann unheilverkündend am Freitag, dem 13. August 1982. Zu den Akteuren, die Tag und Nacht auf den Beinen waren, um den Karren aus dem Dreck zu ziehen, gehörte am

Ende eine US-Mannschaft, gebildet aus der Notenbank, dem Finanz- und dem Außenministerium, dem Office of Management and Budget, verschiedenen anderen Ministerien und Behörden, dem Weißen Haus sowie den Topmanagern der Handelsbanken und deren Anwälten. Das mexikanische Team wurde vom damaligen Finanzminister Jesus Silva Herzog angeführt (den fast alle «Chucho» nannten, weil man, wie ein Freund später bemerkte, «nicht einmal ihn mit Jesus anreden kann»). Der IWF gab abwechselnd den Schiedsrichter und den Herdentreiber ab. Die US-Zentralbank, die «Fed», genauer ihr Vorsitzender Paul Volcker, hielt den Kontakt mit den Zentralbanken anderer reicher Länder, die untereinander durch die Bank für Internationalen Zahlungsausgleich in Verbindung standen.

Die Hauptdarsteller bezeichneten später das von ihnen Erreichte als «beispiellos» und «historisch» und sich selbst als «Pioniere». Silva Herzog bemerkte: «Danach war die Welt nicht mehr dieselbe... Es gab einfach keine Pläne, wie man eine solche Situation in den Griff bekommen könnte. Wir mußten sie erst selbst aufstellen.» Diese Situation wurde später von einem Mitglied der mexikanischen Delegation beschrieben:

«Wir rutschten nicht auf den Knien zu den Vertretern der internationalen Finanzwelt, um ein paar Erleichterungen unserer Schuldenlast zu erbitten, die man durch geringfügige Arrangements hinter den Kulissen hätte erreichen können... Wir sagten, wir hätten ein großes Problem mit einem großen ‹P›. Wir sagten nicht, das Problem sei dieser oder jener Kredit, (sondern) die gesamte Finanzstruktur. Wir sagten, es sei jedermanns Problem.» [23]

Und das war es auch. Mexiko hatte damals Schulden in Höhe von 80 Milliarden Dollar, und das Engagement von US-Banken war enorm. Die neun größten unter ihnen hatten nicht weniger als 44 Prozent ihres Kapitals als Kredite in dieses Land gepumpt; hätte Mexiko seine Zinszahlungen eingestellt, wären sie gesetzlich gezwungen gewesen, diese enormen Kredite in der Bilanz als «notleidend» auszuweisen. Dies hätte im Moment der Veröffentlichung ihrer Jahresberichte verheerende Konsequenzen nach sich gezogen. Ihre Aktienkurse wären ins Bodenlose gefallen, eine Vertrauenskrise und damit eine weltweite Panikstimmung auf den Finanzmärkten wären kaum zu vermeiden gewesen. Diese düsteren Aussichten machten die von den Mexikanern gelegte Mine auch zu einem Problem der Regierungen und des IWF.

Als die US-Mannschaft auf das Spielfeld lief, war sie alles andere als gut eingespielt. Donald Regan, der damalige Finanzminister, hatte seit jeher Paul Volcker in Fragen der Währungspolitik und als Vorsitzenden des Zentralbankrats bekämpft. Walter Wriston, damals Aufsichtsratvorsitzender der mächtigsten US-Großbank Citicorp, scherte sich ebenfalls wenig um die Meinung Volckers, nahm ihm übel, daß er überall seine Finger im Spiel hatte, und nannte ihn «das Mädchen für alles».

Das Weiße Haus war gegen eine Aufstockung der Mittel des IWF und wollte die Krise für seine eigenen Zwecke nutzen. «(Es herrschte) die Überzeugung, daß angesichts der prekären Lage die USA ihren Einfluß am besten geltend machen könnten, wenn sie nicht mitspielten, sondern hart blieben und die anderen dazu brachten, von sich aus um die Hilfe Washingtons zu bitten.» Mit anderen Worten, die Mexikaner und der IWF sollten zu Kreuze kriechen. Die Großbanken mißtrauten den kleineren, weil sie die Mitarbeit verweigern könnten; die wiederum waren empört, daß sie von den Großen nur herumgestoßen wurden.

Aus diesem bunt zusammengewürfelten Haufen, der bislang vorwiegend durch seine internen Querelen von sich reden gemacht hatte, schuf das mexikanische Menetekel eine einheitliche, gut geschmierte Finanzmaschinerie. Es wurden Ausschüsse gebildet, die Kommunikation klappte, und das Teamwork funktionierte. Irgendwann einmal brachten innenpolitische Zänkereien in Mexiko das sich anbahnende Vertragswerk fast zum Scheitern, das dem Land einen neuen Kredit von acht Milliarden Dollar bescheren sollte.

In der Nacht vom 31. August verstaatlichte der mexikanische Präsident Lopez Portillo auf den Rat der linken Fraktion der regierenden PRI die Banken und verhängte Maßnahmen zur Devisenkontrolle – beides ein Tabu für den IWF, dessen Sparprogramm der Angelpunkt der geplanten Rettungsaktion sein sollte. Am 1. September hielt der Präsident eine bewegende Rede «zur Lage der Nation», deren Kernstück in einer kaum verhüllten Brandmarkung des IWF bestand, der sich vermutlich besonders durch die Stelle mit den Ratten geschmeichelt fühlte:

«Überall in der Welt richtet die Finanzseuche immer schlimmere Verheerungen an. Wie im Mittelalter sucht sie ein Land nach dem anderen heim. Übertragen wird sie von Ratten, und ihre Folgen sind Armut und Arbeitslosigkeit, wirtschaftlicher Zusammenbruch und Spekulantentum. Die Kur der Medizinmänner besteht darin, den Patienten fasten zu lassen und ihn zur unfreiwilligen Bettruhe zu zwingen. Wer dagegen aufbegehrt, muß eliminiert werden, und die Überlebenden dienen den Doktoren, die einem überholten und übermächtigen Dogma und einem blinden hegemonialen Egoismus anhängen, als Beweis für den Heilerfolg.»[24]

Am folgenden Tag jubelten eine halbe Million Bauern und Arbeiter, die von der PRI in Bussen herangekarrt wurden, ihrem Präsidenten auf dem Zocalo zu, dem riesigen Platz im Herzen von Mexico City. Kurze Zeit nach dieser Rede, in der Lopez Portillo sich jeder einzelnen von IWF geforderten Maßnahme widersetzte, fand die Jahrestagung von IWF und Weltbank in Toronto statt. Hier waren nach den Worten Walter Wristons «um die 150 Finanzminister und gut 50 Zentralbankvertreter, 1000 Journalisten, 1000 Handelsbankvertreter, enorme Vorräte an Whiskey und eine einigermaßen kleine Stadt. Alle zusammen machten mächtig viel Dampf, um damit eine Maschine anzutreiben, die den Namen trug: ‹Das Ende der Welt steht bevor›»[25]

Doch der Himmel stürzte nicht ein. Man startete eine erste Rettungsoperation. Zunächst mußte der Abfluß größerer Geldsummen aus den New Yorker Filialen mexikanischer Banken gestoppt werden. Genau wie in den dreißiger Jahren, als einzelne nordamerikanische Privatkunden einen «Run auf die Banken» unternahmen, begannen jetzt ängstliche Bankierskollegen einen Run auf Mexiko und forderten von den mexikanischen Bankfilialen die sofortige Rückzahlung ihrer Kredite und Einlagen. Zwar hielten diese mexikanischen Banken gegenüber ihren Einlegern Verbindlichkeiten von insgesamt rund sechs Milliarden Dollar, doch sie hatten nicht genügend Bargeld in den Tresoren und konnten die Schecks nicht einlösen, die sie unter Zwang ausgestellt hatten.

Die «Fed» mußte ihre Verluste im New Yorker Clearinghaus decken, wo die Banken täglich ihre gegenseitigen Schulden miteinander verrechnen. Hätte dieser Aderlaß angedauert, so wäre das gesamte mühsam ausgehandelte Kreditpaket, das die USA, die BIZ in Basel und der IWF Mexiko zugesagt hatten, von diesen Rückzahlungen aufgezehrt worden. In dieser Situation «machte Volcker, unterstützt von anderen Zentralbanken, Druck auf die mexikanischen Behörden, und diese gaben ihn an die Bankfilialen in New York weiter. Sie erhielten Order, die Rückzahlung von Einlagen zu verweigern...»

Inzwischen rückte der Zeitpunkt heran, da Lopez Portillo die Präsidentschaft an Miguel de la Madrid übergeben sollte, und in Mexiko wurde das Geld knapp. Die Mexikaner versuchten, ihre drohende Zahlungsunfähigkeit zu nutzen, um mit dem IWF die bestmöglichen

Konditionen auszuhandeln, aber Jacques de Larosière, der geschäftsführende Direktor des Fonds, blieb hart. Nur wenige Wochen später mußten die Mexikaner einem Programm zustimmen, das sich kaum von dem unterschied, das man vor Lopez Portillos Verstaatlichungsmaßnahmen und seiner berühmten Rede ausgehandelt hatte.

Aber de Larosière hatte mehr im Sinn als ein Abkommen mit einem einzelnen Land. Er wollte – so erläutert Kraft – «die größeren Länder, die Zentralbanken und die Privatbanken zu einer gemeinsamen und anhaltenden Anstrengung bewegen, um Mexiko und die übrigen bedeutenden Schuldnerländer wirtschaftlich am Leben zu erhalten. Auf diese Weise hoffte er das internationale Finanzsystem zu retten.»

De Larosière hatte sein Unternehmen hervorragend vorbereitet: Er hatte die Unterstützung der «Fed», der Bank von England und des amerikanischen Finanzministeriums, das sich auch um die Mitarbeit der Regierungen anderer Länder bemühen wollte. Am 16. November berief er die Vertreter der großen Banken zu einer Konferenz ein, auf der er erklärte, Mexiko benötige insgesamt 8,3 Milliarden Dollar. Davon würden der IWF 1,3 und die einzelnen Regierungen weitere zwei Milliarden übernehmen; von den anwesenden Vertretern der Banken erwartete er, daß sie die restlichen fünf Milliarden beisteuerten. Aber damit nicht genug: Er gab ihnen dafür nur einen Monat Zeit. Die Bankiers glaubten, sie hätten sich verhört. Einer von ihnen erzählte Kraft, die Rede de Larosières habe «eine allgemeine Unruhe ausgelöst. Man konnte die Leute förmlich denken hören: ‹Mann Gottes, für wen hält der sich eigentlich?›» Aber im Rückblick betrachtet, so drückte es jedenfalls ein wichtiger Mann von Morgan Guaranty aus, war der Schritt des IWF-Präsidenten «eine bedeutende Maßnahme in der Geschichte des Bankwesens».

Der IWF hielt die Peitsche, während noch am selben Abend in Boston Paul Volcker den Anwesenden mit seiner Rede das Zuckerbrot zeigte. Er beteuerte, «es besteht eine ganz enge Interessengemeinschaft zwischen Gläubigern und Schuldnern, zwischen Regierungen und Privatunternehmen und zwischen den Industrieländern und den Entwicklungsländern, gemeinsam alles zu tun», um einer Bedrohung der finanziellen Stabilität zu begegnen, «die in der gesamten Nachkriegsgeschichte praktisch ohne Beispiel dasteht». An die Kredite der Banken, die durch ihre Mitarbeit «den Anpassungsprozeß erleichtern und ein Land befähigen, seine Wirtschaft zu stärken und seinen internationalen Zahlungsverpflichtungen in geregelter Weise nachzukommen, sollten durch die Aufsichtsbehörden keine allzu strengen Maßstäbe angelegt werden».[26] Mit anderen Worten: Die «Fed» war bereit, gegenüber einem Verhalten der Banken ein Auge zuzudrücken, das sie unter anderen Umständen als gefährliches Überengagement bezeichnet hätte.

Danach ging es eigentlich nur noch um die Klärung von Einzelfragen. Der Beratende Ausschuß der Bankiers, der sie in den Verhandlungen mit Mexiko vertreten hatte, faßte den Beschluß, jede Bank, die bisher an Mexiko Kredite vergeben hatte, müsse sich mit sieben Prozent dieses Engagements beteiligen. Wer sich dagegen sträubte – in der Hauptsache kleinere Banken –, sah sich auf einmal peinlich genauen Nachforschungen durch übereifrige Aufsichtsbeamte der «Fed» und anderen Schikanen ausgesetzt. Fast alle gaben schließlich klein bei.

Außerhalb der USA «wurde jeder erdenkliche formelle und informelle Druck ausgeübt. Das US-Finanzministerium wirkte geräuschlos auf die Regierungen Japans, Frankreichs und der Schweiz ein, damit diese ihre Banken zur Räson brachten... Sir Jerome Morse von Lloyds trieb den Beitrag der britischen Banken auf einer Versammlung ein, die einer der Anwesenheit mit einer kirchlichen Sammelaktion für Wohltätigkeitszwecke verglich.» Falls es nötig wurde, schaltete sich de Larosière persönlich ein. Ob freiwillig oder nicht, die Banken rückten schließlich das Geld heraus, und die restlichen fünf Milliarden kamen zusammen.

Aber selbst aus dieser Umschuldung schlugen die Banken noch bare Münze, indem sie höhere Zinsen und Gebühren berechneten – ein Mitglied der mexikanischen Delegation spricht von 70–90 Prozent des gesamten Kredits, aber das war vermutlich nur ein Spielverderber. Außerdem war die Gefahr gebannt, daß sie die bereits in ihren Büchern stehenden Kredite als «notleidend» ausweisen mußten.

Die mexikanische Rettungsaktion wurde zum Musterfall für den Umgang mit anderen lateinamerikanischen Schuldnerländern, und auch die Mexikaner selbst priesen sie als Musterbeispiel für Länder wie Venezuela, Argentinien und Brasilien an. Kraft ist sogar überzeugt, daß «die Rolle Mexikos bei der Umschuldung der argentinischen Verbindlichkeiten zeigt, daß der ‹Klub der Schuldner› sich an die Spielregeln hält und mit dem System zusammenarbeitet – nicht dagegen.»[27] Das Konsortium leistet ganze Arbeit, auf der nördlichen wie auf der südlichen Halbkugel.

Warum die Banken und nicht die OPEC?

In den einschlägigen Veröffentlichungen sucht man vergeblich nach Anzeichen des Mitgefühls bei den Bankiers für die kleinen Leute, die am Ende die Zeche zahlen müssen. Bankiers haben es mit Regierungen zu tun und mit ihren Bilanzen, aber nicht mit den Millionen, die das Unglück haben, unter diesen Regierungen zu leben. Die von den Banken begangenen Fehler werden von der eigenen Regierung verziehen und wenn nötig ausgebügelt. Die Bankmanager werden von niemandem für ihre Handlungen zur Rechenschaft gezogen, sie haben die Folgen nicht zu tragen. Nach wie vor kassieren sie sechsstellige Gehälter.

Es sind die Opfer der leichtsinnigen Kreditgeber und der verschwenderischen Schuldner, die die Sache ausbaden müssen. Wenn die Regierungen gezwungen sind, auch den letzten Centavo für den Schuldendienst auszugeben, kürzen sie die Ausgaben im eigenen Land, drücken die Löhne, setzen öffentliche Bedienstete auf die Straße, stellen kein Geld mehr für das Gesundheits- und Schulwesen und für soziale Einrichtungen zur Verfügung und vernachlässigen ganz allgemein die eigene Bevölkerung. Man macht es sich viel zu einfach, wenn man wie der zitierte anonyme Bankier sagt, es sei nicht die Sache der Banken, die Entwicklung der Schuldnerländer zu finanzieren. Denn genau dies tun sie seit mehr als zehn Jahren aus freien Stücken. Wegen ihrer Entscheidungen werden die Existenz und das Leben von Hunderttausenden vernichtet. Noch nie haben so wenige Menschen so schwere Fehler gemacht, die sich so verheerend auf so viele auswirken; aber es ist unwahrscheinlich, daß die Banken das jemals zugeben werden.

Irgendwann in der Vergangenheit wirkte ihr Verhalten wahrscheinlich gerechtfertigt. Zweifellos bedurfte es der Banken, um das Getriebe des internationalen Handels zu schmieren. Während der gesamten Nachkriegsperiode lagen die Preise für die im Norden hergestellten Güter über denen der aus dem Süden exportierten Rohstoffe. Der Süden war also benachteiligt, und so mußte die Differenz im Güteraustausch irgendwo untergebracht werden, wenn die Länder der Dritten Welt weiterhin Produkte aus den Industrieländern importieren sollten. Das geschah in Form von Bankkrediten. Immer häufiger finanzierten die Banken schlicht US-amerikanische und europäische Unternehmen, die ihre Erzeugnisse in der südlichen Hemisphäre absetzen wollten.[28]

Deshalb hatten die Banken auch keinen Grund, sich darum zu kümmern, was innerhalb des kreditnehmenden Landes vor sich ging: Sie finanzierten nicht die Philippinen oder Brasilien, sondern Boeing und Westinghouse, gewöhnlich gemeinsam mit der Import-Export-Bank (und ähnlichen nationalen Institutionen). Als Gegenleistung gaben die westlichen Regierungen den Bankiers bombenfeste Bürgschaften gegen Verluste. «Ohne die Beteiligung der Export-Import-Bank werden sich die Handelsbanken nicht an Krediten für aufstrebende Nationen beteiligen.»[29] Diese Länder ahnten kaum etwas davon, wohin sie da hinaufstrebten!

Die eigentliche Kreditschwemme setzte mit dem ersten Ölpreisschock 1973 ein und verstärkte sich rapide nach der zweiten Anhebung der Ölpreise 1979. Als die Banken sich der Aufgabe annahmen, die Petrodollars zurückzuschleusen, schien dies die natürlichste Sache der Welt. Die OPEC-Länder hatten Geld, und die Nicht-Ölländer der Dritten Welt brauchten es – zum Teil für Erdölimporte. Die Banken waren die geeigneten Vermittler. Man könnte einwenden (und ich bin dieser Meinung), die OPEC-Länder hätten die Transferierung in die eigenen Hände nehmen und das Geld direkt an die bedürftigen Länder ausleihen können, anstatt den Banken ein solch beispielloses Machtmittel in die Hand zu geben. Dann ständen auch die Ölförderländer heute sicherlich besser da.

Wären die OPEC-Länder als Anbieter von Energie und von Finanzmitteln gegenüber den meisten Ländern der übrigen Welt aufgetreten, dann hätten sie die kollektive Macht des Südens und den eigenen politischen Einfluß unermeßlich stärken können. Das islamische Gesetz verbietet hohe Zinsen, und so hätten die kreditnehmenden Länder das Geld wohl zu günstigeren Konditionen erhalten. Was aber noch wichtiger ist: Ohne ein ausdrückliches Signal der OPEC hätte es keinen Anlaß gegeben, den IWF einzuschalten. Heute hingegen stehen auch die OPEC-Länder als Schuldner da; bereits 1984 betrug ihre Nettoverschuldung gegenüber den Industrieländern zehn Milliarden Dollar.[30]

Wahrscheinlich kam es den Ölförderländern zu keiner Zeit auch nur in den Sinn, die Verwaltung ihrer Petrodollars in die eigene Hand zu nehmen. Sie verhielten sich einfach wie gute Kapitalisten, indem sie einen höheren Ertrag ihres Geldes erwarteten, wenn sie es den Profis in London und New York anvertrauten. Auf diese Weise verpaßten sie eine historische Chance – und gaben den ohnehin schon reichen Ländern die Gelegenheit zu einem beispiellosen Coup. Unter dem Zugriff von westlichen Regierungen, Banken und ihren Helfershelfern wie dem IWF hat das Instrument der Kreditvergabe die Dritte Welt einschließlich der OPEC-Länder weiter geschwächt. Heute geht es diesen Ländern schlechter als vor dem großen Run auf die Kredite, und sie sind offen einer neuartigen «Rekolonialisierung» preisgegeben.

Wie auch immer, die Banken hatten jedenfalls Mitte der siebziger Jahre eine Menge Geld zur Verfügung. Heute behaupten ihre Vertreter, sie seien zu den riesigen Krediten an die Länder der Dritten Welt von Staats wegen ermutigt worden; es habe ein stillschweigendes Einverständnis mit den Regierungen der westlichen Länder bestanden, daß die geregelte Wiederanlage der Petrodollars im öffentlichen Interesse liege. Ein Vertreter der American Bankers Association sagte dazu im Frühjahr 1983 vor dem Kongreßausschuß für Bankwesen: «Es gab zwar keine regierungsamtliche Direktive an die Banken, diese Mittel wieder zurückfließen zu lassen, aber es wurde fraglos von ihnen erwartet.»[31]

Solche Äußerungen zeigen nicht zuletzt, daß die Banken die Regierungen mit hineinziehen und sicherstellen möchten, daß diese ihnen bei Bedarf wieder aus der Patsche helfen. Doch es ist mehr als zweifelhaft, daß die vitalen Interessen ebendieser Regierungen auch schon in den glorreichen Tagen expandierender Kredite und steigender Gewinne in den Überlegungen der Bankiers obenan standen. Wie ein Professor für internationale Wirtschaftsbeziehungen bemerkt: «Sollen wir wirklich glauben, daß diese stolzen Institutionen sich dem Willen von Vertretern des Staates so demütig unterworfen haben? Hätten sie sich wirklich so tief in die Sache eingelassen, wenn sie nicht davon überzeugt gewesen wären, daß auch für sie einiges dabei herausspringen würde? ... Wenn sie sich so bereitwillig anboten, die Petrodollars zurückzuführen, dann doch nur deshalb, weil sie glaubten, daß sich damit Geld – vielleicht sogar sehr viel Geld – verdienen ließe... Ihr Beweggrund waren Profite und nicht das öffentliche Interesse.»[32]

Und gewinnträchtig ist das Geschäft bis heute. Die Schuldenkrise ist für die Banken ein unverhoffter Glücksfall. So bezahlte etwa ein Land wie Brasilien von 1979 bis 1985 69 Milliarden Dollar an Kreditzinsen – und das einzige, was es davon hatte, waren am Ende eine größere Schuldenlast und noch höhere Zinsforderungen als je zuvor. Die Gläubigerländer haben sich inzwischen zusammengerauft. Dank der durch die mexikanische und spätere Rettungsaktionen erworbenen Übung hat der neue Geist der (erzwungenen oder freiwilligen) Kooperation zwischen Banken, Regierungen und dem IWF die Strekkung der Schuldenlast der Dritten Welt zu einem denkbar unproblematischen Verfahren gemacht. Die Banken – zumindest die großen unter ihnen – können sicher sein, daß sie heil davonkommen. Das Konsortium besteht eisern darauf, daß das Problem nach wie vor «von Fall zu Fall» behandelt wird. Im folgenden Kapitel werden wir uns mit einem der wichtigsten Instrumente beschäftigen, mit denen das Konsortium die Schuldnerländer bei der Stange hält.

Der Internationale Währungsfonds

Als ich mit meiner Untersuchung der Schuldenkrise begann, war ich mir ziemlich sicher, daß der Schurke in diesem großen Welttheater nur der IWF sein konnte. Heute, da ich mit den Praktiken des Fonds besser vertraut bin, glaube ich jedoch, daß diese Schuldzuweisung ein Fehler oder zumindest irreführend wäre. Gewiß spielt der IWF eine wichtige und gelegentlich auch bösartige Rolle, aber diese läßt sich nur im Zusammenhang mit der Krise insgesamt und mit den übrigen Akteuren verstehen.

Der Fonds steht besonders im Rampenlicht, denn er hat die Anpassungsprogramme ausgetüftelt, durch die viele Menschen in den betroffenen Ländern in eine schwere Notlage gestürzt wurden. Aber man kann ihn nicht für die Umstände verantwortlich machen, die überhaupt erst dazu geführt haben, daß hochverschuldete Länder ihn um Hilfe angehen mußten. Ebensowenig wie man dem IWF eine übermäßige Machtstellung innerhalb des globalen Finanzsystems zuschreiben kann – dafür stehen ihm nicht genug Geldmittel zur Verfügung, und außerdem muß er Anweisungen von außen folgen.

Zutreffender läßt sich die Rolle des IWF als die eines Kuriers, Aufpassers, internationalen Feigenblatts und eines Polizisten für diejenigen charakterisieren, die wirklich finanzielle Macht haben. Wie wir im vorangegangenen Kapitel gesehen haben, wird das Fundament des Weltwährungssystems von den Privatbanken gebildet, wobei die Einzelstaaten (einschließlich ihrer Zentralbanken und Finanzministerien) als Garanten auftraten. Der Fonds ist in ihrem Auftrag tätig.

Als Aufpasser und Kurier sorgt der IWF mit dafür, daß übermäßig engagierte Banken ihre Kredite zurückbekommen und daß selbst hochverschuldete Länder wie Mexiko das System nicht insgesamt destabilisieren können. In seiner Alibifunktion ermöglicht er den großen Industrieländern und ihren Banken, die Folgelasten ihrer eigenen kurzsichtigen Politik und ihrer finanziellen Leichtfertigkeit auf seine

Schultern abzuwälzen. Er trägt bei zur Sicherung ihrer Macht über die armen Nationen. Gleichzeitig erlaubt er den Führungsschichten ebendieser Nationen – als Gegenleistung für ihre Kooperationsbereitschaft –, ihren Überfluß und ihre Sondervergünstigungen auf Kosten der Mehrheit ihrer Mitbürger aufrechtzuerhalten. Der IWF ist eine Art Gottvater – er macht den Ländern Angebote, die sie nicht ausschlagen können.

Obgleich der Fonds seit einem guten Jahrzehnt für manche Länder, darunter die Philippinen, Jamaika, Kenia und Zaire, eine wichtige Rolle gespielt hat, ist sein Aufstieg zu einem Star auf der internationalen Bühne erst jüngeren Datums. Wie wir gesehen haben, waren die siebziger Jahre eine Zeit der berauschenden Euphorie für die Banken, in der die Regierungen der Schuldnerländer dem Bann des scheinbar nie versiegenden leichten Geldes erlagen. In jenen Tagen wollte niemand etwas vom IWF wissen – die Kreditgeber nicht, da sie sich zu ihrer effizienten Rückführung der Petrodollars selbst beglückwünschten, und die Kreditnehmer nicht, weil sie keine Lust hatten, sich den strengen Kreditauflagen des Fonds zu unterwerfen. Deshalb vernahm man bis zu Beginn der achtziger Jahre in der Dritten Welt kaum etwas vom IWF, da die Banken das große Kreditspiel zu jedermanns Zufriedenheit spielten.

Zwischen 1974 und 1979 deckte der IWF weniger als fünf Prozent des Finanzbedarfs der Entwicklungsländer. Entsprechend gering war auch sein Einfluß. Im Jahre 1978 zahlten die kein Erdöl produzierenden Entwicklungsländer sogar 900 Millionen Dollar mehr an den Fonds zurück, als sie an Krediten von ihm erhielten. Ein Jahr später überstiegen die IWF-Darlehen an dieselben Länder (1,8 Milliarden Dollar) deren Rückzahlungen nur um 200 Millionen.[1] Der zweite Ölpreisschock war eine wesentliche Mitursache für die Verdoppelung des Handelsdefizits der Entwicklungsländer von 45 auf 90 Milliarden Dollar innerhalb von nur zwei Jahren (1979–1981). Zu diesem Zeitpunkt versuchte der Fonds sich einzuschalten, doch die US-Regierung unter Reagan weigerte sich, ihm weitere Kreditmittel zu bewilligen. Statt dessen erhöhten die Privatbanken abermals ihre Kredite an die am höchsten verschuldeten Länder. Zu Beginn der achtziger Jahre stammten 55 bis 60 Prozent aller von den Entwicklungsländern aufgenommenen Kredite von Privatbanken.

Die Banken und der IWF – Hochzeit mit Hindernissen

Die weltweit einsetzende Rezession machte mit einemmal die Sorglosigkeit, mit der die Banken ihre Gelder verliehen hatten, für alle Beteiligten offenkundig. Den Schuldnern wurde plötzlich bewußt, daß ihre Kredite überwiegend kurzfristiger Art waren und daß die ausgehandelten variablen, von der Marktlage diktierten Zinsen gefährlich anstiegen. Die Schuldnerländer mußten feststellen, daß diese Zinszahlungen einen immer größeren und weniger kalkulierbaren Anteil ihrer Exporteinkünfte verschlangen, die gerade zu dieser Zeit drastisch zurückgingen.

Obgleich ihre Kredite an Dritte-Welt-Länder nach wie vor enorme Profite abwarfen, begannen auch die Bankmanager ihre frühere Unbekümmertheit abzulegen und einzusehen, daß Länder zwar «nicht aufhörten zu existieren», aber trotzdem ernsthafte Schwierigkeiten mit der Rückzahlung ihrer Darlehen haben konnten. Die Banken waren bereits zu sehr engagiert, und doch wußten sie, daß sie nun weitere Kredite vergeben mußten, nur um die fälligen Zinszahlungen sicherzustellen und so ihre alten Kredite «gesund» zu erhalten. Die Hoffnung der neokonservativen Nationalökonomen auf eine Selbstkontrolle der Banken erwies sich als Schimäre.

Als die Zahlungsfähigkeit der Länder der Dritten Welt dahinschwand, mußten die zunehmend nervöser werdenden Bankmanager erkennen, daß sie die Regierungen der Schuldnerländer weder allein noch gemeinsam dazu zwingen konnten, der Bedienung der Kredite nun höchste Priorität einzuräumen. Angesichts der finsteren Aussicht auf eine lange Serie von Zusammenbrüchen benötigten sie eine formal neutrale Institution, die mit genügend Macht zur Eintreibung der Schulden ausgestattet war und gleichzeitig genügend Finanzmittel mobilisieren konnte, um die Rückzahlung zu ermöglichen.

Die Banken wollten natürlich von den erforderlichen Geldmitteln möglichst wenig selbst aufbringen. Eine internationale Institution wie der IWF hingegen konnte ihre eigenen Mittel einsetzen (Zahlungen der Mitgliedstaaten und andere Beiträge) und außerdem ihre Mitgliedsländer dazu bringen, größere Beträge in den gemeinsamen Topf einzuzahlen. Der Hilfsfonds zur Rettung Mexikos war typisch dafür: Der Anteil des IWF betrug, 1,3 Milliarden Dollar, der der Regierung zwei Milliarden, und die Banken brachten fünf Milliarden Dollar als «erzwungene Kredite» auf.

Man darf jedoch nicht vergessen, daß damit im Fall Mexikos die öffentlichen Gelder 40 Prozent des gesamten «Rettungspakets» ausmachten, während nur 20 Prozent der Schulden Mexikos an öffentliche Institutionen zurückgezahlt werden müssen. Für die restlichen 80 Prozent kassieren die Banken weiterhin ihre Zinsen. Mit anderen Worten: Der IWF transferiert de facto öffentliche Gelder (also Steuergelder) an Privatbanken – es spielt praktisch dabei keine Rolle, daß diese Geldmittel zuvor ihren Weg durch die Bilanzen des mexikanischen Staates nehmen. In dieser Hinsicht erzwingt der Fonds eine Besteuerung ohne politische Mitsprache der Bevölkerung der Industrieländer.

Die Zusammenarbeit mit dem IWF bedeutet für die Banken noch einen weiteren Vorteil – ein von ihm beaufsichtiges Anpassungsprogramm ist die beste Garantie dafür, daß die betroffenen Länder auch weiterhin über die nötigen Mittel für die Zinszahlungen verfügen werden. Diese Programme machen Exporterträge zum obersten Gebot, und die entsprechenden Erlöse wandern ohne Umweg in die Kassen der Banken. Auch hier liefert die mexikanische Rettungsaktion ein lehrreiches Beispiel: Ohne das Rückgrat eines IWF-Programms für Mexiko hätte keine einzige der beteiligten Banken auch nur einen Finger gerührt. Die Banken mögen keine unfreiwilligen Kredite, und vermutlich war das Ganze eine Hochzeit mit Hindernissen, aber der Fonds und die Banken waren eben füreinander bestimmt.

Theorie und Praxis – Von den «komparativen Vorteilen» zum Sparprogramm

Ich möchte an dieser Stelle weder näher auf die Entstehung und den Aufbau des IWF eingehen, wie er im Juli 1944 in Bretton Woods von Lord Keynes und Harry Dexter White geplant wurde (gleichzeitig mit der Weltbank), noch auf seine anschließende Entwicklung. Für unsere Zwecke mag der Hinweis genügen, daß die Vereinigten Staaten, die aus dem Zweiten Weltkrieg als stärkste Wirtschaftsmacht der Erde hervorgingen, dringend eine Institution benötigten, die dazu beitrug, den Welthandel wiederaufzubauen und zu fördern.[2] Das ist der eigentliche Sinn und Zweck des IWF.

Der Fonds wird für gewöhnlich als eine reine Finanzinstitution betrachtet; als eine Art Superbank, eine letzte Zuflucht als Geldgeber oder – je nach dem Standpunkt des Betrachters – als Retter in der Not von Ländern bzw. Banken. Das ist alles richtig. Aber um die theoretischen Grundsätze des Fonds und seine Praxis zu verstehen, müssen wir die Frage stellen, warum er Kredite vergibt: zu welchem Zweck er hochverschuldeten Ländern behiflich ist, «eine ausgeglichene Zahlungsbilanz zu erreichen», wie es in seiner Satzung heißt.

In dieser Satzung ist auch schon die Antwort auf unsere Frage zu finden. Ihr erster Artikel enthält sechs Ziele. Der Fonds soll unter anderem «eine harmonische Entwicklung des internationalen Handels erleichtern, um auf diese Weise eine hohe Beschäftigungszahl und einen gehobenen Lebensstandard sowie die Erschließung der Produktionsquellen der Mitglieder zu erreichen... (und) sich um die Aufhebung jeglicher Einschränkungen des gegenseitigen Zahlungsverkehrs bemühen, die das Wachstum des Welthandels behindern».

Selbst jene im ersten Artikel beschriebenen Aufgaben, die scheinbar rein finanzieller Natur sind, dienen in Wirklichkeit einem einzigen übergeordneten Ziel: dem Wachstum und der Entwicklung des Welthandels. Länder, deren Importe fortwährend ihre Exporte übersteigen, benötigen finanzielle Unterstützung, damit sie sich nicht aus dem Welthandel zurückziehen. Denn ohne Kredite können sie keine ausländischen Güter erwerben. Durch das Eingreifen des IWF werden sie nicht nur als Teilnehmer auf dem Weltmarkt bei der Stange gehalten, sondern die mit den Darlehen verbundenen notwendigen Anpassungsprogramme zwingen sie dazu, diese Teilnahme noch zu verstärken, selbst wenn dies den Interessen der betroffenen Bevölkerung nachweislich schadet.

Der IWF hat wiederholt von sich behauptet, er sei keine Entwicklungsinstitution und niemals als solche konzipiert worden. Die Entwicklung einzelner Länder fällt in die Zuständigkeit seiner Schwesterinstitution, der Weltbank. Der Fonds ist dazu da, um der Weltwirtschaft seine eigene Orthodoxie aufzuzwingen, und deren Grundpfeiler sind die Lehren vom Freihandel und von den komparativen (oder natürlichen) Vorteilen. Die Quintessenz dieser Lehre hat bereits der Nationalökonom David Ricardo zu Beginn des 19. Jahrunderts formuliert:

«Es ist für das Wohl der Menschheit ebenso wichtig, daß unsere Genüsse durch bessere Arbeitsverteilung erhöht werden sollten, das heißt dadurch, daß ein jedes Land solche Güter erzeugt, für welche es sich infolge seiner Lage, seines Klimas und seiner anderen natürlichen oder künstlichen Vorteile eignet, und daß man sie für die Güter anderer Länder austauscht...»[3]

Diese Grundsätze werden vom IWF gewissenhaft befolgt und leiten sein Handeln. Das Prinzip des Freihandels bedeutet, daß die Mitgliedschaft im Fonds mit der stillschweigenden Verpflichtung verknüpft ist, Handelshindernisse aus dem Weg zu räumen und vor allem Maßnahmen zur Devisenbewirtschaftung aufzuheben. Knappes Geld kann ein weit wirksameres Handelshemmnis sein als Zölle. Aber auch andere Handelsbarrieren wie Quoten, Behinderungen ausländischer Investitionen usw. werden vom Fonds zutiefst verabscheut.

Welche Möglichkeiten hat der IWF, seine Lehren in die Praxis umzusetzen? Seine Stunde schlägt, wenn ein Land von der internationalen Bankwelt als hohes Kreditrisiko eingestuft wird; wenn also seine Schulden im Verhältnis zu seinen Möglichkeiten, durch den Verkauf von Exportgütern Devisen einzunehmen, eine gefährliche Höhe erreicht haben. In dieser Situation wendet sich ein Mitgliedsland an den Fonds, um Kredite zu beantragen. Deren Größenordnung ist theoretisch durch die Höhe der zu Beginn der Mitgliedschaft eingezahlten Quote bestimmt. Die Kredite werden in aufeinanderfolgenden «Tranchen» bewilligt, die mit zunehmend härteren Auflagen verknüpft werden.

Die Anzahl und Härte der Maßnahmen, die der Fonds selbst bei relativ kleinen Krediten von dem bedrängten Land verlangt, haben mehrfach zu Beschwerden geführt, aber die bittstellenden Länder wissen, daß sie ohne die Zustimmung des Fonds von keiner anderen Quelle mehr einen Kredit erhalten werden. Mit dieser Regelung soll sichergestellt werden, daß sich das Land von nun an wirtschaftspolitisch in Übereinstimmung mit der «gesunden» Wirtschaftsdoktrin verhält. Dabei wird unterstellt, es liege im allgemeinen Interesse, daß die Schuldner des Fonds jede auch noch so bittere ökonomische Pille schlucken, die der IWF ihnen verschreibt. Ein langjähriger Mitarbeiter des Fonds hat dazu bemerkt: «Würde der Fonds damit anfangen, seine Konditionen zu erleichtern, dann würde sich diese Änderung seiner Haltung rasch herumsprechen, und der Fonds würde vermutlich an Einfluß auf künftige potentielle Kreditnehmer verlieren.»[4]

Heutzutage überschreitet der Geldbedarf der meisten Länder, die sich gezwungenermaßen an den Fonds wenden, sehr bald die Höhe der ihnen aufgrund ihrer Quoten zustehenden Tranchen. So nehmen sie eine Vielzahl der unterschiedlichsten «Fazilitäten» in Anspruch, die der IWF im Lauf der Jahre seinen Mitgliedern zusätzlich eingeräumt hat. Im allgemeinen vergibt der Fonds seine Kredite in seiner eigenen, zusammengesetzten Währung, die als «Sonderziehungsrechte» (SZR) bezeichnet wird. Da die Nachfrage nach Fondsmitteln in jüngster Zeit außerordentlich gestiegen ist, wurden die Quoten für viele Länder zu einer höflichen Fiktion und de facto durch eine «Politik des erweiterten Zugangs» ersetzt – eine Möglichkeit, einigen Mitgliedern die Verletzung aller bisherigen Regeln zu gestatten, vorausgesetzt, sie ergreifen «wirksame politische Maßnahmen mit dem Ziel, das bestehende Zahlungsungleichgewicht zu beseitigen».[5]

Die Satzung des IWF sieht vor, daß «der Fonds Maßnahmen ergreift..., die die Mitgliedsländer darin unterstützen, ihre Zahlungsbilanz auszugleichen..., und die angemessene Sicherheitsvorkehrungen für den Gebrauch seiner Mittel schaffen». Diese Klauseln übertragen dem IWF eine Blankovollmacht zur Organisation der Wirtschaftsstrukturen seiner Klientel nach eigenem Gutdünken. Zusammengenommen ergeben diese «wirksamen Maßnahmen», auf denen der Fonds besteht, ein Anpassungsprogramm. Der Fonds beklagt, daß so viele seiner Mitglieder ihn erst um Hilfe angehen, wenn ihnen das Wasser wirklich bis zum Hals steht. Nach Meinung der Vertreter des IWF ist dieses Zuwarten der Hauptgrund für seine drakonischen Sparprogramme, wie seine «Anpassungsprogramme» im allgemeinen und zutreffender bezeichnet werden (aber nur außerhalb des IWF).

Das grundlegende Ziel der Anpassung ist ganz simpel und wird letztlich von jedem Familienhaushalt genauso verfolgt: Steigerung der Einnahmen, Senkung der Ausgaben. Die Schuldnerländer der Dritten Welt verfügen häufig nicht über die nötigen Devisen, um auch nur ihre einfachsten Grundbedürfnisse zu befriedigen, und es dauert nicht lange, bis die Lieferfirmen keinen Zahlungsaufschub mehr gewähren. Um diese Knappheit an ausländischen Zahlungsmitteln zu beheben, muß der Schuldner den Inlandsverbrauch drosseln und die Exporte erhöhen.[6]

Zu den Anpassungsmaßnahmen des IWF gehören meist die Abwertung der Landeswährung (um die Einfuhr zu senken und die Ausfuhr zu erhöhen), eine drastische Kürzung der Staatsausgaben – vor allem im Sozialwesen und bei den Subventionen für Nahrungsmittel und andere Verbrauchsgüter –, die Privatisierung staatlicher Unternehmen und/oder eine Anhebung der von ihnen erhobenen Gebühren und Tarife (Strom, Wasser, öffentliche Verkehrsmittel etc.) und die Aufhebung von Preiskontrollen. Dazu kommt schließlich und endlich die Einführung einer «Bedarfslenkung» (das heißt Einschränkung des Konsums) durch Lohnstops in Verbindung mit Kreditbeschränkungen und einer Erhöhung der Steuern und der Zinsen, um die Inflation einzudämmen.[7]

Das alles mag ganz vernünftig klingen. Ein Land kann auf die Dauer ebensowenig über seine Verhältnisse leben wie eine Familie. Es fragt sich jedoch, wer hier eigentlich über wessen Verhältnisse lebt. Wie wir bereits gesehen haben, waren es die Eliten der Entwicklungsländer, häufig die Militärs, die in erster Linie für die enorme Verschuldung die Verantwortung tragen. Ihre Entwicklungsprogramme kamen ihnen selbst zugute; die Mehrheit der Bevölkerung hatte nichts davon. Wir werden bald sehen, wie die umfassende und kritiklose Umsetzung der Grundsätze des IWF die Leiden der einfachen Bevölkerung noch verschlimmert.

Der IWF weiß, daß man ihn als Sündenbock für alles wirtschaftliche und soziale Elend in der Dritten Welt ausgesucht hat. Er rechtfertigt sich mit dem Hinweis auf seinen «unpolitischen» Charakter, um nicht zu sagen seine politische Ohnmacht.[8] Der ehemalige Präsident des Fonds, Jacques de Larosière, hat seine Institution von jeder Verantwortung für soziale Ungerechtigkeit freigesprochen:

«Es wird immer wieder behauptet, daß sich die Programme des Fonds gegen die am meisten benachteiligten Bevölkerungsgruppen richten. Doch dabei wird häufig übersehen, daß es die Regierungen sind, die entscheiden, wie die erforderlichen Anstrengungen auf die verschiedenen Gesellschaftsgruppen und auf die verschiedenen Sektoren der öffentlichen Ausgaben (Rüstung oder Sozialeinrichtungen, Investitionen in neue Produktionsstätten oder in laufende Betriebe, direkte oder indirekte Steuern) verteilt werden. Diese Entscheidungen werden von vielen überhaupt nicht berücksichtigt. Statt dessen gerät der Fonds ins öffentliche Schußfeld, weil sich seine Aktivitäten angeblich gegen die Ärmsten der Armen wenden.

In diesem Zusammenhang kann man die Frage stellen, ob der Fonds auf die politischen Entscheidungen einzelner Regierungen Druck ausüben oder gar die Bewilligung seiner Unterstützung von Maßnahmen abhängig machen soll, durch die die am stärksten benachteiligten Bevölkerungsschichten besser geschützt würden. Eine internationale Institution wie der Fonds kann sich nicht anmaßen, souveränen Regierungen soziale und politische Ziele zu diktieren...»[9]

Das ist – vornehm ausgedrückt – Unsinn. Wie ich bereits mit Blick auf die Weltbank ausgeführt habe, die genau dieselben Rechtfertigungsgründe geltend macht[10], hätte der IWF die Macht, die wirtschaftlichen und damit die politischen Entscheidungen seiner hochverschuldeten Klienten zu beeinflussen, wenn er nur wollte – aus dem einfachen Grunde, weil er das Geld hat. Wäre der Fonds überzeugt – und er ist es offenbar nicht –, daß wirtschaftliches Wachstum auch erreichbar ist durch mehr soziale Gleichheit, bessere Schulbildung und Gesundheitsfürsorge, die Einrichtung weiterer grundlegender sozialer Institutionen, eine gerechtere Einkommensverteilung usw., dann könnte er diese Ziele sehr wohl zu Bestandteilen seiner Programme machen. Statt dessen hatten gerade jene Länder, die am nachdrücklichsten an sozialen Zielsetzungen festhielten (zum Beispiel Tansania oder Jamaika unter der Peoples National Party), die größten Schwierigkeiten, sich mit dem Fonds zu einigen.

Sicherlich ist der Fonds nicht der Alleinschuldige – dafür gibt es zu viele furchtbare, undemokratische Regierungen –, aber er hat sich gleichwohl aus politischen Erwägungen dafür entschieden, soziale Gerechtigkeit nicht zu einem Kriterium für seine Programme und schon gar nicht zu einem Ziel zu machen, das er einer Regierung auferlegen könnte. Solche Regierungen können sich ungezählte Hungertote leisten und den IWF als ebenso bequemen wie bereitwilligen Sündenbock dafür verantwortlich machen.

Ein anderer ehemaliger Präsident des Fonds, Johannes Witteveen, äußerte 1978 ganz unverblümt, «der Fonds enthält sich jeder Meinungsäußerung darüber, wie die Lasten der Anpassung auf die verschiedenen Bevölkerungsgruppen am besten verteilt werden sollten».[11] In dieser Hinsicht hat er in de Larosière einen würdigen Nachfolger gefunden. Eine Untersuchung der Kreditbedingungen des IWF ergab, daß für den Zeitraum von 1964 bis 1979 in den Fondsprogrammen 196mal konkrete Ziele formuliert wurden; das Ziel, «die Armen vor möglichen nachteiligen Auswirkungen des Programms zu schützen», fand sich genau einmal.[12]

Diese heuchlerische Nichteinmischungspolitik hat die Kritik selbst moderater Beobachter wie Tony Killick auf sich gezogen, von dem die erwähnte Untersuchung stammt. In einem anderen Zusammenhang führt Killick aus:

«Es ist nicht ganz und gar abwegig, wenn sich die Führung des Fonds aus einem politischen Selbstverständnis heraus weigert, bei der Aufstellung und Kalkulation ihrer Programme auch solche Rückwirkungen (auf die Einkommensverteilung) zu berücksichtigen... Selbstverständlich geht das in erster Linie die Regierungen der Länder selbst an, aber das gilt für alle Aspekte der Innenpolitik. Die Vertretungen des Fonds erteilen politische Ratschläge im Hinblick auf eine Stabilisierung der Preise, einen Ausgleich der Zahlungsbilanz und auf bestimmte Aspekte des wirtschaftlichen Wachstums im Rahmen seiner Programme; mit welcher Begründung kann er es ablehnen, dasselbe auch im Hinblick auf die sich daraus ergebende Einkommensverteilung zu tun?»[13]

Es gibt Anzeichen dafür, daß der Fonds schließlich eingesehen hat, daß er solchen Fragen letztlich nicht ausweichen kann – wohlgemerkt: nicht gänzlich. In einem Rundschreiben des IWF für den internen Gebrauch des Vorstands und der Abteilungsleiter heißt es: «Die offiziell vertretene Auffassung des Fonds, daß einkommenspolitische Maßnahmen allein Sache der souveränen Regierungen sind..., hat den praktischen Vorteil, daß damit ein möglicherweise umstrittenes Problem umgangen wird.»[14] Im selben Text, dessen Autoren anonym bleiben, wird jedoch eine Alternative vorgeschlagen:

«Wenn der Fonds den Versuch unternehmen wollte, die jeweiligen öffentlichen Ausgaben mit Blick auf eine Verbesserung der Einkommensverteilung im Lande genauer aufzuführen, müßte folgendes beachtet werden:

a) Bei Bildungsausgaben sollte das Schwergewicht auf Grundkenntnisse und berufliche Ausbildung gelegt werden;

b) bei Ausgaben für das Gesundheitswesen sollte das Schwergewicht auf die Bereitstellung dezentraler medizinischer Betreuungsstellen statt auf den Bau von Krankenhäusern gelegt werden;

c) Begrenzung der Verteidigungsausgaben;

d) Begrenzung des Baus von öffentlichen Pracht- und «Prestigeobjekten»;

e) Befürwortung von weit strengeren Haushaltskontrollen durch den Finanzminister über die Ausgaben der übrigen Ministerien.»[15]

Das wäre ein großartiges Programm – für Einsteiger. Der entscheidende Punkt der ganzen Passage ist natürlich das Wörtchen «wenn». Weder gibt es sichtbare Anzeichen dafür, daß der Fonds tatsächlich eine «Verbesserung der Einkommensverteilung» will, noch daß er überhaupt einen praktischen Versuch in dieser Richtung unternommen hätte. Ein internes Rundschreiben ist eben keine Politik.

Die Politik des IWF – Das Welt-Finanzministerium

Wer der Überzeugung ist, der Fonds sei unpolitisch oder sollte dies zumindest sein, der muß auch dessen auffällige und unerschütterliche Übereinstimmung mit den Auffassungen seiner mächtigsten Mitglieder, vor allem der USA, genauer ins Visier nehmen. Einige der Länder, deren Regierungen sich am meisten verschuldeten, waren oder sind gleichzeitig die mit besonders diktatorischen Regimes: Brasilien und Argentinien zur Zeit der Generäle, die Philippinen unter Marcos, Indonesien, Chile usw.

Es sind zugleich jene Länder, an denen die USA ein besonderes strategisches Interesse haben. Handelte der Fonds einfach nur leichtfertig, als er dem Somoza-Regime noch wenige Wochen vor dessen Sturz durch die Sandinisten einen beträchtlichen Kredit bewilligte? Oder wurde er sanft, aber bestimmt dazu gedrängt? Der damalige Finanzminister Donald Regan hat es so ausgedrückt: «Der IWF ist im Grunde genommen eine unpolitische Institution ... Aber das bedeutet nicht, daß den politischen und Sicherheitsinteressen der Vereinigten Staaten durch den IWF nicht Rechnung getragen würde.»[16]

Nach dem Sprichwort «Wer Geld hat, läßt blasen» dürfen wir sicherlich annehmen, daß eine internationale Institution wie der IWF in der Regel die Interessen ihrer reicheren Mitglieder zuerst befriedigt. Das Stimmrecht im Fonds ist entsprechend den Länderquoten aufgeteilt (die beim Eintritt jeweils aufgrund der wirtschaftlichen Verhältnisse geschätzt werden), aber eine besondere Klausel räumt den USA eine Sperrminorität bei allen wichtigen politischen Entscheidungen ein.[17] Hierzu hat ein langjähriger Mitarbeiter der Interamerikanischen Entwicklungsbank, ein Nationalökonom aus Mittelamerika, bemerkt: «Es ist scheinheilig zu behaupten, der IWF plane die ‹Austeritätsprogramme› von sich aus, auch wenn er das ausführende Organ ist. In Wirklichkeit wird er vom Zehnerklub beherrscht, von den wirtschaftlich stärksten OECD-Ländern, deren Zentralbankpräsidenten und/oder Finanzminister regelmäßig in Basel am Sitz der Bank für Internationalen Zahlungsausgleich zusammenkommen. Sie bestimmen die Politik des IWF.»[18]

Der Zehnerklub achtet darauf, daß der IWF ein Instrument zur allgemeinen Kontrolle der Weltwirtschaft bleibt. Zwar ist es schon einmal vorgekommen, daß der Fonds England und Italien zu Hilfe kam, aber in den letzten Jahren befaßte er sich ausschließlich mit

Schuldnern aus der Dritten Welt. Diese verschuldeten Länder sind bei weitem nicht die einzige denkbare Ursache für eine Destabilisierung des internationalen Finanzsystems. Möglicherweise ist die Verschuldung der USA, einschließlich der Schulden von Unternehmen und Privathaushalten von 2,6 bzw. 1,8 Billionen Dollar, weit alarmierender.

Wäre der IWF konsequent, so würde er auf Leute wie Felix Rohatyn hören, jenen angesehenen Finanzspezialisten, der die Stadt New York vor dem Bankrott bewahrte. Nach seinen Worten «erfordert das anhaltende Haushaltsdefizit, daß sich die US-Regierung jährlich um 180 bis 240 Mrd. Dollar neu verschuldet... Die Situation der USA erinnert nur allzusehr an die von... Argentinien, Brasilien und Mexiko von 1975–1982.» Der Autor fährt fort:

«Der Kreditbedarf der US-Regierung, eine der Hauptursachen für die anhaltend hohen Zinsen, erhöhen das Risiko für unser Banksystem, daß zahlreiche Länder der Dritten Welt ihre Schulden nicht mehr bezahlen können. Wir kaufen uns kurzfristigen Wohlstand, indem wir die übrige Welt der dringend benötigten Kreditmittel berauben und das internationale Währungssystem destabilisieren. Da wir in einem Weltmarkt leben, ob uns das paßt oder nicht, können wir so nicht mehr lange weitermachen.»[19]

Obgleich der IWF das vermutlich nie zugeben wird, sind es heute die Vereinigten Staaten und nicht die Entwicklungsländer, von denen die größte Bedrohung für das internationale Finanzsystem ausgeht. Der Nettobetrag, den Lateinamerika 1982 bis 1985 seinen Gläubigern im Norden rücküberwies (106 Mrd. Dollar), liegt höher als die gesamte Nettofinanzierung des Subkontinents während der acht vorangegangenen Jahre.[20] Offenbar will der Fonds nicht wahrhaben, daß diese Form einer Finanzierung der Reichen durch die Armen gerade jenes System gefährdet, dessen Eckpfeiler er angeblich ist.

Er will auch nicht einsehen, daß die armen Länder (und erst recht die armen Bevölkerungsteile, die am Ende die Schulden bezahlen müssen) keinerlei Einfluß auf etliche wichtige Faktoren haben, die sich auf ihre Zahlungsbilanz auswirken. Zu diesen Faktoren zählen die internationale Inflation, die die Preise importierter Fertigprodukte, von Dienstleistungen, Nahrungsmitteln und Erdöl in die Höhe treibt, hohe Zinsen und niedrige Exportpreise. Wenn man im Hauptsitz des Fonds in Washington nachfragt, wie es möglich ist, alle Länder gleichzeitig zur Exportförderung anzuhalten, so bekommt man zur Antwort, der Fonds sei gegründet worden, «um den Welthandel auszuweiten». So lautet die Devise: «Je mehr Güter auf dem Weltmarkt, desto besser.»[21]

Aber wer soll diese Güter bezahlen? Gegen den Vorwurf, es sei gedankenlos, allen Ländern dieselbe Politik aufzudrängen, rechtfertigt sich der Fonds mit dem Argument, jedes Land könne «frei» über seine Exportstruktur entscheiden. Vertreter des IWF führten mir gegenüber die sogenannten Schwellenländer Südostasiens als Musterbeispiele für Länder an, die sich «anpaßten». Das ist frommes Wunschdenken. Die Ökonomen des IWF scheinen zu glauben, Lateinamerika und Afrika könnten dem Beispiel Südkoreas und Taiwans folgen, wenn sie sich nur entsprechend entscheiden würden. Aber wo sollen Lateinamerika und Afrika das nötige Kapital auftreiben, um ihre Produktion zu diversifizieren – vor allem jetzt, da sie einen so hohen Anteil ihrer Exporterlöse für den Schuldendienst abzweigen müssen? Und selbst wenn sie das Geld zusammenkratzen könnten, wohin sollen sie dann exportieren?

Der Fonds lebt in einem Wolkenkuckucksheim, wo vollkommener Wettbewerb und vollkommene Handelsmöglichkeiten herrschen – ohne Monopole, ohne multinationale Unternehmen mit festen Märkten, ohne Protektionismus, ohne mächtige Nationen, die zuerst für sich selbst sorgen. (Offizielle Sprecher des Fonds behaupteten mir gegenüber sogar, es gebe «keine Anhaltspunkte für einen säkularen Rückgang der Rohstoffpreise» – eine Aussage, die durch die eigenen statistischen Zahlen des IWF Lügen gestraft wird.) Selbst der zweite Bericht der Nord-Süd-Kommission, in dem immerhin eine Erweiterung der Aufgaben des IWF empfohlen wird, legt dem Fonds nahe, zu «vermeiden, einer Anzahl von Ländern wirtschaftspolitische Maßnahmen zu empfehlen, die – sofern der Rat überall befolgt wird – zu einer Verringerung von Einkommen und Beschäftigung in der Welt führen, wenn Expansion erforderlich ist».[22]

Man muß zugeben, daß der IWF, vom eigenen Standpunkt aus gesehen, zeitweise «erfolgreich» ist. Das Handelsdefizit der Nicht-Ölländer der Dritten Welt ging zum Beispiel von 110 Milliarden Dollar im Jahre 1981 auf 56 Milliarden 1984 zurück. Doch diese Kur hat den Patienten in ein tiefes Koma gestürzt. Die Wirtschaft schrumpft, die Beschäftigungsmöglichkeiten sinken, die Investitionen gehen gegen Null, und Wachstum ist nur noch ein frommer Wunsch.

Auch die Reichen bekommen die Auswirkungen dieses Verfalls zu spüren. Von 1982 bis 1984 fielen die US-amerikanischen Exporte nach Lateinamerika um 42 Prozent. Hunderttausende von Arbeitern haben so in den USA ihren Arbeitsplatz verloren, weil das verschuldete Südamerika die Importe gedrosselt hat.[23] Vor die Wahl gestellt, sich zwischen den Banken und den Arbeitern zu entscheiden, wird sich die Reagan-Administration jedoch jederzeit auf die Seite der Banken schlagen. Das Establishment des Nordens hat sich weder durch Moralappelle noch durch menschliches Leid erweichen lassen; es wird einer Änderung der gegenwärtigen Fonds-Politik erst dann zustimmen, wenn es den Eindruck gewinnt, daß seine eigenen Interessen auf dem Spiel stehen.

Die wahre Bedrohung dieser Interessen ist vermutlich politischer Natur, wenn die Unzufriedenheit wächst und die Menschen überzeugt sind, daß sie nichts mehr zu verlieren haben. Im Süden gibt es zu viele Regierungen, die die IWF-Programme als bequemen Vorwand für immer schärfere Unterdrückungsmaßnahmen gebrauchen. Sie brechen den Gewerkschaften das Rückgrat, senken die Löhne und bringen das Volk mehr und mehr unter Kontrolle.

Die strategische Rolle des Fonds bei der Bewältigung der Schuldenkrise ist ein Bestandteil des weltweiten Machtkampfs, und so wird sich die Politik des IWF erst dann ändern, wenn auch die Macht anders verteilt ist. Falls der IWF eines Tages die Bedürfnisse aller seiner Mitglieder nach einem gerechten internationalen Finanzsystem sowie die Grundbedürfnisse aller Menschen, auch der ärmsten, berücksichtigen sollte, dann wird dies ein Ergebnis politischer Aktionen sein.

Ein Teufelskreis aus Schulden

> «So wie ein Schuldnerland, das eine Auslandsschuld abtragen möchte, mehr Güter und Dienstleistungen ins Ausland verkaufen muß, als es selbst von Drittländern bezieht, so muß auch eine Gläubigernation, die ihr Geld zurückhaben will, bereit sein, mehr Güter und Dienstleistungen aus dem Ausland zu beziehen, als sie dorthin verkauft... Der Umfang, in dem ein solches Gläubigerland einen Importüberschuß akzeptiert, ist ein Gradmesser für seine Bereitschaft, Zahlungen zur Tilgung der Schulden von anderen Ländern entgegenzunehmen... Eines steht jedenfalls fest – ein Land, das das verliehene Geld gar nicht zurückhaben will, kann auch nicht ausgezahlt werden.»
>
> Harold G. Moulton und Leo Paslovsky, War Debts and
World Prosperity, Washington D. C. 1932

> «Diese (verschuldeten) Länder müssen in der Lage sein, ihre Güter im Ausland zu verkaufen, um ihre Schulden zu bedienen. Wird ihnen der Zugang zu den Märkten der Industrieländer durch protektionistische Maßnahmen erschwert, dann verurteilt die entwickelte Welt die verschuldeten Nationen zu einer ewigen Finanzkrise.»
>
> William E. Brock, Vertreter des US-Handelsministeriums
und Vorsitzender des handelspolitischen Ausschusses auf
Kabinettsebene, im Sommer 1984.

Die Gläubigerländer, der IWF und die Banken behaupten zwar, sie wollten ihr Geld samt Zins und Zinseszins von der Dritten Welt zurück, aber möchten sie das wirklich? Wenn dem tatsächlich so wäre, dann ist es zumindest merkwürdig und widersprüchlich, daß sie gemeinsam alles tun, um in der Praxis die Zahlungsunfähigkeit der Schuldner sicherzustellen. Sofern es nicht irgendwo in den unterirdischen Gewölben des Weißen Hauses ein Geheimdokument gibt mit der Anordnung, die Schuldnerländer auszupressen, zu rekolonialisieren und in die Sklaverei und in das Dasein von Sträflingen zurückzuführen, dann bedürfen die von den Hauptdrahtziehern des Nordens an den Tag gelegten Widersprüche einer Erklärung.

Jedermann weiß, daß man einem nackten Mann nicht in die Tasche greifen kann. Im ersten Kapitel habe ich erklärt, warum zahlreiche schuldenfinanzierten Projekte keine Erträge erwirtschaften – das

Geld wurde für den laufenden Konsum verpulvert, für unproduktive Dinge ausgegeben, oder es landete in den Banken des Nordens. Nichtsdestoweniger muß das Geld zurückgezahlt werden, und für diese Aufgabe bleibt nur noch der Handel übrig. Wie Moulton und Paslovsky schon 1932 schrieben, muß den Schuldnerländern die Möglichkeit eingeräumt werden, ihren Unterhalt aus dem Export zu bestreiten, wenn die Gläubigerländer auf die Bedienung ihrer Kredite Wert legen. Heute wie damals ist es ein Unding, diese Länder daran zu hindern, ihre Erzeugnisse zu exportieren und dafür einen guten Preis zu erzielen.

Einem Land ohne Einkünfte aus dem Außenhandel bleibt keine andere Wahl, als seine alten Schulden durch neue zu finanzieren. Dafür gibt die vornehme Umschreibung «Umschuldung». Obwohl sich die Banken dagegen sträuben, ist dieser Vorgang weitverbreitet: Allein in dem Jahrzehnt 1975 bis 1985 gab es 144 Umschuldungen offizieller Zahlungsverpflichtungen. Eine Strategie, die nur dazu dient, die Rückzahlung der immer größeren Schuldenlast immer weiter in die Zukunft zu verlegen, kann wohl kaum einen dauerhaften Erfolg für sich beanspruchen.

Die Schuldnernationen erzielen keine guten Preise für ihre Waren, und sie werden daran gehindert, ihre Waren zu exportieren. Das Ergebnis ist eine Schwächung der Weltwirtschaft: Denn den Schuldnerländern bleibt als letzter verzweifelter Ausweg nur eine drastische Kürzung ihrer Importe, um so vielleicht doch noch einen Handelsüberschuß zu erwirtschaften und damit die Banken zu bezahlen. Nachdem sie erst einmal das Fett weggeschnitten haben, geht es an die eigentliche Substanz. Landwirtschaft und Industrie müssen auf wesentliche Produktionsmittel wie Dünger, Ersatzteile und Ausrüstungen verzichten. Die Regierungen der Schuldnerländer müssen das eigene Volk Mangel und Not leiden lassen – die notwendigsten Medikamente und Nahrungsmittel sind nicht mehr zu bezahlen, erst recht keine Bücher. Die Methode, denn um eine solche scheint es sich hier zu handeln, Länder daran zu hindern, ihre Schulden zurückzuzahlen oder Grundbedürfnisse abzudecken, hat verheerende Folgen – nicht nur für den Süden, sondern für die ganze Welt.

Export um jeden Preis – Die Gier der Nimmersatten

Wo immer das mobile Einsatzkommando des Internationalen Währungsfonds eintrifft, um ein auf Abwege geratenes Mitglied zur Ordnung zu rufen, da läßt es bereits auf dem Flugplatz verlauten, das Land müsse seine Exporte steigern. Wie wir im letzten Kapitel gesehen haben, ist diese Politik ein Glaubensartikel des IWF. Dieses Rezept könnte theoretisch für das eine oder andere Land von heilender Wirkung sein, wenn es der einzige Lieferant von Kakao, Baumwolle oder Computerplatinen wäre. Der IWF hat heute jedoch über 35 Länder unter seiner Fuchtel (alle, die sein Anpassungsprogramm übernommen haben), und es gibt weitere große Schuldnerländer wie Brasilien oder Nigeria, die ihre Wirtschaftspolitik an den Maximen des IWF ausrichten, ohne sich formell der Aufsicht durch den Fonds zu unterstellen. Für mehr als 40 verschuldete Länder lautet der Wahrspruch aus Washington: «Exportiere oder stirb!»

Das ist alles schön und gut, bis auf ein paar Schönheitsfehler. Da ist zum einen der Umstand, daß eine Menge anderer Länder aus der Ersten wie aus der Dritten Welt – ob verschuldet oder nicht – ebenfalls versuchen, ihre Waren auf den Weltmärkten loszuwerden. Wenn die Schuldner ihre Exporte erhöhen und die Importe drastisch beschneiden, dann werden sie zwangsläufig zu schlechten Kunden und schwächen die Exportindustrien des Nordens. Und wenn schließlich der gesamte verschuldete Süden als Abnehmer von Exportgütern praktisch wegfällt, dann werden aus den «Weltmärkten» bald die «Märkte der zahlungskräftigen kapitalistischen Länder der nördlichen Hemisphäre». Auch die Sowjetunion samt ihrer Verbündeten kann hier kaum Linderung schaffen – der Anteil der Warschauer-Pakt-Staaten am gesamten Welthandel außerhalb ihrer Grenzen liegt unter 10 Prozent. Die Märkte des Nordens mögen reich sein, aber auch sie haben ihre Grenzen.

Verschärft wird das Problem noch durch die beschränkte Anzahl der von den Schuldnerländern angebotenen Güter, denn dadurch können sie wirtschaftlich gegeneinander ausgespielt werden. Afrikanische Kaffeeerzeuger konkurrieren nicht nur gegen andere afrikanische, sondern auch gegen lateinamerikanische Kaffeeproduzenten. Die am schlechtesten entwickelten Wirtschaften hängen von ganz wenigen landwirtschaftlichen Roherzeugnissen oder Bodenschätzen ab, und es ist witzlos, ihnen zur Diversifizierung zu raten, wenn obendrein kein Kapital mehr beschafft werden kann. Etwas weiter entwikkelte Schuldnerländer liegen mit Textilien, Kleidung, Kleinelektronik und ähnlichen Gütern miteinander im Wettbewerb, aber auch ihre Zahl nimmt ständig zu. Manche landwirtschaftlichen Exportgüter aus schwer verschuldeten Ländern kämpfen gegen eine mörderische, im allgemeinen subventionierte Konkurrenz aus gut organisierten OECD-Ländern; so müssen sich zum Beispiel brasilianische gegen US-amerikanische Sojabohnen, muß sich argentinischer Weizen gegenüber Weizen aus den USA, Kanada, Australien und aus EG-Ländern auf dem Weltmarkt behaupten.

Zusätzlich erschwert wird dieser Kampf ums wirtschaftliche Überleben für die Länder der Dritten Welt durch die Einführung von Ersatzprodukten. Sobald den Industrieländern der Preis eines Rohstoffs als zu hoch erscheint, weichen sie auf ein Ersatzprodukt aus, das sie herstellen können, ohne auf Nachschub aus dem Ausland angewiesen zu sein. Zucker ist hierfür ein besonders eklatantes Beispiel: Seit dem einmaligen Boom der Zuckerpreise von 1974 haben sich die industriellen Großverbraucher von Zucker wie etwa die Hersteller von Erfrischungsgetränken auf Maissirup mit hohem Fruchtzuckergehalt oder auf Süßstoffe umgestellt, deren Entwicklung sie der Biotechnik verdanken. Der Absatz vieler weiterer Agrarprodukte ist ebenfalls durch Substitutionsgüter bedroht – Kautschuk, Jute, Baumwolle, Holz, sogar Kaffee und Kakao.[1] Auf dem Rohstoffsektor verwenden die westlichen Industrieländer weniger Schürfmetalle und mehr synthetische Produkte, und sie gehen mit den verarbeiteten Metallen sparsamer um. Glasfasern als Ersatz für Kupferdraht in der Fernmeldeindustrie sind nur eines von zahlreichen Beispielen.

Wenn die Länder der Dritten Welt darum kämpfen, angesichts einer schrumpfenden Nachfrage ein begrenztes Güterangebot loszuschlagen, kommt es erwartungsgemäß zu einem Überangebot und zu fallenden Preisen. «Übersättigung» (engl. «glut») ist wohl eines der häßlichsten Wörter der englischen Sprache. Wer es im Wörterbuch nachschlägt, wird feststellen, daß es sich aus einer Wurzel mit der Bedeutung «verschlingen» ableitet, aber in Verbindung mit dem Marktgeschehen bedeutet es gerade das Gegenteil. Märkte sind keine Nimmersatts, die unbegrenzte Mengen an Nahrungsmitteln oder Textilien oder Transistoren verschlingen können.

Ist das hartnäckige Bestehen des IWF auf ein und derselben Exportstrategie für alle Länder tatsächlich so gedankenlos, wie es uns erscheint? Der Fonds rechtfertigt sich damit, daß er sich außerdem auch gegen jedweden Protektionismus ausspricht. Wäre der Handel wirklich frei, so der IWF, dann wäre alles in Ordnung. Wie wahr. Wenn wir etwas Schinken hätten, könnten wir Schinken und Ei haben, wenn wir auch ein paar Eier hätten. Wer Handelsrestriktionen verurteilt, beweist damit zweifellos eine von hehren Grundsätzen geleitete Moral und geistige Haltung. Der Fonds hingegen verzichtet ausgerechnet bei den protektionistischen Ländern auf die Anwendung jener Druckmittel, die er regelmäßig gegenüber seinen verschuldeten Zöglingen aus der Tasche zieht.

Die entscheidende Frage lautet nicht, für oder gegen welche Prinzipien sich der IWF ausspricht, sondern wer von der gegenwärtigen Doktrin des Fonds in ihrer praktischen Umsetzung den Nutzen und wer den Schaden hat – unabhängig davon, was in den Heiligen Schriften der neoklassischen Wirtschaftslehre steht. Die Politik des IWF ist alles andere als gedankenlos, wenn man bedenkt, daß die Banken im großen und ganzen ihr Geld zurückerhalten (obgleich noch nicht abzusehen ist, wie lange diese Zahlungen noch fortdauern können), und daß die Länder, auf deren Kommando der IWF und das übrige internationale Finanzsystem hören, bislang aus der Übersättigung der Märkte reiche Ernten eingefahren haben.

Deren Umfang wird vom *Economist* allein für das Jahr 1985 mit 65 Milliarden Dollar beziffert. In Worten: Fünfundsechzig Milliarden Dollar beträgt die «Gabe des armen Mannes» an die Reichen, gemessen anhand der katastrophal niedrigen Preise auf den Rohstoffmärkten – ein Schätzwert, der noch vor dem drastischen Verfall der Erdölpreise errechnet wurde. Jene Unternehmen, die Rohstoffe aus der Dritten Welt verarbeiten, profitieren von einem Preisrückgang bei agrarischen Roherzeugnissen um 10 und bei Metallen um 15 Prozent (1984/85).*[2] So folgte bespielsweise Thailand den Empfehlungen des IWF und erhöhte in der ersten Jahreshälfte 1985 seine Kautschukexporte gegenüber demselben Zeitraum im Vorjahr um 31 Prozent, und was war der Lohn für diese Anstrengung? Ein Rückgang der Einkünfte aus Kautschukexporten um acht Prozent von 262 auf 242 Millionen Dollar!

Internationale Rohstoffabkommen, die große weiße Hoffnung der

---

* Diese Prozentzahlen sind in den vom IWF aus fünf verschiedenen Währungen kombinierten Sonderziehungsrechten (SZR) berechnet; auf diese Weise werden Fehler ausgeschaltet, die sich aus einer Bewertung der Waren allein in heftig schwankenden Dollarpreisen ergeben würden.

siebziger Jahre, sind inzwischen so tot wie Dinosaurier. Ursprünglich dazu gedacht, die Rohstoffpreise zu stabilisieren, fielen die wenigen zustande gekommenen Verträge dem Druck der Marktverhältnisse zum Opfer, die sich durch IWF-Interventionen spürbar verschlechtert hatten. Die Welthandelskonferenz (UNCTAD) hoffte vergeblich, das 1976 beschlossene Integrierte Rohstoffprogramm IPC (Integrated Programme for Commodities) würde die Preise der 18 wichtigsten Rohstoffe stabilisieren, die rund 60 Prozent der Exporteinkünfte der Dritten Welt ausmachen.

Nach der Welthandelskonferenz von 1976 in Nairobi folgten Dutzende von internationalen Tagungen und schier endlose Verhandlungen. Die reichen Verbraucherländer nahmen anfangs sogar an der – wie es später hieß – «traurigen Geschichte des IPC» teil. Dies war nicht zuletzt ein Audruck ihrer «Befürchtungen über die möglichen wirtschaftlichen und politischen Konsequenzen, die sich aus ihrem Fernbleiben hätten ergeben können..., zwei Jahre nach dem Ölpreisschock..., (da) andere Rohstofferzeugerländer vielleicht in Erwägung zogen, mit möglicher Unterstützung der OPEC-Länder ihre eigenen Kartelle zu bilden.» – So später Alan Spence in *The Banker*. Derartige Befürchtungen sind heute überholt. Nach Spence hatte es «der Westen nicht nötig, Forderungen der Dritten Welt nach Rohstoffabkommen zu entsprechen».[3]

Anstatt ihre ganze Hoffnung auf das IPC zu richten, hätten die Länder der Dritten Welt das dafür ausgegebene Geld besser den Banken, zum Beispiel der Citicorp, ausgeliehen – sagen wir zu zehn oder zwölf Prozent Zinsen. Sie hätten sich die ganzen Ausgaben für Reisen, Hotels, Fahrzeuge und alle möglichen Extrakosten sparen können. Und statt ihre Zeit bei der Abfassung von Finanzlageberichten und beim Feilschen während der Verhandlungen nutzlos zu vergeuden, hätten sie einfach warten sollen, bis der Norden ernsthafte Vorschläge auf den Tisch legte.

Hätte der Süden eine solche gesunde Skepsis an den Tag gelegt, dann wären heute seine Schulden zweifellos niedriger und die Rohstoffpreise vermutlich höher. Auf eine verzwickte Weise verhalfen die Kreditaufnahmen des Südens, gefolgt von verzweifelten Anstrengungen zur Steigerung der Exporte und einer Übersättigung der Märkte, dem Norden zu einer so starken Position, daß dieser es tatsächlich nicht mehr nötig hat, «Forderungen der Dritten Welt zu entsprechen». Die Strategie des IWF hat zu diesem Goldregen, der in Gestalt von Tiefstpreisen für die wichtigsten Rohstoffe über den westlichen

Industrieländern niederging, ebenso beigetragen wie zu der daraus resultierenden Schwächung der Machtstellung des Südens. Das war keine Verschwörung, und vielleicht geschah es nicht einmal aus voller Absicht, aber es hat sich für einige wenige prächtig ausgezahlt.

Heute gehen die Rohstoffpreise immer tiefer in den Keller. Der IWF, der über diese Entwicklungen genau Buch führt, mißt die Kaufkraft eines Warenkorbs aus 30 Grundstoffen (ohne Gold und Erdöl) auf der Basis der Fertigprodukte, die man dafür kaufen kann. Dieser Index des IWF, der 1957 gleich 100 gesetzt wurde, hat seither diese Marke nur zweimal – 1973 und 1974 – überstiegen. Seitdem geht der Trend trotz einiger Schwankungen bergab. 1985 ist der Index auf den bisher niedrigsten Stand überhaupt abgesackt, auf den jämmerlichen Wert von 66.[4]

Trotz der wohlgemeinten Bemühungen des IWF, alle Länder zum Handel zu ermutigen, berichtete die Zentralstelle des GATT (Allgemeines Zoll- und Handelsabkommen), nach einem kurzen Aufschwung im Jahr 1984 sei der Welthandel 1985 drastisch zurückgegangen. In dem Bericht heißt es, dieser Rückgang signalisiere, «daß die Weltwirtschaft in Gefahr ist, in den anämischen Zustand der Jahre nach 1973 zurückzufallen».[5]

Die Experten sind mit einem Rezept für die Lösung der Absatzprobleme der unterentwickelten Länder schnell bei der Hand: «Für die Erzeuger- und Exportländer bedeutet dies, daß sie ihre Kosten senken und das Management verbessern müssen, um ihre mageren Gewinnspannen zu vergrößern, statt auf höhere Rohstoffpreise oder eine erhöhte Nachfrage der westlichen Länder zu hoffen.»[6] Dieser Rat klingt gut, aber was heißt eigentlich «Kosten senken und das Management verbessern» für arme Exportländer, wenn nicht eine Senkung der Arbeitslöhne? Die Arbeit selbst, das heißt die Arbeiter sind praktisch das einzige, worauf die Exportländer einen Einfluß haben, weil es eben zumeist um Rohstoffe geht. Wenn diese Länder ihre Schulden über den Verkauf von Rohstoffen zu den gegenwärtigen Preisen bezahlen sollen, dann bleibt ihnen nur die Möglichkeit, die menschliche Arbeitskraft noch stärker auszupressen und noch schlechter zu bezahlen als bisher.

Hoffnung auf Aderlaß – Die Versuchung des Protektionismus

Es ist offensichtlich, daß die Dritte Welt ihre Schulden nicht bezahlen kann; und trotzdem – die Schulden werden bezahlt! Allein Lateinamerika zahlte von 1982 bis 1985 144 Milliarden Dollar für den Schuldendienst zurück, während der Zustrom von neuem Kapital (Wirtschaftshilfen plus Investitionen) im selben Zeitraum lediglich bei knapp 38 Milliarden lag. Das macht einen Nettotransfer vom armen Süden in den reichen Norden von 106 Milliarden Dollar.[7] 1985 lag die Produktivität Lateinamerikas pro Kopf der Bevölkerung um neun Prozent unter der von 1980 und erreichte gerade den Wert von 1977. Arbeitslosigkeit und Armut breiten sich unbarmherzig aus und erfassen mittlerweile auch große Teile der Mittelschicht. Riesige Einschnitte in den Import bedeuten eine Schwächung der Produktionskapazität und des Exports von morgen. Die Rohstoffpreise weisen keine Anzeichen für eine Erholung auf.

Man fragt sich angesichts dieser Situation, wie es möglich ist, daß aus den Schuldnerländern noch immer Gelder in den Norden überwiesen, warum diese Zahlungen nicht eingestellt werden? Die Handelsüberschüsse, die eine weitere Bedienung der Schulden ermöglichen, wurden zu enormen Kosten erzielt. Sämtliche Einfuhren wurden radikal gekürzt, ebenso die Staatsausgaben. Menschen wurden dafür geschunden und gequält.

Meine eigenen Vorschläge für eine «kreative Schuldentilgung» finden sich im letzten Kapitel dieses Buches. Sie unterscheiden sich grundsätzlich von der bisherigen Praxis, und ich hoffe, daß in der Zukunft politischer Druck die Verantwortlichen dazu bringen wird, diese Vorschläge zu übernehmen. Um auf dem Boden der Tatsachen zu bleiben, müssen wir jedoch sorgfältig das System untersuchen, wie es heute besteht und auch die nahe Zukunft beherrschen wird, solange es nicht zu einer Verschiebung der bisherigen Machtverhältnisse kommt. Dabei ist das Problem des Protektionismus von ganz besonderer Bedeutung.

Ich hätte mir niemals träumen lassen, mich eines Tages mit Reagans Republikanern* oder mit dem ehemaligen geschäftsführenden Direktor des IWF, Jacques de Larosière, an einer Seite zu sehen. Aber

---

* Allerdings wird die antiprotektionistische Sprache der Reagan-Regierung von ihrem realen Verhalten Lügen gestraft. Dies zeigt sich zum Beispiel an ihrer

trotz aller gegensätzlichen Anschauungen stimme ich ihnen in der Handelsfrage zu – stets vorausgesetzt, daß sich politische Alternativen zur Finanzierung der Schulden aus Exportländern nicht durchsetzen lassen. Man braucht gar nicht erst ein moralisches Argument ins Feld zu führen – die massiven finanziellen Transfers vom Süden in den Norden sind blankes Unrecht –, um den Norden letztendlich zu der Einsicht zu bringen, daß die unter den augenblicklichen Bedingungen vom Süden mühsam erwirtschafteten Handelsüberschüsse auf die Dauer nicht zu halten sind.

Jede Wirtschaftsrezession in diesem Jahrhundert hat stets dieselbe rituelle Forderung nach sich gezogen: «Schützt uns vor der Konkurrenz aus dem Ausland!» Unterstützt wird sie von weiten Teilen der Bevölkerung in den Industrieländern, vor allem solchen, die von geschwächten und absterbenden Industrien abhängig sind. Die Politiker in demokratischen Gesellschaften müssen derartigen Sonderwünschen Rechnung tragen. Die Situation von heute weist zunehmend Ähnlichkeit mit den Verhältnissen nach 1930 auf, als jedes Land versuchte, seine Konkurrenten auf dem Weltmarkt zu unterbieten. Diese verzweifelten Handelskriege führten schließlich in die Katastrophe – in den Faschismus und den Zweiten Weltkrieg; die Lehren der Geschichte haben dennoch nicht verhindert, daß auch heute wieder zahlreiche Länder willkürlich die unterschiedlichsten protektionistischen Maßnahmen ergreifen.

Ob durch Quoten, «freiwillige» Selbstbeschränkung, schärfere Handelsschikanen oder Subventionen an notleidende Industriebranchen – de Larosière schätzte, daß »im Jahr 1983 etwa 30 Prozent des gesamten Verbrauchs an Fertigprodukten in den USA und den EG-Ländern auf Produkte entfielen, die Handelsrestriktionen unterworfen waren; 1980 betrug der entsprechende Anteil noch 20 Prozent».[8] Wenn die Industrieländer nichts unternehmen, um diese Schranken abzubauen, können die Schuldnerländer unmöglich ausreichende Exportüberschüsse erzielen, um die Banken des Nordens oder gar dessen Exportprodukte zu bezahlen.

Eine Verhinderung des Protektionismus liegt trotz aller kurzfristigen nachteiligen Auswirkungen auf einzelne Industrien auch im Interesse der Gläubigerländer. William Brock verweist darauf, daß der Anteil der Exporte aus Industrieländern in Länder der Dritten Welt

---

Haltung zum Export brasilianischer Computer und zum Allgemeinen Präferenzsystem, die weiter unten beschrieben wird.

von 23 Prozent des gesamten Exportvolumens im Jahre 1973 bis 1980 auf 28 Prozent gestiegen ist. 1983 gingen 40 Prozent der US-Exporte in Entwicklungsländer – mehr als nach Europa oder Japan. Die Exportindustrien in den Vereinigten Staaten wachsen am schnellsten, und auf ihr Konto gehen vier Fünftel aller neu entstandenen Arbeitsplätze in der verarbeitenden Industrie.

Als 1982 Mexiko von der Schuldenkrise erfaßt wurde, so Brock, waren die Auswirkungen auf die Vereinigten Staaten unmittelbar und verheerend: Zwischen Dezember 1981 und Dezember 1982 gingen die US-Exporte nach Mexiko um zehn Milliarden Dollar zurück. Jährliche Exporte im Wert von einer Milliarde bedeuten 24 000 Arbeitsplätze, so daß die mexikanische Schuldenkrise in den USA in einem Jahr zum Verlust von 240 000 Arbeitsplätzen führte.[9] 1980 hatten die USA einen Handelsüberschuß an Fertigprodukten in Höhe von zwölf Milliarden Dollar, 1984 dagegen ein Defizit von 88 Milliarden. Wenn man die von Brock angegebenen Zahlen auf diese Differenz von 100 Milliarden Dollar anwendet, dann bedeutet sie den Verlust von zweieinhalb Millionen Arbeitsplätzen.

Der spektakuläre Anstieg des Exports landwirtschaftlicher Erzeugnisse aus den USA war das Ergebnis einer Öffnung der Märkte in den Ländern der Dritten Welt. Aber die Schrumpfung dieser Exporte von einem Maximum in Höhe von knapp 44 Milliarden Dollar 1980/81 auf 28 Milliarden 1985/86 hat die Farmer in den USA schwer getroffen und wesentlich zur Pleitenwelle in der nordamerikanischen Landwirtschaft beigetragen. Zweifellos erklärt sich dieser Exportrückgang zum Teil auch durch einen Preisverfall, aber von 1981 bis 1985 verminderte sich auch das Exportvolumen um 25 Prozent.[10] Selbst wenn die Preise für nordamerikanische Agrarexporte auf dem relativ hohen Niveau von 1981/82 geblieben wären, hätten die 1985/86 exportierten Mengen zehn Milliarden Dollar weniger eingebracht als im Spitzenjahr. Wie die Dinge lagen, verloren die Farmer im Vergleich zu 1980 fast 16 Milliarden. Welchen Anteil an diesen enormen Verlusten können wir der Schuldenlast der Dritten Welt zuschreiben?

Lateinamerika kaufte 1980 und 1981 landwirtschaftliche Erzeugnisse aus den USA im Wert von insgesamt sechs Milliarden Dollar. Die besten Abnehmer waren Mexiko, Brasilien und Venezuela, Peru und Chile lagen knapp dahinter. Das Jahr der Abrechnung kam 1982, als der Verkauf landwirtschaftlicher Erzeugnisse aus den USA nach Süd- und Mittelamerika um 31 Prozent zurückging. Der Absatz fiel in Mexiko um 52, in Peru um 40 und in Brasilien und Venezuela um 25 Prozent.

War dies lediglich ein Ausrutscher, der sich durch außergewöhnlich gute Ernten in Lateinamerika erklären läßt? Zum Leidwesen der nordamerikanischen Farmer war es nicht so. Obwohl ihre Verkäufe nach Lateinamerika 1983 und 1984 wieder leicht anstiegen, hielt der Abwärtstrend an. 1985 lagen die lateinamerikanischen Importe landwirtschaftlicher Erzeugnisse aus den USA noch immer um 31 Prozent unter dem Rekordstand von 1981. Gegenüber 1981 betrug der Rückgang innerhalb von fünf Jahren in Mexiko 38, in Brasilien 26, in Chile und Peru sogar 77 bzw. 79 Prozent![11] Ohne ein Wachstum der süd- und mittelamerikanischen Volkswirtschaften – ein Ding der Unmöglichkeit, solange der Schuldendienst Vorrang hat – werden diese Rückschläge bei den US-amerikanischen Agrarexporten eine Dauererscheinung bleiben.

Vor die Frage gestellt, welche Exporte für die nordamerikanische Landwirtschaft eine größere Rolle spielen, die nach Lateinamerika oder die in die UdSSR, würden die meisten US-Bürger spontan die UdSSR nennen – und lägen damit meilenweit daneben. 1981 importierten die lateinamerikanischen Länder mehr als dreieinhalbmal soviel Agrarprodukte aus den USA als die Sowjetunion (6,2 gegenüber 1,7 Milliarden Dollar). Selbst 1985 lagen die entsprechenden Zahlen bei 4,2 bzw. 2,5 Milliarden – trotz der schlechten Ernte in der SU und des generellen Rückgangs des Importvolumens in Mittel- und Südamerika.

Neben den Ländern Lateinamerikas haben noch andere verschuldete Länder die Not zu spüren bekommen, was sich ebenfalls negativ auf den Absatz der US-Agrarerzeugnisse ausgewirkt hat. Seit 1981 gingen die Exporte dieser Güter in die Philippinen um ein Achtel, nach Nordafrika um ein Viertel und nach Nigeria um ein Drittel zurück. Auch das sind schlechte Nachrichten für den Mais- und Weizengürtel der USA.

Eine Studie des Gemeinsamen Wirtschaftsausschusses des US-Kongresses zeigt, wie die nordamerikanischen Farmer noch in anderer Weise unter der Schuldenkrise der Dritten Welt zu leiden haben. Schuldnerländer wie Argentinien und Brasilien – ihrerseits Großproduzenten von Agrarerzeugnissen – müssen um jeden Preis exportieren. Infolgedessen vergrößern sie die Anbauflächen, und «diese zusätzliche Produktion und Konkurrenz führt zu einer Senkung der US-Verkäufe in nicht verschuldete Länder und drückt praktisch alle wichtigen Rohstoffpreise nach unten. Fallende Rohstoffpreise machen es wiederum den US-Farmern noch schwerer, die aufgenommenen Darlehen zu bedienen, und treiben viele von ihnen in den Ruin.»[12]

Trotz dieser deutlichen Hinweise, daß sich die Gläubigerländer mit protektionistischen Maßnahmen tief ins eigene Fleisch schneiden, wurden allein 1985 im nordamerikanischen Kongreß an die 400 Handelsgesetzesvorlagen eingebracht. Sie verfolgten allesamt das Ziel, die Importe aus bestimmten Ländern zu verhindern und bestimmte Industriebranchen zu schützen. Anscheinend sind die Kongreßmitglieder der Überzeugung, die Exportsubventionen anderer Länder sowie Handelsschranken gegenüber Waren aus den USA seien die Hauptursache für das Anwachsen des US-Handelsdefizits. Die Dinge liegen freilich um einiges komplizierter.

Ein überbewerteter Dollar macht nordamerikanische Waren im Ausland teurer und ist für die Handelsdefizite wesentlich mitverantwortlich. Aber dasselbe gilt auch für die Schulden der Dritten Welt. «Die lateinamerikanische Schuldenkrise hat einen Markt für US-Produkte fast gänzlich geschlossen, der einmal fast so groß war wie Europa», schreibt Silvia Nasar in *Fortune*. Aber die USA sind nicht nur export-, sondern auch importabhängig. 1980 waren weniger als 15 Prozent der in den USA abgesetzten Güter importiert; 1985 waren es bereits über 20 Prozent. Wenn sich die Bevölkerung erst einmal an ein ausländisches Erzeugnis gewöhnt hat, meint Nasar, dann führen Zölle, die gegen bestimmte Länder gerichtet sind, nicht zur Kürzung der Importe – sie werden einfach an den Endverbraucher weitergegeben.[13]

Was passiert, wenn die USA versuchen, andere Länder von ihren Märkten auszuschließen, indem sie deren Exporte plötzlich mit saftigen Zöllen belegen? Da die Exporteure aus dem Ausland die neue Handelsbarriere nicht mit einer Kürzung ihrer Gewinnspanne um – sagen wir – 25 Prozent ausgleichen können, erhöhen sie die Preise. Wenn die US-Verbraucher diese Güter aus dem Ausland dringend benötigen oder einfach trotzdem haben möchten, müssen sie den Preisaufschlag bezahlen. Ein Protektionismus gibt den heimischen Industrien außerdem freie Hand, die Preise zu erhöhen – die normale Reaktion, wenn der Wettbewerb ausgeschaltet ist. Jeder Protektionismus ist deshalb inflatorisch, weil am Ende die Verbraucher für die im eigenen Land erzeugten und geschützten ebenso wie für die importierten Waren mehr bezahlen müssen als zuvor. Unter Berufung auf eine Untersuchung der Federal Reserve Bank von Cleveland behauptet die Autorin des *Fortune*-Artikels, 90 Prozent aller Einkünfte, die den USA aus protektionistischen Maßnahmen zufließen, müßten unmittelbar vom nordamerikanischen Verbraucher aufgebracht werden.

Warum kein Offenbarungseid?

Wenn den Schuldnerländern der Dritten Welt so viele Hindernisse in den Weg gelegt werden, warum weigern sie sich dann nicht einfach zu zahlen? Warum zeigen sie den Banken und den Regierungen der Gläubigerländer nicht die Tür? Solche Verhaltensweisen hat es in den internationalen Beziehungen der vergangenen 500 Jahre immer wieder gegeben, warum dann nicht auch heute? Einige Staatsmänner wie der peruanische Präsident Alan Garcia haben verkündet, sie würden künftig ihre Zahlungen auf einen bestimmten Anteil ihrer Exporteinkünfte – im Fall Peru zehn Prozent – beschränken. Das ist jedoch etwas anderes als eine glatte Zahlungsverweigerung. In den vierziger Jahren des vorigen Jahrhunderts waren es die Vereinigten Staaten selbst, die ihre Zahlungen an europäische Gläubiger einstellten, ohne daß darüber die Welt unterging. Und alle verschuldeten Länder Lateinamerikas erklärten in den zwanziger und dreißiger Jahren unseres Jahrhunderts ihre Zahlungsunfähigkeit. Ein Autor hat hierzu bemerkt:

«Schuldenmachen und Bankrott folgen mit beinahe vollkommener Regelmäßigkeit aufeinander. Werden die Zahlungen wiederaufgenommen, ist die Vergangenheit bald vergessen, und es folgt eine neue Orgie der Kreditaufnahme. Dieser Prozeß setzte zu Beginn des vergangenen Jahrhunderts ein und hält an bis auf den heutigen Tag. Wir haben nichts daraus gelernt.»[14]

Diese Worte stammen aus dem Jahr 1933. Heute werden der Dritten Welt jedoch die Daumenschrauben angezogen, und manche Regierungsvertreter zögern nicht, uns die harten Folgen vor Augen zu führen, die eine Nichtanerkennung der Schulden für die betroffenen Länder nach sich ziehen würde. Hören wir hierzu R. T. McNamar, den ehemaligen Stellvertretenden US-Finanzminister in einer Ansprache vor dem International Forum der US-Handelskammer:

«Zu einer Nichtanerkennung kommt es, wenn ein Schuldner einseitig die Verantwortung für seine Zahlungsverpflichtungen zum Teil oder gänzlich ablehnt. Unter diesen Umständen würden sämtliche Auslandsvermögen des betreffenden Landes von den Gläubigern in der ganzen Welt gepfändet. Seine Exporte würden in jedem Hafen beschlagnahmt, seine nationale Fluggesellschaft könnte keinen internationalen Flughafen mehr anfliegen, und seine Quellen für dringend benötigte Güter und Ersatzteile würden praktisch versiegen. In vielen Ländern würden sogar die Nahrungsmitteleinfuhren unterbunden. Keine angenehme Vorstellung also.»[15]

So sieht es auch Paul Fabra, Chefredakteur des Wirtschaftsteils von *Le Monde*. Er berichtet über ein Gespräch mit einem nordamerikanischen Bankier, den er als «klugen und intelligenten Mann» beschreibt und der ihm sagte, «wenn irgendein lateinamerikanisches Land seine Schulden uns gegenüber nicht anerkennen sollte, dann steht für uns der gesamte gesetzliche Apparat einsatzbereit. Alles würde blitzschnell gehen: Wir würden uns sämtlicher Vermögenswerte dieses Landes zu Land, Wasser und in der Luft bemächtigen. Wir würden sämtliche Bankkonten seiner Bürger sperren; nicht ein einziges seiner Schiffe könnte außerhalb der Grenzen dieses Landes einen Hafen anlaufen, keines seiner Flugzeuge könnte im Ausland landen, ohne unverzüglich konfisziert zu werden.»[16]

Argentinien war für die Banken der Testfall, den sie nach Mexiko am meisten fürchteten. Die Wahrscheinlichkeit, daß diese Nation mit 45 Milliarden Dollar Schulden ihre Zahlungsunfähigkeit erklären würde, war höher als bei den übrigen Ländern, da Argentinien im Hinblick auf Nahrungsmittel und Energie nicht vom Ausland abhängig ist. 1984 hätte sich Argentinien beinahe geweigert, die Medizin des IWF zu schlucken, bis, wie es in *Fortune* heißt, «(die Bankiers) deutlich machten, welcher Druck ausgeübt werden kann, um zu verhindern, daß ein Land aus der internationalen Finanzgemeinschaft ausschert». Als Argentinien seine Zinszahlungen einstellen wollte, «fand es sich praktisch von allen allein gelassen». Es waren nicht nur die US-Banken, die Druck ausübten. «Lateinamerikanische Finanzminister, Volkswirtschaftler des IWF und von Geschäftsbanken und Vertreter der wichtigsten Industrieländer gaben sich ein Stelldichein, um die Regierung daran zu erinnern, welche Folgen eine solche Trotzhaltung gegenüber den Gläubigern haben würde.»[17]

Abermals übernahm McNamar die Rolle des Bösewichts USA. Wie *Fortune* weiter berichtet, war das US-Finanzministerium «überzeugend»: Es stellte ein Verzeichnis aller Artikel zusammen, die in den Schuldnerländern knapp werden würden, falls diese sich für zahlungsunfähig erklärten. McNamar «betont(e), die Liste beziehe sich nicht direkt auf Argentinien, aber immerhin rege sie zum Nachdenken über bestimmte wichtige Fragen an wie zum Beispiel: ‹Was geschieht wohl mit dem Präsidenten eines Landes, dessen Regierung kein Insulin mehr für seine zuckerkranken Bürger bekommt?›»

Aber wieso war es dann denselben lateinamerikanischen Ländern vor 50 oder 60 Jahren möglich, völlig unbekümmert ihre Zahlungsunfähigkeit zu erklären? Damals bestand ein Großteil ihrer Schulden aus Staatsanleihen, die von einzelnen Privatanlegern gehalten wurden. In den dreißiger Jahren erklärten die Schuldnerregierungen die Anleihen für wertlos, um anschließend mit einer Kommission zu feilschen, die die Anleger vertrat. Diese hatten schließlich das Nachsehen. Heute hingegen, so ein Vizepräsident der Citibank, «haben sie es nicht mehr mit einer schwachen Kommission von Individuen zu tun, sondern mit einer mächtigen Gruppe aus den Vertretern der größten Banken der Welt. Jeder säumige Zahler hätte sofort das gesamte Bankensystem gegen sich. Er würde keinen einzigen Kredit mehr bekommen, nicht einmal einen kurzfristigen.»[18]

Ernüchternde Aussichten. Andererseits erklärte McNamar vor der US-Handelskammer, ein Moratorium – im Gegensatz zu einer Nichtanerkennung der Schuld – sei durchaus akzeptabel, da der Schuldner damit seine Bereitschaft erkläre, seine Schulden sobald als möglich zu bezahlen. Solche Aufschübe machen zwar eine Wertberichtigung in den Büchern der Gläubiger erforderlich, aber sie führen nicht zu den oben beschriebenen verheerenden Konsequenzen.

Anatole Kaletsky hat in einer Broschüre die bislang sorgfältigste Untersuchung über die Kosten der Zahlungsunfähigkeit vorgelegt.[19] Der Autor, ein Korrespondent der *Financial Times*, untersucht das Problem unter juristischen, wirtschaftlichen und politischen Gesichtspunkten – und ist beunruhigt. Er bezeichnet die bislang scheinbar geordnete Rückzahlung der Schulden aus Ländern der Dritten Welt als «trügerische Ruhe». Dieser falsche Eindruck werde verstärkt durch den (vorübergehenden) Aufschwung der US-Wirtschaft und durch «die Bereitschaft der Regierungen der Schuldnerländer, den Lebensstandard in ihren Ländern so drastisch zu senken, wie es selbst der optimistischste Gläubiger nicht zu hoffen gewagt hätte».

Das macht zumindest deutlich, was die Gläubiger von den Schuldnern erwarten! Aber wie lange können diese Länder die ständige Senkung des Lebensstandards ihrer Bevölkerung durchhalten? Bislang haben sie ihre Schulden nur unter enormen Opfern zurückgezahlt, und sie können ihre Handelsüberschüsse nicht auf ewig aufrechterhalten; es sei denn, sie wollten für die nächsten beiden Jahrhunderte auf jedes wirtschaftliche Wachstum verzichten. Kaletsky hält nichts von einer einseitigen Lösung des Schuldenproblems – entweder volle Rückzahlung oder Nichtanerkennung der Schulden. Beide Lösungen wären mit einer unannehmbaren Belastung der Weltwirtschaft verbunden. Er spricht sich für einen goldenen Mittelweg aus und hofft darauf, daß sich Gläubiger und Schuldner auf eine realistische Lösung einigen können, bei der bestimmte Verluste hingenommen werden, um das Finanzsystem insgesamt zu retten.

Seine Analyse ist ebenso scharfsinnig wie überzeugend: Wenn die Gläubiger vernünftig genug sind, sich seine Argumente zu eigen zu machen – und einiges spricht für diese Annahme –, werden zumindest sie einen Vorteil davon haben. Kaletsky geht es weder um die fundamentalen Ungerechtigkeiten des gegenwärtigen Systems, noch befürwortet er – im Sinne einer phantasievollen Handhabung der Schuldenkrise – alternative Entwicklungsmodelle und eine stärkere öffentliche Kontrolle. Er spricht sich sogar für weitergehende wirtschaftspolitische Eingriffe in die Schuldnerländer durch den IWF und die Weltbank aus, um eine Entspannung an der Schuldenfront zu bewirken. Da das Kaletsky-Szenario jedoch im gegenwärtigen politischen Kontext noch am ehesten eine Chance der praktischen Umsetzung hat, sollten wir es einer eingehenden Prüfung unterziehen. Er betrachtet das Problem unter langfristigem, strategischem Blickwinkel.

Ein unverblümter trotziger Konfrontationskurs, also die vollkommene Zahlungsverweigerung durch die Regierung eines Landes, liege in niemandes Interesse, behauptet der Autor. Ein Gläubiger, der seinen Schuldner durch sein Vorgehen zu diesem Schritt provoziere, werde sich ins eigene Fleisch schneiden. Deshalb müsse bald etwas geschehen, bevor die Versuchung, allein oder gemeinsam ihre Zahlungsunfähigkeit zu erklären, für die Schuldnerländer unwiderstehlich werde. Kaletsky sieht eine Möglichkeit für «konziliante Zahlungsverweigerungen», und da er überzeugt ist, daß die Sache am Ende darauf hinauslaufen wird, fordert er die Gläubigerländer auf, sich auf diesen Ernstfall vorzubereiten.

Komme was da wolle, die Illusion, daß alles glattgeht, muß erhalten bleiben. Die kleinen und großen Banken und vor allem die Regierungen müssen darauf vorbereitet sein, die nötigen Übergangsregelungen miteinander abzustimmen, die zwangsläufig auf eine konziliante (das heißt verdeckte) Zahlungsverweigerung folgen. Die Regierung der USA hat bereits duch ihren «Controller of the Currency» (Kontrolleur der Umlaufmittel) erklärt, sie werde «nicht zulassen, daß eine der elf großen US-Banken zusammenbricht», und die Unterstützung von Continental Illinois durch die Regierung hat dies bestätigt.[20]

Aber selbst in dem unwahrscheinlichen Fall einer kollektiven Zahlungsverweigerung der Dritten Welt und eines Zusammenbruchs der Großbanken könnte nach Kaletskys Meinung der übrige Teil des Bankensystems überleben, wenn nur alle kooperieren. Die elf größten US-Banken repräsentieren entgegen der landläufigen Meinung gemessen an den Einlagen lediglich 18 Prozent des gesamten US-Bankensystems (das an die 15 000 Geschäftsbanken umfaßt) und gemessen am Eigenkapital sogar noch weniger. Alles hängt davon ab, auf welche Weise die Krise gehandhabt wird. Falls die normalen nordamerikanischen Bankkunden auf die Idee kommen sollten, daß die in der Dritten Welt übermäßig engagierten Banken sich aufgrund der Zahlungsverweigerung eines großen Schuldnerlandes am Rande des Bankrotts bewegten und falls sie außerdem befürchteten, dieser Bankrott werde auch die übrigen 14 989 US-Banken (mit weit geringerem Engagement in der Dritten Welt) in den Abgrund reißen, dann hätten wir eine Panik im Stil des großen Krachs von 1929.

Solange die Einleger jedoch Vertrauen haben, besteht kein Grund zur Sorge. Wir leben in einer Welt der Public Relations, und das Vertrauen der Bankkunden hängt allein davon ab, wie die Zahlungsunfähigkeit der Schuldnerländer dargestellt wird:

«Was den Bargeldzufluß angeht, stehen die Banken nicht schlechter da, wenn ein Schuldner seine Zinszahlungen gänzlich einstellt, als wenn er mit der einen Hand seine Zinsen bezahlt und sich mit der anderen Hand das Geld erneut ausleiht. Genau dies war die Situation in den fünf Jahren von 1978 bis 1983. Die Banken erhielten von den Entwicklungsländern rund 125 Milliarden Dollar an Zinsen und streckten denselben Ländern 140 Milliarden an ‹neuem Geld› vor.»[21]

Eine offene Verweigerung aller weiteren Zahlungen durch einen oder mehrere Großschuldner könnte eine Hysterie auslösen. «Demgegenüber wird eine konziliante Zahlungsverweigerung weit weniger bedrohlich erscheinen.» Eine «konziliante Zahlungsverweigerung» bedeutet, daß der Schuldner zwar die Zahlung weiterer Zinsen und Tilgungsraten verweigert, zugleich jedoch seine Absicht erklärt, die Zahlungen wiederaufzunehmen, sobald ihm dies möglich ist. Oder er bezahlt nur ganz bestimmte Gläubiger, oder er trifft eine einseitige

Entscheidung, die Zinsen zu senken – all dies mit verbindlichem Lächeln und in aller Höflichkeit.

«(Eine) konziliante Verweigerung würde sich in den Bilanzen der Banken wie ein geringfügiges Leck im Rumpf eines Ozeanriesen ausmachen... während eine Zahlungsverweigerung einer Explosion unter Deck gleichkäme; sie würde die Kapitalstruktur der Banken so nachhaltig treffen, daß einige Banken untergehen würden, ohne daß auch nur die Chance zu Rettungsmaßnahmen bestünde.»[22]

Die Gläubiger, insbesondere die US-Regierung und die bedeutendsten Banken, könnten gar kein Interesse daran haben, harte Vergeltungsmaßnahmen gegen die Zahlungsverweigerer zu ergreifen. Andernfalls würden sie reagieren wie beleidigte Kinder. Doch auch dies hält Kaletsky für eine bedrohliche Möglichkeit:

«Das Verhalten der Regierung unter Reagan während der ersten beiden Jahre der Schuldenkrise läßt durchaus den Schluß zu, daß man nicht unbedingt mit einer entgegenkommenden Reaktion auf eine Zahlungsverweigerung rechnen kann. In jeder Phase der Schuldenkrise bestand die spontane Reaktion der Regierung gegenüber den Schuldnern in Feindseligkeit. Sie wurde immer erst dann durch eine pragmatische Haltung gemildert, wenn die Gefahren eines Beharrens auf der harten Linien überdeutlich wurden.»

Als Kaletsky diese Zeilen schrieb, gab es den in einem späteren Kapitel näher behandelten Baker-Plan noch nicht, der Ende 1985 vorgelegt wurde. Dieser Plan brachte zwar kaum eine Entlastung und spielt heute keine Rolle mehr, aber er ließ zumindest eine weniger emotionale, realistischere Haltung der US-Regierung erkennen. Sie hat wahrscheinlich eingesehen, daß die Provokation einer Zahlungsverweigerung oder die Verhängung schwerer Sanktionen gegen ein Schuldnerland in der Öffentlichkeit als Zeichen verstanden werden könnte, daß hier etwas durch und durch faul sei. Ein Run auf die Banken könnte die Folge sein. Vergeltungsmaßnahmen würden außerdem die Möglichkeiten eines zahlungsunwilligen Landes, irgendwann seinen Verpflichtungen doch noch nachzukommen, zusätzlich erschweren. Die Gläubiger müssen sich sehr genau überlegen, was sie davon haben, wenn sie ihre Schuldner im Regen stehen lassen, statt sich mit ihnen an einen Verhandlungstisch zu setzen.

Sofern es stufenweise geschieht, können es sich die Banken – auch die in der Dritten Welt besonders stark engagierten – durchaus leisten, einen Großteil der Schulden abzuschreiben. Dafür gibt es unzählige Möglichkeiten, die ich hier nicht im einzelnen erörtern möchte. Statt dessen begnüge ich mich mit dem Hinweis, daß sie gerade von den weitsichtigsten Bankiers (zum Beispiel von Anthony Solomo, dem ehemaligen Präsidenten der New York Federal Reserve Bank) empfohlen werden. Die Bank von England hat angeblich für den internen Gebrauch eine Aufstellung von rund 100 verschiedenen Plänen gemacht, die in den letzten Jahren zur Lösung der Schuldenkrise vorgeschlagen wurden.[23]

Die US-Regierung verfügt nicht unbedingt über einen starken politischen Rückhalt für eine harte Linie gegenüber einem zahlungsunwilligen Schuldnerland. So werden sich zum Beispiel multinationale US-Unternehmen mit Kapitalinvestitionen in Schuldnerländern gegen Sanktionen aussprechen, weil ihr Eigentum höchstwahrscheinlich im Gegenzug konfisziert würde. Und auch dem Interesse der nordamerikanischen Gewerkschaften würde es zuwiderlaufen, wenn aufgrund von Sanktionsmaßnahmen keine US-Güter mehr an das betreffende Land verkauft und auf diese Weise weitere Arbeitsplätze gefährdet würden.

Wäre das Schuldnerland so schlau zu erklären, das an den unterbliebenen Zinszahlungen gesparte Geld würde für den Import nordamerikanischer Erzeugnisse ausgegeben, dann käme es wohl kaum zu einer Solidarität zwischen den Multis oder ihren Arbeitern und den Banken. Und wer weiß, ob sich in einer kritischen Situation die breite US-Bevölkerung auf die Seite der Großbanken gegen ein verarmtes Schuldnerland stellen würde, das am Boden liegt? Allenfalls ist mit einer breiten Zustimmung zu einer Politik zu rechnen, bei der zwar laute Worte fallen, aber keine Taten folgen.

Kaletsky beendet seine Analyse an dieser Stelle. Zum Leidwesen der Gläubiger können ihre eigenen protektionistischen Aktionen die Schuldnerländer nur noch stärker in eine radikale Ecke treiben. Die erfolgreiche brasilianische Computerindustrie ist hierfür ein Beispiel. Dieser Branche mit einem jährlichen Wachstum von 30 Prozent gelang es erstmals 1985, die multinationale Konkurrenz zu überflügeln. Die Vereinigten Staaten behaupten, sie hätten seit 1980 Umsatzeinbußen in Höhe von 1,5 Milliarden Dollar hinnehmen müssen, und US-Außenminister Shultz machte sich die Mühe, seinen brasilianischen Amtskollegen zu warnen, dies könne «ernste Folgen» für die Beziehungen zwischen beiden Ländern haben.

Um der Botschaft des Außenministers Nachdruck zu verleihen, sandten die USA im Mai 1986 einen Unterstaatssekretär nach Brasilien. Dieser erklärte dort, Präsident Reagan erwäge «Vergeltungsmaßnahmen», falls Brasilien weiterhin einen Großteil der inländischen Nachfrage nach Computern nicht durch Erzeugnisse der IBM, sondern durch die eigene Industrie decken sollte. Bislang hatte die IBM den brasilianischen Markt zur Hälfte beherrscht. Andererseits sind in den USA angeblich Stahl, Schuhe und Agrarprodukte aus Brasilien besonders gefragt.[24]

Von Brasilien wird also erwartet, daß es genügend Dollars auftreibt, um nicht nur seine Auslandsschulden zu bezahlen, sondern auch noch US-Computer kaufen zu können. Was soll Brasilien nun tun? Seine kostbaren Devisen für Computer ausgeben, die das Land mühelos selbst produzieren kann? Oder seine eigenen Computer herstellen und auf Deviseneinkünfte «verzichten», weil die USA keine brasilianischen Erzeugnisse mehr abnehmen? Von freier Entscheidung kann da keine Rede mehr sein.

Einige lateinamerikanischen Länder haben in den letzten Jahren eine spektakuläre Wendung zur Demokratie vollzogen, auch wenn Chile und Paraguay das Bild auf der Landkarte nach wie vor beeinträchtigen. Demokratische Regierungen haben einen großen Nachteil: Sie müssen sich bemühen, ihre Bevölkerung zufriedenzustellen. Gelingt ihnen das nicht, dann ist die Versuchung groß, hart durchzugreifen und zu autoritären Regierungsformen zurückzukehren. Nun haben die Vereinigten Staaten die aberwitzige Behauptung aufgestellt, das winzige Nicaragua mit seinen drei Millionen Einwohnern und einer wegen des anhaltenden Contra-Krieges und anderer feindseliger Handlungen der USA vollkommen zerrütteten Wirtschaft stelle eine Bedrohung ihrer nationalen Sicherheit dar. Was würden die USA erst sagen, wenn Mexiko unter dem unwiderstehlichen Druck der breiten Masse ein – links- oder rechtsgerichtetes – antiamerikanisches Regime bekäme? Eine aufgebrachte Bevölkerung von 80 Millionen Einwohnern und eine gemeinsame Grenze von Kalifornien bis Texas würden als angebliche Bedrohung weit glaubwürdiger klingen.

Ist eine solche Situation undenkbar? Mexiko selbst hat keinen Grund zu der Annahme, seinem nördlichen Nachbarn lägen seine Probleme besonders am Herzen. Das Land wurde unlängst auf eine Liste jener Länder gesetzt, die von den USA nicht in ihr Allgemeines Präferenzsystem (GSP) für bestimmte US-Importgüter einbezogen werden. Das 1976 in Kraft getretene GSP sollte ursprünglich den Export aus Ländern der Dritten Welt und damit deren wirtschaftliche Entwicklung fördern. Trotz Reagans verbaler Angriffe auf protektionistische Maßnahmen und entgegen seinem Versprechen, alle entsprechenden Gesetzesvorlagen mit seinem Veto zu blockieren, hat er mit dieser Beschränkung des GSP seinen eigenen Protektionismus betrieben. Auf bestimmte Güter aus bestimmten Ländern, die bislang zollfrei in die USA eingeführt werden konnten, werden nunmehr Importzölle erhoben. Kupfer aus Chile, Peru und Sambia – alle drei hochverschuldete Länder – ist eines der Produkte, die nicht mehr unter das GSP fallen.

Clayton K. Yeutter vom US-Handelsministerium erläutert: «Wenn die in ihrer wirtschaftlichen Entwicklung weiter fortgeschrittenen Unterstützungsempfänger mit bestimmten Produkten auf dem US-Markt auch ohne Unterstützung konkurrenzfähig sind, werden diese Produkte heraufgestuft und aus dem Programm herausgenommen. Darin kommt der dynamische Charakter des GSP-Programms zum Ausdrucks.»[25] Man darf bezweifeln, daß sich die «fortgeschrittenen Unterstützungsempfänger» von dieser Höherstufung geehrt fühlen. Yeutter und sein Arbeitgeber sollten besser daran denken, daß andere Länder und andere Völker ihre eigene Toleranzschwelle haben und daß auch sie «dynamisch» sein können.

Nachtrag: Im April 1987 veröffentlichte das GATT vorläufige Zahlen, aus denen hervorgeht, wieviel die Dritte Welt in den Jahren der Schuldenkrise verloren hat. Der Anteil der Entwicklungsländer am Welthandel fiel von 28 (1980) auf 19 Prozent (1986), während die entwickelten Länder im selben Zeitraum ihren Anteil von 63 auf 70 Prozent steigern konnten. 1980 bezogen die reichen Länder 29 Prozent ihrer Einfuhren aus armen Ländern, während sie 66 Prozent untereinander austauschten; die entsprechenden Zahlen für 1986 betrugen 19 bzw. 77 Prozent. (Der Ostblockhandel machte 1980 neun und 1986 elf Prozent des Welthandels aus.) Zwischen 1980 und 1986 stieg das Welthandelsvolumen um 18, der Wert in US-Dollar jedoch nur um sechs Prozent. Am stärksten stieg das Welthandelsvolumen an Fertigprodukten: Der Handel mit Agrarerzeugnissen stagnierte, während der Export von Rohstoffen seit 1980 zurückging. Es ist noch immer die Welt des reichen Mannes.

TEIL II
Die Opfer

Einführung

Der Internationale Währungsfonds ist ein relativ junger Star auf der Weltbühne. In den sechziger und siebziger Jahren war sein Einfluß in den meisten Ländern gering, da diese froh waren, ohne ihn auszukommen und mit Geld zu arbeiten, das ihnen von anderen ohne Auflagen geliehen wurde. Während dieser Zeit hatte die Weltbank als Einzelfaktor den größten Einfluß auf die Wirtschaftspolitik der Länder der Dritten Welt. Sie empfahl ihnen schon damals jene politischen Maßnahmen, die sie heute im Verein mit dem IWF durchsetzt.

Die Trümmer dieser Entwicklungsstrategien sind heute über die gesamte südliche Hemisphäre verstreut. Ganze Gesellschaften wurden in ihren Grundfesten erschüttert, und dennoch macht der IWF diese Politik (häufig mit Hilfe der Strukturanpassungskredite der Weltbank) den Ländern der Dritten Welt auch heute noch zur Auflage. Offensichtlich lassen sich die beiden Keynesschen Zwillinge durch nichts von der Durchsetzung ihres Modells abhalten – Quertreiber werden nicht geduldet!

Im zweiten Teil dieses Buches wird es um die Folgen des herrschenden Entwicklungsmodells und die daraus resultierenden Belastungen der Menschen und ihrer Umwelt gehen. Viel Raum wird dabei die Beschreibung der Verhältnisse in Afrika einnehmen; zum Teil deshalb, weil es kaum ein Standardwerk über unser Thema gibt, das sich diesem ärmsten der Kontinente widmet. Unter dem Blickwinkel des Konsortiums ist das verständlich – die Schulden Afrikas sind insgesamt zu geringfügig, als daß sie das Finanzsystem der Welt ins Wanken bringen könnten, so unerträglich sie auch für diejenigen sind, die sie bezahlen müssen. Es folgt Lateinamerika, wo einstmals relativ wohlhabende Staaten die Rückkehr von hoher Arbeitslosigkeit, von Hunger und vorzeitigem Tod erleben. Immer mehr Menschen werden an den Rand des Existenzminimums gedrängt, und ihre Lebenswelt verkümmert mit ihnen.

Das erste Kapitel über Marokko beschäftigt sich mit einem nordafrikanischen Land (im Gegensatz zu den Ländern Schwarzafrikas), in dem das Modell der Weltbank und des IWF buchstabengetreu befolgt wurde. Die Konsequenzen waren verheerend, einschließlich zahlreicher Todesopfer in den sogenannten «IWF-Unruhen». Danach geht es um einige ostafrikanische Länder: Sambia, Kenia und Tansania, wo die wirtschaftliche Tätigkeit Tag für Tag abnimmt und die Zahl der Menschenopfer steigt. Zaire ist unser letztes Beispiel aus Afrika. Hier werden die Auswirkungen der Schuldenkrise in ihrer erschreckendsten Form sichtbar. Staatliche Korruption und Diebstahl nehmen ungeheure Ausmaße an und führen unmittelbar in die Hungerkatastrophe – in Verbindung mit einer scheinbar unendlichen Geduld des Konsortiums mit dem dortigen Regime.

Die folgenden Kapitel über Lateinamerika machen deutlich, daß von der Finanzkrise nur wenige Länder verschont geblieben sind. Ungeachtet der politischen Verfassung eines Landes – ob Militärdiktatur wie in Chile oder wiederbelebte Demokratie wie in Brasilien oder Argentinien – immer ist es das einfache Volk, das die Opfer von zunehmender Arbeitslosigkeit und Nahrungsmittelknappheit zu beklagen hat. Die Gesellschaften werden immer weiter polarisiert: Zwischen einer winzigen Minderheit reicher Familien und der Masse von Armen steht eine Mittelschicht, die zusehends verschwindet. Ganze Länder wie zum Beispiel Bolivien dulden mittlerweile eine illegale Wirtschaftstätigkeit in großem Stil. Andere wie die Dominikanische Republik lassen ihre Bürger bei den kleinsten Anzeichen von Protest niederschießen.

Im letzten Kapitel schließlich geht es um einige über Kredite finanzierte Projekte, die katastrophale ökologische Folgen hatten. Heute müssen sie durch den Export natürlicher Bodenschätze zu Spottpreisen bezahlt werden.

Marokko – Die bittere Ernte der «Entwicklung»

Wird der IWF schließlich jenen Erfolg haben, der Marx versagt blieb? Unruhen, die sich eines Tages durchaus zu Revolutionen auswachsen können, werden heutzutage weit häufiger durch die Sparprogramme des Fonds ausgelöst als durch die vom Westen immer wieder heraufbeschworene Gefahr einer «kommunistischen Unterwanderung». Erdrückende Schulden mit ihren zerstörerischen sozialen Konsequenzen waren überall die zwangsläufige Folge, sobald ein Land das Entwicklungsmodell übernahm, das vom IWF, der Weltbank und den mit ihnen verhandelnden Eliten der Dritten Welt so enthusiastisch gefeiert wurde. Heute steht außer Zweifel, daß dieses Modell und die Schuldenkrise zwei Seiten derselben Medaille sind.

Das gängige Entwicklungsrezept von Weltbank und IWF ist auf den Außenmarkt gerichtet und kann deshalb die Bedürfnisse der heimischen Bevölkerung nicht befriedigen. Dies ist auch gar nicht sein Ziel, es sei denn indirekt durch die wirtschaftliche Blüte, die mit dem Handel einkehren soll. Statt dessen setzt das Modell auf die Bedürfnisse von unberechenbaren internationalen Märkten. Es sind Dutzende von Ländern, die das Rezept der Weltbank befolgen, und so kann es nicht ausbleiben, daß etliche von ihnen gegeneinander konkurrieren müssen.

Da die Produkte, die von ihnen angeboten werden können, nur eine begrenzte Palette umfassen, können diese Länder ihre Preise nur dann niedrig und für internationale Abnehmer attraktiv halten, wenn sie allesamt die Löhne ihrer Arbeiter so weit wie möglich drücken. Aus demselben Grund werden die meisten Bauern, allerdings nicht unbedingt die Großgrundbesitzer, für ihre Erzeugnisse denkbar schlecht bezahlt.

Sobald dieses Modell eingeführt wird, erfolgen die Investitionen bevorzugt im Exportsektor. Gleichzeitig trocknen die Kapitalquellen jenes Teils der Wirtschaft aus, der für den Inlandsbedarf produziert, selbst wenn die Masse der Bevölkerung zur Sicherung des Lebensunterhalts überwiegend von dieser lokalen Wirtschaft abhängig ist. Doch so groß die Ausbeutung der Bauern und Arbeiter auch sein mag, die die Exportpreise niedrig halten soll, die internationale Konkurrenz bleibt weiterhin mörderisch. Die angeblich kaufkräftigen und unersättlichen internationalen Märkte, die nach den Verheißungen von IWF und Weltbank die Exporte der Dritten Welt aufnehmen sollten, trocknen aus oder verschanzen sich hinter protektionistischen Maßnahmen.

Mit einemmal will niemand mehr all die T-Shirts und Hosen, die Baumwollballen und Kisten mit Orangen und Tomaten haben. Gelegentlich können Entscheidungen, die im Norden – ohne jede Beteiligung der Länder des Südens – getroffen werden, deren Lage drastisch verschlechtern. Wenn zum Beispiel Spanien und Portugal – beides Großproduzenten von Südfrüchten und ganzjährigem Frischgemüse – in die EG eintreten, kann ein Großteil der landwirtschaftlichen Exportgüter Nordafrikas die Hürden der EG-Länder nicht mehr überspringen.[1]

Aber bevor diese harten Tatsachen ins Bewußtsein dringen können, sind bereits zahlreiche aufwendige Maßnahmen zur Verbesserung der Infrastruktur mit geliehenem Geld finanziert worden, für das Zinsen bezahlt werden müssen. Alle diese Maschinen und Ausrüstungen für den Transport, zur Stromversorgung, Bewässerung etc. sollten den Entwicklungsländern dazu verhelfen, mehr zu produzieren, zu exportieren und damit Deviseneinkünfte zu erzielen, um die aufgenommenen Kredite zurückzuzahlen. Da jedoch die Außenmärkte für die Güter des Landes schrumpfen, wird die teure Infrastruktur immer weniger ausgelastet und schließlich nur noch zu einem Bruchteil ihrer ursprünglichen Kapazität genutzt.

Nachdem er so lange vernachlässigt wurde, ist auch der Binnenmarkt nicht in der Lage, den Überschuß aufzunehmen – die Löhne sind niedrig und Millionen Menschen arbeitslos. Die Kaufkraft reicht deshalb bei weitem nicht aus, um die Wirtschaft in Schwung zu bringen. Das Beispiel Marokkos, eines vergleichsweise wohlhabenden Entwicklungslandes in Nordafrika, führt uns vor Augen, wie das Modell wirkt und wie es ein Land ins Elend stürzt.

Der marokkanische Volkswirt Najib Akesbi verweist auf die wesentliche Konsequenz des IWF-Programms für sein Land: «Am Ende produziert das Land zu viele Güter, die es nicht verbraucht, und verbraucht zu viele Güter, die es nicht produziert.»[2]

Marokko ist ein trauriges, aber eindrucksvolles Beispiel dafür, wie eine «Entwicklung» nach diesem Muster eine Unterentwicklung für die Mehrheit der Bevölkerung erzeugt. Es zeigt, wie ein Land, das die Rezepte von Weltbank und IWF befolgt, innerhalb von weniger als 20 Jahren zu steigenden Arbeitslosenzahlen, Unterernährung und absoluter Armut bei einem großen Teil seiner Bevölkerung gelangen kann – wobei der Weg dorthin mit den Opfern blutiger «IWF-Unruhen» gesäumt ist.

In Marokko ereignete sich die erste dieser Unruhen – ein eindeutiger Hinweis darauf, daß das exportorientierte Entwicklungsmodell bereits zusammengebrochen war – im Sommer 1981. Ein plötzlicher Anstieg der Preise für Grundnahrungsmittel löste einen Volksaufstand aus. Aber diese Verteuerung war trotz ihrer brutalen Folgen nur der sprichwörtliche Tropfen, der das Faß zum Überlaufen brachte: Das marokkanische Volk hatte mehr als seinen Teil getragen. In einem Aufsatz mit dem Titel «Die explosive Lage in Casablanca» beschreibt Zakya Daoud die näheren Umstände, die zu den Unruhen führten.[3]

Allein die bevölkerungsstatistischen Zahlen erzählen schon einen Großteil der Geschichte. Von insgesamt 21 Millionen Marokkanern sind 46 Prozent unter 15 und weitere zehn Prozent zwischen 15 und 20 Jahre alt. Mindestens ein Viertel der Kinder und Jugendlichen unter 15 bevölkern die Straßen, weil sie den Schulbesuch von sich aus abgebrochen haben oder von der Schule abgehen mußten. In Casablanca, wo die Unruhen am schwersten waren, leben 300 000 Heranwachsende zwischen 15 und 20 Jahren. Zwei Drittel von ihnen wissen nicht, was sie mit sich anfangen sollen, da sie weder einen Platz in einer Schule noch eine Arbeit haben. Und diejenigen, die eine Schule besuchen, werden die größte Enttäuschung erleben, da lediglich 15 Prozent der jährlichen Kandidaten für das «baccalauréat» (das von der französischen Kolonialmacht übernommene Pendant zum deutschen Abitur) darauf hoffen können, die Schule erfolgreich abzuschließen.

Aber mit dieser unglaublichen Vergeudung eines Schulsystems, bei dem ein Großteil der Schüler nutzlos die Schulbank drückt, ist es noch nicht genug: Auch in der Altersgruppe von 20 bis 24 Jahren ist fast die Hälfte ohne Beschäftigung. Während der siebziger Jahre fiel die enorm hohe Zahl arbeitsloser Jugendlicher weniger auf, weil etwa 400 000 von ihnen nach Europa emigrierten, um dort Arbeit zu suchen. Seit 1979 ist dieser Weg jedoch weitgehend versperrt. Nach den von Daoud angeführten offiziellen Zahlen ist nur etwa ein Drittel der «aktiven» Stadtbevölkerung – definiert als die Gesamtheit der arbeitsfähigen Männer zwischen 15 und 64 Jahren – tatsächlich beschäftigt. In diesem islamischen Land spielt Frauenarbeit kaum eine Rolle; vielleicht 80000 Frauen gehen einer Erwerbstätigkeit nach. Von drei arbeitslosen Männern sind zwei unter 35 Jahre alt – sie befinden sich gerade in der Lebensphase, in der sie immer verzweifelter versuchen, eine eigene Familie zu gründen.

Das war das soziale Pulverfaß, in das die Regierung im Auftrag des IWF das Zündholz der höheren Nahrungsmittelpreise fallen ließ. Chronisch arbeitslose Menschen, die bereits von der Hand in den Mund lebten, wurden plötzlich genötigt, für Mehl und Zucker 40 und für Speiseöl 50 Prozent mehr auszugeben als bisher. Aber schon acht Monate zuvor hatte es Preissprünge gegeben: Zwischen April 1979 und Mai 1981 stiegen die Preise für Mehl um 86, für Zucker um 97, für Speiseöl um 75 und für Milch um nicht weniger als 100 Prozent.

Im selben Zeitraum von zwei Jahren stiegen die Löhne für diejenigen, die so glücklich waren, einen Arbeitsplatz zu haben, um 20 Prozent bei den in Tagespauschalen bezahlten Landarbeitern und um maximal 29 Prozent bei den in der Stadt Beschäftigten, die nach Stunden bezahlt wurden.[4] Man darf nicht vergessen, daß in Ländern mit hoher Arbeitslosigkeit wie in Marokko sogenannte «Mindestlöhne» in Wirklichkeit Maximallöhne sind, die von Hunderttausenden von Arbeitern gar nicht erreicht werden. Wer überhaupt Arbeit hat, gehört hier bereits einer Klasse von Privilegierten an. Fromme Moslems, und zu diesen würde sich König Hassan von Marokko zweifellos rechnen, dürften über den Ausbruch der Gewalttätigkeiten nicht verwundert gewesen sein, denn bereits ein Gefährte Mohammeds hatte gesagt: «Mit Verwunderung höre ich von einem Hungrigen, der kein Verbrechen begeht.»[5]

Die Lehren aus dem Jahr 1981 gerieten bei der Regierung jedoch in Vergessenheit. Im Januar 1984 brachen in großen Teilen des Landes erneut schwere Unruhen aus, nachdem die Obrigkeit angekündigt hatte, aufgrund einer Auflage des Internationalen Währungsfonds würden die Nahrungsmittelpreise ein weiteres Mal heraufgesetzt. Für die unzufriedene Bevölkerung in den Städten, Studenten und Arbeitslose, war das Maß voll. Seit 1979 waren die Preise für die vier wichtigsten Grundnahrungsmittel Mehl, Zucker, Speiseöl und Milch im Durchschnitt um 133 Prozent gestiegen, die Löhne und Gehälter hingegen bestenfalls um 53 Prozent – wiederum nur für die wenigen Glücklichen, die überhaupt eine Arbeit hatten. Massenhaft ging das Volk auf die Straße.

Die Regierung gab «Agitatoren aus dem Ausland» die Schuld an den Demonstrationen und setzte die Armee ein, um sie aufzulösen. Die Soldaten gingen mit großer Brutalität gegen die Menge vor, und am Ende wurden von offizieller Seite 29 Tote und 114 Verwundete gezählt, während es in der Presse hieß, es seien mindestens 100 Menschen zu Tode gekommen. Andere Quellen sprachen sogar von 400 Todesopfern. König Hassan erklärte über das Fernsehen, die Nahrungsmittelpreise würden nun doch nicht erhöht – diese Ankündigung sowie die Unterdrückung des Protests der Massen brachten dem Land wieder «Gesetz und Ordnung».[6]

Mit Gesetz und Ordnung allein lassen sich jedoch die tieferreichenden Probleme des Landes nicht lösen. Marokko, einst eine der Kornkammern Nordafrikas und ein wichtiger Getreidelieferant für Frankreich, ist heute gezwungen, jährlich über drei Millionen Tonnen Weizen einzuführen – während seine Orangen und Tomaten, die niemand kaufen will, auf den Feldern oder in den Lagerhäusern am Hafen verrotten. Die zur Finanzierung des Exportmodells im Ausland aufgenommenen Kredite belaufen sich mittlerweile auf rund 16 Milliarden Dollar. Hätten die Gläubiger nicht einer Umschuldung zugestimmt, so wäre die Regierung gezwungen gewesen, nicht weniger als 47 Prozent der laufenden Staatsausgaben allein zur Bedienung der Schulden aufzuwenden. Das seit 1983 bestehende Sparprogramm des IWF sieht vor, daß die Erfüllung von Zahlungsverpflichtungen Vorrang vor allen anderen Ausgaben hat. Genau dies bedeutet ein Anpassungsprogramm: Sämtliche Ausgabenentscheidungen müssen dem Zwang zur Begleichung von Schulden untergeordnet werden.

In Marokko hat sich gezeigt, auf welch tönernen Füßen das Exportmodell stand. Wie konnte es dazu kommen, daß ein Land mit relativ reichen Bodenschätzen, ausreichenden Anbauflächen und einem weit höheren Lebensstandard, als er in der Dritten Welt üblich ist, in eine solche Notlage geriet? Najib Akesbi hat versucht, eine Antwort auf diese Frage zu geben.[7]

Es begann Mitte der sechziger Jahre. Schon bald nach der Unabhängigkeit von der französischen Kolonialherrschaft (1956) hatte das Land finanzielle Schwierigkeiten und bat den IWF und die Weltbank um Hilfe. Die Empfehlungen der Experten wurden zu einer nationalen Entwicklungspolitik umgemünzt. Der Grundgedanke war, daß Marokko über einen komparativen Vorteil in der Landwirtschaft verfügte und diesen maximieren sollte, indem es die Landwirtschaft modernisierte und den Anbau von exportfähigen Agrargütern wie Zitrusfrüchten und Frischgemüse forcierte. Die Kosten der Modernisierung würden durch die Exporte aufgebracht. In der Praxis bedeutete Modernisierung in erster Linie Bewässerung, also den Bau von Staudämmen.

Das Ganze wurde die «Dammpolitik» getauft – la politique des barrages –, und bis zum Jahr 2000 sollten dadurch eine Million Hektar Anbaufläche bewässert werden. Dieses Modernisierungsprojekt zehrte zwischen einem Viertel und einem Drittel aller öffentlichen Investitionen und zwei Drittel aller Investitionen in der Landwirtschaft auf. Die kostspielige Verbesserungsstrategie konzentrierte sich jedoch auf weniger als zehn Prozent der landwirtschaftlichen Nutzfläche. Für die übrigen 90 Prozent blieb kaum etwas übrig, obwohl vier Fünftel der ländlichen Bevölkerung in ihrem Lebensunterhalt von der nicht verbesserten Anbaufläche abhingen. Die wenigen Glücklichen, deren Land bewässert wurde – zumeist Großgrundbesitzer –, waren außerdem in der Lage, subventionierte Traktoren, Düngemittel sowie im Rahmen des Programms der «Grünen Revolution» um bis zu 35 Prozent verbilligtes Saatgut zu kaufen. Das Wasser wurde fast zum Nulltarif geliefert, und landwirtschaftliche Kredite wurden fast ausschließlich an die Großgrundbesitzer vergeben.

Damit übernahm also der Staat die finanzielle Last der Modernisierung, während private landwirtschaftliche Großbetriebe den Gewinn hatten. Es kam noch hinzu, daß die Steuern für landwirtschaftliche Betriebe – auch im florierenden Exportsektor – extrem niedrig lagen und zu keiner Zeit mehr als ein Prozent der gesamten Staatseinkünfte ausmachten. König Hassan ging 1984 sogar so weit zu verkünden, wegen der herrschenden Dürre würden alle landwirtschaftlichen Betriebe bis zum Jahr 2000 von der Steuer befreit.

Da diese Politik ausdrücklich den Anbau von Exportfrüchten begünstigte, machte sich Marokko aus freien Stücken von Nahrungsmittelimporten abhängig. In den sechziger Jahren erschien eine solche Entscheidung durchaus vernünftig, da die Preise für Nahrungsmittel auf den Weltmärkten stabil und niedrig waren und große Mengen billiger Importe dazu beitrugen, die Verbraucherpreise für Grundnahrungsmittel gering zu halten. Der im Land selbst angebaute Hartweizen – die Sorte, aus der guter Kuskus zubereitet wird, ein schmackhaftes Nationalgericht – wich importiertem weichen Saatweizen, und das heimische Olivenöl wurde weitgehend durch Sojabohnenöl aus den USA ersetzt.

In der Frühzeit des exportorientierten Modells Mitte der sechziger Jahre war Marokko in der Lage, den größten Teil dieser Modernisierung seiner Landwirtschaft selbst zu finanzieren. Aber schon bald wurden Finanzmittel aus dem Ausland benötigt, um immer weitere und noch größere Entwicklungsprojekte zu bezahlen. Anfang der siebziger Jahre mußten 23 Prozent der Kosten der «Dammpolitik» (das heißt die Kosten sämtlicher Maßnahmen, nicht nur die der Dämme selbst) durch Auslandskredite gedeckt werden. Als Mitte der siebziger Jahre die Abhängigkeit vom Ausland als Lieferant von Nahrungsmitteln und landwirtschaftlichen Produktionsmitteln immer mehr zunahm und die Preise für diese Güter in die Höhe schossen, betrug der Anteil der benötigten Finanzierung aus dem Ausland bereits die Hälfte der Kosten des Modernisierungsprogramms.

In einem gewaltigen Sprung stieg zwischen 1980 und 1984 dieser Anteil weiter bis auf 76 Prozent – was einen ebenso hohen Anstieg der Staatsverschuldung bedeutete. Die Verschuldung des Landes, die 1970 noch erträgliche 18 Prozent des BSP ausgemacht hatte, betrug 1984 110 Prozent des BSP! Zum Teil ging diese Schuldenexplosion auch auf den drastischen Verfall der Weltmarktpreise für Phosphat zurück, eines der Hauptexportgüter Marokkos.

Die endgültige Quittung für diese Politik wurde dann Mitte der achtziger Jahre vorgelegt, und sie war niederschmetternd. Obgleich noch immer auf 80 Prozent der Anbaufläche Getreide und Frischgemüse angepflanzt wurden – zumeist von Kleinbauern –, hatten diese während all der Jahre kaum finanzielle oder technische Unterstützung erhalten. Wegen der stagnierenden oder rückläufigen Erträge und des Bevölkerungswachstums lag die Weizenerzeugung pro Kopf der Bevölkerung 1984 um mehr als die Hälfte unter dem Wert von 1955 und sogar niedriger als 1930! Ähnlich, wenngleich etwas weniger drastisch, verlief die Entwicklung bei Olivenöl und Frischgemüse.

Die Ernährungssituation in Marokko ist wenig ermutigend. Heute deckt das Land, das noch in den fünfziger Jahren Getreide exportiert hatte, nur noch ein Fünftel des eigenen Weizenbedarfs selbst. Zwischen 1970 und 1983 stiegen die Nahrungsmitteleinfuhren jährlich um durchschnittlich 17 Prozent – insgesamt um 220 Prozent! Das war kein Zufall, sondern Wirtschaftspolitik. Die Exporte, denen das fortwährende Interesse der Regierung galt, stiegen zwar ebenfalls, aber mit acht Prozent jährlich wesentlich langsamer als die Nahrungsmittelimporte. Infolgedessen verfügt Marokko heute über keinen eigenen Binnenmarkt mehr für seine landwirtschaftlichen Erzeugnisse, und die benötigten Ernährungsgüter werden auch nicht mehr im eigenen Land produziert – beides wurde in den Norden verlagert. Eine weitere geradezu klassische Konsequenz der vorrangigen Förderung wohlhabender Großgrundbesitzer war die Verarmung der Kleinbauern und ihre Abwanderung in die Städte. Dort müssen sich die meisten von ihnen in der «informellen» Wirtschaft durchschlagen – ein Euphemismus für das völlige Fehlen von Arbeitsmöglichkeiten. Von diesen Menschen und ihren Kindern gehen die Aufstände gegen überteuerte Lebensmittel aus...

Wie soll Marokko jemals Schulden in Höhe von 16 Milliarden Dollar abzahlen? Da das Land weder den Marktpreis seiner Exportgüter noch die Kosten der Nahrungsmittelimporte beeinflussen kann, bleiben die Arbeitslöhne der einzige Kostenfaktor, den die Regierung kontrollieren kann. Da die Schulden nur durch Devisen aus Exporten zu bezahlen sind und die Ausfuhrgüter auf den internationalen Märkten konkurrieren müssen, ist die Regierung nachgerade gezwungen, die Arbeitslöhne so niedrig wie möglich zu halten. Leider wollen auch die Arbeiter zu essen haben; sie müssen also wenigstens genug verdienen, um die Grundnahrungsmittel zu bezahlen. Wer eine starre Lohnpolitik betreibt, muß auch die Preise stabil halten, zumindest für jene lebensnotwendigen Artikel, für die eine durchschnittliche marokkanische Familie drei Viertel ihres Einkommens aufwendet.

Da eine wachsende Bevölkerung immer mehr Weizen verbraucht, der in schwerverdienten Dollars berechnet wird, sind harte politische Entscheidungen unvermeidlich. Wenn die Behörden versuchen, die realen Kosten des importierten Weizens über hohe Preise für Mehl und Brot – die Grundnahrungsmittel aller armen Marokkaner – auf die Verbraucher abzuwälzen, werden die Arbeiter sofort höhere Löhne fordern. Höhere Löhne bedeuten jedoch eine Verteuerung der Exportprodukte auf den bereits schrumpfenden internationalen Märkten sowie ein weniger günstiges Investitionsklima für die multinationalen Fertigungsunternehmen, die Marokko, ermutigt durch den IWF und die Weltbank, unter großen Anstrengungen ins Land geholt hat. Diese Unternehmen rechnen mit niedrigen Löhnen und werden durch Streiks und Straßenunruhen leicht verprellt.

Die einzige Lösung besteht in einer Subventionierung der Grundnahrungsmittel – eine staatliche Entlastung der inländischen und ausländischen Arbeitgeber durch Stabilisierung der Löhne. Ein Staat der Dritten Welt, der diesen Kurs einschlägt, subventioniert nicht nur die heimischen und internationalen Unternehmen, sondern auch die so viel reicheren Verbraucher im Ausland – die Abnehmer der Exportgüter aus der Dritten Welt. Eine Subventionierung der Nahrungsmittel anstelle höherer Löhne hält den Preis der Exportgüter niedrig und liefert damit ein weiteres Beispiel für die Wahrheit des Bibelworts: «Denn wer da hat, dem wird gegeben» – und zwar im internationalen Maßstab.

Nahrungsmittelsubventionen halten also die Produktionskosten niedrig, ermöglichen der Elite – den Arbeitgebern – weiterhin ein Leben im Überfluß und bewahren die Armen, denen das Wasser bis zum Hals steht, soeben vor dem Ertrinken. Der IWF fordert den Abbau der Subventionen, um die Staatsausgaben zu senken, aber damit widerspricht er sich selbst. Der Fonds glaubt unerschütterlich an das Exportmodell, obwohl genau dieses Modell am Ende seine Opfer zu solchen Subventionen zwingt. Wenn der Fonds wirklich eine freie Marktwirtschaft will, dann darf er nicht nur den Abbau von Subventionen zur Auflage machen, sondern muß zum Ausgleich auch Lohnerhöhungen zulassen. Statt dessen verordnet er Höchstlöhne (womit er auch noch die wenigen trifft, die überhaupt Arbeit haben) und erwartet von den hungrigen Armen, daß sie sich noch mehr einschränken. Das also sind die vielbeschworenen «Gesetze» des freien Marktes!

Das Rezept einer Politik der «Wahrheit der Preise», wie es in Marokko heißt, einer Politik also, die auf jegliche Subventionen verzichtet, enthält noch eine Reihe weiterer Widersprüche. Erstens kosten die Nahrungsmittelsubventionen den Staat in Wahrheit gar nicht so viel, wenn man die Anzahl der Menschen berücksichtigt, die darauf angewiesen sind. Von 1980 bis 1985 gab die Regierung im Jahresdurchschnitt lediglich 5,3 Prozent ihres gesamten Budgets für die Subventionen aus (oder – eine andere Maßzahl – nicht mehr als durchschnittlich 1,5 Prozent des Bruttoinlandsprodukts). Der eigentliche Skandal aber besteht darin, daß die Marktgesetze anscheinend nur für die Endverbraucher gelten. Ein Preis repräsentiert im Grunde den kumulativen Einfluß einer ganzen Reihe von Akteuren – Produzenten, Importeuren, Verarbeitern, Verteilern, des Staates –, die der Last des «wahren Preises» ebenso unterworfen sein müßten wie jene, die am Ende die Nahrungsmittel kaufen.

Zumindest in Marokko ist das nicht der Fall, und hier setzt Najib

Akesbis eigentliche Kritik an. Er wendet sich sowohl gegen die Art, wie die marokkanische Regierung die Wirtschaft im Interesse einer Minderheit geführt hat, als auch gegen das Allheilmittel, das der IWF den Verbrauchern – und ihnen allein – aufzwingt. Entgegen dem äußeren Anschein sind «Subventionen» auf den Endpreis von Nahrungsmitteln letztlich nur der Ausdruck von Subventionen und ungerechtfertigten Prämien für Großerzeuger und private Großunternehmen, die keiner Konkurrenz ausgesetzt sind.

Welche Bedeutung soll der «wahre Preis» von Mehl noch haben, wenn man erfährt, daß die Mühlen Kleie an eine Handvoll großer Viehzüchter zu einem staatlich festgesetzten Preis verkaufen, der um 60 Prozent unter dem Marktpreis liegt? Wird ein Teil des Weizens (die Kleie) unterbewertet, dann muß man den anderen Teil (das Mehl für die Endverbraucher) überbewerten (und folglich – aus den bereits genannten Gründen – subventionieren). Dasselbe gilt für Zucker. Die bei seiner Fabrikation anfallenden Nebenprodukte, zum Beispiel Maische, werden an einige privilegierte Abnehmer weit unter dem «wahren» Marktpreis verkauft.

Viele von uns haben einfach aus Gründen der sozialen Gerechtigkeit höhere Preise für die Erzeuger in der Dritten Welt gefordert. Akesbi hält diese Forderung für falsch. Zumindest in Marokko wurden die Erzeugerpreise angehoben – so weit, daß sie heute über den Weltmarktpreisen liegen und damit eine Selbstversorgung des Landes mit Nahrungsmitteln einfach zu teuer würde.

Einmal angenommen, alle Bauern hätten dieselben Betriebskosten und jeder Scheffel Getreide erziele unabhängig von der verkauften Menge denselben Preis, dann haben offensichtlich die Großproduzenten von einem Garantiepreis den größten Nutzen. Ein Kleinbauer mit wenig Land und niedrigen Erträgen kann mit einem Garantiepreis kein Auskommen finden, der Bauer mit 200 Hektar Nutzfläche hingegen sehr wohl. Wenn der Landbesitz höchst ungleich verteilt ist, wenn es keine Zuteilungsquoten gibt und der staatlich festgesetzte Preis für alle derselbe ist, ungeachtet der abgelieferten Mengen, dann kann ein garantierter Erzeugerpreis die gesellschaftliche Ungleichheit nur noch verstärken.

Erschwerend kommt in Marokko hinzu, daß die regierungsamtlichen Getreideaufkäufer die Kleinbauern im allgemeinen gar nicht erreichen. Dasselbe gilt auch für die meisten übrigen afrikanischen Länder. Der Kleinbauer ist in der Regel verschuldet, verfügt über keine Barmittel und verkauft seine Ernte sofort an einen Händler zu jedem Preis, den dieser ihm bietet – also deutlich unter dem «garantierten» Preis. Solange die Regierung nicht mit dem Preis auch den sofortigen und effizienten Aufkauf der Ernte garantieren kann, hat der theoretisch festgelegte Erzeugerpreis mit der Wirklichkeit auf dem Land wenig zu tun; er führt statt dessen zu mehr sozialer Ungleichheit. Doch damit nicht genug: In Marokko hat der garantierte Erzeugerpreis zudem noch nicht einmal eine Erhöhung der Getreideproduktion bewirkt. Wie Akesbi bemerkt, verhält sich der Großerzeuger, der von den Garantiepreisen den meisten Nutzen hat, wie ein Rentier: «Je besser der Preis, desto weniger muß er sich anstrengen, um seine Ernte zu steigern... Die staatliche Preispolitik wird zu einem Anreiz für Ineffizienz und Mittelmäßigkeit.»

Die großen Privatunternehmen zur Weiterverarbeitung von Agrarerzeugnissen erhalten möglicherweise den Löwenanteil des staatlichen Kuchens. Ähnlich wie in den USA bilden sie in Marokko ein Oligopol, das die Marktkonkurrenz weitgehend ausschaltet. In Marokko genießen diese Unternehmen jedoch noch den zusätzlichen Vorteil, daß der Staat sie durch Festlegung ihrer Gewinnspannen vor jeglichen Markteinflüssen schützt. Da diese Gewinnspannen unterschiedslos für alle Betriebe einer Branche gleich hoch sind, findet keine Auslese der effizientesten Betriebe statt, wie es in der freien Konkurrenz der Fall wäre. Die Unternehmen werden im Gegenteil regelrecht dazu angehalten, unrationell zu produzieren. Nicht nur die Erzeuger, auch die Verarbeiter von Agrarerzeugnissen entwickeln eine Rentier-Mentalität.

Schließlich und endlich nimmt der Staat den Verbrauchern mit der linken Hand mehr ab, als er ihnen mit der rechten gegeben hat. Die Kehrseite der Subventionsmedaille sind die Steuern, und drei Viertel des marokkanischen Steueraufkommens sind Verbrauchssteuern. Praktisch alle diese Steuern werden von den kleinen Leuten für ganz alltägliche Güter (mit Ausnahme von Mehl) und Dienstleistungen aufgebracht. Lediglich fünf Prozent des gesamten Umsatzsteueraufkommens entfallen auf Luxusgüter. Zwischen 1975 und 1984 machten die Verbrauchssteuern (auf alle Artikel) mehr als das Siebenfache des Wertes der Subventionen für die fünf preisgestützten Grundnahrungsmittel aus (Mehl, Speiseöl, Zucker, Butter und Milch, wobei Milch inzwischen überhaupt nicht mehr subventioniert wird). Daraus ergibt sich die verwirrende Schlußfolgerung, daß es die Verbraucher sind, welche den Staat subventionieren, und nicht umgekehrt!

Der IWF behauptet von sich, im Namen wirtschaftlicher Effizienz zu handeln. Doch zugleich führt er seine eigenen Grundsätze ad absurdum mit dem Entwurf von Strategien, die nicht nur sozialen Schaden anrichten, sondern obendrein wirtschaftlich unvernünftig sind. Ausgerechnet von den Verbrauchern zu verlangen, im Namen von «Marktgesetzen» Opfer bei den Nahrungsmitteln zu bringen, ist schlichtweg ein Schwindel, wenn ansonsten auf dem Nahrungsmittelsektor gar keine Marktgesetzte gelten. Warum spricht der IWF stets nur von verzerrten Verbraucherpreisen, wo doch keine einzige sonstige Komponente der Nahrungsmittelpreise den Marktgesetzen unterworfen ist? Wenn weder der Fonds noch die Regierung bereit sind, sich mit den wahren Nutznießern ihrer Politik anzulegen, dann bleiben natürlich die Verbraucher die einzigen, die man ausquetschen kann – und das alles im Namen eines freien Marktes.

Und was empfiehlt der IWF außer einer Einschränkung der Nachfrage – eine höfliche Umschreibung für die zunehmende Verknappung der Nahrungsmittel und noch größeres Leiden der Bevölkerung –, damit Marokko seine Schulden zurückzahlen kann? Der IWF verlangt immer dasselbe und immer mehr davon: weitere Investitionen in die Exportgüterindustrie, eine weitere Integration in die Weltmärkte, also genau jene Strategie, die dieses potentiell reiche Land ins wirtschaftliche Elend gestürzt hat. Von 1980 bis heute hat sich selbst unter den günstigsten Annahmen die Anzahl der völlig Verarmten in Marokko auf sieben bis 8,7 Millionen erhöht. Mehr als drei Millionen von ihnen leben in den Städten, und viele sind unzufriedene Jugendliche. Eines steht außer Zweifel: Sollte es zu neuen Unruhen kommen, dann können sie nicht mehr Agitatoren aus dem Ausland oder kommunistischen Unterwanderern angehängt werden.

Schulden in Afrika –
Die Bürde des schwarzen Mannes

Afrika ist sich selbst überlassen. Das war die laut und deutlich vernehmbare Botschaft nach der Sondersitzung der Vereinten Nationen über Afrika im Mai 1986, die sich am Ende als wenig mehr als ein Requiem für den Kontinent entpuppte. Von den unmittelbar Betroffenen abgesehen kann nunmehr jedermann, nachdem er den äußeren Schein gewahrt und die nötigen Gebete vor sich hin gemurmelt hat, seine Aufmerksamkeit wichtigeren Dingen zuwenden – zum Beispiel der völligen Leerplünderung des Kontinents.

Sprechen Sie die Worte «Hunger» oder «Hungertod» und «Afrika» in einem Atemzug aus, und Sie werden nicht mehr als ein müdes Achselzucken provozieren. Sagen Sie «afrikanische Verschuldung», und man wird Sie verständnislos anstarren. Dennoch ist die Verschuldung Afrikas heute eine der Hauptursachen der dort herrschenden Nahrungsmittelknappheit. Solange die Schuldenlast nicht erleichtert wird, so lange kann der Hunger in Afrika nur noch schlimmer werden. Wenn der Kontinent seine augenblickliche Krise überlebt, dann ist das allein dem Ideenreichtum der Afrikaner zu verdanken und nichts und niemandem sonst. Aus dem Ausland kommt kaum Hilfe. Afrika überweist bereits heute mehr Geld für den Schuldendienst und andere Zwecke ins Ausland, als es an Kredithilfen und neuen Darlehen empfängt.

Afrikanische Regierungen, Oberschichten und Manager haben Fehler über Fehler begangen. Aber bevor wir ihnen diese vorrechnen (was einige von ihnen wirklich verdient hätten), sollten wir daran erinnern, daß etwa ein Land wie Sambia mit seinen fünf Millionen Einwohnern vor 25 Jahren, zum Zeitpunkt seiner Unabhängigkeit, nicht mehr als 100 Universitätsabsolventen aufzuweisen hatte. Eine meiner Freundinnen, die in den siebziger Jahren, kurz nach der Erlangung der Unabhängigkeit, in Mozambique gearbeitet hatte, staunte darüber, daß das Schulministerium überhaupt etwas zustande bringen konnte; denn gerade einmal fünf der dort Beschäftigten konnten lesen und schreiben. Der Minister selbst war 23 Jahre alt.

Es ist eine traurige Wahrheit, daß die internationale Geschäftswelt es kaum registrieren würde, wenn Afrika von der Landkarte verschwände. Afrika repräsentiert lediglich vier Prozent des jährlichen Welthandels[1], und obgleich es nach wie vor ein reicher Kontinent ist, können diejenigen, die sich an ihm bereichern, im allgemeinen dieselben Bodenschätze auch anderswo finden; häufig mit geringerem Aufwand (zum Beispiel Uran in Australien) und mit geringerem politischen Risiko (wie es etwa durch das System der Apartheid heraufbeschworen wird). Selbstverständlich hält es der Norden für lohnenswert, diesen oder jenen Flecken Afrikas für zukünftige Bedürfnisse jetzt schon zu sichern, aber wenn die Afrikaner sich bei der Behebung ihrer Notlage auf die Barmherzigkeit der Oberschichten des Nordens verlassen, dann riskieren sie nicht nur eine Enttäuschung, sondern den Tod.

Afrika hängt heute von weitgehend denselben Reichtümern ab – Diamanten, Kupfer, Gold, Nahrungsmittel, Getränke, Naturfasern usw. –, von denen einst die Kolonialmächte angelockt wurden. Aber längst sind die Zeiten vorbei, als die afrikanischen Bodenschätze und landwirtschaftlichen Rohgüter auf den internationalen Märkten hohe Preise erzielen konnten. Die Technik hat sich mit Riesenschritten weiterentwickelt, während die afrikanischen Wirtschaften noch immer für eine Welt produzieren, die es gar nicht mehr gibt. Die Telefon- und Fernmeldeindustrie ist in das Zeitalter der Faseroptik eintreten, und Anlagen mit Kupferdrähten veralten zusehends. Da praktisch alles miniaturisiert und effizienter verarbeitet werden kann, geht die Nachfrage nach Metallen deutlich zurück.[2]

Kunststoffe sind haltbarer als Sisal oder Hanf. Baumwolle kann auch in Peru oder China eingekauft oder durch Kunstfasern ersetzt werden. Tropisches Speiseöl wie zum Beispiel Erdnußöl ist unter Umständen teurer und deshalb weniger begehrt als Sojaöl aus den USA oder Palmöl aus Malaysia. Die Verbraucher scheuen sich nicht, von einem tropischen Erfrischungsgetränk zu einem anderen zu wechseln – oder auf dessen Genuß ganz zu verzichten –, wenn es zu teuer wird. Ein stärkeres Gesundheitsbewußtsein hat den Zucker in Mißkredit gebracht, und so ließen sich immer neue Beispiele anführen. Afrika ist kaum darauf vorbereitet, sich an die im raschen Wandel begriffenen Märkte anzupassen.

Unvoreingenommene Beobachter müßten sich heute darin einig

sein: Erze und tropische Agrargüter sind kein Eintrittsbillett für die Zukunft. Und trotzdem war der IWF noch nie so dogmatisch wie er sich heute in Afrika gibt: Exportiert oder macht, was ihr wollt! Exportiert, oder ihr bekommt keine Neukredite! Aber was sollen die afrikanischen Länder exportieren? Dasselbe wie immer, denn etwas anderes haben sie nicht. Kredite für eine Erweiterung des Exportgüterangebots sind nicht zu erwarten. Diese Doktrin hat heute aberwitzige Auswirkungen, die noch vor wenigen Jahren unvorstellbar gewesen wären. Die Unnachgiebigkeit des IWF kann einen ganzen Kontinent auf unabsehbar lange Zeit in den Ruin stürzen.

Die größten Schuldnerländer Afrikas sind Nigeria, der Sudan und die Elfenbeinküste. Aus verschiedenen Gründen sind alle drei Länder untypisch. Wir werden uns deshalb hier mit drei anderen ostafrikanischen Ländern beschäftigen. Alle sind sie ehemalige britische Kolonien mit unterschiedlichen politischen Systemen, aber mit ähnlichen Problemen, die sich durch die Schulden noch verschärfen. Und ausnahmslos untersteht ihr Wirtschaftssystem dem strengen Regiment von Weltbank und IWF.

Bitterarmes Sambia

Sambia ist zumindest in einer Hinsicht ein Extremfall: Es ist von einem einzigen Exportgut – Kupfer – abhängig. Nicht weniger als 90–95 Prozent der Devisen des Landes stammen seit Jahren aus den Verkäufen dieses einen Metalls. Eine derart einseitige Exportstruktur ist auch unter normalen Umständen ungünstig, und sie führt zur Katastrophe, sobald die Nachfrage nach diesem einzigen Exportgut zurückgeht. Das ist heute beim Kupfer der Fall.[3]

«Das Schlechte an der Sache ist, daß der Kupferpreis so niedrig steht; das Gute dagegen, daß Sambia bald sowieso kein Kupfer mehr hat,[4]» kommentierte ein Beobachter zynisch die Situation. Der Kupfermarkt erreichte 1975 einen Tiefpunkt und hat sich seitdem nicht wieder erholt. Die Führung des Landes hoffte indessen unentwegt auf eine Besserung, importierte nach wie vor Nahrungsmittel und Kapitalgüter und finanzierte die Sozialausgaben durch Kredite. Alle Beteiligten, auch die Weltbank und der IWF, von Sambias Regierung ganz zu schweigen, schätzten die Entwicklung des Kupferpreises falsch ein. «Ich habe 1975 in der Abteilung für Bergbau gearbeitet», erzählte ein früherer Mitarbeiter der Weltbank einem Reporter, «und niemand lag richtig. Zahlreiche Entscheidungen waren auf Preiserwartungen (beim Kupfer) gegründet, die sich dann als irrig herausstellten.»[5]

Obgleich an dieser Fehleinschätzung alle beteiligt waren, mußte Sambia schließlich für die Kosten allein aufkommen und die Fehler anderer ausbaden. Heute kann das Land seine Schulden in Höhe von über vier Milliarden Dollar nicht mehr bedienen, weil Kupfer nur noch ein Drittel des Preises von 1966 erzielt. Dieser Betrag mag nicht sehr hoch erscheinen, aber für ein kleines Land wie Sambia bedeutet er, daß jeder Einwohner heute mit 600 Dollar ans Ausland verschuldet ist, ohne Aussichten, diese Schulden jemals abtragen zu können. Zum Vergleich: das sambische Bruttosozialprodukt pro Kopf der Bevölkerung beträgt 470 Dollar. Wollte das Land seinen ausländischen Zahlungsverpflichtungen uneingeschränkt nachkommen – was es nicht tut –, dann müßte es allein dafür 195 Prozent seiner Exporterlöse aufwenden. Dies ist einer der höchsten Verschuldungsindikatoren aller Entwicklungsländer.[6]

Sambias Zahlungsverpflichtungen sind von westlichen Gläubigerländern und vom IWF mehrfach umgeschuldet worden. Doch das Land war auch danach nie in der Lage, die neu ausgehandelten Bedingungen zu erfüllen. Der IWF hat weitere Kreditzahlungen aus dem Ausland unterbunden und sein übliches «Rettungspaket» vorgelegt. Seine Auflagen verschlechtern spürbar die Lebensbedingungen der Bevölkerung, deren Einkommen seit 1974 bereits durchschnittlich um 44 Prozent zurückgegangen ist. Im Spätjahr 1985 stieg der Preis für das Grundnahrungsmittel Maismehl plötzlich um 50 und für Brot um 100 Prozent. Sambia ist ein Binnenland. Als sich die Benzinpreise verdoppelten, wurde davon alles betroffen, was in irgendeiner Weise mit Transport zu tun hat, unter anderem auch das Busfahren. Hier stiegen die Tarife um 70 Prozent. Nicht einmal mehr den eigenen Tod kann man sich in Sambia leisten, weil auch die Preise für Särge um 90 Prozent gestiegen sind.

Von einem Reporter der *Washington Post* stammt die groteske Geschichte mit dem Aufzug. Das höchste Bürogebäude in Lusaka, der Hauptstadt des Landes, hat 23 Stockwerke und verfügt nur über einen einzigen funktionierenden Aufzug. Die Büroangestellten warten geduldig, bis sie sich in die Aufzugkabine zwängen können. Keiner braucht irgendwelche Knöpfe zu drücken, sie rufen einfach laut die Nummer ihres Stockwerks. «Wie von Zauberhand bewegt, hält der Aufzug daraufhin an. Sie rufen ihre Zahlen allerdings nicht dem Fahrstuhl zu, sondern dem Fahrstuhlführer. Dieser steht oben auf der Kabine und bedient einen selbstgebastelten Steuermechanismus, der trotz häufiger Unterbrechungen den Fahrstuhl in Betrieb hält und verhindert, daß Sambias berühmtestes Gebäude leersteht.»[7]

Eine vielleicht ganz amüsante Geschichte, die jedenfalls von Erfindungsgeist zeugt. Aber die behelfsmäßige Fahrstuhlsteuerung ist ein Zeichen dafür, wie eine Wirtschaft so lange schrumpfen kann, bis praktisch keine wirtschaftliche Aktivität mehr möglich ist. Ganze Kriege gingen verloren, weil es keine Hufeisen gab. Die sambische Industrie, «gelähmt durch die Verknappung von Ersatzteilen und importierten Rohstoffen, ist gegenwärtig nicht einmal zur Hälfte ihrer Kapazität ausgelastet. Im November 1985 waren von den 6500 Traktoren des Landes nur 2000 einsatzbereit, 320 der insgesamt 555 Busse der staatlichen Busgesellschaft waren außer Betrieb. Der Flughafen (von dem aus Flugzeuge zur größten Touristenattraktion des Landes, den Viktoriafällen, starten) war geschlossen, weil das Feuerwehrauto nicht mehr funktionierte. Zweieinhalb Millionen Säcke der neuen Getreideernte waren trotz der unmittelbar bevorstehenden Regenzeit noch nicht in die Trockenspeicher abtransportiert worden, weil es an LKWs, Autoreifen, Treibstoff und Planen fehlte. In der größten Kupfermine des Landes waren nur 57 von 190 Erzförderbändern betriebsbereit...»[8]

Ein Land, das keine Devisen hat, kann keine Devisen einnehmen. Es kann auch seine Bevölkerung nicht unbegrenzt mit Nahrungsmitteln und wichtigen Dienstleistungen versorgen. Die Bauern bekommen keine Kredite, um Saatgut oder Düngemittel zu kaufen, und sie können auch nicht damit rechnen, ihre Produkte abzusetzen. «In der Saison 1980/81, als es noch keine speziellen (IWF-)Anpassungsprogramme gab, waren die Maisverkäufe noch sehr gut, doch im Jahr darauf gingen sie um ein Drittel zurück. Dieser Rückgang wurde allgemein ungenügenden Regenfällen zugeschrieben, wurde aber zweifellos durch die Restriktionen des IWF verstärkt», meint Bill Rau, ein Amerikaner, der heute für die Entwicklungsorganisation «Brot für die Welt» arbeitet und lange Jahre in Sambia gelebt hat. Im Spätjahr 1981 beobachtete er, daß Kleinbauern weite Reisen zurücklegten, in der vergeblichen Hoffnung, in Depots auf dem Land Düngemittel zu finden.

Ein Niedergang der Landwirtschaft trifft in einem unterentwickelten Land natürlich die Mehrheit der Bevölkerung. Rau berichtet, daß es einmal überall im Land kleine Läden gab, die von Ortsansässigen geführt wurden:

«Obgleich man den Eindruck hätte gewinnen können, die Vorräte seien knapp, waren einfache Verbrauchsgüter wie Stoffe, Kerzen, Seife usw. mühelos erhältlich... Zwischen 1976 und 1981 brach das Verteilungssystem zusammen, und mindestens jeder zweite dieser Läden mußte schließen. Die Verknappung der Importe... verstärkt durch den Druck des IWF und die Abwertung von 1978, hatte zur Folge, daß viele Gegenden auf dem Land von jeder Versorgung mit Verbrauchsgütern abgeschnitten wurden. Außerhalb der Distriktstädte findet man heute kaum noch einen Laden, wo die Landbevölkerung sich mit Gütern des täglichen Bedarfs eindecken könnte. Deshalb sind viele Landbewohner gezwungen, für ihre Einkäufe in die Städte zu fahren (ein teures und zeitraubendes Unternehmen) oder bei Händlern zu kaufen, die für ihre Ware das Zwei- bis Fünffache des städtischen Preises verlangen. (Dies) ist nur eines von vielen Anzeichen für die zunehmende Verarmung der Landbevölkerung.»

Und noch einmal Rau: «Die Mitarbeiter eines landwirtschaftlichen Förderprogramms sitzen während der Zeit des Auspflanzens untätig herum, weil sie keine Fahrzeuge oder keinen Treibstoff haben, um zu den Bauern zu fahren... Die Armen auf dem Land sind im vergangenen Jahrzehnt noch ärmer geworden, eine Entwicklung, die durch die Auflagen des IWF sicherlich verstärkt wurde.»

Krankenstationen auf dem Land, die auf wichtige Medikamente und ärztliche Instrumente dringend angewiesen sind, «müssen heute die Schwerkranken abweisen, weil sie für eine Behandlung nicht ausgerüstet sind». Die Stadtbevölkerung ist in dieser Hinsicht auch nicht viel besser dran. «Ein amerikanischer Arzt, der im besten Hospital Sambias tätig war, erzählte einem Reporter, dort herrsche ein chronischer Mangel an Operationshandschuhen und Skalpellen: Die meisten Patienten brächten vor einer Operation Handschuhe und Skalpelle selbst mit, und weniger dringende Operationen würden so lange aufgeschoben, bis die Patienten das vom Chirurgen benötigte Werkzeug aufgetrieben hätten.»[9]

Angesichts dieser Verhältnisse überrascht es nicht, daß auch chronische Unterernährung um sich greift, vor allem unter den Kindern und schwangeren und stillenden Müttern. Eine wesentliche Rolle spielen dabei die Kosten der Nahrungsmittel. Bereits 1980, als der Preis von Maismehl gerade gegenüber dem Vorjahr um 70 Prozent gestiegen war, stellte eine von der Regierung in Auftrag gegebene Studie fest, daß die niederen Einkommensgruppen der städtischen Bevölkerung 80 Prozent ihres Einkommens für den Kauf von Nahrungsmitteln ausgeben müßten, um auch nur das Nötigste zum Essen zu haben. Seitdem hat sich die Lage wesentlich verschlechtert. Aus zwei Untersuchungen geht hervor, daß noch vor zehn Jahren die Kinder größer und schwerer waren als ihre heutigen Altersgenossen. Es mag sein, daß diese Entwicklung durch Dürreperioden beschleunigt wurde, aber mangelnde Regenfälle waren nicht die Hauptursache.

Heute gibt es noch immer Geld in Sambia – eine ganze Menge sogar –, aber noch nie hat es sich in so wenigen Händen befunden. Wie mir eine befreundete Sambierin erzählte, die in einem kirchlichen Berufsbildungszentrum arbeitet, wird sie von ihren früheren Schulfreundinnen von oben herab behandelt, weil sie so dumm sei, für ein bescheidenes Gehalt zu arbeiten, anstatt wie sie ein Leben in Müßiggang zu führen. Finanzieller Überfluß und moralische Verdorbenheit gehen bei der sambischen Oberschicht Hand in Hand. «Für sie ist es das Größte», so erzählte meine Freundin, «zum Einkaufen nach Südafrika zu fliegen.» (Richtig, Südafrika.) Sie kommen beladen mit Modegarderobe zurück, und «solange sie in ihren großen Schlitten herumfahren können, sind sie glücklich und zufrieden». Diese Frauen leben völlig isoliert von der Mehrheit der Bevölkerung ihres Landes – mit Ausnahme ihrer Bediensteten natürlich.[10]

In einer Anwandlung von Aufrichtigkeit kann sogar unser merkwürdiger internationaler Geldgeber gelegentlich einräumen, daß auch die Kreditgeber einen Teil der Verantwortung für die Notlage Afrikas tragen. Ein Mitarbeiter des IWF vertraute dem Reporter Blaine Harden von der *Washington Post* an, «was in Sambia passiert ist, hätte vermieden werden können. Es hat schon besondere Mühe gekostet, das Land so weit herunterzuwirtschaften.»[11]

Wir dürfen überzeugt sein, daß die Sambier die Mühe zu schätzen wissen, die man sich mit ihrem Land gegeben hat.

Kenia – Reise in den Zusammenbruch?

In Afrika kommt man zu Reichtum, indem man in den staatlichen Machtapparat einsteigt – und dort bleibt. Demokratische Wahlen auf jeglicher Ebene sind auf diesem Kontinent so selten wie Einhörner. Im Spätjahr 1986 nahm ich an einem Gottesdienst in Nairobi teil, bei dem für den Präsidenten Daniel arap Moi gebetet wurde, der sich damals nach einem gescheiterten Putschversuch in seinem achten Amtsjahr befand. Anschließend bekannte einer der Pastoren der Kirche: «Während des Gebets kam mir der Gedanke, daß in den USA spätestens nach acht Jahren die Amtszeit eines Präsidenten beendet ist. Aber hier ist kein Ende abzusehen. Keinem sollte es erlaubt sein, immerfort zu regieren, ohne das Volk zu befragen.»

Die kenianische Regierung ist bemüht, die Kirche zum Schweigen zu bringen, und bezeichnet sie als «subversiv», weil die Kirchenführer die Kühnheit besessen hatten, die öffentliche Form der Stimmabgabe zu kritisieren. Sie hatten erklärt, eine Wahl, bei der die Wähler sich auf einem Platz jeweils hinter ihrem Kandidaten aufstellen, bei der also alle sehen können, wer wem seine Stimme gibt, sei wohl nicht gerade die reinste Form der Demokratie.

Der Westen hat sich noch nie besonders für die Demokratie stark gemacht, solange die Grundsätze der freien Wirtschaft gewahrt blieben, und so betrachtet galt Kenia schon immer als die große ostafrikanische Aufsteigernation. Jeder Kenianer bestätigt dem Besucher, die Mentalität seines Landes sei der der Vereinigten Staaten verwandt. Es herrscht ein mehr oder weniger stark ausgeprägter Ellbogen-Individualismus, der von drei Maximen geleitet wird: Jeder kann nach oben kommen, wenn er nur will, Armut ist eine Schande, und ein Mercedes ist das höchste Ziel im Leben.

Der Stamm der Wa-Benzi, dessen Angehörige ihre Mercedes-Karossen auf reelle oder unreelle Weise erworben haben – wer weiß das schon –, ist eines von Nairobis Ruhmesblättern. Das andere – falls dieses Wort hier trifft – sind die größten Slums in ganz Afrika: Mathare. Ich war dort während der Trockenzeit, und ich möchte nicht wissen, wie es in der Regenzeit dort aussieht. Da einerseits nicht alle reich sein können, Armut jedoch als Schande angesehen wird, lassen die Kenianer ihre Unzufriedenheit in einer Form aneinander aus, die als das «Mathare-Syndrom» bezeichnet wird – körperliche Gewalt wird von Menschen, die leiden, anderen Menschen zugefügt, die nicht weniger leiden. Dieses Verhalten war für Afrikaner bisher nicht gerade typisch.

Wie auch immer, die kenianische Regierung jedenfalls wird nicht müde, ihre Bürger daran zu erinnern, wie gut es ihnen im Vergleich zu den Nachbarstaaten eigentlich geht. Das mag sein. Aber auch die relativ erfolgreichen Nationen Afrikas können sich aufgrund des Zusammenwirkens der Schuldenlast, des Verfalls der Rohstoffpreise und ihrer eigenen Politik, die die Kluft zwischen Arm und Reich ständig vergrößert, eines Tages in derselben oder sogar einer schlimmeren Notlage befinden wie ihre Nachbarn.

Ich hatte das Glück, in Kenia einen außergewöhnlich gut informierten Gewährsmann zu finden, einen Mann, der dem Machtapparat angehört, ohne sich jedoch gänzlich mit ihm zu identifizieren. Sein Name bleibt ungenannt, denn auch er muß von irgend etwas leben. Im Verlauf eines langen Gesprächs zeigte mir dieser hochgebildete Kenianer eine Passage aus der Geschichte des IWF, verfaßt von der Hausgeschichtsschreiberin des Fonds, Margaret de Vries.[12]

Nach de Vries haben die Weltmärkte auf die Wirtschaft der Entwicklungsländer einen weit größeren Einfluß als die nationale Wirtschaftsplanung und -politik, unabhängig davon, welcher Art diese Planung und Politik sind. Man fragt sich, ob die Vertreter des IWF eigentlich wissen oder ob es sie überhaupt interessiert, daß ihre eigene Hausgeschichtsschreiberin hier eine klammheimliche Anklage gegen den gemeinsamen Arbeitgeber veröffentlicht hat. Der Fonds war wesentlich mitverantwortlich dafür, daß zahlreiche Länder genötigt wurden, sich vorbehaltlos den Launen der Weltmärkte auszuliefern. Dennoch ist er nicht bereit oder in der Lage, zu einer Änderung der Marktbedingungen beizutragen, unter denen die von ihm beaufsichtigten Länder so schwer zu leiden haben.

Mein Gesprächspartner war überzeugt, daß für Kenia wie auch für andere Länder der Dritten Welt «ein Boom für Rohstoffpreise einfach ausgeschlossen» ist. Wenn ein Land Gewinne zu erwirtschaften scheint, dann sind sie nicht nur kurzlebig, sie sind illusorisch: Kenia kann vielleicht von einem Verlust, zum Beispiel Brasiliens, profitieren, aber das bringt bestenfalls kurzfristige Einnahmen. Eine langfristige Planung ist unmöglich. Leichte Belebungen des Absatzes ermöglichen vielleicht die Rückzahlung der drückendsten Schulden oder auch einen Importschub, aber sie sind nie von langer Dauer. Einer der Hauptexportartikel Kenias, schwarzer Tee, erlöste 1986 nur noch halb soviel wie im Vorjahr; gemessen an der Kaufkraft für ausländische Importgüter liegt der Weltmarktpreis für Kaffee niedriger als 1976.

Mit seinem hartnäckig verfochtenen Grundsatz, alle verschuldeten Länder müßten dieselbe Wirtschaftspolitik verfolgen und sich auf den Export konzentrieren, ist es dem IWF gelungen, «die Dritte Welt zu atomisieren». Er weigert sich sogar, die Präferenzhandelszone (PTA = Preferential Trading Area) für Ost- und Südafrika zu fördern, obgleich jedes Land in der PTA für sich die Auflagen des IWF akzeptiert hat. Selbst bescheidene Bemühungen um eine regionale Integration, die langfristig zu sich ergänzenden statt zu konkurrierenden Wirtschaften führen könnte, werden verurteilt und schlechtgemacht. Jeder für sich und Gott für uns alle!

Kenias Wirtschaft wird seit 1975 vom IWF beaufsichtigt, und ein ständiger Vertreter des Fonds sitzt in einem Büroraum der Zentralbank Kenias, um von dort aus die Haushaltsentscheidungen der Regierung zu kontrollieren. Ich fragte meinen Gesprächspartner, ob es möglich sei, die Auswirkungen der IWF-Auflagen auf die kenianische Wirtschaft durch eine genaue Prüfung des Budgets sichtbar zu machen. Diese Frage brachte ihn zum Lachen. Die veröffentlichten Budgetzahlen, erklärte er mir, haben wenig zu sagen. So unterliegt zum Beispiel der größte Teil der Staatsausgaben für die Armee der Geheimhaltung.

Auch andere Großausgaben lassen sich verstecken und belasten trotzdem den Staatshaushalt. Mein Informant schätzt genau wie viele andere Kenianer, daß die Umgebung des Präsidenten – Presse- und PR-Abteilungen, Sicherheitskräfte, Gefolge, Fahrzeuge etc. – rund eine Million Kenia-Shilling pro Tag verschlingt. Wenn man den Kurs von 1986 zugrunde legt, dann sind das täglich 62 500 US-Dollar, knapp 23 Millionen im Jahr. Aber der IWF hat noch nie eine Kürzung der Militärausgaben zur Auflage gemacht oder den aufwendigen Lebensstil eines Staatsoberhauptes beanstandet.

Die vorrangigen Ziele des Fonds in Kenia wurden in einem vertraulichen Bericht aus dem Jahr 1983 genannt. Demnach ist es das Ziel des IWF, «die Wachstumsrate der landwirtschaftlichen Produktion zu erhöhen, um die Versorgung mit Nahrungsmitteln zu sichern und umfangreichere Agrarexporte zu ermöglichen. Zu diesem Zweck wurden die Erzeugerpreise für bestimmte landwirtschaftliche Produkte im Januar/Februar 1983 angehoben.» Die Erzeugerpreise für Zuckerrohr wurden um 33, für Mais um 35, für Baumwolle um 13 und für Milch, Rindfleisch und Reis um 12 bis 17 Prozent erhöht.[13]

In dem IWF-Bericht heißt es weiter: »Die Regierung verfolgt eine Politik der Überwälzung sämtlicher Produktions- und Importkosten auf die Endverbraucher. Deshalb wird sich die Anhebung der landwirtschaftlichen Erzeugerpreise in höheren Verbraucherpreisen niederschlagen.«[14] Das ist ein klassisches Beispiel dafür, wie neue Löcher aufgerissen werden, um alte Löcher zu stopfen.

Besonders die städtischen Verbraucher, vor allem die ärmsten unter ihnen, haben darunter zu leiden. Doch diese negativen Auswirkungen werden vom IWF nicht zugegeben. Statt dessen behauptet er, die Verteilungseffekte seiner wirtschaftspolitischen Auflagen – das heißt deren soziale Auswirkungen auf die unterschiedlichen Einkommensgruppen – seien so gut wie neutral. Der IWF versteigt sich sogar zu der Behauptung, von seinen Sparprogrammen seien möglicherweise die Besserverdienenden am meisten betroffen. In einem hausinternen Bericht aus dem Jahr 1985 heißt es:

«Die vorhandenen Hinweise berechtigen nicht zu dem Schluß, daß Anpassungsprogramme unter der Schirmherrschaft des Fonds zu wesentlich verschlechterten Einkommensverteilungen führen, wenn man diese Programme mit praktischen Alternativen vergleicht.»[15]

Warum werden dann die IWF-Programme dennoch kritisiert?

«Die Anpassung... hat häufig Auswirkungen auf bestimmte Gruppen, vor allem auf solche, die ihre Opposition lautstark und kollektiv zum Ausdruck bringen (zum Beispiel städtische Arbeiter, Beamte, das Militär, Inhaber von geschützten Geschäftsbetrieben)... Verteilungserwägungen machen es wahrscheinlich notwendig, daß die Hauptlast der Anpassung von solchen Gruppen getragen wird... Der Fonds muß die Quelle derartiger Klagen erkennen und schon vorher darauf vorbereitet sein, ihnen zu begegnen, indem er sich darüber Klarheit verschafft, wer in Wirklichkeit ‹die Armen› sind, und sich daran erinnert, daß sie nicht notwendig (und nicht einmal besonders wahrscheinlich) diejenigen sind, die gegen seine Maßnahmen protestieren.»[16]

Wenn wir jedoch diese Erklärungen in dem internen Dokument des Fonds aus dem Jahr 1985 mit den Informationen vergleichen, die in dem vertraulichen IWF-Bericht über Kenia im Jahr 1983 enthalten sind, dann zeigt sich, daß zumindest in Kenia die wirtschaftspolitischen Maßnahmen der letzten Jahre die Belastungen für die Armen tatsächlich erhöht haben. Entgegen der vom Fonds geäußerten Überzeugung waren es nicht die Besserverdienenden, die «ihre Opposition lautstark und kollektiv zum Ausdruck bringen» können, sondern es waren die untersten Einkommensgruppen, denen die Hauptlast der Anpassung aufgebürdet wurde.

Im folgenden werden einige vom Fonds selbst erhobenen Zahlen wiedergegeben, die zeigen, wie sich die Kosten in einzelnen Bereichen und in unterschiedlichen Einkommensgruppen erhöht haben. Sie betreffen die lebensnotwendigsten Ausgaben; sämtliche Zahlen beziehen sich auf die Verbraucherpreise in Nairobi 1982. Das Basisjahr (mit dem Index = 100) ist 1975, als der IWF die Aufsicht über die Wirtschaft des Landes übernahm. Die Zahlen des Fonds sind gewichtet, das heißt, sie berücksichtigen den Anteil des Einkommens, den jede Gruppe für bestimmte Posten ausgibt. So verwenden zum Beispiel die unteren Einkommensschichten 41 Prozent ihres Geldes auf den Kauf von Nahrungsmitteln, bei den mittleren Einkommen sind es 35 und bei den oberen Einkommen (über 2000 Kenia-Shilling im Monat) 25 Prozent.

Indexjahr 1982 1975 = 100	Nahrung	Kleidung & Schuhe	Miete	Heizung & Strom
Untere Einkommen	242	308	314	393
Mittlere Einkommen	229	220	288	364
Höhere Einkommen	232	213	259	311

Quelle: Vertraulicher Bericht des IWF über Kenia, Tabelle 3.

Aus diesen Zahlen geht hervor, daß die Ärmsten in jedem Bereich am härtesten getroffen wurden. Obgleich alle drei Einkommensgruppen unter den Preissteigerungen zu leiden hatten, konnten die Reichen ihren Vorsprung behaupten. Die zusätzliche Belastung der niederen im Vergleich zu den höheren Einkommensgruppen betrug zehn Indexpunkte bei Nahrungsmitteln, 95 bei Kleidung und Schuhen, 55 bei den Mieten und 82 bei den Kosten für Heizung und Strom. Wenn das beweist, daß die Anpassungspolitik des IWF «verteilungsneutral» ist, dann will ich einen Besen fressen.

Ich vermute, der IWF wird sich damit rechtfertigen, daß derartige Auswirkungen für Kenia tatsächlich eingetreten seien – denn widersprechen kann er dem wohl kaum –, daß dies jedoch eine Ausnahme darstelle und daß die Anpassungsprogramme des IWF in den übrigen Ländern tatsächlich verteilungsneutral seien oder den Reichen mehr Opfer abverlangten als den Armen. Wenn der IWF in dieser Hinsicht an Glaubwürdigkeit gewinnen möchte, dann täte er gut daran, der interessierten Öffentlichkeit seine eigenen Studien zugänglich zu machen. Ich bin jedenfalls nicht über die normalen Kanäle an die IWF-Studie über Kenia gelangt.

Auch die Zahlen über die Entwicklung der Löhne in Kenia sind alarmierend. Nominell sind die (Geld)löhne gestiegen, wenn sie auch nicht mit der Inflation Schritt gehalten haben. Seit 1975 haben sich die Nominallöhne im Durchschnitt mehr als verdoppelt, und die Mindestlöhne sind um 60 Prozent gestiegen. Aber wie es sich mit ihrer Kaufkraft (dem «Reallohn») verhält, das steht auf einem anderen Blatt. Aus einer für die kenianische Zentralorganisation der Gewerkschaften durchgeführten Untersuchung am Institut für Entwicklungsforschung der Universität Nairobi geht hervor, daß zwischen 1981 und 1983 der durchschnittliche Reallohn um 20 Prozent zurückging und damit sogar noch knapp unter die Reallöhne von 1964 fiel. Als der IWF 1975 das Regiment übernahm, lag der reale Mindestlohn – das Höchste, womit die Armen rechnen können – um 42 Prozent höher als 1984.[17]

Der Autor dieser Studie zeigt in einer weiteren Untersuchung, wie sich die Prioritäten der Regierung verändert haben. Während des Jahrzehnts von 1964 bis 1973 standen die Sozialausgaben eindeutig an der Spitze: «Die Ausgaben für Bildung, Gesundheit und soziale Dienstleistungen nahmen jährlich pro Kopf der Bevölkerung um 15 Prozent zu, während die Gesamtausgaben pro Kopf der Bevölkerung durchschnittlich um 7,1 Prozent jährlich anstiegen.» Leider kehrte sich im darauffolgenden Jahrzehnt das Bild vollständig um. Militärausgaben und Schuldendienst stiegen um jährlich 11,7 bzw. 13,7 Prozent, während die Ausgaben für Bildung und Gesundheit ein jährliches Wachstum von weniger als drei Prozent verzeichneten und die Sozialausgaben auf ihrem bisherigen Stand verharrten.[18] Schuldendienst und Militärausgaben verschlingen heute jene Gelder, die ursprünglich einmal für den sozialen Fortschritt verwendet wurden.

Diese dürren Informationen über Löhne, Preise oder die Ausgabenpolitik der Regierung geben unmittelbar Auskunft über die Lebenssituation der betroffenen Bevölkerung. Der Ernährungszustand der Kinder ist einer der besten Indikatoren dafür, wie weit eine Gesellschaft in der Lage ist, gesellschaftliche Grundbedürfnisse zu befriedigen und soziale Gerechtigkeit zu verwirklichen. 1977, 1979 und 1982 wurden in Kenia Erhebungen über die Ernährungslage der Kinder auf dem Land durchgeführt. Bei der ersten stellte man fest, daß

24 Prozent der Kinder unter fünf Jahren wachstumsgehemmt waren; fünf Jahre später waren es bereits 28 Prozent. 1982 stellte sich außerdem heraus, daß fast die Hälfte der Kinder auf dem Land (genau 46,5 Prozent) in den zwei Wochen vor der Erhebung krank gewesen waren.[19]

Obgleich der IWF in seinem vertraulichen Dokument über Kenia erklärt, es sei sein Ziel, «die Versorgung mit Nahrungsmitteln zu sichern und eine Steigerung der Agrarexporte zu ermöglichen», scheint es ihm heute nur noch um die Exporte zu gehen. Der zwingende Nachweis für diese Behauptung stößt allerdings auf die Schwierigkeit, daß sich die von der Regierung veröffentlichten landwirtschaftlichen Daten nur auf die Handelserzeugnisse und nicht auf die gesamte Produktion beziehen. Wenn wir jedoch zwei gute Erntejahre (1976 und 1982) miteinander vergleichen, dann stellen wir fest, daß die für den Export bestimmten Agrargüter bemerkenswert erfolgreich waren, während Handelsmais sich (trotz besserer Erzeugerpreise) nur knapp behaupten konnte und der Verkauf von Handelsreis sogar zurückging. Demgegenüber steigerten sich Handelskaffee von 1976 bis 1982 um zehn, Sisal um 49, Tee und Baumwolle um 54 und Zucker sogar um 88 Prozent.[20]

Die Förderung des Anbaus von Feldfrüchten für den Export hat zwei weitreichende Konsequenzen, die beide einer Versorgung der Bevölkerung mit Nahrungsmitteln abträglich sind. Die erste liegt auf der Hand: Es werden weniger Nahrungsmittel angepflanzt. Die zweite ist bedrohlicher. Für Kleinbauern ist es lukrativer, statt Nahrungsmittel Tee oder Kaffee anzupflanzen (beides wird in Kenia ebenso wie andere Export-Agrargüter zu einem Großteil von Kleinbauern angebaut), so daß sie von dem Erlös normalerweise die für den eigenen Bedarf benötigten Nahrungsmittel kaufen können; auch dann, wenn diese importiert werden müssen, wie es in den letzten Jahren zunehmend der Fall war. Doch ein höheres Bareinkommen der Familien wird nicht notwendig für Nahrungsmittel ausgegeben. Das liegt daran, daß die Einkünfte aus dem Verkauf landwirtschaftlicher Erzeugnisse von den Männern kontrolliert werden. Im allgemeinen erhalten die Frauen lediglich das Geld aus dem Verkauf von Mais, und selbst darum müssen sie häufig mit dem Ehemann streiten.

Wenn die Frauen in Kenia über Bargeld verfügen, dann geben sie es für die Familie aus – in erster Linie für die Ernährung der Kinder. In einem Bericht der UNICEF heißt es hierzu, «... das von Frauen kontrollierte Einkommen wird für die Ernährung ausgegeben... Die beiden wirksamsten Maßnahmen zur Sicherung des Lebensunterhalts ländlicher Kleinbauernfamilien sind offenbar eine Steigerung der Nahrungsmittelproduktion und eine Stärkung der Verfügungsmacht der Frauen über das Familieneinkommen.»[21] Eine von der UNICEF zitierte Untersuchung führt dies eindringlich vor Augen:

«Die Frauen klagten darüber, daß eine Beteiligung der ganzen Familie an der Anpflanzung von Zuckerrohr ihnen mehr Schaden als Nutzen bringt... Obwohl alle Familienmitglieder auf den Zuckerfeldern mitarbeiten, wird der Arbeitslohn von den Ehemännern einbehalten und zum größten Teil für Bier ausgegeben.»[22]

Man könnte hinzufügen, daß für das Brauen der großen Mengen Bier, die dort getrunken werden, große Mengen Getreide und Feuerholz benötigt werden. Aber in Ostafrika wird ein hoher Prozentsatz des Biers an Ort und Stelle gebraut und verkauft – von den Frauen, die auf diese Weise einen Teil des vorenthaltenen Lohns zurückbekommen!

Der Streit, ob es sinnvoller ist, Exportfrüchte oder Nahrungspflanzen anzubauen, geht im allgemeinen um die Frage nach der optimalen Nutzung der Anbauflächen. Die Kritiker einer verstärkten Erzeugung landwirtschaftlicher Exportgüter verweisen unter anderem darauf, daß dadurch knappe Ressourcen wie Düngemittel und Wasser dem Anbau notwendiger Nahrungspflanzen entzogen werden. Das sind natürlich wichtige Gesichtspunkte. Wenn der Schuldendienst eine Erhöhung der Exporte erfordert, so hat dies unmittelbare Auswirkungen auf die Anbauentscheidung. Das zeigen bereits die oben angeführten Zahlen. Aber die Konsequenzen einer Politik, die dem Anbau landwirtschaftlicher Exportgüter den Vorrang einräumt, sind viel weitreichender.

Die afrikanischen Frauen treffen zwar die Entscheidung über die Ernährung der Familie und den Anbau von Nahrungspflanzen, doch sie haben kaum ein Mitspracherecht bei der Verwendung des Familieneinkommens – das ist die Sache der Männer.[23] Es kann sein, daß die Männer ihre Frauen noch mehr als bisher zur Lohnarbeit anhalten, um auf diese Weise ihre Einkünfte zu steigern. Dann bleibt den Frauen noch weniger Zeit, sich um die Essenszubereitung oder gar die Kinderpflege zu kümmern. Mittlerweile bestreitet niemand mehr, daß afrikanische Frauen einen längeren Arbeitstag haben als die meisten Sklaven. Sie haben einfach keine Zeit für weitere Aktivitäten mehr.

Die UNICEF hat einige der schlimmen Konsequenzen der «Verschiebung der (weiblichen) Arbeitstätigkeit zur Erzeugung von landwirtschaftlichen (Export)gütern» aufgelistet:

«– Die Praxis der Essenszubereitung ändert sich. Mahlzeiten, die keinen großen Zeit- und Arbeitsaufwand erfordern und häufig weniger Nährstoffe enthalten als bisher, werden auf Vorrat gekocht, und durch das lange Warmhalten im Topf werden sämtliche Vitamine im Essen zerstört.

– Die Verteilung der Nahrung innerhalb der Familie ändert sich. Den Frauen fehlt die Zeit, eine besondere Kleinkindernahrung zuzubereiten, und sie können die Verteilung der Nahrung während des Tages nicht kontrollieren. Wenn die Tagesmahlzeit aufgetischt wird, schlafen die Kinder bereits.

– Die Reinhaltung der Behausung, der angesichts beengter Wohnverhältnisse und unzureichender sanitärer Verhältnisse eine besondere Bedeutung zukommt, läßt nach.

– Für die Brennholzsuche und das Herbeischleppen von Wasser reicht häufig die Zeit nicht.

– Die Beaufsichtigung der Kinder wird den Geschwistern oder den Großeltern anvertraut.»[24]

Hinzu kommt, daß die älteren Geschwister den jüngeren häufig zuwenig Essen abgeben, da sie selbst nicht satt zu essen haben. Wo keine Mutter in der Nähe ist, können solche Streitigkeiten zwischen den Geschwistern auch nicht geschlichtet werden. Aus einigen von der UNICEF angeführten Untersuchungen geht hervor, daß körperliches Wachstum und Entwicklung möglicherweise entscheidend davon abhängen, wer die Kinder füttert.

Die Entscheidung für landwirtschaftliche Exportgüter ist also nicht nur eine wirtschaftliche Entscheidung. Um ihre Schulden zurückzuzahlen, müssen afrikanische Länder wie Kenia tiefgreifende Erschütterungen gesellschaftlicher Strukturen und Verhaltensmuster in Kauf nehmen, unter denen vor allem Frauen und Kinder zu leiden haben – wie so oft die schwächsten Mitglieder der Gesellschaft.

Tansania – Das Ende einer Hoffnung

> «Die Vehemenz des wirtschaftlichen Niedergangs hat große Teile der Bevölkerung demoralisiert. Öffentliche Moral und soziales Verantwortungsbewußtsein haben abgenommen. An die Stelle der politischen Begeisterung Ende der sechziger und Anfang der siebziger Jahre sind allgemeine Apathie und Resignation getreten.»[25]
>
> Nguyuru H. I. Lipumba, Universität Daressalam

Tansania unter der visionären Führung von «Mwalimu» (der Lehrer) Julius Nyerere war Ende der sechziger und Anfang der siebziger Jahre – zur Zeit der «politischen Begeisterung» – das Lieblingskind zahlreicher Entwicklungstheoretiker und mancher Spenderländer wie zum Beispiel Schweden. Das Land erschien als Musterfall eines «Sozialismus mit menschlichem Antlitz». Heute, da die tansanische Wirtschaft in Trümmern liegt, schnattern die orthodoxen Anhänger der «freien» Marktwirtschaft schadenfroh, der Sozialismus in Afrika könne unmöglich funktionieren – sie haben es schon immer gewußt.

In der Tat verfügt Tansania über einen übermäßig aufgeblähten staatlichen Sektor, der sich als ebenso teuer wie ineffizient erwiesen hat. Aber ob «sozialistisch» oder nicht, das Land war schon immer stark vom Ausland abhängig. Sein Wohlstand erreichte seinen Gipfel 1976/77, als der Boom der Kaffeepreise, fast ausschließlich das Resultat der durch Frost vernichteten Kaffeernte Brasiliens, dem Land unverhoffte Gewinne brachte. Obwohl Tansania seit seiner Unabhängigkeit an einer restriktiven Importpolitik festgehalten hatte, erweckte der Boom ein trügerisches Gefühl der Sicherheit, und die Einfuhren wurden erleichtert. Dies führte zu einem Anstieg der Importe um 39 Prozent allein im Jahr 1977 – größtenteils für den laufenden Konsum. Investitionsgüter für ein langfristiges Wachstum wurden kaum erworben. Der Druck auf die harten Währungsreserven bewirkte, daß die Zügel wieder angezogen wurden, aber zu spät – 1981 war Ebbe in der Devisenkasse.[26]

Inzwischen erlebte Tansania gleich anderen Rohstoffexportländern einen Rückgang seiner Exporteinkünfte, denn die Weltmarktpreise fielen, und die Nachfrage sank. 1984 lagen die Exporterlöse um 30 Prozent niedriger als 1980 und 1981, ein Jahr später waren es bereits 40 Prozent.

Die Erklärung für diesen Niedergang gab der ehemalige Präsident Nyerere im Oktober 1986 vor einer europäischen Zuhörerschaft:

«In diesem Jahr hat es in Tansania ausreichend geregnet. Die Bauern in unseren größeren Baumwollanbaugebieten haben ihre Ernteerträge gegenüber dem Vorjahr mehr als verdoppeln können. Was uns dringend fehlt, sind ausländische Zahlungsmittel, um wichtige Importgüter zu kaufen, und Baumwolle ist eines unserer Hauptexportgüter. Deshalb kam diese Steigerung der Baumwollernte sehr gelegen. Aber im Juli dieses Jahres fiel der Weltmarktpreis für Baumwolle an einem einzigen Tag von 68 auf 34 Cent das Pfund. Die Folgen für unsere Wirtschaft – und für das Einkommen unserer Bauern – sind denen einer Naturkatastrophe vergleichbar: Die Hälfte unserer Ernte und damit unserer Einkünfte ging verloren. Unsere Bauern – und unsere Nation – haben die Arbeit gehabt, aber das Land bekommt für seine Anstrengung keinen einzigen Cent extra. Das ist Diebstahl!»[27]

Um das Maß der Leiden voll zu machen, ließ sich Tansania 1978/79 in bester Absicht auf einen kostspieligen Krieg mit Uganda unter Idi Amin Dada ein. Die internationale Gemeinde machte jedoch keine Anstalten, dem Land ihren Dank abzustatten, weil es einen berüchtigten Tyrannen besiegt hatte. Als Tansania 1980 beim IWF einen Kredit zur Finanzierung seiner Ölimporte beantragte, wurde als Gegenleistung verlangt, es solle die üblichen Anpassungsmaßnahmen akzeptieren – unter anderem eine Aufhebung der Importbeschränkungen und eine drastische Senkung der Staatsausgaben. Die Regierung lehnte ab, und 1981 begann ein zähes Feilschen zwischen diesem armen afrikanischen Land und dem IWF.

Nach fünf Jahren mußte die Regierung schließlich nachgeben, zum Teil aus den von Nyerere angeführten Gründen. Dafür versprach der IWF Kredite in Höhe von 2,5 Milliarden Dollar. Präsident Mwinyi verkündete, «das Stück Fleisch, das in solchen Fällen vom Shylock (dem IWF) verlangt wird, soll dahingegeben werden, ohne daß ein einziger Tropfen Blut fließt.»[28] Viele Tansanier entgegnen darauf, daß das Blut schon jetzt ungehindert fließe, und sie sind empört, weil die tatsächlichen Bestimmungen des Abkommens mit dem IWF weder veröffentlicht noch dem Volk erläutert wurden. Der Finanzminister ging in seiner Haushaltsadresse im Juni 1986 nicht auf die Bedingungen des Abkommens ein. Ein Parlamentsabgeordneter beklagte sich, daß diese nicht einmal dem Parlament bekannt seien, und forderte die Regierung auf, öffentlich bekanntzugeben, «welch bittere Medizin» der IWF dem Land verschrieben habe.[29]

In der Wirtschaft Tansanias liegt einiges im argen, und etliche der vom IWF geforderten Maßnahmen werden sicherlich auch Gutes bewirken. Die Lage in diesem Land ist allerdings nicht so düster, wie in der westlichen Presse häufig behauptet wird. Obgleich Tansania eine Einparteienregierung hat, ist die Teilnahme am politischen Entscheidungsprozeß wesentlich demokratischer geregelt als in den meisten übrigen afrikanischen Ländern. Die Leistungen der Regierung auf dem Gebiet des Bildungswesens und der Gesundheitsfürsorge sind vorbildlich: Fast alle Kinder besuchen mindestens die Grundschule, und die durchschnittliche Lebenserwartung liegt bei 60 Jahren.

Entgegen einer weiterverbreiteten Ansicht ist die Wirtschaft Tansanias ebenfalls beachtlich gewachsen, allerdings hat ein aufgeblähter Behördenapparat einen Großteil der Einnahmen verschlungen. Dieser hat zwar etliche Arbeitsplätze geschaffen, aber seine unproduktive Tätigkeit hat nicht zu Einkünften für weitere Investitionen geführt. Der Anteil des staatlichen Sektors am Bruttoinlandsprodukt stieg zwischen 1970 und 1982 von 16 auf 32 Prozent.

Der potentielle landwirtschaftliche Überschuß wurde außerdem durch unrealistische politische Maßnahmen zunichte gemacht. Die verhängnisvollste war zweifellos die Beauftragung der hoffnungslos unwirtschaftlichen und verschwenderischen nationalen Mühlengesellschaft mit dem alleinigen Aufkauf und der Verteilung aller landwirtschaftlichen Erzeugnisse. Die Mehrzahl der Tansanier ist sich heute über diese Tatsache einig. Der staatliche Sektor, der einst als Tabuzone galt, sieht sich mittlerweile einer heftigen Kritik von innerhalb und außerhalb der Regierung ausgesetzt. So werden zum Beispiel 22 mit Verlust arbeitende Sisalplantagen privatisiert – der Staat verkauft sie an Einzelpersonen oder Gewerkschaftskooperativen; vier davon gehen in den Besitz einer Auslandsgesellschaft über. Staatliche Organisationen für Nahrungsmittel, Vieh, Holz oder sogar für Fahrräder wurden aufgelöst, gestrafft oder zusammengelegt.[30]

Deshalb ist es nicht unangebracht, wenn der IWF auf eine Ausdünnung der Bürokratie drängt, denn der Staat spart auf diese Weise dringend benötigtes Geld, das bislang verschwendet wurde. Gleichzeitig erhöht sich dadurch natürlich die Arbeitslosigkeit. Zum Jahresende 1986 wurden nach zuverlässigen Schätzungen rund 50000 staatliche Angestellte entlassen. Eine tansanische Entwicklungsorganisation vermutet, daß die Mehrzahl der Entlassenen junge, schlechtbezahlte Leute waren, während die «Gruppe der Spitzenbeamten in den Regierungsstellen, Ministerien und halbstaatlichen Organisationen mit ihren hohen Gehältern beträchtlich zu den Staatsausgaben beitragen. Es wäre interessant zu erfahren, wie viele von diesen Leuten beim Großreinemachen vor die Tür gekehrt wurden.»[31]

Wie üblich bei seinen Anpassungsprogrammen machte der IWF auch eine Abwertung der Landeswährung zur Auflage, und auch darin hatte er recht, denn der tansanische Shilling hatte einen unrealistisch hohen Devisenkurs. Als ich das Land im Spätjahr 1983 besuchte, war das Essen in einem Restaurant in Daressalam etwa so teuer wie in New York. Aber die radikale Abwertung einer schwachen gegenüber starken Währungen ist nicht nur eine finanztechnische Maßnahme. Sehen wir uns an, was sie für den kleinen Mann bedeutet.

Die US-amerikanische Niederlassung von OXFAM (Oxford Committee for Famine Relief) berichtet über ein von ihr betreutes Projekt zur Unterstützung der Bauern in der Region Kigoma in Tansania, die sehnsüchtig den Tag erwarteten, an dem sie ihre Felder mit Ochsen pflügen könnten. Der Einsatz tierischer Kraft statt der traditionellen Hacken würde es ihnen ermöglichen, beträchtlich mehr Mais und Bohnen als bisher anzubauen, und ihnen die ermürbende Plackerei künftig ersparen. OXFAM brachte das Geld für den Kauf von acht Ochsen und die nötige tiermedizinische Ausrüstung auf.

«Aber zwischen dem Tag, an dem die Bauern die Unterstützung in Empfang nahmen, und dem Tag, an dem sie ihre Ochsen kaufen wollten, war der Preis für die Zugtiere – wie für fast alles andere in Tansania – gestiegen. Statt acht konnten sie nur noch sechs Tiere kaufen... Dazu kam noch, daß manche Artikel wie zum Beispiel Handspritzen, um die Tiere gegen die tödlichen Zecken einzusprühen, und Medikamente zum Schutz vor Tsetsefliegen überhaupt nicht erhältlich waren. Die Medikamente sind für das Überleben der Tiere unbedingt notwendig, aber wie die meisten tiermedizinischen Güter müssen sie aus dem Ausland eingeführt werden. Um ihre Auslandskredite zurückzahlen zu können, muß die Regierung Einsparungen vornehmen und deshalb diese und andere dringend benötigten Güter Importbeschränkungen unterwerfen.»[32]

Auch die Evangelisch-Lutherische Kirche in Tansania (ELCT) unterstützt eine Vielfalt von Projekten zur Verbesserung der Versorgung der Bevölkerung mit Nahrungsmitteln. Diese sind zum Teil notwendig auf Spenden aus dem Ausland angewiesen (insbesondere bei Gütern, die importiert werden müssen), und die Spender gewähren Beihilfen in festen Tansania-Shilling-Beträgen, nicht in Dollar. Die

ELCT schildert, wie es einem ihrer Projekte durch die Abwertung ergangen ist:

«... Die ELCT rief ein Milchviehprojekt ins Leben, um den Ärmsten der Armen in der Gesellschaft zu helfen... (Sie) erhielten eine trächtige Kuh und mußten sich verpflichten, das erste von ihr geworfene Kuhkalb an das Projekt zurückzugeben, um damit einem anderen Bedürftigen zu helfen. Die Bauern erhielten zugleich auf Kreditbasis die notwendigen Hilfsmittel, zum Beispiel Tiermedikamente. Sobald sie mit der Kuh bestimmte Einkünfte erzielten, ... sollten sie diese Kredite zurückzahlen... Doch die Abwertung hat die Medikamente, die aus dem Ausland eingeführt werden müssen, für unsere Bauern unerschwinglich teuer gemacht. Jetzt müssen wir uns überlegen, wie wir diese Bauern subventionieren können, weil sonst möglicherweise das gesamte Projekt zusammenbricht.»[33]

Vergeblich hatte die ELCT darauf gehofft, daß das Projekt einen Schneeballeffekt auf die gesamte Gemeinde haben würde, denn seit der Abwertung hat sich auch der Preis für eine Kuh verdoppelt. Sämtliche aus dem Ausland in tansanischen Shilling gezahlten Hilfsgelder zur Unterstützung von Programmen der ELCT haben etwa die Hälfte ihrer Kaufkraft eingebüßt. «Damit erhebt sich für uns die Frage, ob es bei sogenannten Partnerschaften (mit Spendern aus dem Ausland) nicht zweckmäßiger ist, die Geber auf die Verwirklichung eines Vorhabens statt auf die Spende eines festen Geldbetrags zu verpflichten.»

Das durchschnittliche Pro-Kopf-Einkommen in Tansania wird heute auf jährlich 11 200 Shilling oder 280 US-Dollar geschätzt. Auf der Basis dieser Zahl, die einem durchschnittlichen Monatseinkommen von 933 Shilling pro Kopf der Bevölkerung entspricht, befragte die ELCT eine Anzahl städitscher Haushalte, um sich ein Bild von ihren monatlichen Ausgaben zur Deckung von 18 verschiedenen Grundbedürfnissen zu machen (Nahrungsmittel, Seife, Kerosin oder Holzkohle, Miete und öffentliche Verkehrsmittel). Die ELCT betont, daß die untersuchte Stichprobe wegen ihres geringen Umfangs nicht repräsentativ ist; insbesondere hatten die befragten Familien untypisch niedrige Mietausgaben, da ihre Wohnungen der Kirche gehörten. Die Zahl der Familienmitglieder lag zwischen eins und zehn.

Trotz der kleinen Stichprobe lassen die erhobenen Zahlen erkennen, wie bedrängend die Lage der Stadtbewohner ist. Bei Familien mit mindestens vier Personen mußte über die Hälfte des Monatsbudgets für sechs Grundnahrungsmittel – Mais, Reis, Bohnen, Speiseöl, Milch und Zucker – aufgewendet werden. Jeder Haushalt, auch Einzelpersonen, gab allein für diese sechs Grundahrungsmittel mehr Geld aus, als das theoretische durchschnittliche Monatseinkommen in Tansania beträgt. Bei Einpersonenhaushalten war es mehr als das Doppelte, bei Familien mit sieben bis zehn Angehörigen (was den afrikanischen Verhältnissen eher entspricht) war es das Vier- bis Siebenfache des Durchschnittseinkommens, was für die sechs Grundnahrungsmittel ausgegeben wurde.

Gewiß, die Befragten waren Stadtbewohner, deren Einkommen über dem Landesdurchschnitt liegt. Die Bauern, die den größten Teil der Bevölkerung ausmachen, verdienen weniger, aber sie können einen Teil der benötigten Lebensmittel selbst anbauen. Trotzdem ergibt sich aus den Zahlen der kleinen ELCT-Studie ein erschreckendes Bild: Städtische Familien, die weiterhin von Grundnahrungsmitteln und Obst, Gemüse und Eiern leben wollen, die öffentliche Verkehrsmittel benutzen, sich waschen und kleiden müssen, die in Mietshäusern wohnen, deren Miete fünfmal soviel beträgt wie in den Wohnungen der Kirche – diese Familien müssen mindestens das Vierfache des durchschnittlichen Monatseinkommens verdienen, wenn sie all diese Bedürfnisse befriedigen wollen.

Da sie das im allgemeinen nicht tun, helfen sie sich auf unterschiedlichste Weise. Universitätsprofessoren und Beamte strömen um die Mittagszeit aus Hörsälen und Büros, um zu Hause ihre Kuh zu melken, die Hühner zu füttern und sich um den Gemüsegarten zu kümmern. Die meisten sind Mitbewirtschafter eines *shamba* (kleiner Bauernhof), und jeder qualifizierte Arbeiter, der das Glück hat, im Ausland zu arbeiten, versucht einen Transporter oder einen Lastwagen mitzubringen. Den Wagen kann er als eines der überall anzutreffenden *matatus* (Sammeltaxis) bzw. als Allzweckfahrzeug einsetzen und damit sein Einkommen unermeßlich verbessern. Solche Geschichten sind in ganz Ostafrika gang und gäbe.

Tansania leidet nicht unter Güterknappheit. Von meinen Gewährsleuten weiß ich, daß sich in den Geschäften die Waren stapeln – aber einfach deshalb, weil es sich niemand leisten kann, sie zu kaufen. Im Dezember 1986 kostete eine Zwei-Kilo-Dose Speiseöl 500 Shilling, ein Kilo Zucker 80 Shilling.

Um sich ein Bild von den Nahrungsmittelimporten und der Versorgung der Bevölkerung mit Nahrungsmitteln zu machen, reisten Paula Park und Tony Jackson 1985 im Auftrag von OXFAM (GB) nach Tansania. Sie stellten fest, daß die nationale Mühlengesellschaft mit ihrer fatalen Politik die Bauern geradezu ermutigt, sie um jeden Preis zu umgehen und ihre Nahrungsmittel auf dem schwarzen Markt zu verkaufen. «Auf dem Höhepunkt der Erntezeit», erklärte ein Bauer, «fahren Tag und Nacht Lkws schwer beladen mit Nahrungsmitteln nach Kenia.» Der Grund liegt auf der Hand, sagt das OXFAM-Team. «Während die Regierung für einen 90 kg schweren Sack Mais rund 33 Shilling bezahlte, erzielte dieser auf dem illegalen Markt 108 Shilling.»[34] Abgesehen von der eklatanten Ineffizienz solcher «halbstaatlicher» Institutionen sind die Grundsätze, nach denen der Staat die Nahrungsmittelpreise festlegt, schlichtweg unrealistisch.

In einer anderen Region, näher der Grenze zu Burundi, erzählten die Bauern Park und Jackson ähnliche Geschichten:

«Eines Morgens», so berichtet einer von ihnen, «weckt mich ein Klopfen an der Tür, und es ist ein Fahrer aus Kenia. Er hat einen Sack Salz, den er gegen einen Sack Mais eintauschen will. Ich habe kein Salz, also muß ich den Handel annehmen. Danach klopft es an die Tür, und es ist ein Händler aus Burundi mit einem hübschen Hemd, englisches Fabrikat. So ein Hemd kann ich hier nirgends bekommen, also gebe ich ihm etwas von meinem Mais.»

Bauern, die nichts davon haben, wenn sie ihre Erzeugnisse an die Regierung verkaufen, müssen zu dem ganz vernünftigen Schluß gelangen, daß sie besser an andere verkaufen. Zwar hat die Regierung die landwirtschaftlichen Erzeugerpreise angehoben, aber dafür ist die Kaufkraft des Geldes geschrumpft. Park und Jackson schätzen, daß die Bauern 1984 für ein Kilo Mais real 70 Prozent weniger erhielten als 1976. Unter diesen Umständen ist es nicht verwunderlich, daß die nationale Mühlengesellschaft in den letzten Jahren nur ein Viertel des vermarkteten Maises aufkaufen konnte. Da die Regierung aber für preiswerte Nahrungsmittellieferungen an die Stadtbewohner sorgen muß, ist sie gezwungen, immer mehr Lebensmittel zu importieren.

Die Politik des IWF, alle Sektoren der Wirtschaft, auch die Landwirtschaft, den freien Marktkräften zu überantworten, übersieht die Komplexität der Notlage Tansanias. Selbst unter der Annahme, daß die Regierung die Preise für Agrarerzeugnisse auf ein für die Bauern annehmbares, das heißt profitables Niveau anhebt, steigen doch die Kosten der Einsatzfaktoren (Düngemittel etc.) infolge der Abwertung weiter an. Tansania ist ein großes Land – etwa viermal so groß wie die Bundesrepublik. Ein armes Land, das mit jährlichen Schuldzinsen in Höhe von rund 30 Millionen Dollar belastet ist, kann es sich nicht leisten, auch noch Geld für dringend benötigte Infrastrukturmaßnahmen (Straßen, Transportmittel usw.) auszugeben, die dazu beitragen könnten, daß die Nahrungsmittel von den Produzenten zu den Konsumenten gelangen.

Zu diesem Problem heißt es in dem Bericht der ELCT:
«Viele Straßen sind nicht befahrbar, vor allem nicht während der Regenzeit. Erschwerend kommt der Mangel an Treibstoff und gelegentlich an Autoreifen hinzu... (All dies) verzögert den Transport landwirtschaftlicher Produktionsgüter oder Erzeugnisse zu ihrem Bestimmungsort. So gab es zum Beispiel in diesem Jahr (1986) im Süden Tansanias eine besonders gute Kaffee-Ernte, aber die Kaffeebohnen konnten nicht zur Weiterverarbeitung in die Kilimandscharo-Region befördert werden... Obgleich die Regierung angeboten hatte, nicht nur die Transportkosten zu übernehmen, sondern auch Treibstoff und Autoreifen zu stellen, wollten die privaten Transportunternehmer wegen der schlechten Straßen den Auftrag nicht annehmen.»[35]

Tansania ist ein klassisches Beispiel für den Absturz eines Landes in die Armut: Je weniger du hast, desto weniger kannst du investieren, und desto weniger hast du. Treibstoff und Ersatzteile können wegen ihres hohen Preises nur in beschränkten Mengen importiert werden, so daß die Industriebetriebe nur zu maximal 30 Prozent ihrer Kapazität ausgelastet sind. Nach dem «Haushaltsplan für wirtschaftliche Gesundung» Tansanias ist allein im Jahr 1985 die industrielle Produktion um 6,4 Prozent zurückgegangen. Der in der Industrie erzeugte Mehrwert – ein Gradmesser für die Fähigkeit eines Landes, seine Rohstoffe selbst weiterzuverarbeiten – ging 1983 und 1984 um jeweils elf Prozent zurück. Verknappungen so lebenswichtiger Güter wie Speiseöl, Zucker oder Seife sind die Folge, und der schwarze Markt blüht – genau das, was der IWF mit seinen Maßnahmen angeblich verhindern will.

Eigentlich müßte der IWF genau wissen – denn verantwortungsbewußte Nationalökonomen verkünden dies schon seit Jahren –, daß es nicht darauf ankommt, wieviel man den Bauern für ihre Erzeugnisse bezahlt, sondern darauf, was sie für den Erlös kaufen können. Die tansanische Regierung kann die Erzeugerpreise um das Hundertfache anheben, und die Bauern werden dennoch weiterhin über Burundi Hemden aus England beziehen, solange im eigenen Land keine Hemden angeboten werden oder sie nicht bis in die abgelegenen Dörfer kommen. Ein unzureichendes Warenangebot auf dem Land bietet weder für den Anbau von Nahrungsmitteln noch von Exportgütern einen Anreiz. Wenn die Regierung wenig zu verkaufen hat, nimmt sie noch weniger Devisen ein und verfügt deshalb über noch weniger

Treibstoff und Düngemittel, weniger Ersatzteile, weniger befahrbare Straßen... wie gehabt. Nach Angaben des tansanischen Finanzministers wendet das Land heute 60 Prozent seiner Exporteinnahmen für den Schuldendienst auf.[36]

Wegen der Haushaltskürzungen steht es auch mit dem einst vorbildlichen Erziehungs- und Bildungswesen nicht zum besten. Erstmals müssen die Eltern zur Finanzierung des Schulbesuchs ihrer Kinder beitragen. Damit werden wieder Klassenunterschiede in einem Land eingeführt, das einmal stolz darauf sein konnte, jedem Kind den Schulbesuch zu ermöglichen, auch und gerade den Kindern der Armen. Mittlerweile ist es so schwierig geworden, dem Gesetz Geltung zu verschaffen, «daß die Bewohner der Regionen Aruscha, Schinjanga und Tabora zum traditionellen Selbstschutzsystem zurückgekehrt sind», heißt es in dem ELCT-Bericht. Vielleicht ist das für den IWF eine gute Nachricht – wenigstens die Polizei wurde zum Teil reprivatisiert.

Afrikanische Regierungen haben vieles vom westlichen Modell übernommen. Die meisten erwärmten sich für Prestigeobjekte und Militärausgaben; eine ernsthafte Auseinandersetzung darüber, ob es vorteilhafter für sie wäre, Nahrungsmittel für den Eigenbedarf oder Exportfrüchte anzubauen, haben sie nie geführt. Statt dessen begnügten sie sich damit, die aus der Kolonialzeit überkommene Struktur beizubehalten. Der eigentliche Streit ging darum, wer von dem Exportmodell profitieren sollte. Die Bauern verloren dabei, wie so häufig, und mit ihnen die Mehrzahl der Stadtbewohner.

Heute drängen die Schulden diese Gruppen immer weiter an den Rand der Gesellschaft und berauben sie auch des letzten Quentchens an politischem Einfluß, das sie vielleicht einmal hatten. Hierzu meint der nigerianische Nationalökonom Claude Ake:

«Die gegenwärtigen Versuche westlicher Banken und sonstiger Kreditgeber, durch Anpassungsprogramme die Schulden in den Griff zu bekommen, machen alles nur noch schlimmer, vor allem wenn die Zinsen hoch und die Rohstoffpreise niedrig sind, wie es heute der Fall ist. Die IWF-Auflagen bedeuten, daß die Unterstützungen für die Armen in den Empfängerländern gekürzt werden müssen. Darüber hinaus ermöglicht es dieser Druck von außen den ohnehin repressiven afrikanischen Regimes, ihre autoritäre Politik mit dem Hinweis auf ihre finanzpolitische Verantwortung zu rechtfertigen.»[37]

Unter dem Druck der Schuldzinsen, Tilgungsraten und IWF-Auflagen nimmt die politische Unterdrückung immer größere Ausmaße an.

Als Ende 1986 in Sambia bekanntgegeben wurde, der Preis für Maismehl werde abermals auf das Doppelte erhöht, brachen Unruhen aus. Die Regierung und die regierungstreue Presse sprachen später von 30 Toten. Doch auf Grund früherer Erfahrungen ist anzunehmen, daß die tatsächliche Zahl der Opfer sicher höher liegt. In Kenia gibt es tagtäglich neue Meldungen über Menschenrechtsverletzungen und Folterungen – und der Präsident stellt sich taub. Selbst aus Tansania, wo man noch am ehesten von «egalitären» Tendenzen sprechen kann, erreichten mich Bitten von Kollegen, gegen Polizeiangriffe auf Arbeiter der Zuckerrohrplantagen zu protestieren, die höhere Löhne gefordert hatten. Für Claude Ake ist die politische Unterdrückung das «größte einzelne Hindernis der Entwicklung», und man muß ihm recht geben, aber hinter der politischen Unterdrückung steht der finanzielle Druck. Die unerbittlichen wirtschaftspolitischen Auflagen von IWF und Weltbank liefern einen bequemen Vorwand für den Mißbrauch politischer Macht.

Zaire – Absturz ins Bodenlose

Die meisten afrikanischen Staatsoberhäupter verlieren ihr Amt nicht durch Wahlen, sondern durch einen Staatsstreich. General Mobutu Sese Soko in Zaire jedoch ist bedauerlicherweise seit fast einer Ewigkeit allen derartigen Anschlägen entgangen. Seit über 20 Jahren hat die Bevölkerung unter den verheerenden Folgen seiner Herrschaft zu leiden. Trotz eines Überreichtums an natürlichen Bodenschätzen geht es Zaire heute so schlecht wie kaum einem anderen Land. Dabei hatte es unter keinen Dürreperioden zu leiden, seine landwirtschaftlichen Anbauflächen tragen reiche Frucht, es verfügt über riesige Lagerstätten an Kobalt, Kupfer, Diamanten und anderen seltenen Bodenschätzen, es besitzt noch immer ausgedehnte Wälder, und seine Flüsse bieten nicht nur natürliche Transportwege, sondern auch ein riesiges Potential für Wasserkraftwerke.

Und dennoch war das Leben für die meisten Zairer noch nie so hart wie heute. Die Reallöhne liegen bei einem Zehntel des Niveaus zur Zeit der Unabhängigkeitserklärung, die Unterernährung ist chronisch, 80 Prozent der Bevölkerung leben in absoluter Armut – eine vertraute Litanei. Doch andererseits, wie Jim Chapin im *Food Monitor* berichtet,

«liegen die Dinge in Zaire zwar schlecht, aber nicht für jedermann. Das Land hat fünf Milliarden Dollar Schulden, und zufälligerweise entspricht dies genau dem geschätzten Betrag, den General Mobutu und seine Familie Zaire gestohlen haben. Er besitzt nicht weniger als sieben Schlösser in Belgien und Frankreich und mehrere luxuriöse Landhäuser in Spanien, Italien und der Schweiz. Er besitzt Gebäude in der Elfenbeinküste, Residenzen in jeder der acht Provinzen seines Landes und einen Palast in seiner Heimatprovinz. Kein Mensch weiß, wieviel Geld er auf Schweizer Konten deponiert hat, und er verfügt persönlich über zahlreiche Schiffe, Düsenflugzeuge (einschließlich einer Boeing 747), mindestens 51 Mercedes-Limousinen usw. Sein

Plantagenreich, die CELZA, ist der drittgrößte Arbeitgeber in Zaire und produziert etwa ein Sechstel der Agrarexporte des Landes... (außerdem besitzt er) Anteile an jeder größeren Auslandsgesellschaft im Land sowie an den Banken, und fünf Prozent der Exporterlöse aus den Bodenschätzen des Landes werden auf seine Auslandskonten überwiesen. 30 Prozent der betrieblichen Finanzmittel des Landes durchlaufen ohne weitere Kontrolle das Amtszimmer des Präsidenten.»[1]

Nach jüngsten Schätzungen wird die Verschuldung Zaires bald die Sechsmilliardengrenze erreicht haben. Zugleich wurden in Belgien nach ausgedehnten Recherchen die Adressen von elf Schlössern und großen Anwesen in Belgien selbst, eines Hauses an der exklusiven Avenue Foch in Paris, einer fürstlichen Residenz in Nizza, einer 32-Zimmer-Villa in der Schweiz (mit 26 ständigen Bediensteten), einer Villa an der Costa del Sol und eines Schlosses aus dem 16. Jahrhundert in Spanien veröffentlicht – aber kommt es auf ein paar Schlösser mehr oder weniger überhaupt an?[2] Dieselben Autoren machen auch nähere Angaben zu den Unternehmen, Banken und Agrarindustriegesellschaften, die sich Bürgerpräsident Mobutu unter den Nagel gerissen hat.

Bei einem derart silberhell leuchtenden Beispiel an der Spitze des Staates nimmt es nicht wunder, daß bereits die Schulkinder mit dem Virus der Habgier infiziert sind. Zwei zairische Lehrerinnen berichten:

«Wenn wir unsere jungen Schüler nach ihren Berufswünschen fragen, dann geben sie unweigerlich zur Antwort, sie wollten Großunternehmer, Politiker oder berühmte Sportler oder Musiker werden. Dann könnten sie anderen Befehle erteilen und das große Geld machen, ohne viel zu arbeiten. Was uns besonders auffällt, ist ihr übertriebenes Bedürfnis nach Luxus, gepaart mit einer entschiedenen Abneigung gegen jede regelmäßige manuelle oder geistige Arbeit... Auf die Frage, warum sie andere beschwindeln und betrügen, geben viele unverblümt zur Antwort: ‹Weil wir Zairer sind.›»[3]

Der Diebstahl von oben geht unvermindert weiter. Doch wie sehr das Volk auch ausgesaugt wird, Zaire erhält nach wie vor neue Kredite. Die Weltbank lieh der Mobutu-Regierung über eine Milliarde Dollar, davon allein von 1984 bis 1986 375 Millionen.[4] Der IWF hat seine üblichen Auflagen erlassen. Hier sind einige Belege für die unmenschlichen Lebensbedingungen der unglücklichen Bevölkerung, die mir aus dem Landesinnern übermittelt wurden. Aus Gründen, die bald verständlich werden, habe ich die meisten Quellen nicht genannt.

Ein Jahr nach der vom IWF angeordneten Abwertung im September 1983 verbrauchte eine Durchschnittsfamilie in der Stadt Bukawu im Osten des Landes täglich allein für Nahrungsmittel (ohne Fleisch oder Fisch) 80 Z (*Zaire* = Währungseinheit), während der Tagesverdienst eines angelernten Arbeiters oder eines Lehrers 20 Z betrug. Zwar stiegen bis 1986 die Löhne und Gehälter, aber mit ihnen auch die Preise, so daß sich an der Relation nichts geändert hat.

Seit 1983 nimmt die Unterernährung zu; immer mehr Fälle von Dystrophie (Hungerödem) treten auf; in manchen Regionen «sagen die Leute, daß die Hälfte der Kinder wegstirbt, noch ehe sie fünf Jahre alt sind». Einer Erhebung zufolge liegt in den beiden größten Städten, Kinshasa, der Hauptstadt, und Lubumbashi die tägliche Kalorienration bei 1450 bzw. 1425.[5] Nach Angaben der Food and Agricultural Organisation (FAO) benötigt der Mensch für eine aktive Lebensweise mindestens 2300 Kalorien am Tag. Demnach läßt sich aus den Zahlen in Zaire ablesen, daß die Bevölkerung dort einen langsamen Hungertod stirbt.

Überall im Land herrscht Unsicherheit. Eine Nonne, die in der Provinz Shaba arbeitet, schrieb 1984:

«Die Menschen in unserer näheren Umgebung wagen sich nach sechs Uhr abends nicht mehr auf die Straße, da in der ganzen Stadt Soldaten patrouillieren und Passanten berauben oder Lösegeld von ihnen erpressen. Anders könnten sie gar nicht existieren, weil auch sie sehr schlecht besoldet werden (200 Z im Monat). Aber sie übertreiben es wirklich. So haben sie einer armen Witwe am hellichten Tag die einzige Ziege weggenommen... Seit der Abwertung vom September 1983 um 450 Prozent stiegen Löhne und Gehälter offiziell um 100 Prozent. Aber in unserem Hospital betrug die Lohnerhöhung für 29 Mitarbeiter nur 20 Prozent, und die übrigen 120 erhielten überhaupt nichts. Wo ist dieses Geld? Die Lehrer sind empört. Sie verdienen 300–350 Z im Monat, aber schon ein Sack Mais kostet 740 Z. Davon kann eine Familie zwei Wochen lang leben, vorausgesetzt, daß nur einmal am Tag gegessen wird.»

Ein belgischer Freiwilliger schrieb 1986:

«In der Stadt Kananga (im Herzen von Zaire, etwa 500000 Einwohner) wird das Leben immer bedrückender. Gestern sah ich ein kleines Mädchen, das Gras aß, und ein anderes, das die Abfälle einer Brauerei in den Mund stopfte. Einen Teil davon raffte sie an sich, um sie nach Hause mitzunehmen. Sie erzählte mir, sie habe drei Tage lang nichts gegessen. Es gab Gerüchte, die Unteroffiziere würden meutern. Aber nach (X) erfuhr Mobutu durch seine amerikanischen Informanten davon und zahlte den unzufriedenen Soldaten eine Abfindung.»

Ein katholischer Missionar aus der Region Kwilu berichtet:

«Für die Menschen hier ist die sogenannte ‹wirtschaftliche Gesundung›, die vom IWF und den reichen Ländern (und von der belgischen Presse) so gepriesen wird, das absolute Elend: Die Löhne bleiben unverändert, während die Inflation unvermindert ansteigt – sie ist jetzt sogar besonders schlimm, weil auch die lokalen Erzeugnisse davon betroffen sind. Die Armut ist so weitverbreitet, daß die Leute aus Kinshasa hierher zurückkommen! Von ihrem Monatsverdienst können sie unmöglich leben, und dennoch muß für alles und jedes bezahlt werden – selbst für die Benutzung der Brücke über den Kwilu, das Passieren einer militärischen Straßensperre oder für die Zulassung zur Schule (und später für den Unterricht).

Die Schwestern im Hospital tun was sie können, aber inzwischen müssen sie selbst von den armen Patienten Geld nehmen, da das vom Staat zugesagte Geld im Hospital nie ankommt. Währenddessen begehen die Reichen und Mächtigen Diebstähle – der Leiter des Krankenhauses von Mosango hat Medikamente im Wert von 200 000 Z unterschlagen, die ihm kostenlos vom zentralen Arzneimitteldepot zur Verfügung gestellt worden waren. Im selben Distrikt hat der für das Schulwesen verantwortliche Beamte aus den katholischen Schulen dreieinhalb Millionen Zaire gestohlen...»

Entsprechend den Auflagen des IWF wurden 1984 20 Prozent der Grundschullehrer (46 000) gekündigt, ebenso ein Drittel der Lehrer an höheren Schulen. Hierzu schreibt ein Priester, der an einer technischen Schule unterrichtet:

«Die Lehrergehälter sind inzwischen einfach absurd... Aber die Jungen und die Intellektuellen durchschauen, was vorgeht, und werden zunehmend (politisch) bewußt. Bei uns kam es bereits zu zwei Lehrerstreiks, die von der Basis ausgingen und bei denen die Führer nicht hervortraten, so daß sie niemanden verhaften konnten. Aber es ist mühsam, eine Widerstandsbewegung aufzubauen; die meisten Menschen hier sind noch zu sehr an die Tradition gebunden, an den Häuptling, den Klan und an die Medizinmänner.»

Diese Ausführungen erklären zum Teil auch, warum es in Zaire nicht ebenfalls zu IWF-Unruhen gekommen ist – noch nicht. Immerhin gab es Proteststreiks, obwohl die Streikenden schwere Repressalien zu befürchten haben. In vorderster Linie standen die Lehrer, aber auch bei den Bank- und Postangestellten und in einigen der verstaatlichten Industrien brachen Streiks aus.

Eine weitere Schilderung der Zustände stammt von einer Belgierin, die für eine christliche Organisation tätig ist. Sie hält sich noch in Zaire auf, und ihr Name kann ebensowenig veröffentlicht werden wie die Namen der anderen erwähnten Zeugen. Ich gebe hier einen Auszug aus ihrem vertraulichen Bericht über die Provinz Kivu, die sie im November und Dezember 1984 bereist hat:

«Von allen Seiten hört man ‹ich bin hungrig›. Die Region hat eine Dürreperiode erlebt, und die Menschen werden es kaum schaffen, bis zum Januar durchzuhalten, wenn die neue Ernte eingebracht wird. Die Preise galoppieren davon. Gestern gab es Bohnen auf dem lokalen Markt für 10 Z das Kilo, heute kosten sie mindestens 35 Z, wenn man überhaupt welche bekommt. Viele Familien essen nur jeden zweiten Tag, und mindestens 20 Prozent der Kinder gehen ‹wegen der Hungersnot› nicht zur Schule. Dieser Landesteil gilt eigentlich als die Kornkammer Zaires. Die Dürre unterstreicht nur auf besonders krasse Weise die anhaltende wirtschaftliche, soziale und politische Katastrophe des Landes.»

«Hier in der Gegend verkauft ein Bauer ein Kilo Reis für 3,5 Z, aber selbst ein Ei oder eine Schachtel Streichhölzer kostet 5 Z, ein Kilo Zucker oder ein Liter Speiseöl wenigstens 40 Z. Die Straßen sind bald völlig ruiniert, voller Schlaglöcher und von umgestürzten Bäumen versperrt. Doch bei Benzinpreisen von 87 Z pro Liter werden sie sowieso nur noch gelegentlich von Missionaren und von den Händlern befahren. Die Bauern sind diesen wucherischen Händlern auf Gedeih und Verderb ausgeliefert.»

«Was immer die Leute unternehmen, um ihre Lage zu verbessern, ist von vornherein zum Scheitern verutteilt. In dieser Diözese haben wir bereits 20 Teams von jungen Bauern, die gemeinsam die Felder bestellen und ein Projekt zur Verbesserung der Wohnverhältnisse gestartet haben. In gemeinsamer Arbeit haben sie 27 neue Häuser gebaut, die sehr schön aussehen und den klimatischen Verhältnissen angepaßt sind, aber jetzt fehlen ihnen die Werkzeuge, um ihre Arbeit zu vollenden. Sämtliche Werkzeuge müssen von Bukavu (800 km entfernt) oder von Kinshasa herbeigeschafft werden. Es gibt keine Straßen, alles wird im Flugzeug angeliefert und verteuert sich dadurch enorm. Und dann kommt noch die Inflation hinzu: Der Preis einer

Zugsäge ist in zwei Monaten von 2900 Z auf 4250 Z gestiegen, für ein Kilo Nägel muß man 360 Z bezahlen.»

«Den Bauern geht es dabei immer noch besser als den Bediensteten des Staates – Lehrern, Krankenschwestern, Soldaten und untergeordneten Amtsträgern. Ihr ‹Gehalt›, wenn man es so bezeichnen will, beträgt 200 Z im Monat, obwohl man selbst für die bescheidene Ernährung einer Familie 100 Z pro Tag rechnen muß. Allein die zum Kochen benötigte Holzkohle kostet wöchentlich 100 Z.»

«Lehrer und Schulleiter kommandieren Schüler zur Arbeit in ihren Privatgärten ab oder verlangen Geld von ihnen dafür, daß sie die Schule besuchen; die Krankenhäuser haben keine Medikamente mehr, weil diese immer wieder gestohlen und in Apotheken oder auf dem schwarzen Markt verkauft werden. Die Soldaten verstoßen häufig selbst gegen die Gesetze und werden ohne jede Ausbildung auf ihre Posten geschickt. Sie werden kümmerlich entlohnt und terrorisieren die ortsansässige Bevölkerung – wer ihnen in die Hände fällt, muß darauf gefaßt sein, daß ihm all seine Habseligkeiten abgenommen werden. Die Bauern werden von ihnen mißhandelt, ihre Häuser geplündert. Überall werden die Menschen in Angst und Schrecken versetzt.»

«Was soll man tun? Zaire heute, das sind 2500 ungeheuer reiche Familien und 27 Millionen, die in entsetzlicher Armut leben. Es gibt viele, die an der gegenwärtigen Politik Kritik üben – auch offen. Auf die Regierungsplakate in Bukavu und Goma fällt niemand herein; sie tragen die Aufschrift: ‹Die ganze Provinz Kivu stimmte mit 120 Prozent (!) für Mobutu, den Friedensstifter und Vater des zairischen Volkes.› Es hat einige gemeinsame Aktionen wie den Lehrerstreik gegeben, aber sie hatten nur eine beschränkte Wirkung, besonders weil die Medien nicht darüber berichten. Manche sind der Meinung, die einzig erfolgversprechende Maßnahme bestehe darin, daß die katholische Kirche in einer Art Generalstreik demonstrativ die gesamte religiöse Erziehung einstelle. Aber die Kirche schweigt.»

«Es gibt auch oppositionelle Einstellungen, aber alle die gutinformierten Führer, mit denen ich gesprochen habe, sind sich darin einig, daß eine politische Oppositionsbewegung in diesem Land nicht existiert. Vielleicht gibt es Gegner des Regimes im Ausland, aber sie haben kaum einen Rückhalt im Lande selbst.»

Trotz der unhaltbaren Zustände, einer Bevölkerung, die nahe am Verhungern ist, und trotz der herrschenden Unterdrückung gibt es Anzeichen für eine Änderung, so undeutlich sie zum Teil auch sein mögen. Das Leitthema aller Nachrichten, die von Zaire nach außen dringen, ist der ständige Kampf ums Überleben – mit allen Mitteln. Gelegentlich steht der gemeinsamen Solidarität der individuelle Selbstbehauptungswille entgegen, wenn zum Beispiel Streikende von ihren Arbeitskollegen für eine Prämie denunziert werden. Immer mehr Menschen jedoch sehen ein, daß sie am besten überleben können, wenn sie gemeinsam handeln.

Da gibt es zum Beispiel die Lisala-Region, eines der ertragreichsten landwirtschaftlichen Gebiete Zaires. Dort waren die Bauern seit jeher der Gnade oder Ungnade einiger weniger großer *commerçants* (Händler) ausgeliefert, die ihnen die Ernte zu einem Bruchteil des wirklichen Wertes abkaufen. Heute lebt ein zairischer Agronom in einem ihrer Dörfer. Er hat ihnen geholfen, sich zusammenzuschließen, um gemeinsam mit den Händlern zu verhandeln. Der Agronom wurde mehrmals verhaftet, aber die Bauern bekommen heute dreimal soviel für ihre Erzeugnisse wie früher.

In anderen Dörfern haben die Bewohner zusammengelegt, um eine gemeinschaftliche Reismühle anzuschaffen. Geschälten Reis können sie doppelt so teuer verkaufen wie ungeschälten, und mit dem Gewinn bezahlen sie den Kredit zurück, den sie für den Kauf aufgenommen haben. Die Händler, die bisher daran gewöhnt waren, ihren Willen durchzusetzen, kamen mit Soldaten in die Dörfer und versuchten, den Reis gewaltsam an sich zu bringen. Daraufhin organisierten die Bauern gemeinsam ihre Verteidigung und entwickelten ein Alarmsystem, damit sich die benachbarten Dörfer bei Gefahr warnen und gegenseitig helfen können. Lokale Regierungskommissare hatten es sich zur Gewohnheit gemacht, die Anwohner für jedes geringfügige, wirkliche oder angebliche Vergehen mit Bußgeldern zu belegen, und wurden dabei reich. Vor kurzem hat einer dieser Staatsdiener seine Versetzung beantragt, weil seine Einnahmen drastisch zurückgingen – die Anwohner hatten sich gegen ihn zusammengeschlossen und zahlten die Bußgelder einfach nicht mehr.

Eine dieser gemeinsamen Initiativen ist so erfolgreich – und deshalb solchen Repressalien ausgesetzt –, daß ich nicht einmal die Region nennen möchte, in der sie entstanden ist. Jules Devos von der NCOS in Brüssel, der Dachorganisation der Initiative, der die Verhältnisse in Zaire sehr gut kennt, hält dieses Projekt für eines der hoffnungsvollsten im Lande. Es nimmt schon deshalb eine Ausnahmestellung ein, weil seine sämtlichen zehn Organisatoren *(animateurs)* Zairer sind. Ausländer waren zu keiner Zeit daran beteiligt. Mehr als

5000 Bauernfamilien aus mehreren Dörfern haben für sämtliche Tätigkeiten zur Sicherung ihres Lebensunterhalts Kooperativen gegründet: Fischfang, Viehzucht, Anbau und Verkauf von Reis, Sorghum, Mais und Maniok, Kauf von alltäglichen Bedarfsgütern, Anlage von Ersparnissen und Aufnahme von Krediten. Die Frauen kümmern sich in Gruppen um das gemeinschaftliche Mahlen des Getreides und die Bewässerung.

Wirtschaftliche Schwierigkeiten und der Mangel am Notwendigsten haben die Solidarität dieser Menschen eher verstärkt als sie bei ihrem Vorhaben zu entmutigen; nachdem sie ihr Projekt auf eine feste Grundlage gestellt haben, sind sie nun dabei, es zu erweitern. Die *animateurs* haben (mit Hilfe eines unentgeltlich für sie tätigen Anwalts) eine Rechtsberatung eingeführt, damit die Bauern ihre Rechte verteidigen können. Darüber hinaus setzen sie sich für die Gleichberechtigung der Frauen ein und ermutigen diese, bei sämtlichen Kooperativen und den Planungssitzungen aktiv mitzuwirken. Außerdem wollen die Organisatoren ihr Modell auch auf andere Regionen übertragen: Etliche Abordnungen haben bereits Kooperativen in anderen Gegenden besucht. Ihr Ziel ist es, eine Bauernbewegung auf Provinz- und schließlich auch auf Landesebene ins Leben zu rufen. Zum Jahresende 1985 hatten sie bereits einen Verband von 80 Kooperativen in der Region gebildet, dem insgesamt rund 20000 Bauernfamilien angehören. Von allergrößter Bedeutung ist für sie die Schulung neuer Organisatoren.

Das alles ist für die Bauern keineswegs einfach. Die *animateurs* schildern einige ihrer Probleme:

«Wir müssen mit schlecht ausgebildeten Organisatoren arbeiten. Wir benötigen dringend Schulungsmaterial und Darstellungen darüber, wie Bauernbewegungen in anderen Ländern entstanden sind und sich weiterentwickelt haben. Wir wollen finanziell auf eigenen Füßen stehen und nicht völlig von fremden Geldgebern abhängig sein, weil diese vielleicht nicht mit allem einverstanden sind, was wir tun. Wir verfügen über fast keine Informations- und Kommunikationsmittel – keine Telefone, nicht einmal eine Post, alles läuft über die Kirche.

Wenn wir auch auf regionaler oder überregionaler Ebene arbeiten wollen, dann müssen wir über irgendwelche Fortbewegungsmittel verfügen, statt zu warten, bis ein Missionar gerade einmal einen Platz in seinem Wagen freihat. Wir alle werden von der Polizei überwacht und gelten als oppositionell. Es besteht ein enormes Informationsbedürfnis, aber wir sind in Gefahr, wenn jemand von uns regelmäßig an dieselbe Adresse ein Mitteilungsblatt wie *Liso Ya Nkolo* («Das Auge der Ahnen», eine Informationsbroschüre, die auch Kontakte herstellt) zugeschickt bekommt – selbst diejenigen, die es über einen Briefkasten in (einem Nachbarstaat) bezogen, wurden von der Polizei in einer Kartei erfaßt. Die einzig sichere Möglichkeit besteht darin, bei unseren Treffen schriftliche Informationen von Hand zu Hand weiterzugeben.»

Auch andere Formen solidarischer Zusammenschlüsse tragen ihre Früchte. Die Zairer brauchen sich nur einmal umzudrehen, und schon müssen sie irgendeine Steuer zahlen, aber die meisten von ihnen wissen überhaupt nicht, welche Steuerforderungen legal sind und welche nicht. Kirchen und andere Organisationen erstellen Verzeichnisse mit ungesetzlichen Steuern und verteilen sie auf dem Marktplatz oder in der Kirche nach einem Gottesdienst. Wenn die Menschen erst einmal wissen, worin ihre Rechte bestehen, wenn sie das Gesetz kennen, in dem es heißt: «Diebstahl, der von einem Bediensteten des Staates während der Ausübung seiner Amtspflichten begangen wurde, wird mit Gefängnis von bis zu zehn Jahren bestraft», dann können sie auch ihre Forderungen stellen.

So marschierten einmal 400 Frauen auf dem Weg zum Markt gleichzeitig auf zwei militärische Straßensperren zu. Die Offiziere hatten ihnen bislang sämtliche Einnahmen aus dem Verkauf ihrer Feldfrüchte als «Steuern» abgenommen. Doch die Soldaten waren auf das Erscheinen einer so massiert auftretenden Gruppe nicht vorbereitet. Ihr Vorgesetzter beschuldigte zwar die Pfarrer des Ortes der Subversion, aber die Frauen hielten zusammen, und schließlich gab man ihnen den Weg frei.

In einem anderen Fall legten die Bauern in gemeinsamer Arbeit 800 Fischteiche an, um ihre Einnahmen durch Fischzucht zu verbessern. Kaum hatten sie diese Arbeit beendet, wurde von den Behörden auf jeden Teich eine Steuer von 800 Z erhoben. Der Verband der Fischzüchter beschloß einmütig, daß niemand von ihnen die Steuer bezahlen würde, und die Bonzen am Ort hatten das Nachsehen.

Auch in den Städten wird die Kunst des Überlebens praktiziert. Manche Verhaltensweisen werden den Bürgern westlicher Demokratien, für die grundlegende bürgerliche und politische Rechte etwas Selbstverständliches sind, mehr als gemäßigt erscheinen. In Zaire hingegen kann bereits ein Beschwerdebrief, eine Zeugenaussage vor Gericht, mit der eine Gesetzesverletzung bekundet wird, und erst recht eine so entschiedene Form des Protests wie etwa ein Streik höchst unliebsame Folgen haben. Hier bedeutet es bereits einen großen Sieg, wenn es gelingt, die zairischen Behörden zur Einhaltung ihrer eigenen Gesetze zu zwingen.

Immer häufiger gehen die Frauen der Bauern gegen die *big mamas* vor, die die Märkte kontrollieren und hohe «Steuern» dafür kassieren, daß man dort überhaupt etwas verkaufen darf – «Steuereinnahmen», die sie sich mit dem kommandierenden Offizier am Ort und mit dem Vertreter der Regierung teilen, da diese ihr Treiben decken. In einem dieser Marktflecken bildete sich ein Komitee, das jede dieser ungesetzlichen Forderungen dokumentierte und Zeugen suchte, die bereit waren, eine Aussage zu machen und zu unterschreiben. Dann wandten sich die Komiteemitglieder an die Behörden und durchliefen die ganze Hierarchie, bis sie schließlich einen Beamten fanden, der bereit war, etwas gegen die *big mamas* zu unternehmen. Diese wurden tatsächlich vertrieben, aber einige der Wortführer der Aktion wurden das Opfer von Plünderungen in ihren Häusern oder von körperlichen Belästigungen durch die Soldaten oder bewaffnete Zivilpersonen, deren Einnahmequelle jetzt versiegt war.

Solche Anstrengungen sind ermutigend, aber ihre Zahl muß sich vertausendfachen, bevor sich die Gesamtsituation in Zaire ändern kann. Eine wirkliche Änderung wird erst zustande kommen, wenn der Westen aufhört, Bürgerpräsident Mobutu, den Räuber in großem Stil, zu unterstützen und weiterhin zu verlangen, daß die Armen Zaires dahinsterben, damit 50 Prozent der Exporterlöse in den Norden transferiert werden können.

Die Gläubiger Zaires wissen seit Jahren genau, was dort vor sich geht. Aber sie haben mit Mobutu eine Art Abkommen geschlossen, das für beide Seiten einträglich ist. Zum einen wollen sie sichergehen, daß die reichen Erzlager des Landes weiterhin unter ihrer Kontrolle bleiben, und dafür müssen sie der zairischen Oberschicht ein ordentliches Stück vom Kuchen abgeben. Zweifellos könnten die Schulden größtenteils allein schon aus dem Vermögen Mobutus bezahlt werden. Aber sie wurden nicht nur durch organisiertes staatliches Banditentum verursacht, und damit kommen wir zum zweiten Grund für die Nachsichtigkeit des Westens mit dem politischen Regime Zaires. Auch in Zaire findet sich eine Fülle von schlecht geplanten, nutzlosen und nachteiligen Projekten – und jedesmal spielen westliche Interessen eine ganz wesentliche Rolle dabei.

Das durchschnittliche Jahreseinkommen eines Zairers lag 1984 bei

140 US-Dollar. Die Einkünfte Mobutus und seiner Spießgesellen sind in diesen Wert mit eingegangen... Ich selbst bin Angehörige eines westlichen Industriestaats, und deshalb rebelliert mein moralisches Empfinden schon bei der Aufzählung einiger weniger der Projekte, die dazu beigetragen haben, daß jeder Zairer heute im Durchschnitt 200 Dollar Schulden hat. Für diese Schulden bezahlen die Zairer mit Hunger und dem Tod unzähliger Kinder:

1973 kaufte die ONAFITEX (ein staatliches Textilunternehmen) in den USA für 7,5 Millionen Dollar 30 hochmoderne Anlagen zur Verarbeitung von Baumwolle. Die zairische Abordnung, die das Geschäft abschloß, erhielt 450 000 Dollar Provision. Keine einzige dieser Anlagen ist jemals in Betrieb gegangen. Eine wurde in Gandijika errichtet, aber man hatte vergessen, das elektronische Steuersystem einzubauen, so daß nichts funktionierte. Das übrige Material ging verloren, wurde gestohlen oder verschlampt, oder es ging zu Bruch, so daß keine einzige dieser Anlagen tatsächlich fertiggestellt werden konnte.

Kurz nachdem die Rollbahn des Flughafens von Kisangani ausgebessert und verlängert worden war, wurde der Bau einer zweiten Start- und Landebahn in Angriff genommen (auf dem Flughafen werden täglich maximal fünf Flüge abgefertigt), deren Baukosten so hoch waren wie das Jahreseinkommen der gesamten Region. Ein Arbeiter in Kisangani müßte mehrere Monatslöhne bezahlen, um auch nur im Taxi zum Flughafen zu gelangen, aber wenn er einmal dort wäre, könnte er seine Koffer auf ein automatisches Transportband stellen und die Annehmlichkeiten einer Klimaanlage genießen. Gesamtkosten: 36 Millionen Dollar.

Das Internationale Handelszentrum von Kinshasa mit seinen 22 Stockwerken ist heute weitgehend verlassen. Dort möchte auch niemand arbeiten, weil das Gebäude keine Fenster hat und weil die von einer französischen Firma installierte Klimaanlage einen Monat nach Ablauf der Garantie ihren Geist aufgab.

Die TV-Sendeanstalt für die «Stimme Zaires» («Cité de la Voix du Zaire») war zweifellos eine gute Geldanlage (110 Millionen Dollar). Sicherlich weit besser, als wenn man damit fünf Jahre lang 165 000 Grundschullehrer bezahlt hätte. Im Dezember 1980 erfolgte die Bauabnahme. Das französische Unternehmen, das den Sender gebaut hatte, ließ bekanntgeben, Zaire sei nunmehr «eines der ersten Länder in der Welt, das über ein eigenes Satellitenfunknetz verfügte».

Hierzu bemerkt Jonathan Kwitny, ein Reporter des *Wall Street*

Journal und Autor des bemerkenswerten Buches «Endless Enemies»: «Der Präsident des Herstellerunternehmens war Philippe Giscard d'Estaing, ein Vetter und lebenslanger enger Freund des (damaligen) französischen Präsidenten. Der Auftrag für die Einrichtung des Funknetzes und der grandiosen Gebäude wurden während der Amtszeit von Valéry Giscard d'Estaing erteilt, der zweimal französische Truppen nach Zaire entsandt hatte, um die Regierung Mobutu zu schützen.»[6]

Jedenfalls brach die grandiose Infrastruktur für die «Stimme Zaires» innerhalb kurzer Zeit zusammen. Da die Relaisstationen nur selten funktionieren, gibt es kaum eine Übertragung von Sendungen in das Landesinnere. Aber das macht nichts, wie Kwitny uns beruhigt, denn die meisten Zairer leben ohnehin «mindestens eine lange Tagesreise vom nächsten Stromanschluß entfernt. Die meisten haben noch nie in ihrem Leben ein Telefon gesehen. Deshalb brauchen sie das hochmoderne Kommunikationssystem auch gar nicht.» Das sieht die ausländische Herstellerfirma sicher anders.

Ausländische Firmen, in diesem Fall aus den USA, sind auch wesentlich am Kraftwerk-Projekt Inga-Shaba beteiligt, vielleicht die unsinnigste Anlage im Reigen all dieser sinn- und nutzlosen Projekte. Die Gesamtkosten der Anlage betragen nach belgischen Quellen mehr als eine Milliarde Dollar, während Kwitny die Kosten auf 1,5 Milliarden schätzt. Das sind 20 Prozent der gesamten Auslandsschulden Zaires. Zairische Wissenschaftler haben ausgerechnet, daß das Land mit diesem Geld 20 Jahre lang 290 000 Lehrer und Krankenschwestern bezahlen könnte.[7]

Jede seriöse Energiepolitik für Zaire hätte der Entscheidung folgen müssen, die enormen lokalen Wasserkraftreserven zu nutzen und mehrere kleine Staudämme und Wasserkraftwerke zu bauen. Statt dessen votierte die Regierung, weitgehend unter dem Einfluß des damaligen US-Botschafters Sheldon Vance, für ein Großkraftwerk in Verbindung mit einer 1800 km langen Überlandleitung durch schwieriges Gelände. Ein Mitarbeiter der US-Botschaft erzählte Kwitny im Jahre 1980 nicht nur von den ausufernden Kosten, sondern erläuterte außerdem: «Die Bauarbeiten nehmen so viel Zeit in Anspruch, daß ein Großteil der bereits installierten Ausrüstung ungenutzt vergammelt.» Aber vergammelte Ausrüstung hin oder her, Hauptsache, General Electric und die US-Vertragsfirma Morrison-Knudsen kamen zu lukrativen Verträgen. Der Anwalt von Morrison-Knudsen in Washington ist niemand anderer als Sheldon Vance, der inzwischen eine Privatkanzlei unterhält.[8]

Die Hochspannungsleitung von Inga nach Shaba soll eine Kupferhütte und einen Eisenhüttenkomplex samt Stahlwerk mit elektrischem Strom versorgen. Das Maluku-Stahlwerk hat seine Kapazität bislang zu maximal zehn Prozent ausgenutzt; der «dort produzierte Stahl ist von schlechter Qualität und kostet drei- bis viermal soviel wie importierter Stahl. Statt der ursprünglich versprochenen 10000 Arbeitsplätze gibt es lediglich 1000.»[9] Die Kupferhütte hat bislang noch keinen einzigen Barren Kupfer produziert.

Ein Ziel allerdings verfolgte das Energieprojekt ausdrücklich nicht: die zairischen Dörfer entlang der 1800 km langen Hochspannungsleitung mit Strom zu versorgen. «Es wurde bewußt eine besondere Verfahrenstechnik angewandt, die es schwierig, wenn nicht unmöglich machen sollte, unterwegs von der Strecke Strom abzuzweigen.»[10]

Mindestens zwei für die zairische Regierung angestellte Untersuchungen gelangten zu dem Schluß, daß die Bergbauindustrie mehr als genug und weit billigeren Strom beziehen könnte, wenn man in der Provinz Shaba selbst Wasserkraftwerke baute, anstatt den Strom aus 1800 km Entfernung kommen zu lassen. Warum verschwanden dann diese Gutachten in der Schublade, und warum entschied man sich für dieses aberwitzig teure Projekt? Nach Kwitny «geben viele Zairer und Amerikaner, einige davon Mitarbeiter des Außenministeriums, als (eigentlichen) Grund für den Bau an, daß der US-Industrie als Gegenleistung für die Unterstützung des Mobutu-Regimes durch die US-Regierung ein umfangreicher Bauauftrag zugeschanzt werden sollte.»[11]

Dieses Regime begnügt sich nicht damit, die Bevölkerung zu dezimieren, indem es sie verhungern läßt. Nach einem im April 1985 in der belgischen Zeitung *La Libre Belgique* veröffentlichten Bericht hat ein ehemaliger Leibwächter Präsident Mobutus aus der Sondereinheit des Präsidenten zugegeben, zwischen 1980 und 1983 an der Ermordung von annähernd 500 Gegnern des Regimes beteiligt gewesen zu sein; darüber hinaus habe er auf Befehl «eine ganze Menge» von Personen persönlich erschossen. Nachdem er in der Bundesrepublik Deutschland um politisches Asyl ersucht hatte, nahm ihn die Staatsanwaltschaft Bochum in Vorbeugehaft. Nach Angaben von amnesty international ist der Sondereinheit des Präsidenten auf dem Berg Ngaliema in der Nähe des Präsidentenpalastes in Kinshasa ein Militärlager unmittelbar unterstellt, in dem Folterungen und Exekutionen stattfinden.[12]

Man braucht schon maßgeschneiderte Scheuklappen, um das Regime in Zaire nicht als das zu sehen, was es ist – eine Bande von Dieben und Mördern –, aber die internationalen Institutionen und Geschäftsbanken scheuen in dieser Hinsicht keine Kosten. Die Unterstützung Mobutus ist inzwischen zur festen Tradition geworden: Vor zehn Jahren widmete das Wochenmagazin *Institutional Investor* seine Titelgeschichte dem Thema «Zaires Zahlungsunfähigkeit abgewendet»[13]. Dort werden wir ausführlich belehrt, wie die Banken die Situation retteten. Als Zugabe gibt es ein Foto, das Mobutu und Walter Wriston bei einem gemeinsamen Imbiß zeigt.

In der Geschichte erfahren wir außerdem, wie Dr. Irving Friedman, oberster Vizepräsident der Citibank, im Namen von 13 führenden Banken (die ihrerseits über 100 weitere Banken vertreten) «250 Millionen Dollar an neuen Krediten (organisierte); dieses Geld sollte nicht dazu verwendet werden, alte Schulden zu bedienen, sondern mit seiner Hilfe sollte die Erschließung der wichtigsten Bodenschätze des Landes gefördert werden.» Dr. Friedman «begrüßt die Vereinbarung als ein echtes Modellbeispiel», da Zaire zugesagt hatte, beim IWF besondere Kredite zu beantragen und in seine Finanzen Ordnung zu bringen. Damit habe das Land zu Friedmans Genugtuung bewiesen, daß «jedes Land, das seine Kreditwürdigkeit verloren hat, diese aus eigenen Kräften wiedergewinnen (kann)». Nach seinem eigenen Eingeständnis war Dr. Friedman für diesen Coup besonders prädestiniert. Auf Grund seiner früheren Stellung beim IWF und der Weltbank «hatte ich bereits lange vor meiner Tätigkeit für die Citibank mit Zaire zu tun, so daß ich mit Gouverneur Sambwa (von der zairischen Zentralbank) ohne formelle Zwänge wie mit einem Freund sprechen konnte».[14]

1976 hatte der Pariser Club, in dem die westlichen Gläubigerländer Zaires vertreten sind, beschlossen, 85 Prozent der fälligen Rückzahlungen von Regierungskrediten drei Jahre lang auszusetzen und anschließend auf weitere sieben Jahre zu strecken. Auch dies war eine ganz normale Reaktion, denn wie Dr. Friedman ebenfalls bemerkte, boten die reichen Bodenschätze Zaires «den kapitalistischen Regierungen Grund genug, die Wirtschaft Zaires zu unterstützen».[15]

Ein Jahrzehnt später hatten sie noch immer Grund genug. Im Mai 1985 beschloß der Pariser Club die siebte Umschuldung für Zaire seit 1975. Nach einer EG-Veröffentlichung kam Zaire im Zeitraum 1975-1985 häufiger als jedes andere Land in den Genuß von Umschuldungen (mit Ausnahme Togos, dessen Verbindlichkeiten ebenfalls siebenmal umgeschuldet wurden, aber nur ein Siebtel der Schulden Zaires ausmachten).[16] Unmittelbar voraufgegangen war dieser neuen Umschuldung eine Vereinbarung zwischen Zaire und dem IWF über neue «Stützkredite» in Höhe von 160 Millionen Dollar; offenbar war der Fonds mit Mobutu sehr zufrieden, nachdem dieser 1984 den Z um 450 Prozent im Vergleich zum belgischen Franc abgewertet hatte.

Aber leider sollten die Gläubiger abermals eine Enttäuschung erleben. Zu aller Verwunderung ist Mobutu nicht zu einem Musterbeispiel für persönliche Integrität und staatliche Haushaltsführung geworden. Dafür fand er sich im September 1986 wieder mit der Bettelschale in der Hand in Paris und Brüssel ein und beantragte einen neuen Kredit in Höhe von 900 Millionen Dollar. Hierzu ein Kommentar im «vertraulichen» *Foreign Report* des *Economist*:

«Wie es heißt, nehmen Betrug, Schwarzmarktgeschäfte und illegale Kapitalausfuhr in der Hauptstadt Kinshasa überhand. Die Politik des Premierministers – Kürzung der Ausgaben, Privatisierung staatlicher Betriebe und Anziehung ausländischer Investoren – ist zwar ergebnislos geblieben. Aber es gibt keine politische Alternative. (sic!) Dennoch bezweifeln unsere Quellen, daß die Position Mobutus gefährdet ist, auch wenn sich die Mißstände in Zaire immer weiter verschlimmern.»[17]

Die «politische Alternative» müßte eigentlich auf der Hand liegen: den Geldhahn zudrehen und Mobutu auf diese Weise loswerden. Dieser scheint jedoch keinerlei Vergeltungsmaßnahmen zu befürchten. Im Dezember 1986 bemerkte er nebenbei, Zaire werde höchstens zehn Prozent seiner Exporteinkünfte für den Schuldendienst aufwenden.

Wir alle sind durch unsere Steuergelder zu unfreiwilligen Komplizen einer Politik geworden, die mit immer neuen Krediten dieses tyrannische System am Leben erhält. Unsere Regierungen lassen sich darin anscheinend durch nichts beirren. Die Schulden und ihre verheerenden Folgen – sie sind auch unsere Schuld.

Nachtrag: Im Mai 1987 verlängerte der Pariser Klub erneut die Laufzeit der Zaire gewährten Kredite: Zinsen und Tilgung einer Schuldsumme von 884 Millionen Dollar wurden auf 15 Jahre gestreckt. Außerdem wurde ein Aufschub von sechs Jahren gewährt, während deren weder Zinsen noch Rückzahlungen fällig werden. Darüber hinaus bewilligte der IWF neue Kredite in Höhe von 370 Millionen Dollar. Nach informierten Kreisen «bedeutete diese besondere Regelung nicht, daß dieselben Bedingungen auch auf andere Schuldnerländer ausgedehnt werden». Einer der Verhandlungsführer auf seiten Zaires war der Zentralbankgouverneur des Landes. Wie zum Hohn lautet sein Name: Wa Siakasigbo Pay Pay.

Lateinamerika – Verschuldung und Verfall

Oft wird angenommen, Lateinamerika sei im Vergleich zu anderen Ländern der Dritten Welt reich, und in vieler Hinsicht trifft dies durchaus zu. Das Pro-Kopf-Einkommen, für viele Ökonomen ein zuverlässiger Indikator für den Wohlstand eines Landes, beträgt in Lateinamerika 1700 Dollar im Jahr, in den ärmsten afrikanischen Ländern südlich der Sahara dagegen nur elende 220 Dollar. So gesehen schneiden Nationen wie Argentinien, Mexiko und Venezuela mit einem Wert von weit über 2000 Dollar sehr gut ab.[1]

Auch die Überbevölkerung stellt für Lateinamerika kein Problem dar. In Mexiko, Mittel- und Südamerika und auf den karibischen Inseln leben knapp 400 Millionen Menschen, das entspricht etwa der Hälfte der indischen Gesamtbevölkerung. Dabei ist Brasilien allein schon zweieinhalbmal so groß wie Indien, die brasilianische Bevölkerung beträgt dagegen nur ein Sechstel der indischen. Zudem ist der Kontinent reich an Rohstoffen, darunter Öl, wertvolle Erze und große Flächen fruchtbaren Ackerlandes.

Das idyllische Bild wird jedoch von zwei Faktoren getrübt: einmal von dem ausgeprägten Unterschied zwischen den einzelnen Ländern und zum anderen von einer noch gravierenderen Ungleichheit zwischen den sozialen Klassen. Eine starke Diskrepanz besteht beispielsweise zwischen Brasilien mit einem Pro-Kopf-Einkommen von über 1700 Dollar und Bolivien mit lediglich 509 Dollar. In Panama sind es gut 2200 Dollar, in Honduras und Haiti hingegen nur 721 bzw. 320 Dollar.[2]

Die Begriffe «steinreich» und «bettelarm» hätten für Lateinamerika erfunden sein können. Dieser Kontinent bricht den Weltrekord in ungleicher Einkommensverteilung. Wenn es darum geht, mit Geld zu protzen, steht die Elite aus Brasilien, Mexiko und Venezuela den Oberschichten von New York, London oder Mailand in nichts nach. Die lateinamerikanische Oberschicht ist eher noch verschwenderischer und geschmackloser in ihrem demonstrativen Konsum. Im Gegensatz zu den Reichen im Norden können sie jederzeit auf eine große Masse armer, sozial ungesicherter Arbeitsloser als Hauspersonal zurückgreifen. Diese Elite machte aus der Kapitalflucht einen Nationalsport und eine Goldgrube für die Bankindustrie.

Wegen der unabänderlich ungleichen Verhältnisse haben die meisten Länder es einfach aufgegeben, Zahlen über die Einkommensverteilung zu veröffentlichen. Die letzten verfügbaren Daten über Brasilien beziehen sich auf das Jahr 1972 und zeigen, daß die unteren 20 Prozent der Bevölkerung magere zwei Prozent, die oberen zehn Prozent jedoch mehr als die Hälfte aller Haushaltseinkommen bezogen haben. Die Beobachter sind sich darin einig, daß die Lage sich seit den siebziger Jahren verschlechtert hat, wenn auch ihre Meinungen über das Ausmaß der Verschlechterung auseinandergehen. Nach Aussagen des brasilianischen Instituts für Wirtschafts- und Gesellschaftsanalysen (IBASE) betrug das Durchschnittseinkommen der reichsten Schicht 1978 225mal mehr als das der ärmsten Schicht, 1970 hingegen lag es «nur» 178mal höher. Zuverlässigen Schätzungen zufolge ist nur ein knappes Drittel der brasilianischen Bevölkerung in der Lage, sich gesund und ausreichend zu ernähren, der Rest leidet mehr oder weniger an Unterernährung.[3]

Nach einem Bericht der Weltbank war Mexiko 1977 das letzte lateinamerikanische Land, das Statistiken über seine Einkommensverteilung bekanntgab. Seitdem hat kein Land in Lateinamerika mehr Zahlen darüber veröffentlicht; viele haben das sowieso nie getan – und nicht etwa aus Mangel an qualifizierten Statistikern![4]

Deshalb müssen wir davon ausgehen, daß auch die Ökonomen der großen Entwicklungsbanken, die auf Zahlen über das Pro-Kopf-Einkommen vertrauen – die nichts sind als abstrakte Durchschnittswerte –, kaum Wissenswertes über Lateinamerika mitzuteilen haben. Wer den Kopf im Ofen und die Füße in der Eismaschine hat, geht es dem «durchschnittlich» gut? Ein durchschnittliches Einkommen von 2000 Dollar kann bei einer Bevölkerung von 1000 Einwohnern bedeuten, daß ein einziger mit einem Einkommen von 1900 Dollar im Warmen sitzt, während alle übrigen mit 10 Cents in der Tasche in der Kälte stehen.

Die Vernichtung der Arbeitsplätze

Die Schuldenkrise hat die Lage der Bevölkerung noch verschärft, da durch sie massenhaft Arbeitsplätze verlorengehen und die Löhne der Beschäftigten immer weiter sinken. Von wem auch immer der Ausspruch stammt, Geld sei die Wurzel allen Übels, er muß mindestens einen festen Arbeitsplatz gehabt haben. Ohne Geld dazustehen, ist für die Mehrheit der Bevölkerung viel schlimmer. Ein ganzes Bündel sozialer Mißstände hängt damit zusammen, die mit der Schuldenkrise Hand in Hand gehen. Der Anstieg der Arbeitslosigkeit hat oft ganz offensichtliche und unmittelbare Gründe. Wenn der Internationale Währungsfonds einer Regierung zur Auflage macht, die öffentlichen Ausgaben zu kürzen, dann werden einige tausend Beamte, gewöhnlich auf der unteren Ebene, fristlos entlassen. Diese Maßnahme ist ein fester Bestandteil aller Programme des IWF.

Arbeitslosigkeit in Lateinamerika ist jedoch mehr als ein abstrakter Begriff, und ihre quantitative Erfassung kann keinesfalls mit den statistischen Zahlen aus den USA oder Europa verglichen werden. Die offen sichtbare, registrierte Arbeitslosigkeit, die in den amtlichen Statistiken in Erscheinung tritt, bildet das passende Gegenstück zur Zahl der angemeldeten Arbeitsplätze. Aber diese Stellen werden in der Regel nur von einer kleinen Minderheit der erwerbstätigen Bevölkerung Lateinamerikas besetzt, und in den entsprechenden Statistiken sind der riesige «informelle Sektor» mit seinen nicht gemeldeten Arbeitsplätzen sowie zahlreiche – häufig unregelmäßige – Beschäftigungen in der Landwirtschaft überhaupt nicht erfaßt. Trotzdem sind die amtlichen Statistiken des «formellen Sektors» nützlich, denn sie sagen immerhin etwas über die besseren Arbeitsplätze aus. Anders ausgedrückt: Verheißen die Statistiken über die Lage auf dem offiziellen Arbeitsmarkt nichts Gutes, so steht es um diejenigen, die sich mit Gelegenheitsarbeiten oder unangemeldeten Beschäftigungen über Wasser halten, mit Sicherheit noch schlechter.[5]

So berichtete Francis Blanchard, Generaldirektor der Internationalen Arbeitsorganisation (ILO), 1986, die registrierte Arbeitslosigkeit in den Städten Lateinamerikas sei in den Jahren 1980 bis 1984 um 40 Prozent gestiegen. «Wenn die Zahl der Arbeitskräfte in den Städten weiterhin so zugenommen hat wie in den siebziger Jahren, dann muß die Zahl der Arbeitslosen um 67 Prozent gestiegen sein.» Zudem, so Blanchard, nimmt die «strukturelle Unterbeschäftigung, die schon immer ein wichtiger Bestandteil des Überangebots an Arbeitskräften in Lateinamerika war, nicht mehr ab, sondern steigt rapide an.»

Viele Beobachter haben eine auf den Mangel an Investitionen zurückzuführende Verschlechterung von Anlagen und Ausrüstung in Lateinamerika bemerkt, während die ILO weit mehr über die Verschlechterung des Humankapitals besorgt ist; denn Menschen, die keine Arbeit finden können, verlieren innerhalb kurzer Zeit ihre erlernten Fähigkeiten. Je länger sie arbeitslos sind, desto geringer sind ihre Chancen, wieder eingestellt zu werden. Die Krise auf dem Arbeitsmarkt macht sich zwar im Süden am meisten bemerkbar, betrifft jedoch letztlich alle Länder. «Anpassung» bedeutet für die Schuldnerländer vor allem eine Senkung der individuellen Einkommen und folglich eine Schrumpfung der Importe aus dem Norden. Dies hat nach Ansicht der ILO dazu geführt, daß in Nordamerika und Europa zwischen 1981 und 1983 zwei bis drei Millionen Arbeitsplätze verlorengingen.[6]

Mit den Auflagen des IWF werden zahllose Menschen einfach den anonymen Kräften des Arbeitsmarktes überantwortet. Wenn auf jede offene Stelle mehrere Beweber kommen, sind drastische Lohnsenkungen die Folge. Aber auch die Verschuldung selbst trägt zum Rückgang der Löhne bei. Der französische Ökonom Pierre Salama behauptet, daß hier ein unvermeidlicher Zusammenhang besteht. Seine Argumentation ist recht kompliziert, ich werde sie hier so weit wie möglich vereinfachen.[7]

Bei mehreren aufeinanderfolgenden Abwertungen (ein fester Bestandteil der Stabilisierungsprogramme des Internationalen Währungsfonds) werden inoffiziell alle wichtigen Geschäfte in den Schuldnerländern nicht in der Landeswährung, sondern in US-Dollar abgewickelt. Das ähnelt ein wenig dem osteuropäischen System, bei dem viele begehrte Waren offiziell nur denen, die über Devisen verfügen, in besonderen Läden zugänglich sind. Je mehr eine Wirtschaft «dollarisiert» wird, desto mehr verliert die Regierung die Kontrolle über ihre Währungspolitik. Vor einigen Jahren noch waren die lateinamerikanischen Währungen gegenüber dem US-$ zweifellos überbewertet, heutzutage sind sie jedoch nach Salama in den am meisten verschuldeten Ländern völlig unterbewertet. Das heißt, die Devisenkurse sind kein Ausdruck mehr für die relative Produktivität des Schuldnerlandes im Vergleich zu den USA.

Die größten und modernsten heimischen Unternehmen sind gezwungen, ihre Kredite in Dollar aufzunehmen (oder Kredite in der Landeswährung, die jedoch an den Dollar gebunden ist, was am Ende auf dasselbe hinausläuft). So werden auch diese Unternehmen «dollarisiert», zumindest was ihre Verbindlichkeiten angeht, also die Summe, die sie ihren Lieferanten und ihren Kreditgebern schulden. Sie verkaufen jedoch ihre Produkte oder Dienstleistungen in der Landeswährung so, daß ihre Einnahmen nicht «dollarisiert» sind.

Je mehr die Landeswährung abgewertet wird (und der IWF drängt ständig auf weitere Abwertungen, angeblich, um die Exporte noch wettbewerbsfähiger zu machen), desto tiefer geraten die Unternehmen in die Schuld der Banken (oder der Regierung). Um ihren Verpflichtungen nachzukommen, sind sie gezwungen, die Preise zu erhöhen, womit sie die Inflation im Land anheizen, und die Löhne zu kürzen, um so die Verteuerung des Schuldendienstes wettzumachen. Marxistisch ausgedrückt: Die Ausbeutung muß verstärkt werden, sonst geht das Unternehmen in Konkurs.

Ob man dieses Argument als Erklärung für das Phänomen der Lohnsenkung akzeptiert oder nicht, an der Existenz des Phänomens selbst besteht jedenfalls kein Zweifel. Betrachten wir einige konkrete Fälle:

In Brasilien ist der gesetzliche Mindestlohn ein guter Maßstab. Nicht-Fachleute auf dem Gebiet sind anfangs oft etwas verwirrt, wenn sie sich mit brasilianischen Quellen beschäftigen, da Einkommen, Preise oder Mieten meist als ein Vielfaches des Mindestlohns angegeben werden. Warum? Weil ein einfacher Mindestlohn niemals auch nur annähernd ausreichen würde, die Bedürfnisse einer einzelnen Person, geschweige denn einer ganzen Familie zu befriedigen, auch wenn das in der brasilianischen Verfassung festgelegt ist. So zeigt das Brasilianische Institut für Wirtschafts- und Gesellschaftsanalysen (IBASE) anhand der amtlichen Zahlen von 1983 bis 1985, daß der nominelle Mindestlohn je nach Inflationsrate ein Fünftel bis ein Siebtel von dem betrug, was zur Befriedigung der Grundbedürfnisse einer Familie notwendig gewesen wäre. Und nicht einmal zehn Prozent der Arbeitskräfte verdienten mehr als das Fünffache des Mindestlohns.[8]

Brasilianische Zeitungen berichteten 1986:

«Von den 52,4 Mio. Brasilianern, die als ‹wirtschaftlich aktiv› gelten, beziehen 12,9 Prozent aller Arbeiter (in den Städten) keinen Lohn, 30 Prozent verdienen höchstens einen Mindestlohn, und 11,5 Prozent verdienen zwei bis drei Mindestlöhne. Bei den Landarbeitern beträgt der Anteil der Nichtverdienenden 27,3 Prozent, 42,9 Prozent verdienen höchstens einen Mindestlohn, und knapp 22 Prozent erhalten zwischen einem und zwei Mindestlöhnen. Das bedeutet, daß 64,8 Prozent der ‹wirtschaftlich aktiven› Bevölkerung mehr oder weniger in Armut leben... Und obwohl die Produktivität in Brasilien seit 1940 beinahe um das Vierfache gestiegen ist, hat die Kaufkraft eines Mindestlohns um 50 Prozent abgenommen.»[9]

Wenn man in Brasilien von einem Mindestlohn nicht leben kann, wie können dann die Brasilianer trotzdem am Leben bleiben? Immer gelingt ihnen das nicht. Ich möchte an dieser Stelle die gekürzte Fassung der Lebensbeschreibung eines einzelnen Arbeiters und seiner Familie einfügen, die bis jetzt noch überleben. Sie stammt von einer Mitarbeiterin des IBASE. Der portugiesische Titel lautet: «Wie überleben sie mit einem Mindestlohn?»[10]

«Durval ist ein typischer armer Brasilianer. Er ist 40 Jahre alt und hat wahrscheinlich nur noch acht Jahre zu leben, vielleicht auch nur noch zwei, falls er im Nordosten wohnt. Vermutlich wird er an einer Lungenentzündung ohne ärztliche oder medizinische Versorgung und letzten Endes auch ohne ein Grab sterben. Wenn er Söhne hat, werden sie genau wie er zu Hilfsarbeitern heranwachsen, halbe Analphabeten, anämisch und sehbehindert. Vermutlich werden sie nicht einmal so alt wie ihr Vater. Tag für Tag benötigen sie mehrere Stunden für die Hin- und Rückfahrt zu ihrem Arbeitsplatz, sofern sie überhaupt eine Arbeit finden. Wenn nicht, dann werden sie zu Landstreichern oder Verbrechern. Seine Tochter wird einen Mann heiraten, der seinen Lebensunterhalt als Arbeiter oder mit irgendwelchen krummen Geschäften verdient. Schon in ihrer Jugend wird sie alt aussehen. Ihre Kinder sind mager und unterernährt, und um sie besser durchzubringen, wird sie als Waschfrau arbeiten. Wenn sie Glück hat, bekommt sie eine Stelle als Hausmädchen in einem Haushalt der Mittel- oder Oberschicht. Es gibt aber keine Kinderkrippen, wo sie ihre Kinder unterbringen könnte. Allein zu Hause, mit ein paar kalten Essensresten auf dem Tisch, werden die Kinder Wege finden, um aus der abgeschlossenen Hütte herauszukommen, und dann völlig unbeaufsichtigt durch die Straßen streifen. In der großen Stadt werden sie vielleicht zu Einbrechern und Taschendieben, die für ein paar Centavos ihr Leben riskieren.

Durval könnte man in einem Vorortzug antreffen. Vielleicht hat er wegen der drückenden Hitze nur ein T-Shirt an und trägt einen in Zeitungspapier gewickelten Aluminiumtopf unterm Arm; oder er hat einen alten, zerschlissenen Mantel an, den ihm ein früherer Arbeitgeber seiner Frau vor vielen Jahren überlassen hat und der ihn kaum noch vor der Kälte schützt. In einem alten Köfferchen, das er aus dem Müll gerettet hat, trägt er ein mit Ei belegtes Brot und eine Limonadenflasche mit kaltem Kaffee oder einen Topf mit geschmälzten Makkaroni. Er ist müde und kann der Unterhaltung neben ihm kaum folgen, in der es um das Fußballspiel vom Vortag geht. Aber schon vor Monaten wurde den Durvals der Strom abgestellt, und schließlich hat er sein Radio verkauft.

Vielleicht ist es sein erster Arbeitstag in einer Möbelfabrik oder sein letzter in einem Hüttenwerk. Es ist fünf Uhr früh, und er wird noch eine ganze Stunde im Zug verbringen. Mit dem Bus wäre es noch viel schlimmer: 1060 Cruzeiros kostet die einfache Fahrt, und 40 Fahrten würden bereits zwei Drittel seines Mindestlohns verbrauchen. Sein Magen knurrt, und seine Beine zittern; ihm wird schlecht von der heißen Luft, die durch den voll besetzten Zug weht. Das einzige, was ihn aus seiner Lethargie weckt, ist der Ton der Fabriksirene. Wenn er auch nur fünf Minuten zu spät zur Arbeit kommt, wird ihm der ganze Tageslohn und zusätzlich der Sonntagslohn gestrichen. Dabei muß er noch Zeit für die Toilette finden, bevor der Vorarbeiter ihm seine Arbeit zuteilt. Er ist Analphabet, und so nimmt er keine Notiz von einem Artikel in der Zeitung eines Mitreisenden, in dem es um die Angleichung des Mindestlohns geht.

Es tut auch nichts zur Sache, ob er weiß, wie hoch der Mindestlohn ist oder nicht, denn das Ergebnis ist dasselbe; er reicht nicht aus, seine Frau und seine fünf Kinder zu ernähren. Vor allem weiß er, daß die Miete für seine Hütte steigt, daß das Fleisch teurer wird, daß die Milch teurer wird (er hat schon länger keine mehr zu Gesicht bekommen) und daß nicht genug übrigbleibt, um die längst fällige Stromrechnung zu bezahlen. Der Eigentümer der Hütte wird ihm weiterhin den Strom sperren, und er wird weiterhin nicht wissen, wer im Fußballspiel gewonnen hat. Sein Lohn wird auch nicht ausreichen, um seine Rechnung im Lebensmittelladen zu begleichen. So müssen seine Frau und seine Kinder ihre Nahrung auf den Müllhalden zusammensuchen. Noch schlimmer ist jedoch, daß die Qualität des Mülls immer mehr abnimmt. Durval weiß davon nichts, aber er ahnt, daß der organische Gehalt der Müllhalden in den Großstädten jedes Jahr geringer wird. 1970 enthielt zum Beispiel in Rio de Janeiro jeder Kubikmeter

Müll 43,8 Prozent organisches Material, das heißt «eßbare» Abfälle für die randständige Bevölkerung. 1980 waren es nur noch 36,7 Prozent.

Obwohl Durval zu den Ärmsten der Armen zählt, hat er nie an Selbstmord gedacht. Statt dessen dachte er daran, in eine andere Stadt zu ziehen. Was weiß er schon davon, daß in allen großen Städten Familien wie die seine über die Müllhalden streunen. Überall suchen zerlumpte Kinder, Frauen und Männer die stinkenden Hügel nach grünlichen Fleischresten, madigen Keksen und verfaultem Obst ab: ein Gemisch, das nicht einmal Schweine vertragen, und das – vor allem bei Kleinkindern – manchmal tödlichen Durchfall verursacht; aber es füllt die Leere in ihrem Magen.

Mitunter kann man dort auch brauchbare Gegenstände finden, Möbel, Kissen, alte Töpfe, Packpapier, Pappe und Kartons, die entweder zu Hause Verwendung finden oder stück- oder kiloweise an die Müllverwertungsstellen verkauft werden können. Wer auf diese Weise überlebt, der hat jedes Schamgefühl verloren. In der Lage, in der sich diese Menschen befinden, ist es nur noch ein kurzer Schritt zu einem Leben als Verbrecher. Bis jetzt nehmen sie sich nur das, was die Privilegierten nicht mehr haben wollen.

Das Stöbern in Abfalleimern und Müllkippen ist nicht der einzige Ausweg für eine Familie, die mit einem Mindestlohn nicht auskommen kann. Ein ganz besonderer Tag im Leben dieser Familien ist der Markttag. Was am Ende für die Straßenkehrer übrigbleibt, ist organischer Abfall erster Wahl. Alles ist noch ziemlich frisch – es wurde noch nicht in einen Lastwagen gekippt und war auch nicht tagelang Sonne und Regen ausgesetzt. Zerquetschtes Obst, Fleischreste und welkes Gemüse füllen Tüten und Kisten, die von den Händlern zurückgelassen wurden. Das ist ein Fest! Von allem kann man ein bißchen probieren: Orangen, die kein Vitamin C mehr enthalten, weil sie seit sieben Uhr morgens aufgeschnitten in der Sonne lagen, von Fliegen verunreinigte, ausgetrocknete Hühnerhaut, vergilbte Kohlblätter... Und trotzdem wird der Markttag in Millionen brasilianischen Familien überall in den großen Städten wie ein Fest begangen.

Um elf Uhr gibt die Sirene in der Fabrik, in der Durval arbeitet, das Zeichen zur Mittagspause. Er hat eine Stunde Zeit, sein mitgebrachtes Mahl zu verzehren. Wenn die Fabrik gut ausgerüstet ist, gibt es dort einen Herd, auf dem er sein Essen aufwärmen kann, andernfalls benutzt er vielleicht einen kleinen Spiritusbrenner. Kann er auch das nicht, dann nimmt er sein Mittagessen, an eine Werksmauer gekauert, kalt zu sich. Die anderen, die in einer besseren körperlichen Verfassung sind, finden Zeit, auf dem Gehweg oder zwischen den vorbeifahrenden Autos Fußball zu spielen. Das Mittagessen seiner Arbeitskollegen ist eintönig: Reis mit Bohnen oder Makkaroni oder eine Mischung aus allen dreien. Einem Mythos zufolge leiden die Brasilianer Hunger, weil sie nicht wissen, wie man sich richtig ernährt. Die meisten Ernährungswissenschaftler sind jedoch der Meinung, daß diese Nahrung gar nicht so unzureichend ist, sofern sie durch genügende Mengen an tierischem Protein (Eier oder Fleisch) ergänzt wird. Wo dieses allerdings fehlt, müßte man entsprechend größere Mengen Reis (1 kg), Bohnen (3 kg) oder Makkaroni (2 kg) verzehren. Kein Mensch ißt jedoch solche Mengen, und deshalb ist in den brasilianischen Städten im Süden jeder zweite Arme unterernährt.

Wenn Durval abends nach Hause kommt, ist er selbst für eine Katzenwäsche zu müde. Er trinkt etwas aufgewärmten Kaffee und ißt ein Stück altbackenes Brot. Dann setzt er sich auf die Veranda seiner Hütte und raucht eine Zigarette, die er einzeln gekauft hat. Er fragt sich, wie es morgen weitergehen soll, und hält nach seinen Kindern Ausschau. Er wirkt mutlos. Seine älteste Tochter kommt von der Straße. Den ganzen Tag war sie auf Arbeitssuche und hat nichts gefunden. Mit ihren 16 Jahren hat sie noch nicht einmal die erste Klasse der staatlichen Grundschule abgeschlossen. Sie kann kaum ihren Namen schreiben oder lesen. Sie hat keinen Beruf erlernt und kann allenfalls auf eine ermüdende manuelle Tätigkeit hoffen, und das nicht einmal in einer Fabrik, denn die verlangt einen Grundschulabschluß. Sie trägt Plastikschuhe, die sie entweder als Bezahlung erhalten oder auf dem Müll gefunden hat. Ihre Haare hängen trist herunter, und ihrem Gesicht fehlt jede jugendliche Ausstrahlung. Sie hat fünf Kilo Untergewicht, und ihre Beine sind dünn und gekrümmt. Bald wird sie ihre schlechten Zähne verlieren. Durvals einzige Sorge ist, daß sie wie so viele Töchter armer Eltern eines Tages ihren Körper verkaufen muß. Er weiß, daß es Eltern gibt, die ihre Töchter morgens auf den Strich bringen und sie am Spätnachmittag wieder abholen, als gingen sie in die Schule oder zur Arbeit. Der Gedanke daran bekümmert ihn.

Zerlumpt, schmutzig und mit einem säuerlichen Geruch kommen seine jüngsten Söhne einer nach dem anderen nach Hause. Den ganzen Tag lang sind sie durch die Straßen gezogen und haben an den Haustüren Essen, Geld oder Kleidung erbettelt. Einer hat sich einer Gruppe von Straßenverkäufern angeschlossen, die wartenden Autofahrern an Verkehrsampeln Snacks verkaufen. Sie durchwühlen

Müllhalden, und manchmal tun sie sich mit einer Bande von Jugendlichen zusammen, die stehlen, um zu überleben. Sie gehen alle drei nicht in die Schule. Sie haben es versucht, aber es gab keine freien Plätze. Außerdem sind drei Schulkinder eine große Belastung, da für sie Lernmaterial, Kleidung und Busfahrten bezahlt werden müssen und auch noch das, was sie sonst von ihren täglichen Unternehmungen nach Hause bringen, verlorengeht.

Von seinem Anteil aus dem Imbißverkauf auf der Straße hat der älteste Sohn von 13 Jahren frisches Brot erstanden. Dessen Duft dringt bis zu Durval; doch er hält sich zurück, denn das Brot ist für die Kinder. Die beiden Jüngsten schleppen Pappkartons an, die gefaltet werden müssen. Sie werden im hinteren Teil der Hütte gestapelt und samstags kiloweise zum Verkauf angeboten. Würden sie die Kartons im Freien lassen, wären sie sicher schnell verschwunden, denn die ganze Siedlung lebt in äußerster Armut. Auf dem Holzofen, in dem Holzabfälle aus dem Müll verbrannt werden, kocht Durvals Frau einen Knochen aus, den sie vom Erlös der auf der Müllhalde gefundenen Gegenstände gekauft hat. Sie hatte Glück – schon früh am Tag fand sie ein paar Gegenstände aus Metall und verkaufte sie an einen Schrotthändler. Der Knochen macht die Suppe nahrhafter, und Durvals Frau gibt noch einen Rest gebrochenen Reis hinein, den sie in einem Sack vom letzten Wochenmarkt gefunden hat – insgesamt etwa ein Kilo, und das muß für mehrere Tage reichen, eine Handvoll für jede Mahlzeit.

Bei Durvals zu Hause sitzt man nicht um den Tisch. Es gibt keine geblümte Tischdecke, kein bemaltes Porzellan oder geschliffene Gläser. Jeder schöpft mit einer Muschelschale ein bißchen Suppe aus dem Topf in einen Becher und setzt sich in einer Ecke auf einen Pappkarton, der als Stuhl herhalten muß. Sie essen schweigend, wie Höhlenmenschen, die ihren stärksten Naturtrieb befriedigen, den Hunger.»

Warum gibt es so viele Durvals? Die brasilianische Industrie, die für den Binnenmarkt produziert, steckt heute in einer tiefen Krise, denn es gibt immer weniger Leute, die überhaupt noch Geld ausgeben können. Eine Studie der Weltbank zeigt beispielsweise, daß die Reallöhne für Hilfsarbeiter auf dem Bau in São Paulo, einer der wohlhabendsten Provinzen Brasiliens, von 1980 bis 1985 um 25 Prozent gefallen sind. Gleichzeitig ging aber auch die Zahl derer, die überhaupt einen solchen Niedriglohn empfingen, drastisch zurück. 1984 waren in der Bauindustrie von São Paulo (formeller Sektor) weniger als halb so viele Arbeiter beschäftigt wie 1978. Tagelöhnern auf dem Land ging es noch schlechter: Ihre Reallöhne sanken im selben Zeitraum um knapp 40 Prozent.[11]

Überall in Lateinamerika ist die Landbevölkerung in den letzten zwei Jahrzehnten rapide geschrumpft, und nirgendwo sonst ist die Quote der Abwanderungen in die Städte so hoch. Während der siebziger Jahre zogen jährlich über vier Prozent der Landbevölkerung Brasiliens, Chiles und Kolumbiens in die Städte; in Mexiko, Peru und Venezuela waren es mehr als drei Prozent. In Argentinien, Chile, Uruguay und Venezuela leben mittlerweile weniger als 20 Prozent der Bevölkerung auf dem Land.[12]

Trotzdem sind die ländlichen Regionen ein unerschöpfliches Reservoir der Armut, weil die wenigsten, die dort wohnen, auch das Recht haben, das Land zu bewirtschaften. Nach einer Studie der ILO ist die Landlosigkeit «die Hauptursache der Armut im ländlichen Lateinamerika». Trotz der schon seit Jahren anhaltenden massiven Abwanderung leben in Lateinamerika immer noch «zu viele» Menschen auf dem Land, denn die riesigen Ländereien befinden sich in den Händen einiger weniger Großgrundbesitzer. Die Landlosen, die auf Lohnarbeit angewiesen sind, müssen mit dem zufrieden sein, was sie bekommen, und das ist herzlich wenig. Die ILO-Autoren schreiben:

«Das Problem der absoluten Verarmung der Landbevölkerung in den meisten lateinamerikanischen Ländern hat sich in den achtziger Jahren weiter verschärft. In diesem Zeitraum sind die Reallöhne für Landarbeiter in allen Ländern, mit Ausnahme von Kolumbien, Honduras und Panama, drastisch gesunken. In Mexiko zum Beispiel, wo es von 1965 bis 1980 enorme Lohnsteigerungen gegeben hatte, fielen die Löhne der Landarbeiter seit 1980 innerhalb weniger Jahre auf den Stand von 1965 zurück.»[13]

Die amtlichen Arbeitslosenzahlen schwankten 1983 in Brasilien je nach Provinz zwischen sechs und acht Prozent, verschwiegen jedoch wie gewöhnlich mehr als sie aussagten. Inoffiziellen Schätzungen zufolge betrugen sie 17 bis 20 Prozent. Nach einer anhaltenden Krise, die das Land an den Rand der Zahlungsunfähigkeit brachte, willigte Brasilien am 27. September 1983 in das übliche Sparprogramm des IWF ein und erhielt als Gegenleistung aus verschiedenen Quellen neue Kredite im Gesamtwert von elf Milliarden Dollar. Am nächsten Tag wurden allein in São Paulo 16 Supermärkte geplündert, und Mitte Oktober waren im ganzen Land bereits über 225 Lebensmittelmärkte, Warenhäuser und Läden ausgeräumt worden. «Ich entschuldige mich für nichts», sagte die 19jährige Zelinha Sobrinho, die bei Plünderungen in einer Vorstadt von Rio festgenommen worden war. «Ich bin arbeitslos, und niemand hilft mir aus meiner Lage. Agitation heißt unsere Devise. Das ist die einzige Möglichkeit, den Behörden vor Augen zu führen, daß Brasilien jederzeit explodieren kann.»[14]

Brasilien ist jedoch nicht explodiert. Offenbar mit Genugtuung vermerkte *The Banker* im Juli 1984:

«(Obwohl) in den letzten drei Jahren Hunderttausende von Arbeitsplätzen in den Industriezentren verlorengingen (und) die Rezession von heute auf morgen eine seit zehn Jahren anhaltende Phase wirtschaftlicher Blüte beendet hat... steht in Brasilien keine Revolution bevor. Die eigentliche Reaktion besteht nicht in den Revolten der Arbeitslosen und den Supermarktplünderungen von 1983 (die seitdem nicht mehr vorkommen), sondern in einer kriminellen ‹Parallelwirtschaft›, die inzwischen epidemische Ausmaße angenommen hat. Diese wird die Ladenbesitzer und Geschäftsleute vielleicht dazu nötigen, bewaffnete Wächter anzuheuern... aber sie ist nicht der Boden für soziale Unruhen...»[15]

Es ist tröstlich zu wissen, daß die Reichen die Arbeitslosigkeit bekämpfen, indem sie Arme anstellen, die sie vor anderen Armen beschützen sollen. Zu den Tröstungen, die man sich in anderen Ländern, zum Beispiel Venezuela, ausgedacht hat, zählen auch einige großartige Möglichkeiten, sich selbständig zu machen;

«Da die Arbeitslosigkeit steigt und kein soziales Netz die venezolanische Randbevölkerung auffängt, bietet der Straßenhandel eine gesellschaftlich akzeptierte Alternative zum Betteln, Stehlen oder Hungern», schreibt ein besonders feinfühliger Beobachter, der in der *International Herald Tribune* zitiert wird. 1986 war schon das achte Jahr eines anhaltenden Niedergangs der venezolanischen Wirtschaft. Der Haushalt 1987, der vom venezolanischen Kongreß im Dezember 1986 verabschiedet wurde, sah 33,9 Prozent für die Bedienung der Auslandsschulden vor. Die venezolanischen Verbraucher haben seit Beginn der achtziger Jahre 35 Prozent ihrer Kaufkraft eingebüßt, die offizielle Arbeitslosenziffer liegt bei 13 Prozent, und die «gesellschaftlich akzeptierte» informelle Wirtschaft, die es so vielen glücklichen Menschen ermöglicht, an den Bushaltestellen Lotterielose zu verkaufen, wächst nach Aussagen des Präsidenten eines Marktforschungsunternehmens «sprunghaft» an.[16]

Argentinien war unter der Militärjunta, die im März 1976 an die

Macht kam, ein früher und williger Zögling des IWF. Wenige Monate nach der Machtübernahme der Junta bewilligte der IWF dem Land einen Kredit von 290 Millionen Dollar – das verabredete Startsignal für die Privatbanken, dem Beispiel zu folgen. Der Fonds hatte unter anderem zur Auflage gemacht, die Arbeitsplätze im öffentlichen Dienst drastisch abzubauen, wobei die Schätzungen über die Zahl der innerhalb eines Jahres entlassenen Arbeiter zwischen 100 000 und 200 000 schwanken. Doch das war erst der Anfang. Es wurden derart viele staatliche Unternehmen privatisiert – obgleich dieser Begriff erst allmählich Eingang in den öffentlichen Sprachgebrauch fand –, daß sogar von der extremen Rechten Stimmen gegen diesen Ausverkauf nationaler Interessen an das Auslandskapital laut wurden. Die Einnahmen aus den Verkäufen wurden weder in die Industrie noch in den öffentlichen Dienst reinvestiert, und 1983 übergaben die Militärs Raúl Alfonsín ein Land, dessen Wirtschaft praktisch stagnierte.[17]

Der argentinische Ökonom Miguel Teubal verweist darauf, daß die Schuldenlast in seinem Land noch verhängnisvoller ist als in anderen Ländern Lateinamerikas:

«Brasilien und Mexiko haben wenigstens ihre gigantischen Projekte, wenn auch mit verheerenden Auswirkungen auf die Einkommensverteilung. In Argentinien aber war die Verschuldung mit dem Abbau der Industrie, der Zerstörung der Produktionskapazität und einer allgemeinen Arbeitslosigkeit verbunden. Die industrielle Produktion ist heute (1986) geringer als 1974, und die Infrastruktur – Straßen, Schulen, Krankenhäuser etc. – wurde nicht erneuert.»

Durch ihre übertriebene Politik der freien Marktwirtschaft lud die Militärjunta nachgerade zu Finanzspekulation und Kapitalflucht ein. Private und staatliche Unternehmen wurden ermutigt, eher Kredite aus dem Ausland als bei den eigenen Banken aufzunehmen. Teubal hat eine Liste von 106 multinationalen Unternehmen zusammengestellt, die im Ausland – in vielen Fällen bei ihren eigenen Muttergesellschaften – Kredite von insgesamt sieben Milliarden Dollar aufgenommen haben. Die Menschen konnten problemlos (überbewertete) Pesos gegen Dollar eintauschen und damit eine Fülle von ausländischen Konsumgütern kaufen, während die Generäle gleichzeitig ihr Waffenarsenal auffüllten. Laut Teubal «spekulierte das ganze Land wie besessen... mit ‹heißem Geld›, das sich jeden Augenblick in Luft auflösen konnte (und dies schließlich auch tat).»[18]

Das Spiel mit dem heißen Geld funktionierte folgendermaßen:

Nehmen wir an, Sie haben eine Million Dollar. Im August 1980 können Sie diese für 1350 Millionen Pesos eintauschen, die Sie bei einer argentinischen Bank für einen Monat als Festgeld mit sieben Prozent Zinsen anlegen. Am Monatsende haben Sie 1444,5 Millionen Pesos, die Sie zu einem Kurs von 1400:1 in US-Dollar zurücktauschen können – ein Kurs, der Ihnen bereits vor Ihrer Anlage garantiert worden ist. Jetzt sind Sie stolzer Besitzer von 1031786 Dollar und haben mit ihrem Geld 3,2 Prozent Zinsen in einem Monat verdient. Das macht im Jahr 46 Prozent, wenn Sie so weiterspielen. Argentinische und ausländische Spekulanten steckten alles, was sie und ihre Unternehmer flüssig machen konnten, in dieses Spiel und überwiesen die Gewinne Zug um Zug in die Schweiz oder auf die Cayman-Inseln.[19]

Das Ergebnis dieser massenhaften Verwandlung von Produktivkapital in Bargeld war eine ebenso massenhafte Verdrängung von Erwerbstätigen in sogenannte «selbständige» Tätigkeiten oder, wie es eine von der Weltbank in Auftrag gegebene Studie etwas gewählter ausdrückte: «Es gab eine Verlagerung in der Beschäftigtenstruktur auf Kosten des produktiven Sektors.»[20]

Leider konnte auch Alfonsín diese Entwicklung nicht durch Neuinvestitionen in die Produktion umkehren – das ist unmöglich, wenn bis zu 67 Prozent der Exporterlöse eines Landes für den Schuldendienst aufgewendet werden müssen, wie es in Argentinien seit Alfonsíns Amtsantritt im Dezember 1983 der Fall war. Zwischen Oktober 1983 und Oktober 1985 stieg die Zahl der Erwerbslosen um 58 Prozent. Nach einer im Januar 1986 veröffentlichten Statistik beträgt im Großraum Buenos Aires mit zehn Millionen Einwohnern, einem Drittel der argentinischen Bevölkerung, die offizielle Arbeitslosigkeit mehr als elf Prozent.[21] Dabei hat Argentinien noch den Vorteil eines sehr niedrigen Bevölkerungswachstums; es müssen also keine Stellen für eine zunehmende Masse von Jugendlichen geschaffen werden wie in Mexiko oder Brasilien.

Die internationale Gemeinde hatte keinerlei Skrupel, mit Milliardenbeträgen Spekulationen in einem Land anzuheizen, das von uniformierten Dieben und Mördern regiert wurde. Die einzige Erfindung, derer sie sich rühmen konnten, war das Verschwinden-Lassen von Menschen. Die internationale Gemeinde sah zu, wie sie Tausende verschwinden ließen, und vergab hemmungslos immer neue Kredite, obwohl jeder Student der Volkswirtschaft im ersten Semester sehen konnte, daß das Geld in Rauch aufging. Kein Land hätte mehr

Grund als Argentinien, die Zinszahlungen für einen unrechtmäßig zustande gekommenen Schuldenberg von inzwischen 53 Milliarden Dollar zu verweigern.

Chile – Monetarismus total

In Chile wurde nach der Machtübernahme der rechtsgerichteten Militärs 1973 die monetaristische Wirtschaftstheorie in den Rang einer göttlichen Offenbarung erhoben. Die «Chicago Boys» kamen ans Ruder – so benannt nach ihrem Studienort, wo ihr geistiger Ziehvater Milton Friedman einen Lehrstuhl innehat. Nirgendwo sonst hatten die Monetaristen solch unbegrenzte Möglichkeiten wie in Chile, ihre Theorien in die Praxis umzusetzen.

Eine Zeitlang schienen sie damit richtig zu liegen und erzielten hohe Wachstumsraten. Das Wachstum erwies sich jedoch größtenteils als trügerisch und kam nur den Mittel- und Oberschichten zugute, die sich an einer Flut von Konsumgütern erfreuen konnten – vielfach Billigimporte, die mit überbewerteten Pesos bezahlt wurden. Während des fünf Jahre anhaltenden Booms von 1977 bis 1981 stieg der private Verbrauch jährlich um knapp zehn Prozent. Die Preise für Automobile, Fernseh- und Haushaltsgeräte sowie andere langlebige Verbrauchsgüter schnellten sprunghaft in die Höhe.

Ein Teil dieses Wohlstands erreichte auch die ärmeren Schichten: Heute ist praktisch jeder Haushalt zumindest in den Stadtregionen, wo 80 Prozent der chilenischen Bevölkerung leben, an das Trinkwassernetz angeschlossen, und zumindest für die Erwerbstätigen stiegen die Reallöhne etwa um ein Drittel. Die Säuglingssterblichkeit ging insgesamt zurück, und die Lebenserwartung stieg.[22]

Andererseits zeigen jedoch die von der chilenischen Regierung selbst veröffentlichten Zahlen, daß während des genannten Zeitraums (1977–1981) über 30 Prozent der chilenischen Familien in «extremer Armut» lebten und weitere 15 Prozent nach verschiedenen Kriterien als «arm» eingestuft wurden. Diese Situation hat sich seit 1981 um keinen Deut verbessert. Mehrere Studien über den Nahrungsmittelverbrauch, die nach dem Zusammenbruch des Booms zwischen 1982 und 1985 durchgeführt wurden, kamen ausnahmslos zu dem Ergebnis, daß 35 bis 40 Prozent aller chilenischen Familien nicht in der Lage sind, ihren Bedarf an Grundnahrungsmitteln zu decken.

Ähnlich wie der Wohlstand der Mittelschicht die wachsende Armut fast der halben chilenischen Bevölkerung überdeckte, so täuschten auch propagandistische Arbeitsbeschaffungsmaßnahmen über die wachsende Arbeitslosigkeit hinweg. Die Beschäftigungsquoten von 1977 bis 1981 sehen auf dem Papier ganz gut aus. Das staatliche Amt für Statistik (INE) gibt die Arbeitslosigkeit mit 7,5 bis 9,9 Prozent an – das entspricht der Arbeitslosenquote in den Vereinigten Staaten im selben Zeitraum. Betrachtet man jedoch die Verteilung der Arbeitslosigkeit auf die einzelnen sozialen Klassen, dann sieht das Bild schon beunruhigender aus. Selbst während der Wachstumsperiode betrug die Arbeitslosigkeit bei den ungelernten Arbeitern und dem ärmsten Fünftel der Bevölkerung – häufig derselbe Personenkreis – mindestens 15 Prozent.

Die Zahlen für das berüchtigte erste Jahrzehnt unter Pinochet beruhen auf einem statistischen Trick. Jeder Arbeiter, der an einem PEM oder POJH – Abkürzungen für staatliche Arbeitsbeschaffungsprogramme – teilgenommen hatte, wurde als «erwerbstätig» eingestuft. Eine solche Kategorisierung wäre unter normalen Verhältnissen undenkbar. Wenn man die Teilnehmer an diesen Programmen zu den Arbeitslosen hinzurechnet – was in offiziellen Angaben nie der Fall ist –, dann erweist sich die tatsächliche Arbeitslosigkeit selbst in den «guten Jahren» als alarmierend. Im Durchschnitt waren während des wirtschaftlichen Aufschwungs 175 000 Arbeiter im Rahmen dieser Programme beschäftigt, das sind über fünf Prozent aller erwerbsfähigen Chilenen (3,2 Millionen).

Nachdem die monetaristische Seifenblase geplatzt war, stieg die Anzahl der Teilnehmer an den PEM- und POJH-Programmen noch weiter an: Zwischen 1982 und 1985 waren es durchschnittlich 383 000. Je nach Jahr schwankte ihr Anteil zwischen sieben und dreizehn Prozent aller Erwerbsfähigen, und wieder wurden sie als «erwerbstätig» eingestuft. Selbst nach zurückhaltenden Schätzungen liegt die tatsächliche, unfrisierte Arbeitslosenziffer inzwischen bei 20 Prozent; die meisten Autoren schätzen sie weit höher ein.[23] Die PEM- und POJH-Maßnahmen sind kaum etwas anderes als Beschäftigungstherapien. Die hier tätigen Arbeiter erhalten trotz voller Arbeitszeit einen miserablen Lohn, der noch weit unter dem nackten Existenzminimum liegt. So verdiente ein PEM-Arbeiter 1982 durchschnittlich 32,20 US-Dollar im Monat, und ein verheirateter POJH-Arbeiter mit Kindern brachte ungefähr 55,30 Dollar nach Hause. Im Vergleich dazu beträgt der offizielle Mindestlohn eines chilenischen Arbeiters –

gelernt oder ungelernt – 130,80 Dollar monatlich und der Durchschnittslohn eines ungelernten Arbeiters 270,80 Dollar. Es steht wohl außer Frage, daß Menschen, die nur ein Viertel des Mindestlohns und weniger als ein Achtel des durchschnittlichen Nettoverdienstes eines ungelernten Arbeiters erhalten, kaum als *erwerbs*tätig bezeichnet werden können. Die Tatsache, daß sie in den Programmen ihre vollen Wochenarbeitsstunden ableisten müssen, läßt ihnen gar keine Möglichkeit, nebenher auch noch Geld zu verdienen. An dieser Tatsache kommen auch frisierte Statistiken nicht vorbei.[24]

Unter der Junta gibt es noch andere krasse Ungleichheiten. Zum einen bleiben viele Arme deshalb arm, weil sie es trotz «allgemeiner» Schulpflicht besonders schwer haben, eine Schulbildung zu erwerben. So mußten 1979 nicht weniger als 53 Prozent der Kinder aus den armen und ärmsten Familien (die 40 Prozent der Bevölkerung ausmachen) die erste Klasse und 50 Prozent die zweite Klasse wiederholen; dagegen waren es bei den Kindern aus besseren Verhältnissen (aus den oberen 40 Prozent der Bevölkerung) lediglich acht bzw. vier Prozent. Auch die Quote der Schulabgänger ohne Abschluß liegt bei armen Familien wesentlich höher.[25]

In Chile besteht ein ausgeprägtes Gefälle zwischen Stadt und Land. Obwohl die Landbevölkerung heute nur noch ein Fünftel der Bevölkerung ausmacht, stellt sie gut die Hälfte derjenigen, die in jeder Hinsicht (Ernährung, Gesundheitszustand, Wohnverhältnisse etc.) in «äußerster Armut» leben. Sie genießen kaum einen der Vorteile, die selbst den Ärmsten in den Städten zugute kommen. So haben zum Beispiel heute fast alle Stadtbewohner in Chile (98 Prozent) Zugang zu sauberem Trinkwasser, auf dem Land hingegen lediglich elf Prozent.[26]

Solche Bilder des Mangels und krasser Einkommensunterschiede werden heute von der Schuldenkrise drastisch verschärft. Armut ist weder in Chile noch im übrigen Lateinamerika etwas Neues, und genaugenommen ist sie durch die Schuldenkrise weder geschaffen noch verursacht worden. Das eigentlich Neue – und das geht unstreitig auf die Schuldenkrise zurück – ist das beispiellose Ausmaß und die Intensität des Elends. Große Teile der Mittelschicht verarmen unaufhaltsam, während die mittellosen Unterschichten ins tiefste Elend versinken.

Gegenüber dieser Armut in völlig neuen Dimensionen zeigt sich der Staat entweder hilflos oder gleichgültig. Weit davon entfernt, zur Einkommenssicherung der Bevölkerung beizutragen und diese vor der Massenarmut zu bewahren, geht es den schwer verschuldeten Regierungen hauptsächlich um die Sicherung ihrer Macht. Deshalb unterdrücken sie jedwede Initiativen der Bevölkerung, die ihre Autorität in Frage stellen könnten.

Die tödliche Verbindung

Überall in Lateinamerika läßt sich derselbe Prozeß der fortwährenden Verminderung der Arbeitsplätze beobachten, denn alle Schuldnerländer leiden an denselben Übeln. Dabei ist es von großer Bedeutung, herauszustellen, wie sehr auch die zukünftigen Kosten der Schulden den Süden noch jahrzehntelang belasten werden. So haben wir bereits gesehen, welche Zukunft Durvals Kinder zu erwarten haben: Die Verschuldung wird ihr Leben wahrscheinlich noch kürzer und leidvoller machen als das ihres Vaters.

In den Statistiken der UN-Behörden finden sich erste Anzeichen einer Zunahme der Säuglingssterblichkeit.[27] Auch meine eigenen, zugegebenermaßen unvollständigen Unterlagen zeigen an, daß sie überall in der Dritten Welt zunimmt. Wenn das stimmt, dann ist dies ein tödlicher Trend, dessen Bedeutung über den Schmerz der betroffenen Eltern weit hinausgeht. Selbst in den ärmsten und am wenigsten entwickelten Ländern ist die Säuglingssterblichkeit seit Jahrzehnten langsam, aber stetig zurückgegangen. Da die einzige wirklich neue ökonomische Tatsache in diesen Ländern während der letzten zehn Jahre die galoppierende Verschuldung mit anschließenden IWF-Sparprogrammen war, liegt der Schluß nahe, daß hier ein Zusammenhang mit dem Anstieg der Säuglingssterblichkeit besteht.

Die Angaben über die Säuglingssterblichkeit in der Dritten Welt sind ohnehin meist zu niedrig, vor allem für die ärmeren Bevölkerungsschichten, die zugleich die meisten Kinder haben; um so ernster müssen deshalb jegliche statistischen Anzeichen für eine Zunahme genommen werden. Es wird noch lange dauern, bis die Auswirkungen der Schuldenkrise in ihrem vollen Ausmaß als Zahlen auf dem Tisch liegen, aber schon heute gibt es statistische Alarmsignale.

Wenn unsere Befürchtungen sich bewahrheiten sollten, dann drängt sich der Schluß auf, daß die Vertreter westlicher Regierungen, Vorstände internationaler Institutionen, Bankiers et alii durchaus bereit sind, den schwer errungenen Fortschritt von Jahrzehnten zunichte zu machen. Um ihr Geld zurückzubekommen, scheuen sie sich nicht, das Lebenswerk von Generationen von Entwicklungshelfern aus den unterschiedlichsten Fachrichtungen, die für eine Verbesserung der Lebensbedingungen gekämpft haben, zu zerstören.[28]

Alle verfügbaren Belege weisen in dieselbe Richtung. Eine vorläufige Studie des brasilianischen Forschers Roberto Macedo beleuchtet die Auswirkungen der Schuldenkrise im Großraum São Paulo. Zu diesen zählt auch ein Anstieg der Säuglings- und Kleinkindersterblichkeit in den Jahren 1983 und 1984, nachdem sie bis dahin seit langem ständig gesunken war. 1984 war sie hauptsächlich auf eine Masernepidemie zurückzuführen. Die Widerstandsfähigkeit von Säuglingen und Kleinkindern hatte im Vergleich zu den Vorjahren abgenommen.[29] Im Zeitraum von 1975 bis 1985 stieg auch die Zahl der unter Anämie leidenden Kinder, und jedem Ernährungswissenschaftler ist bekannt, daß «schwere, auf mangelhafter Ernährung beruhende Anämie immer mit anderen Krankheiten, unter anderem auch dem Befall von Parasiten verbunden ist».[30] Macedo erwähnt ferner eine Verschlechterung des Gesundheitszustandes von Kindern aus den Industriegebieten São Paulos sowie zunehmendes Versagen in der Schule und eine ansteigende Zahl von Schulabgängern ohne Abschluß.

Die Soziologen Ralph Sell und Stephen Kunitz führten eine detaillierte mathematische Studie über den Zusammenhang zwischen der Verschuldung eines Landes und der Lebenserwartung der Einwohner durch und kamen zu einigen sehr bezeichnenden Ergebnissen.[31] Anhand der Daten von 73 afrikanischen, asiatischen und lateinamerikanischen Ländern, die relativ zuverlässige statistische Zahlen erhoben haben, wiesen Sell und Kunitz nach, daß sich mit steigender Pro-Kopf-Verschuldung eines Landes die Zunahme der Lebenserwartung seiner Bevölkerung verlangsamt. Dagegen war in den letzten Jahrzehnten mit dem Rückgang der Sterblichkeit im Säuglings- und Kleinkindalter in allen Ländern, den reichen wie den armen, auch die allgemeine Lebenserwartung gestiegen. Da die Sell und Kunitz zur Verfügung stehenden Daten nur bis Ende der siebziger Jahre reichten, stellten sie zwar keine steigenden Sterblichkeitsziffern fest, was auch erstaunlich gewesen wäre, aber sie beschrieben «das Ende einer Ära», in der die Lebenserwartung kontinuierlich angestiegen ist. Dieses «Ende einer Ära» steht in unmittelbarem Zusammenhang mit der Verschuldung.

Der Mensch ist, was er nicht ißt

Solch enorme Anstrengungen, wie sie Sell und Kunitz unternommen haben, um die globalen Auswirkungen der Verschuldung auf das Leben der betroffenen Menschen abzuschätzen, müssen seltene Glücksfälle bleiben. Zunehmend liegen uns jedoch Teilstudien über einzelne Länder, bestimmte Regionen und über die Lebensbedingungen einzelner Bevölkerungsklassen vor, die die pessimistischen Schlußfolgerungen von Sell und Kunitz für die Welt insgesamt bestätigen.

So haben mehrere Studien zur Ernährung der peruanischen Bevölkerung ergeben, daß zwischen 1972 und 1983 die Zahl der unterernährten Kinder unter sechs Jahren stetig zunahm. In den ärmsten Stadtteilen und den Elendsvierteln Limas stieg der Anteil der unterernährten Kinder in diesem Zeitraum von 24 Prozent über 28 Prozent im Jahre 1978 auf schließlich 36 Prozent an.[32]

Diese Kinder leiden nicht einfach Hunger, obwohl das weiß Gott schon schlimm genug ist; wie Dr. Jocelyn Boyden in einer Studie für die UNICEF und OXFAM feststellte, werden sie außerdem für den Rest ihres Lebens körperlich geschädigt. Eine peruanische Forscherin verglich eine Gruppe von Kindern aus der Mittelschicht, die eine Privatschule besuchten, mit Kindern aus einem Elendsviertel, die in eine staatliche Schule gingen. Sie fand heraus, daß «zwischen sozioökonomischem Status und intellektuellen Fähigkeiten ein starker Zusammenhang bestand, der nicht genetisch erklärt werden konnte und sich sowohl in der Verbalisierungsfähigkeit als auch in den Leistungen der Kinder manifestierte. Vor allem bei der Aneignung von Wissen waren die Kinder aus armen Verhältnissen benachteiligt, da sie nur über einen begrenzten Wortschatz verfügten und sich kaum konzentrieren konnten. Außerdem zeigten sie einen wesentlich niedrigeren Grad an visuell-motorischer Koordination.»[33]

Aus Peru stammen auch einige der schlimmsten «Essensgeschichten», die mir je zu Ohren gekommen sind. Eine davon handelt von dem Essen, das an den Hintertüren einiger Restaurants in Lima angeboten wird. Die Armen kaufen es – sofern sie es sich leisten können. Es nennt sich «Siete Sabores» oder «Sieben Geschmäcker» und besteht aus zusammengekochten Abfällen und übriggebliebenen Resten sämtlicher Menüs. Und dann gibt es da noch «Nicovita», eine Art Fischmehl für die Hühnermast, das unter äußerst dubiosen hygienischen Bedingungen hergestellt wird. Das Gute daran war, daß sich (zumindest in den späten siebziger Jahren) viele Bewohner der Elendsviertel davon wenigstens notdürftig ernähren konnten. Das Schlechte daran hat Finanzminister Silva Ruete so ausgedrückt: «Sie haben nicht einmal Hühnerfutter, das sie regelmäßig essen können.»[34]

So kann es auch nicht wundernehmen, wenn der ehemalige Gouverneur der peruanischen Zentralbank, Manuel Moreyra, einräumen mußte, daß die «sozialen Kosten dieser Politik (des IWF) tragische Ausmaße annehmen. Sie bedeuten den Tod von rund 500000 Kindern...» Nach Statistiken der Weltbank, die von einem Schweizer Autor zitiert werden, lag die Säuglingssterblichkeit in Peru in den siebziger Jahren bei sieben Prozent, in den achtziger Jahren dagegen bei über acht Prozent. Nach anderen Quellen beträgt die Sterbeziffer der Säuglinge in Peru sogar über zehn Prozent, und etliche Autoren sind überzeugt, daß in den schlimmsten Elendsvierteln die Hälfte aller Neugeborenen vor Vollendung des ersten Lebensjahres sterben.

Der chronische Hunger seiner Landsleute schien den ehemaligen Präsidenten des peruanischen Senats, Oscar Trelles, nicht zu beunruhigen. In aller Öffentlichkeit erklärte er 1981, es sei gesünder, wenig zu essen. Schlanke Frauen seien weit attraktiver als dicke, und die jüdischen Kinder, die in den Konzentrationslagern gehungert hätten, wären davon auch nicht dümmer geworden.[35]

Perus Präsident García steht ein schwerer Kampf bevor, wenn er die Ernährungslage seines Volkes sichern will. Denn dessen Kaufkraft ist rapide zurückgegangen: 1983 bekam man für einen Mindestlohn nur noch die Hälfte von dem, was man damit zehn Jahre zuvor kaufen konnte. Wer weniger verdient, ißt auch weniger. Die FAO empfiehlt eine Tagesration von 2300–2400 Kalorien für den «durchschnittlichen» Erwachsenen, den es zwar real nicht gibt, der aber trotzdem noch als nützlicher Anhaltspunkt dienen kann. Von 1972 bis 1979 fiel die tägliche Kalorienmenge in der unteren Mittelschicht in Peru von 2150 auf 1600. Die Ernährung der Ärmsten sank von bereits unzureichenden 1900 Kalorien auf ein Hungerniveau von 1500. Die Proteinversorgung ging ähnlich drastisch zurück.

Im Juli 1980 kostete in Lima ein Kilo Reis noch 95, im Februar 1984 schon 1450 Soles. Im selben Zeitraum stieg der Preis für eine Dose Milchpulver von 95 auf 960 Soles. Die Folgen der Inflation lassen sich am besten mit der Kaufkraft der Arbeitslöhne verdeutlichen: 1980 mußte ein Arbeiter, der den Mindestlohn verdiente, für ein Kilo Reis 17 Minuten arbeiten, 1984 dagegen zwei Stunden und fünf Minuten, also mehr als siebenmal so lang. Eine Dose Milchpulver kostete einen Arbeiter 1980 17 und 1984 83 Minuten seiner Arbeitszeit.[36]

Selbst Argentinien, wo Unterernährung und andere akute Formen sozialer Not seit jeher gering waren, ist vom Verfall gekennzeichnet. Unterernährung ist kein Randphänomen mehr. Miguel Teubal berichtete 1986:

«Nach offiziellen Angaben haben allein im Großraum Buenos Aires 685 000 Kinder nicht genug zu essen, um zu überleben – diese Zahl stammt von einem Minister. 385 000, und damit ein Drittel aller Kinder unter 14 Jahren, trifft dasselbe Schicksal in der Provinz Buenos Aires. Eine der ersten Maßnahmen der neuen Zivilregierung war die Einrichtung des nationalen Ernährungsprogrammes (PAN, Programa Alimentario Nacional, dessen Abkürzung auch ‹Brot› bedeutet) mit dem Zweck, zusätzliche Nahrungsmittelrationen an Familien auszuteilen, die ihren Grundbedarf nicht selbst decken können. Im Mai 1985 beanspruchten nicht weniger als 5,6 Millionen Menschen diese Hilfe, das sind 18 Prozent der Gesamtbevölkerung. Daneben sind wir auf private Organisationen aus dem Ausland, die Kirchen sowie das Schulspeisungsprogramm angewiesen. Diese Schulspeisung, mit der ein vorzeitiger Abgang der Schüler vermieden werden soll, ist für viele die einzige Mahlzeit, die sie überhaupt bekommen.»[37]

Die Rektorin einer Sonderschule, die 550 km von Buenos Aires entfernt liegt, berichtete 1984: «Von den 115 Kindern an meiner Schule sind 98 wegen unzureichender Ernährung im Kleinkindalter geistig zurückgeblieben. Die Mängel dieser Kinder werden gewöhnlich erst bei der Einschulung festgestellt, und sie kommen hierher, wenn es schon zu spät ist.»

Ein Arzt aus derselben Kleinstadt meinte, fünf Prozent der Kinder kämen bereits mit schweren Mangelerscheinungen zur Welt, weil ihre Mütter an Unterernährung litten. Für ihn sind 35 Tote je 1000 Säuglinge auf den Hunger zurückzuführen. Nach offiziellen Angaben sind 28 Prozent der Einwohner von Buenos Aires unterernährt, in den ärmeren Provinzen im Norden sind es dagegen 40 bis 50 Prozent, und in einer kleinen Provinz mit überwiegend indianischer Bevölkerung werden sogar 59 Prozent der Kinder unter fünf Jahren als desnutridos (unterernährt) eingestuft.[38]

Inzwischen exportiert Argentinien mehr Nahrungsmittel als je zuvor in seiner Geschichte, um damit seinen Schuldenberg von 53 Milliarden Dollar abzutragen. Es muß jedoch mit den stark subventionierten Weizenexporten aus den USA und der EG konkurrieren, ausgerechnet jenen Gläubigerländern, denen Argentinien am meisten schuldet. Bitter bemerkte der Finanzminister Argentiniens, daß das Land zwei Milliarden Dollar mehr eingenommen hätte, wenn die Agrarpreise 1986 noch dieselben gewesen wären wie 1984.

Entgegen ihrem Wahlversprechen, «die Schulden nicht mit den Opfern der Bevölkerung zu bezahlen», hat die Regierung Alfonsín pariert und bis jetzt das Musterbeispiel eines Schuldnerlandes abgegeben. Der Dachverband der argentinischen Gewerkschaften, die CGT, hat zu mehreren Generalstreiks aufgerufen, bei denen Transparente mit der Aufschrift getragen wurden: «Schluß mit den Lügen, der Arbeitslosigkeit, dem Hunger, dem Elend und dem IWF.» Aber die Opposition ist zersplittert, und gegenwärtig werden die Schulden Argentiniens nach wie vor mit den Opfern der kleinen Leute zurückgezahlt.

Szenenwechsel – Brasilien

«Die Hütte bei der Brücke über den Rio Guaibe in Porto Alegre versinkt im Morast. Fünf Kinder, das älteste etwa acht Jahre alt, begrüßen eine Sozialarbeiterin. Die Eltern der Kinder sind losgezogen, um die Müllhalden zu durchstöbern. Der Sozialarbeiterin fällt auf, wie schlecht die Kinder aussehen, und sie fragt, wann sie zuletzt etwas gegessen haben. ‹Erst gestern hat Mama uns kleine Kuchen aus nassem Zeitungspapier gemacht›, lautet die Antwort. ‹Wie? Kleine Kuchen aus was?› fragt die Sozialarbeiterin. ‹Mama nimmt ein Blatt Zeitungspapier, knüllt es zusammen, weicht es in Wasser ein, und wenn es weich ist, knetet sie es und macht kleine Kuchen daraus. Wir essen sie, trinken ein bißchen Wasser dazu und haben ein gutes und volles Gefühl im Bauch!›»

Diese Geschichte stammt aus einem Mitteilungsblatt der Evangelisch-Lutherischen Kirche Brasiliens. Sie sagt uns unendlich viel mehr als alle offiziellen Statistiken, die aber trotzdem nicht unwichtig sind. In den Jahren 1961 bis 1963 führte das Brasilianische Institut für Wirtschaftsforschung (IBE) in Zusammenarbeit mit dem US-amerikanischen Landwirtschaftsministerium eine umfassende Befragung der Haushalte durch und kam zu dem Ergebnis, daß 27 Millionen Brasilianer (damals ein Drittel der Bevölkerung) an Unterernährung litten. 1985 schätzte das Planungsministerium auf der Basis anderer Studien diese Zahl auf etwa 86 Mio., das heißt zwei Drittel der brasilianischen Bevölkerung. Soviel zur «Entwicklung» unter der Militärdiktatur, die von 1964 bis 1985 herrschte. Die brasilianischen Streitkräfte gaben zu, daß 47 Prozent der Militärpflichtigen wegen ernährungsbedingter körperlicher Mängel ausgemustert wurden.

Im extrem verarmten Nordosten Brasiliens ist der Hunger eine Alltagserscheinung und hat im Lauf der Jahre etwas hervorgebracht, das von der IBASE als «Unterrasse» und von Ernährungswissenschaftlern als epidemische Zwergwüchsigkeit bezeichnet wurde. Verglichen mit ihren Altersgenossen aus anderen Gegenden Brasiliens, die auch nicht gerade gut genährt sind, wiegen die Kinder aus dem Nordosten 20 Prozent weniger, und sie sind 16 Prozent kleiner. Etwa 35 Millionen Menschen leben in dieser Region, etwas mehr als in den sechs Ländern der Sahelzone, die vor kurzem als Hungerkatastrophengebiet eine ganz besondere Resonanz in den Massenmedien fand.

Mario Kertesz, der Bürgermeister von Salvador in Brasilien, berichtet: «Bei meinen Besuchen in den Elendsvierteln erzählen mir die Leute von ihren Kindern, die an der Ruhr gestorben sind, weil es kein sauberes Wasser gibt. Alles, was ich ihnen sagen kann, ist: ‹Gebt die Hoffnung nicht auf!› Eine Lösung habe ich nicht.» Kertesz steht an der Spitze einer Bewegung von 20 Bürgermeistern, die von der Regierung fordert, die Zinszahlungen aufzuschieben und statt dessen das Geld zur Verbesserung der Lage der städtischen Bevölkerung auszugeben. Nach seiner Meinung wäre alles andere der politische Selbstmord der jungen Demokratie.[39]

Kardinal Paulo Evaristo Arns, Erzbischof von São Paulo, einer Diözese mit über 15 Millionen Menschen, ist ein leidenschaftlicher Verfechter der Sache der Armen und nimmt beim Thema Auslandsverschuldung kein Blatt vor den Mund. Ende 1985 sagte er:

«Die gewaltigen Anstrengungen der letzten zwei Jahre erbrachten einen Exportüberschuß von monatlich einer Milliarde Dollar. Aber mit diesem Geld wurden lediglich die Zinsen der Schulden bezahlt. So kann es unmöglich weitergehen; wir haben den Menschen alles genommen, was sie zu essen hatten, obwohl bereits zwei Drittel von ihnen Hunger leiden. Als wir die Kredite aufnahmen, betrug der Zinssatz vier Prozent, heute liegt er dagegen bei acht Prozent, und es waren bereits einmal 21 Prozent. Was noch schlimmer ist: Dieses Geld wurde von den Militärs geliehen und hauptsächlich für militärische Zwecke verwendet. 40 Milliarden Dollar gingen für sechs Kernkraftwerke drauf, von denen bis heute kein einziges in Betrieb ist. Jetzt wird von der Bevölkerung erwartet, daß sie diese Schulden mit Niedriglöhnen und Hunger bezahlt. Aber wir haben die Schuld bereits doppelt und dreifach allein mit den Zinsen beglichen. Wir müssen aufhören, der Ersten Welt alles zu geben, während unser Volk im Elend verkommt und verblutet.»[40]

Die Tortillalücke

Die Brasilianer leiden fürchterlich unter der Verschuldung, doch zumindest wissen dies auch die staatlichen Ämter für Statistik und führen peinlich genau Buch darüber. In Mexiko dagegen scheinen mit jedem Regierungswechsel auch das Personal der Forschungsinstitute und die Methoden zu wechseln; mitten in einem Projekt werden Mitarbeiter entlassen, die Erhebungen verschiedener Jahre sind nicht miteinander vergleichbar, oder die Stichproben erweisen sich als nicht wirklich repräsentativ. In den frühen achtziger Jahren nahm ein Programm zur Erforschung der mexikanischen Eßgewohnheiten (SAM) seine Arbeit auf, das wichtige Daten über den Verbrauch an Lebensmitteln und die Ernährung der Bevölkerung erhob; aber es wurde beendet, noch ehe alle Ergebnisse ausgewertet waren.

Ein Berater der Weltbank erklärte 1986: «Für 1983 und die folgenden Jahre lagen keine Zahlen über den Gesundheitszustand der Bevölkerung vor. Da die Daten anscheinend in den Computern der Statistischen Zentralbehörde gespeichert waren und diese durch das Erdbeben im September 1985 beschädigt wurden, sind sie fast gänzlich vernichtet worden...»[41]

Aber trotz dieses statistischen Fiaskos können wir uns von den Verhältnissen in Mexiko ein Bild machen, und es ist nicht gerade ermutigend. Das nationale Institut für Ernährungswissenschaft schätzt, daß rund 40 Prozent der mexikanischen Bevölkerung an Unterernährung leiden. Nach einer Erhebung in einem Bezirk im Großraum Mexiko-Stadt enthielt die Nahrung bei der Hälfte aller dort ansässigen Haushalte zuwenig Kalorien und Proteine.[42]

Diese Untersuchung wurde 1984 durchgeführt. Die unzureichende Nahrung bestand hauptsächlich aus Maisfladen (Tortillas), Brot,

Bohnen und angerührter Trockenmilch – alles Produkte, die damals subventioniert wurden. Diese Subventionen wurden 1986 im Rahmen eines IWF-Programms aufgehoben, das beträchtliche Kürzungen des mexikanischen Staatshaushalts und die «Öffnung» der Wirtschaft des Landes vorsah.

Nachdem im September 1986 ein neuer Kreditvertrag über zwölf Milliarden Dollar unter Dach und Fach gebracht war, kletterten die Preise für ein Kilo Tortillas an einem einzigen Tag von 45 auf 80 Pesos. Nach Angaben der Bank von Mexiko stiegen die Preise für andere Grundnahrungsmittel 1986 innerhalb von sechs Monaten ebenfalls um 100 Prozent.

Preissteigerungen in dieser Größenordnung führen nicht nur zu einer Verschlechterung der Ernährung der Bevölkerung, sondern auch zu einer Schrumpfung der Wirtschaft. María und Josefina Mendiete betreiben zusammen mit ihrer Mutter eine Imbißoude in Tlaxcala. Sie könnten den Theoretikern des IWF erklären, was diese bereits aus der flüchtigen Lektüre von Adam Smith hätten lernen können. «Alles wird teurer, deshalb müssen auch wir unsere Preise erhöhen. Und dann bleiben die Leute weg. Die Bauern, die ihre Waren auf den Markt bringen, kamen früher scharenweise zu uns. Jetzt lassen sie sich nicht mehr blicken.»

Gegenüber von Marías Imbißbude auf der anderen Seite des Gäßchens backen Xavier Cortez und ein halbes Dutzend anderer Kleinunternehmer Tortillas. Sie begründen die Erhöhung ihrer Preise damit, daß sich die Kosten für den bislang subventionierten Mais verdreifacht haben. Laut Xavier gibt es Gerüchte, daß die Tortillas beim nächstenmal um 100 Prozent aufschlagen werden.[43]

Nach Erhebungen des nationalen Verbraucherinstituts ernähren sich rund 70 Prozent der Mexikaner mit niedrigem Einkommen praktisch nicht mehr von Reis, Eiern, Obst, Gemüse oder Milch und schon gar nicht von Fleisch oder Fisch. Bauern aus Chiapas erklärten André Aubry, einem französischen Mitarbeiter der Hilfsorganisation N 60, alle diese Produkte, zu denen manchmal auch Salz hinzukommt, seien ein solcher Luxus, daß sie nur am zweiten Tag der Fiesta, etwa fünfmal im katholischen Kalenderjahr, gegessen werden.[44]

Für einen Arbeiter, der nur den Mindestlohn verdient, ist es unmöglich, auch nur annähernd das Geld für den von der Regierung ermittelten Warenkorb mit 28 lebensnotwendigen Gütern und Dienstleistungen für eine fünfköpfige Familie aufzubringen. Dabei sind in diesem «Korb» nicht einmal Ausgaben für medizinische Versorgung, Bildung, Kleidung, Instandhaltung der Wohnung oder für Vergnügungen vorgesehen. Nach Angaben aus unterschiedlichen Quellen, die in der Zeitschrift *Pueblo* veröffentlicht wurden, verdienen mindestens 55 Prozent der Erwerbstätigen gerade noch den Mindestlohn, und 27 Prozent sind arbeitslos oder stark unterbeschäftigt. 1985/86 zahlte Mexiko seinen Gläubigern jeden Tag 27 Millionen Dollar Zinsen, das sind in jeder Minute 18750 Dollar. Verteilt auf die Bevölkerung macht das pro Tag 35 Cents oder im Jahr 128 Dollar pro Einwohner. Dafür könnte man wirklich eine Menge Tortillas kaufen.[45]

Die wachsende Kluft zwischen Arm und Reich

> «Wenn auf einem Mann eine Schuld lastet und seinen Acker der Regengott überschwemmt und die Früchte fortnimmt oder wenn aus Mangel an Wasser kein Korn auf dem Acker steht, dann soll er seinem Gläubiger in diesem Jahr auch nichts zurückgeben, er soll seine Tafel hinausschieben (den Vertrag verlängern) und keinen Zins bezahlen.»
>
> Codex Hammurabi, König von Babylon, um 1700 v. Chr.

Hätte man den babylonischen Bauern, der seine Ernte verlor, dennoch zur Rückzahlung seiner Schulden gezwungen, dann hätte er alsbald seinen ganzen Besitz, sein Vieh und seine Felder verkaufen müssen. Statt das Leben eines mehr oder weniger wohlhabenden und unabhängigen Bauern zu führen, wäre er in die Schicht der landlosen Armen abgesunken und hätte sich von Gelegenheitsarbeiten ernähren und von der Hand in den Mund leben müssen. Ein reicher Nachbar oder Kaufmann hätte sein Eigentum billig erworben und wäre noch reicher geworden, indem er dessen Früchte geerntet hätte. Ohne des Königs Gesetz wäre Babylon eine tief gespaltene Gesellschaft gewesen, kaum anders als so viele Gesellschaften in der Dritten Welt heute, wo Millionen von Menschen durch die Schulden des Landes zu einem Elendsdasein in Hunger und Not verurteilt sind.

Dieser Prozeß der Polarisierung und Marginalisierung wird durch die Schuldenkrise sowohl innerhalb einzelner Länder als auch zwischen ihnen enorm beschleunigt. Schwer verschuldete Länder erleben eine Entwicklung zum Extremen: Die Mittelschichten verschwinden allmählich, während einige wenige Reiche, die den schlimmen Auswirkungen der Verschuldung entkommen sind, über ein Millionenheer von Armen herrschen, die sich kaum am Leben halten können. Zaire ist, wie wir gesehen haben, hierfür ein besonders gravierendes Beispiel. Auch im internationalen Maßstab werden die reichen Länder auf Kosten der armen, die ihr Eigentum (Rohstoffe, Arbeitskraft) zu «Hungerpreisen» veräußern müssen, immer reicher. Die Marginalisierung erfaßt bereits ganze Nationen, die alles, was sie haben, zu Geld machen müssen und nichts übrigbehalten, das sie für die Zukunft aufsparen oder für Investitionen ausgeben könnten.

Diese extreme Entwicklung verschärft sich noch durch das Walten Gottes. Bedauerlicherweise hat der Codex Hammurabi für den IWF keine Geltung. Dessen Grundsatz war es immerhin, die vom Regengott angerichteten Schäden in ihren Folgen für den Menschen möglichst zu begrenzen, während der IWF in Naturkatastrophen keinen Anlaß sieht, mildernde Umstände gelten zu lassen. Nur wenige Tage nach dem großen Erdbeben in Mexico City im September 1985 war das mobile Einsatzkommando des Fonds bereits zur Stelle und forderte seinen Anteil. Eine in *Le Monde* veröffentlichte Karikatur zeigt zwei IWF-Vertreter vor Mexikos Tür, hinter der nur noch Trümmerhaufen aufragen. «Ich bin gespannt, mit welcher Ausrede sie diesmal ankommen», sagt der eine Bürokrat zum anderen. Etwa zur selben Zeit konnte man auf einer mexikanischen Karikatur einen Geier mit der Aufschrift IWF sehen, der oben auf den Ruinen hockte, in denen sich erste Anzeichen von Leben regten. «Geht's wieder besser, Mexiko?» fragt der Vogel. «Vergiß nicht, daß wir noch ein Geschäft am laufen haben!»

Mexiko hat etwa soviel Einfluß auf die Entwicklung der Ölpreise wie auf das Eintreten von Erdbeben oder wie der babylonische Bauer einen Einfluß auf das Wüten des Regengottes hatte. Aber wenn der Ölpreis plötzlich in den Keller geht, so daß die Exporteinnahmen Mexikos (oder Ecuadors oder Venezuelas) eine drastische Einbuße erfahren, dann ist das keine Entschuldigung für das Land, seine Schulden nicht zu bezahlen. Der Fonds und andere «Sado-Monetaristen» (Dennis Healey) sind der Meinung, die Strukturanpassung könne trotzdem fortgesetzt werden. Ihr Rezept? Abwerten, um die Exporte zu steigern.

Exportbesessenheit und Polarisierung

Selbst jene Analytiker, die mit der Forderung des Fonds nach einer spürbaren Kürzung der Sozialausgaben nicht einverstanden sind, stimmen mit ihm in der Frage der Exportsteigerung überein. So gelangt zum Beispiel eine Auswertung der bisherigen Untersuchungen über «die gesellschaftlichen Kosten der Rezession» durch die Weltbank zu dem unmißverständlichen Schluß, daß die Lage in Lateinamerika sich wegen des «Zusammenbruchs der Investitionen und der daraus folgenden Verschlechterung des baulichen Zustandes von Schulen und Krankenhäusern» wahrscheinlich noch mehr verschlimmern wird. In diesem Text wird zwar eine Aufrechterhaltung der wichtigsten sozialen Dienstleistungen für die Armen befürwortet, aber zugleich heißt es dort:

«Es ist wesentlich schwieriger, die Lage der Armen ohne jedes wirtschaftliche Wachstum auf dem gegenwärtigen Stand zu halten oder gar zu verbessern... Daraus ergibt sich, daß eine Wiederankurbelung des wirtschaftlichen Wachstums die mit Abstand sicherste Möglichkeit darstellt, die Lage der Armen kurzfristig zu stabilisieren und langfristig sogar zu verbessern... Eine Neubelebung des Wirtschaftswachstums kann allein durch eine Steigerung der Exporte angeregt werden.»[1]

Wenn heutzutage auf die Gesetzestafeln das Gebot «Du sollst deine Exporte steigern!» eingeritzt wird, dann muß man sich fragen, wie dann jemals das Schicksal der Armen «auf dem gegenwärtigen Stand zu halten oder gar zu verbessern» sein soll. Das Schicksal der Armen bessert sich nur, wenn sie etwas Nützliches und Produktives zu tun haben, indem sie etwa andere Mitglieder ihrer Gesellschaft mit Gütern für den lebensnotwendigen Bedarf – unter anderem Nahrungsmittel und Wohnungen – versorgen. All diejenigen, die auf eine Exportsteigerung als Wachstumspfad setzen, vertrauen auf die Theorie der komparativen Vorteile; sie denken aber nur daran, was Exporte einbringen, und nicht daran, was sie kosten.

Wenn es sich bei diesen Exporten um Agrarprodukte handelt, dann kosten sie zunächst einmal Land – Landflächen, die ebensogut dafür genutzt werden könnten, Nahrungsmittel anzubauen, um die Ernährung der Millionen hungriger Menschen in den verschuldeten Ländern zu sichern. Aber selbstverständlich werden sie dafür nicht genutzt, und die Hungrigen werden nicht gespeist, denn das wäre «unwirtschaftlich».

Mexiko zum Beispiel hat riesige Anstrengungen unternommen, um die Produktion von Schlachtrindern auszuweiten, die fast ausschließlich exportiert werden, da sich kaum ein Mexikaner Rindfleisch leisten kann. Die Ausfuhr von Schlachtrindern in die USA erhöhte sich von 1985 bis 1986 um mehr als das Doppelte – von 577 000 auf 1,2 Millionen Stück. Damit war jedoch beileibe keine Verdoppelung der Exporterlöse verbunden, weil ein Schlachtrind 1986 100 Dollar weniger erzielte als im Vorjahr. Aber unabhängig davon, ob diese Tiere auf den US-Märkten einen adäquaten Preis erzielen oder nicht, in

Mexiko selbst benötigen sie immer mehr landwirtschaftliche Nutzflächen, und dasselbe gilt von den Futterpflanzen, die für sie angebaut werden müssen.[2]

Im allgemeinen stellt man sich die Vereinigten Staaten als ein Exportland für Agrargüter vor. Das ist zwar zutreffend, aber zugleich – und das ist für viele etwas überraschend – sind sie auch das Land mit den größten Agrarimporten (1986 betrug ihr Wert 20,8 Milliarden Dollar). Der bedeutendste Lieferant ist heute Mexiko; in der Hauptsache werden Frischobst und Frischgemüse sowie Rindfleisch in die USA exportiert (Wert 1986: zwei Milliarden Dollar). Demgegenüber importierte Mexiko 1985 landwirtschaftliche Erzeugnisse aus den USA im Wert von 1,5 Milliarden Dollar, überwiegend Getreide und Ölsaaten. Das ist zweifellos eine Nutzung komparativer Vorteile, wie sie im Buche steht. Eigentlich müßte sich doch jedes der beiden Länder auf seine Stärken konzentrieren und jeweils das importieren, was das andere billiger herstellen kann.

Aber das wäre wohl zu einfach. Zum einen hat Mexiko einen komparativen Vorteil bei Frischobst und Gemüse, das auf den riesigen, bewässerten Farmen der nördlichen Staaten Sinaloa und Sonora angebaut wird – aber nur deshalb, weil die Regierung ihre Investitionen in die Landwirtschaft zu einem großen Teil auf diese Farmen beschränkt hat. Schon lange vor der Schuldenkrise, von 1940 bis 1970, gingen 60 Prozent der gesamten staatlichen Investitionen auf dem Agrarsektor in diese nördlichen Staaten, in denen sich lediglich neun Prozent der Pachtgüter von Kleinbauern (*ejidos*) befinden. Noch heute beziehen die reichen Farmer in diesen reichen Provinzen ihr Wasser aus staatlichen Bewässerungsprogrammen zu weniger als einem Drittel der tatsächlichen Kosten. Hätten die Regierungen in diesen drei Jahrzehnten beschlossen, in andere Agrargüter – und damit in andere soziale Klassen – zu investieren, dann hätte Mexiko heute zweifellos einen komparativen Vorteil bei Mais, Bohnen und Ölsaaten.

«Natürliche Vorteile» haben überhaupt nichts Natürliches an sich. Diese Theorie gilt nur, wenn die Regierung auf die erzielten Exporteinkünfte Steuern erheben kann, die sie benötigt, um aus dem Ausland jene Grundnahrungsmittel zu beziehen, die der Theorie zufolge nicht selbst im eigenen Land angebaut werden müssen. Zum Nachteil Mexikos bezahlen gerade jene landwirtschaftlichen Großbetriebe, die besonders vom Export profitieren, relativ wenig Steuern, und ihre Eigentümer verstehen sich nicht nur auf das Geschäft des Exports von

Gurken, sondern auch von Kapital. Auf diese Weise werden die Reichen immer reicher und die Armen immer hungriger.

Eine weitere verhängnisvolle Folge der finanziellen Förderung von Großgrundbesitzern, die für den Export produzieren, und der Vernachlässigung von landwirtschaftlichen Kleinproduzenten ist die Massenabwanderung der Landbevölkerung in die Städte. Würde Mexiko einen größeren Anteil seiner Grundnahrungsmittel selbst anbauen, dann wäre das Leben auf dem Land für die Bauern bedeutend einträglicher, und die Städte wären weniger überfüllt. Die Ausdehnung von Mexico City hat bereits kritische Ausmaße angenommen. Wenn das gegenwärtige Wachstum der Stadtbevölkerung anhält, dann wird diese Megalopolis im Jahr 2000 von 30 Millionen Menschen bevölkert sein. Einige ihrer Einwohner vergleichen die Stadt bereits heute mit Dantes Inferno, ohne daß sie sich allerdings darüber einig wären, welchen Kreis sie genau bewohnen.

Eine Wende wäre nicht unmöglich. Nach einer vom *Economist Development Report* zitierten Schätzung «könnte die Regierung mit dem Einsatz der Gelder, die sie heute den Eigentümern von bewässertem Land zufließen läßt, für die Verbesserung des Bodens von Kleinbauern die Anbauflächen um fünf Millionen Hektar vergrößern, die Nahrungsmittelimporte überflüssig machen und fünf Millionen Arbeitsplätze schaffen».[3] Doch dies widerspräche den ehernen Gesetzen des IWF (und den Interessen der reichsten und mächtigsten Bevölkerungsschicht Mexikos).

Export von Experten

Es gibt eine besonders wertvolle Ware, in deren Export Mexiko spektakuläre Erfolge zu verzeichnen hat – reiche und hochqualifizierte Menschen. Sie verlassen ihr Land in Scharen, um sich in den USA niederzulassen.[4] Zwar liegen keine offiziellen Zahlen über diese Humankapitalflucht vor, aber etliche Forscher sind überzeugt, daß zwischen 1982 und 1985 über 100 000 hochqualifizierte Mexikaner aus der oberen Mittelschicht ihr Land in Richtung Norden verlassen haben.

Eine zweite, kleinere Gruppe, die von einem Soziologen als «Abwertungsexilanten» bezeichnet wurde, ist vielleicht nicht besonders gescheit, aber dafür hat sie Geld! «Wir kaufen Kalifornien von den USA zurück», prahlte ein Mitglied einer der 28 mexikanischen Familien, die von diesem Soziologen befragt wurden. Keine von ihnen hatte bei ihrer Ankunft in den Vereinigten Staaten weniger als vier Millionen Dollar im Reisegepäck. Sie und Dutzende ihresgleichen kaufen Geschäfte und Luxuswohnungen auf, als gäbe es kein Morgen. In der Nähe von La Jolla in Kalifornien befinden sich so viele Eigentumswohnungen in Hochhäusern in mexikanischem Besitz, daß rassistische Anglos diese Wohntürme «Taco Towers» getauft haben.

Der Exodus der Elite – und ihres Kapitals – macht die Bürde für diejenigen, die zurückbleiben müssen, noch schwerer. Aber wer von uns könnte ihnen daraus einen Vorwurf machen? Ich habe das ungute Gefühl, daß ich an ihrer Stelle dasselbe tun würde. Sie sprechen von Mexiko als einer 4 K-Gesellschaft, die von Krisen, Kriminalität, Korruption und Kaltschnäuzigkeit beherrscht wird. Entführungen und Raubmorde, die an reichen Leuten begangen werden, sind zu etwas Alltäglichem geworden. Mexikaner, die noch eine Wahl haben, wollen nach eigenem Bekunden ihre Kinder nicht mehr in der eigenen Heimat großziehen.

Sie alle mußten mit ansehen, wie mit jeder neuen Abwertung ihr Geldvermögen dahinschmolz. Ein Fabrikbesitzer, der nach Texas ausgewandert war, hatte endgültig die Nase voll, nachdem er immer neue Schmiergelder bezahlen mußte, damit auch nur sein Müll ordnungsgemäß beseitigt wurde. Einer der Flüchtlinge sagte: «Mexiko ist zwar meine Heimat, aber jetzt gibt es dort keine Hoffnung mehr.» Die Verschuldung, die Abwertung und der Abfluß an Geld- und Humankapital verstärken sich gegenseitig, und die reichen Mexikaner setzen sich in diesem Prozeß der Polarisation zum «Nordpol» ab.[5]

Brasilien – Weizen statt Nahrung

Brasilien ist zu weit entfernt von den USA, um ebenso viele Menschen dorthin exportieren zu können wie Mexiko, aber dafür exportiert es mehr Nahrungsmittel. Vincent Leclercq, ein Nationalökonom am französischen Nationalinstitut für Agrarforschung (INRA), der sich besonders mit der Landwirtschaft Brasiliens befaßt, hat einige alarmierende Trends beobachtet, insbesondere seit Januar 1983, als der IWF Brasilien zum erstenmal sein übliches Strukturanpassungsprogramm zur Auflage machte.[6*]

Eines der vordringlichen Ziele des Fonds bestand darin, trotz der enormen Überkapazitäten in der herstellenden Industrie und der im Vergleich zum Bevölkerungsumfang niedrigen Nachfrage nach Nahrungsmitteln den Inlandsverbrauch zu reduzieren. In der Terminologie des IWF heißt das «Bedarfslenkung». Dabei bezieht sich «Bedarf» allein auf jene Bedürfnisse, die sich in Geldwert ausdrücken lassen; er hat mit den wirklichen Bedürfnissen überhaupt nichts zu tun. Die Korrekturmaßnahmen des IWF verfolgten den Zweck, vor allem anderen eine positive Zahlungsbilanz wiederherzustellen, und das bedeutete die Förderung des Exports von Agrargütern, der Haupteinnahmequelle Brasiliens. Die Wirtschaft wurde als «angepaßt» deklariert, als die roten Zahlen in der Zahlungsbilanz wieder verschwunden waren – auch als Ergebnis der gleichzeitig vorgenommenen drastischen Importbeschränkungen.

Die Vernachlässigung des Anbaus von Nahrungspflanzen zugunsten von exportfähigen Agrargütern darf man allerdings nicht allein dem IWF in die Schuhe schieben. Jahrelang haben die brasilianischen Regierungen unter dem massiven Einfluß der Großgrundbesitzer eine Politik der Exportförderung betrieben und Kredite bevorzugt an jene Landwirtschaften vergeben, die für den Export produzieren. Im Hinblick auf seine Exporterlöse aus Agrarprodukten rangiert Brasilien heute hinter den USA an zweiter Stelle, wobei Sojabohnen, Orangensaft, Geflügel und Kaffee den Löwenanteil ausmachen. In den siebziger Jahren vergrößerte sich die Anbaufläche für Sojabohnen um mehr als das Neunfache. Daneben hat Brasilien das weltweit größte Programm zur Herstellung von Alkohol als Motortreibstoff gestartet, um die Erdöleinfuhren zu senken. Riesige Zuckerrohrplantagen sollen dafür den Rohstoff liefern. Die «grüne Geißel» des Zuckerrohrs hat Tausende von Kleinbauern ins Elend gestürzt, die von ihren Pachtgütern vertrieben und zu einer marginalisierten Existenz verurteilt wurden.

Diese Form der Agrarpolitik mußte sich auf den Anbau und den Verbrauch von Nahrungsmitteln negativ auswirken. Die überwiegende Mehrheit der armen Brasilianer lebt fast ausschließlich von sechs Grundnahrungsmitteln – Maniok, Mais, Bohnen, Reis, Kartof-

---

* Das offizielle IWF-Programm lief 1985 aus, aber Brasilien setzt einige der IWF-Maßnahmen von sich aus fort.

feln und Weizen. 1977 wurden gut 60 Millionen Tonnen dieser Agrargüter produziert, wovon auf Maniok und Mais 26 bzw. 19 Millionen Tonnen entfielen. Eine Bevölkerung, deren Ernährung zu 43 Prozent aus Maniok besteht, befindet sich ohnehin bereits in einem schlechten Ernährungszustand, wenn sie sich nicht darüber hinaus ausreichend aus Bohnen und anderem Gemüse mit Proteinen versorgen kann.

In zwei verheerend schlechten Erntejahren 1978 und 1979 ging die Produktion der sechs Grundnahrungsmittel um zwölf Prozent zurück. 1982 erreichte sie wieder 62 Millionen Tonnen. Im Januar 1983 lief das IWF-Programm an. Noch im selben Jahr fiel die Erzeugung von Grundnahrungsmitteln um 13 Prozent auf 54 Millionen Tonnen – auf das tiefste Niveau seit dem extrem schlechten Ergebnis von 1978. Die Bohnenernte ging um 45 und ein Jahr darauf um weitere 11 Prozent zurück. Diese Einbußen ließen sich nicht mit schlechtem Wetter erklären. In dieser Zeit wuchs die Bevölkerung um jährlich 2,5 Prozent. Das einzige Nahrungsmittel, dessen Erträge stiegen, war Weizen, der mit jährlich rund zwei Millionen Tonnen in Brasilien nur eine untergeordnete Rolle spielt. Andererseits hat sich der größtenteils importierte Weizen für die brasilianischen Stadtbewohner als Geschenk des Himmels erwiesen und sie davor bewahrt, daß ihre Ernährung noch schlechter wurde, als sie es bereits war.

Angesichts dieser düsteren Lage beschloß der IWF, 1. die Subventionen für Weizen gänzlich zu streichen, 2. die Kredite an die Landwirtschaft zu reduzieren und 3. den Export landwirtschaftlicher Güter mit allen Mitteln in die Höhe zu treiben.

Der Fonds argumentiert, daß Subventionen den Staat zuviel kosten und die Inflation anheizen, daß Importe von subventionierten Gütern (wie Weizen) die Exporteinnahmen verringern und daß Subventionen außerdem «den Markt» verzerren und andere Grundnahrungsmittel im Wettbewerb benachteiligen. Gut gebrüllt, Löwe. Die brasilianischen Weizenimporte kosteten 1978 über 500 und 1980 knapp 900 Millionen Dollar – ein atemberaubender Anstieg um 64 Prozent und eine große Summe, wenn man mit der Zahlungsbilanz in den Miesen ist. Aber eine Streichung der Weizensubventionen, nachdem sich die Bevölkerung zunehmend an Weizenmehl gewöhnt hatte (der Verbrauch stieg jährlich um zehn Prozent), konnte die ohnehin schwierige Ernährungslage nur noch verschlimmern.

Von 1980 bis 1984 betrug der Wert des von Brasilien allein aus den USA importierten Weizens im Jahresdurchschnitt eine halbe Milliarde Dollar, aber in den Jahren 1985 und 1986 wurden diese Importe von 450 000 auf 48 000 Tonnen zusammengestrichen! Konnte die Bevölkerung in dieser Situation wenigstens auf andere Grundnahrungsmittel ausweichen? Auch dieser Weg wurde durch die Anpassungsmaßnahmen des IWF versperrt, da gleichzeitig die Kredite für die Landwirtschaft drastisch verringert wurden. Dadurch mußten die Bauern auf den Einsatz bestimmter Produktionsfaktoren – besseres Saatgut, Düngemittel etc. – verzichten, so daß ihre Erträge zurückgingen. Grundnahrungsmittel spielen offenbar für kaum jemanden eine Rolle – höchstens für die Armen und Hungernden, nach deren Meinung niemand fragt.

Die einzige wirkliche Hoffnung für die brasilianischen Verbraucher und Bauern gleichermaßen ist eine Bodenreform. Zum Jahresende 1986 wurden die versprochenen Reformen einmal mehr verhindert. Nachdem die Sarney-Regierung durchgreifende Veränderungen angekündigt hatte, machte sie unter dem Druck der Großgrundbesitzer einen Rückzieher, für die jede Beschneidung ihrer Privilegien das Werk einer «internationalen kommunistischen Verschwörung» ist. Ihre bezahlten Mörderbanden ermordeten 1985 und 1986 an die 500 Bauern und deren Wortführer (Anwälte, Priester, Gewerkschafter). In Brasilien befinden sich 58 Prozent des Ackerlandes im Besitz von lediglich zwei Prozent aller landwirtschaftlichen Betriebe, während sich 83 Prozent dieser Betriebe in die Bewirtschaftung von lediglich 14 Prozent der Anbaufläche teilen. Das Grundeigentum der 400 reichsten Großgrundbesitzer erstreckt sich über eine Fläche, die nur 15 Prozent kleiner ist als Großbritannien.[7]

Bolivien – Ein sterbendes Land

> «Weil alles so teuer ist, gebe ich meinen Kindern kein Frühstück mehr. Zum Mittagessen bekommen sie ein wenig Reissuppe. Auch Zucker kaufe ich keinen mehr, seit er so teuer geworden ist. Ich tue alles, was ich kann, um Nahrung aufzutreiben, denn die Kinder können ohne Essen nicht leben. Wir Erwachsenen kommen auch ohne aus, wenn es nicht anders geht. Manchmal sage ich mir, ‹besser, ich gebe die Kinder jemandem in Pflege›. Aber dann denke ich daran, was meine Eltern mir antun könnten, und davor habe ich Angst.»[8] (Eine bolivianische Mutter, Zona San José Carpinteros, La Paz.)

In diesem Kapitel geht es um extreme Entwicklungen und um die Polarisierung von Gesellschaften. Auf diesem Gebiet besteht in Lateinamerika ein harter Wettbewerb, in dem sich schließlich Bolivien als Sieger behauptet hat. Dieses unglückliche Land verkörpert mit seinem auf die Spitze getriebenen Elend das Schicksal aller lateinamerikanischen Schuldnerländer.

Im Vergleich zu diesen Ländern ist Bolivien mit fünf Milliarden Dollar nur gering verschuldet, aber das Land hat auch nur sechs Millionen Einwohner. Sie leben unter den schlimmsten Bedingungen des südamerikanischen Kontinents: Hier gibt es die größte Säuglingssterblichkeit, die niedrigste Lebenserwartung, das niedrigste Bruttosozialprodukt pro Kopf der Bevölkerung, die niedrigste Alphabetisierungsquote usw. Mehr als die Hälfte der Bevölkerung ist indianischer Abstammung und lebt nach wie vor auf dem Land in einer Höhe zwischen 3500 und 4000 Metern.

Für die Bauern sind die Lebensbedingungen besonders hart: Von zehn Kindern sterben vier vor Erreichen des fünften Lebensjahres, die Hälfte der Landbevölkerung kann weder lesen noch schreiben (daß diese Hälfte zu vier Fünfteln aus Frauen besteht, wird niemanden überraschen), und die Mehrzahl von ihnen bekommt zeit ihres kurzen Lebens (im Durchschnitt weniger als 50 Jahre) nie einen Arzt zu Gesicht, denn für 20 000 Landbewohner steht nur ein einziger Arzt zur Verfügung. Hier gibt es so gut wie keine sanitären Einrichtungen, keine festen Behausungen, keine Trinkwasserversorgung usw.[9]

Was die Versorgung der Bevölkerung mit Nahrungsmitteln angeht, so wäre es einfacher, die Zahl derjenigen abzuschätzen, die in Bolivien nicht unterernährt sind. Nach den im April 1986 vom Gesundheitsministerium veröffentlichten Zahlen haben mehr als die Hälfte der auf dem Land lebenden Frauen nicht ausreichend zu essen, und 70 Prozent der auf dem Land lebenden Schwangeren sind sowohl unterernährt als auch anämisch. Die Gesundheitskommission des Bolivianischen Ärztetags gab auf dessen Jahreskongreß 1986 bekannt, 47 Prozent der bolivianischen Kinder seien unterernährt.[10] Eine Organisation für allgemeine Schulbildung schreibt: «In unserem Land leben acht von zehn Bolivianern in Armut, und davon leben vier im Elend.»[11]

Die bolivianische Wirtschaft ist dermaßen aus den Fugen geraten, daß die Regierung den Schuldendienst zum größten Teil ausgesetzt hat. Dennoch wurden von 1981 bis 1986 durchschnittlich 42 Prozent der schwindenden Exporteinkünfte des Landes für Zinszahlungen verwendet. Die Anteile lagen 1985 und 1986 bei 60 bzw. 44 Prozent.[12] 1986 kündigte der IWF Neukredite in Höhe von 107 Millionen Dollar an, und auch die Weltbank vergab nach einer dreijährigen Pause wieder einen Kredit an Bolivien. Die Bank hatte 1983 weitere Kredite abgelehnt, nachdem der erste demokratisch gewählte Präsident Hernan Siles Suazo sich mit dem IWF nicht auf ein Sparprogramm hatte einigen können.

Seit seiner Unabhängigkeit 1825 hat Bolivien mehr als 180 Staatsstreiche erlebt und ist zu einem Musterbeispiel für chronische Instabilität geworden. Seit Anfang der sechziger Jahre haben alle möglichen Generäle das Land ausgesaugt, bis sie im Spätjahr 1982, als praktisch nichts mehr zum Stehlen übriggeblieben war, die Regierung wieder Zivilpolitikern übergaben. Mehr als 80 Prozent der gegenwärtigen Schulden wurden unter den Militärregierungen gemacht, und wie üblich bekamen die Menschen, die jetzt die Zeche bezahlen müssen, nicht einmal die Farbe des Geldes zu Gesicht.

Die Generäle investierten die aufgenommenen Darlehen in Projekte wie die Autobahn von La Paz nach El Alto (wo sich der Flughafen befindet), die unter Eingeweihten als teuerste Autostraße der Welt pro Kilometer bekannt ist. Vor dem Bau wurden keine sorgfältigen bodenmechanischen Untersuchungen angestellt, und Teile der Trasse rutschen inzwischen auf Nimmerwiedersehen in die steilen Täler ab. Eine riesige Ölraffinerie, deren Größe in keinerlei Verhältnis zu den in Bolivien geförderten geringen Ölmengen steht, kostete 200 Millionen Dollar, zweieinhalbmal soviel wie ursprünglich veranschlagt. Sie war zu keiner Zeit zu mehr als 30 Prozent ihrer Kapazität ausgelastet. Zur Zeit ihrer Errichtung stand an der Spitze der nationalen Erdölgesellschaft YPFB der Schwiegersohn General Banzers. Ähnlich viel Geld wurde beim Bau von Anlagen zur Verarbeitung von Metallen oder von Ölsaaten vergeudet. Zum Teil gingen die Dollars in den laufenden Verbrauch, manchmal auch in den Kauf illegal importierter Waren. Es ist wohl überflüssig zu betonen, daß für eine Verbesserung des Gesundheitswesens, der Bildungsmöglichkeiten oder der bäuerlichen Wirtschaft kein Geld ausgegeben wurde.[13]

Die Vereinigten Staaten haben viel Lärm um das bolivianische Kokaingeschäft gemacht und sogar Soldaten dorthin entsandt – angeblich, um die schmutzigen Drogenhändler auszurotten, in Wirklichkeit jedoch als politisches Theater für die Wähler im eigenen Land. Die USA lassen auch nicht die Spur einer Einsicht erkennen, daß Menschen, die am Rande der Gesellschaft leben, alles tun, um nicht Hungers zu sterben, auch wenn das für sie Verbrechen oder Prostitution bedeutet, ja, daß selbst ganze Nationen in illegale Aktionen verwikkelt werden können, wenn Verbrechen das einzige sind, das sich noch auszahlt.

Bolivien, das von «legalen» Exporten von Erdgas, Zinn und einigen anderen Metallen abhängig ist, hat hier in den letzten Jahren beträchtliche Einbußen hinnehmen müssen. Die Zinnpreise sackten 1985 um über 80 Prozent ab und haben sich seither nicht wieder erholt. Im selben Jahr erreichte die bolivianische Inflation den irrsinnigen Wert von 25 000 Prozent. Unter diesen Umständen ist es nicht verwunderlich, daß so viele Bolivianer ihr Heil im Drogenhandel suchen, wenn sie überleben wollen: Die illegalen Exporte von Kokapaste und Kokain werden jährlich auf einen Wert von 3,5 bis vier Milliarden Dollar geschätzt, das Siebenfache des Wertes der legalen Exporte.[14] Zwei bolivianische Forschungsorganisationen schätzen, daß mindestens ein Drittel der Wirtschaft des Landes illegal ist und/ oder sich im Untergrund abspielt; dazu zählen Schmuggel und Drogenhandel, Spekulation, Steuerhinterziehung und Kapitalflucht.[15]

Der Löwenanteil der Gewinne aus dem Drogenhandel kommt lediglich ein paar Dutzend Familien zugute, einschließlich denen der «Kokaingeneräle», aber damit können diese die Polizei, die Verwaltung, den Zoll und die Politiker kaufen. Die bolivianischen Bauern kauen seit Jahrhunderten Koka, um den Hunger zu betäuben, und heute wird diese Pflanze von Tausenden von Bauern als gut verkäufliches Produkt angebaut, das ihnen weit mehr einbringt als alles, was sonst auf ihren Feldern gedeiht.

Ein bolivianischer Experte, Robert Jordán Pando, erinnert daran, daß die Vereinigten Staaten noch kein einziges soziales Phänomen dadurch in den Griff bekommen konnten, daß sie einfach ein Gesetz dagegen erließen (etwa die Prohibition oder das Verbot von Marihuana). Mit dem Kokaingenuß verhält es sich nicht anders: Drogenpflanzen, die an einer Stelle «ausgerottet» wurden, sprießen sozusagen an einer anderen wieder hervor. Der Umsatz auf dem Kokainmarkt in den USA betrug 85 Tonnen im Jahr 1984, 125 im folgenden Jahr und 1986 sogar 250 Tonnen. Ist das die Schuld Boliviens? Eine angebotsorientierte Wirtschaftstheorie ist schön und gut, aber ohne eine rapide ansteigende Nachfrage hätte Bolivien die Produktion von Kokablättern niemals von 6000 Tonnen zu Anfang der siebziger Jahre auf 152 000 Tonnen im Jahr 1986 steigern können.

Auf rund 66 000 Hektar Land werden in Bolivien Kokapflanzen angebaut. Ein Hektar bringt bei drei Ernten im Jahr seinem Eigentümer einen Ertrag von 10 000 Dollar (und bis zu 50 000 Dollar, wenn er zugleich als Händler auftritt). Man vergleiche dies mit dem durchschnittlichen Jahreseinkommen eines Bergarbeiters (827 Dollar), eines Fabrikarbeiters (649 Dollar) oder eines Bauern, der kein Koka anbaut (160 Dollar). Im Rahmen ihres Feldzugs zur Ausrottung der Kokapflanzungen in Bolivien bieten die USA eine Prämie von 360 Dollar pro Hektar an, um die Bauern dafür zu gewinnen, statt Koka etwas anderes anzubauen. Das soll wohl ein Witz sein. Hierzu bemerkt Jordán: «Ein US-amerikanischer Farmer, der auf einen solchen Handel eingige, würde entweder als verrückt oder als ein Philanthrop angesehen. Es liegt nicht an Bolivien, daß die Programme der USA zur Ausrottung der Anpflanzung, des Handels und des Konsums von Drogen undurchdacht und fehlgeplant sind.»[16]

In einer Untersuchung über die Überlebensstrategien einzelner Familien wird beschrieben, auf welche Weise ganz gewöhnliche bolivianische Bauernfamilien in die unteren Ränge des Drogengeschäfts gelangen. Sie bewirtschaften ein kleines Stück Land und sind es gewöhnt, aus ihrem Dorf in die Stadt zu gehen, um dort ihre Erzeugnisse oder ihr Vieh zu verkaufen. Es ist nur ein ganz kleiner Schritt zum Anbau von Kokapflanzen und ein noch kleinerer zur Nutzung ihrer gewohnten Reisewege, um unterwegs Kokapflanzen aufzukaufen oder selbst weiterzuveräußern. An diesem Geschäft beteiligen sich sämtliche Mitglieder der Familie, auch die Kinder.[17]

Eine weitere Strategie der Regierung zur Bewältigung ihrer Finanzkrise ist die Umsiedlung ganzer Bevölkerungsgruppen. Als Victor Paz

Estenssoro im August 1985 von Siles Zuazo das Amt des Präsidenten übernahm, schloß er zwar nicht sofort ein Abkommen mit dem IWF, ergriff aber dennoch sämtliche monetaristischen Maßnahmen, die der IWF zur Auflage gemacht hätte, unter anderem das Einfrieren der Löhne und Gehälter sowie erhebliche Kürzungen der Staatsausgaben. Da die Zinnbergwerke mittlerweile finanziell zu einem Faß ohne Boden geworden waren, und nicht einmal ihr Betrieb mit dem Erlös aus den Zinnausfuhren bezahlt werden konnte, legte die bolivianische Bergwerksgesellschaft COMIBOL mehrere Zinnminen still und entließ Tausende von Bergarbeitern. 15 000 Menschen sollten von Potosi in den östlichen Teil des Landes umsiedeln, um sich dort als Bauern und Waldarbeiter niederzulassen.[18]

Dieses Vorhaben verlief alles andere als friedlich. Im August 1986 wollten 5000 Bergarbeiter mit ihren Frauen nach La Paz marschieren, um gegen diese Umsiedlung zu protestieren. Sie kamen niemals an. Die Armee hielt die Marschierenden auf, verhaftete an die hundert Gewerkschaftsführer, und die Regierung rief den Belagerungszustand aus. Die politische Opposition blieb jedoch gespalten, so daß das staatliche Programm der Liquidierung unrentabler Staatsbetriebe und neuer Massenentlassungen wahrscheinlich Erfolg haben wird. Insbesondere die COMIBOL wird die Krise auf den Zinnmärkten nicht überleben. Auch die in Staatsbesitz befindlichen Eisenbahn- und Erdölgesellschaften werden privatisiert oder aufgelöst werden.[19]

Während des ersten Regierungsjahres von Paz Estenssoro wurden 30 000 Arbeiter und Angestellte des öffentlichen Dienstes entlassen, nach amtlichen Angaben stieg dadurch die Zahl der Arbeitslosen auf ein Drittel aller Erwerbstätigen. Die Löhne und Gehälter der Beschäftigten fielen real auf acht bis neun Dollar monatlich. Wie mir eine Kollegin in La Paz Mitte 1986 berichtete, konnten die Krankenschwestern mit ihrem Gehalt nicht einmal die öffentlichen Verkehrsmittel bezahlen, mit denen sie an ihre Arbeitsstelle gelangten.[20]

Die Grundschullehrer streiken, um ihrer Forderung nach Gehältern Nachdruck zu verleihen, mit denen sie wenigstens ihren allernotwendigsten Lebensunterhalt bestreiten könnten. Einer von ihnen, Freddy Camacho, erklärte die Situation so:

«Unter dem Druck des IWF hat die Regierung die Löhne und Gehälter eingefroren. Je nach Gehaltsstufe verdient ein Lehrer (nach dem Devisenkurs vom Mai 1986) zwischen zehn und 40 Dollar im Monat. Mit zehn Dollar kann man 40 einfache Busfahrscheine, 100 Laibe Brot und sechs Kilo Kartoffeln kaufen – sonst nichts. Nach Berechnungen der COB (Gewerkschaftsdachverband) braucht eine Familie für Lebensmittel monatlich mindestens 160 Dollar. Da uns klar war, daß die Regierung uns niemals so viel geben würde, forderten wir 60 Dollar. Aber die Regierung ließ sich nicht einmal auf Verhandlungen ein. Ihre Vertreter drohten lediglich, jeden Lehrer zu entlassen, der sich am Montag nicht zum Unterricht einfinden sollte. Sein Arbeitsplatz würde dann als offene Stelle betrachtet. Ich glaube, es werden so viele Lehrer nicht wieder in die Schulen zurückgehen, daß die Bewegung nicht zum Stillstand kommt. Alle Lehrer sind sowieso gezwungen, noch einer anderen Arbeit nachzugehen, wenn sie überleben wollen. Manche von ihnen fahren Taxi oder machen Geschäfte auf dem schwarzen Markt.

Das eigentliche langfristige Problem ist die Qualität des Schulunterrichts. Niemand hat große Lust, bei solchen Gehältern zu unterrichten oder sich darauf vernünftig vorzubereiten. Viele Kinder verlassen heute schon in den untersten Klassen die Schule, um zu Hause Kokablätter zu stampfen. (Das ist die erste Stufe der Kokainverarbeitung, dem Treten der Weintrauben vergleichbar, wie es mancherorts heute noch praktiziert wird.) Die Kinder, die noch zur Schule kommen, sind unterernährt, weil ihre Eltern zu wenig Geld haben, um Nahrungsmittel zu kaufen. Sie kommen mit leerem Bauch, so daß sie

Nahrungsmittel	1975	1984 (Dez.)
Gerste	0,07	0,59
Quinua (Buchweizen)	0,11	0,40
Zucker	0,16	0,51
Mais (Körner)	0,17	0,64
Weizenmehl	0,21	0,52
Trockenbohnen	0,22	3,47
Reis	0,22	0,48
Teigwaren	0,23	0,53
Bananen	0,23	0,80
Weizen (geschält)	0,24	0,61
Brot	0,28	0,51
Speiseöl	0,28	0,59
Trockenerbsen	0,29	1,38
Kartoffeln	0,76	2,35
Zwiebeln	1,02	3,22
Trockenmilch	1,05	3,95

sich nicht konzentrieren können oder im Unterricht einfach einschlafen.» [21]

Zwischen 1980 und 1984 gingen die Reallöhne für alle erwerbstätigen Bolivianer zurück, zum Teil sogar um bis zu 75 Prozent. Sie waren gezwungen, immer länger zu arbeiten, um wenigstens die Grundnahrungsmittel bezahlen zu können. In der folgenden Tabelle sind für einige Nahrungsmittel die Veränderungen der Preise zwischen 1975 und Dezember 1984 aufgeführt. Die Zahlen geben an, wieviel Stunden Arbeitszeit beim Mindestverdienst erforderlich waren, um eine dem Nährwert von 1000 Kalorien entsprechende Menge der einzelnen Nahrungsmittel zu kaufen.[22] Da die Löhne und Gehälter nicht erhöht wurden, haben sich die Verhältnisse seit der Durchführung der Untersuchung zweifellos noch verschlechtert.

Häufig erlebten gerade die ursprünglich billigsten Nahrungsmittel die größten Preissteigerungen, die Grundnahrungsmittel verteuerten sich um das Zwei- bis Dreifache. Erbsen, Bohnen und gelegentlich auch Trockenmilch, die Proteinlieferanten der Armen, wurden völlig unerschwinglich. Wovon sollen sie überhaupt noch leben?

Zwei bolivianische Forscher, Julio Prudencio und Monica Velasco, haben die Auswirkungen der Wirtschaftskrise auf den Nahrungsmittelverbrauch der Haushalte und die Überlebensstrategien der Bevölkerung eingehend untersucht.[23] Überrascht stellten sie fest, daß es den meisten Menschen, die schon immer gezwungen waren, mit wenig auszukommen, entgegen aller Wahrscheinlichkeit gelang, das Niveau ihrer bisherigen Versorgung mit Nahrungsmitteln weitgehend aufrechtzuerhalten.

Dieses Niveau war natürlich von vornherein erschreckend niedrig. Die untersuchten Familien, die in vier verschiedenen Elendsvierteln von La Paz lebten, nahmen lediglich zwischen 39 und 50 Prozent der empfohlenen Kalorienmenge und zwischen 52 und 61 Prozent der notwendigen Proteine zu sich. «Über 60 Prozent der Bevölkerung sind hochgradig unterernährt... Die Lage könnte kaum schlimmer sein, und sollte sie sich noch weiter verschlechtern, dann ist das Überleben selbst bedroht, vor allem das der Kinder», schreiben Prudencio und Velasco. Demnach hat ihre Untersuchung nichts anderes ergeben, als daß es die Armen geschafft haben, nicht Hungers zu sterben. Aber was für eine Leistung angesichts dieser Verhältnisse!

Damit sie nicht am Hunger zugrunde gingen, mußten alle Familienmitglieder härter und länger arbeiten als bisher, wobei die Frauen, vor allem die Hausfrauen, die schwerste Bürde zu tragen hatten. Der

Staat und die formelle Wirtschaft haben mit dem Überleben der Bevölkerung kaum etwas zu tun – alles, was in Krisenzeiten die Familien am Leben erhält, ist in der «informellen» Wirtschaft verankert. Zur Sicherung ihres bisherigen Ernährungsstandards greifen die Familien in der Hauptsache auf zwei Strategien zurück. Zum einen ändern sie die Zusammensetzung der bisherigen Ernährung, wobei sie als erstes auf Obst, Milch und Erfrischungsgetränke verzichten. Außerdem setzen sie ihren ganzen Einfallsreichtum daran, sich auf jede erdenkliche Weise Nahrungsmittel zu beschaffen, für die sie nicht mit Bargeld bezahlen müssen.

Zu diesen Strategien gehören Tauschhandel, Entgegennahme von Spenden, Anbau von eigenem Obst und Gemüse oder die Haltung von Nutztieren, die Beschaffung von Gemüse über Verwandte, die auf dem Land leben, und die Zubereitung von Speisen für den Straßenverkauf. Auf diese Weise entsteht ein vielfältiges Netz von Kanälen, über die die einzelnen Familien Nahrungsmittel beziehen, um diese selbst zu verzehren, zu verkaufen oder gegen andere Nahrungsmittel einzutauschen. Die Strategien stützen sich fast ausnahmslos auf die eigene Familie; die Verpflegung durch kommunale Suppenküchen oder «Essen auf Rädern» spielt kaum eine Rolle. In jedem Fall sind diese Aktivitäten mit einem enormen Zeitaufwand verbunden – einem ständigen Hin und Her zwischen Stadt und Land, zwischen der eigenen Wohnung und den Plätzen, wo man etwas zu essen eintauschen oder verkaufen kann.[24]

Viele Beobachter befürchten, daß die Maßnahmen, die die Regierung Paz Estenssoro ergriffen hat, um den Kriterien von IWF und Weltbank zu entsprechen, die Misere der meisten Slumbewohner und der Kleinbauern noch verschlimmern. Die wenigen verfügbaren Finanzmittel gehen in die für den Export produzierende Landwirtschaft (die in Bolivien schon immer bevorzugt behandelt wurde), und die Importbeschränkungen werden abgebaut.[25] Entgegen immer wieder verbreiteten Meldungen kommt das Land trotz seiner verzweifelten Lage noch immer einem Teil seiner Zahlungsverpflichtungen nach, und die Regierung hat ihren ausländischen Gläubigern versprochen, in dieser Hinsicht künftig noch mehr zu tun. Die meisten Bolivianer leben ohnehin bereits am Rande des Existenzminimums; wir haben allen Grund zu der Befürchtung, daß ihnen auch dieses noch genommen wird.

Blutvergießen in San Domingo

Das letzte Ausstellungsstück in unserer Galerie lateinamerikanischer Extreme ist die Dominikanische Republik, ein kleines Land, das einen zweifelhaften Rekord hält. Hier kam es im April 1984 zur höchsten Zahl von Todesfällen in Lateinamerika, die unmittelbar mit einer IWF-Revolte zusammenhingen.

Das Land ist auch in anderer Hinsicht etwas Besonderes, ohne daß dies allerdings für seine Bewohner von Vorteil wäre. Die Dominikanische Republik bildet den östlichen Teil der Insel Hispaniola; die westliche Hälfte ist Haiti. Hier landete Kolumbus 1492 und machte die Insel zum ersten Vorposten der europäischen Kolonisierung Lateinamerikas. Die Ureinwohner wurden innerhalb kurzer Zeit niedergemetzelt. Später wurden Schwarzafrikaner importiert, die auf den Zuckerrohrplantagen als Sklaven arbeiten mußten. Seither haben sich die Lebensbedingungen auf dem Land nicht wesentlich gebessert. Heute haben 0,7 Prozent der Grundbesitzer das Monopol auf 45 Prozent des Ackerlandes, während 300 000 Bauernfamilien überhaupt kein Land besitzen – bei einer Gesamtbevölkerung von 6,4 Millionen ist das eine ganze Menge.

Die Verteilung der Einkommen entspricht in etwa der des Bodens. 400 Familien haben ein Jahreseinkommen von über einer Million Peso (etwa 325 000 Dollar); weitere 2000 Haushalte erzielen mehr als 125 000 Dollar im Jahr. Die «Mittelschicht» besteht aus etwa 50 000 Haushalten mit einem Jahreseinkommen zwischen 5000 und 15 000 Dollar. Den Fuß der Gesellschaftspyramide bilden dreieinhalb Millionen Menschen, die versuchen, mit 400 bis 600 Dollar oder noch weniger im Jahr auszukommen. Ein Drittel der Bevölkerung – über zwei Millionen – lebt in der Hauptstadt San Domingo; wenigstens 70 Prozent hausen in Elendsvierteln, die aus verständlichen Gründen als *cordones de miseria* bezeichnet werden. Die amtlich bekanntgegebene Arbeitslosenquote liegt bei 30 Prozent, der gesetzliche Mindestlohn beträgt etwa 80 Dollar im Monat. Die Auslandsverschuldung liegt bei 3,6 Milliarden Dollar, und 1984 beliefen sich die Zinszahlungen auf 40 Prozent der Exporteinkünfte.

Das ist in groben Umrissen der soziale und wirtschaftliche Hintergrund des Abkommens zwischen der Regierung und dem IWF, das im Januar 1983 unterzeichnet wurde und die üblichen Maßnahmen vorsah: Abwertung der Landeswährung, Kürzung der Staatsausgaben usw. Im April 1984 erhielt die Dominikanische Republik vom IWF einen Kredit in Höhe von 400 Millionen Dollar. Zu dem als Gegenleistung geforderten Blutgeld gehörten auch Preisaufschläge von bis zu 200 Prozent für Güter des täglichen Bedarfs, darunter auch Brot. Mit viel Taktgefühl wurden die neuen Preise während der Fastenwoche vor Ostern bekanntgegeben.

Die Proteste, die am Ostermontag, dem 23. April einsetzten, waren zweifellos spontan, aber auch das Ergebnis von Beratungen und einer bewußten Entscheidung von Hunderten von Volksorganisationen in den cordones. Die Bevölkerung ging zu Zehntausenden auf die Straße; Präsident Jorge Blanco verkündete, er werde alle notwendigen Maßnahmen zur «Erhaltung der öffentlichen Ordnung» ergreifen. Am Tag darauf forderten alle zugelassenen Gewerkschaften gemeinsam eine Änderung der Regierungspolitik und höhere Löhne. Der Staat begegnete ihnen und den Bewohnern der Elendsviertel mit brutaler Unterdrückung.

Nach dreitägigen Unruhen herrschte wieder Friedhofsruhe im Land. Zahlreiche Opfer blieben auf der Strecke. Die Schätzungen über die Anzahl der Toten schwanken. Eine dominikanische Organisation zählte 186 Getötete sowie Hunderte von Verletzten und 5000 Verhaftete. Die Tageszeitungen veröffentlichten die Namen von 71 Toten und nannten außerdem eine Zahl von 50 nicht identifizierten Todesopfern. Bei ihnen handelte es sich zumeist um junge Leute unter 20 Jahren, und unter den mindestens 18 weiblichen Toten befanden sich ein 13jähriges Mädchen und eine 70jährige alte Frau.

Am 25. April erklärte Präsident Blanco öffentlich: «Die Armee und die Landespolizei haben mit ihrer beispielhaften Zurückhaltung (ecuanimidad) ihr hohes berufliches Ethos, ihr menschliches Mitgefühl und ihre Achtung vor dem Leben unter Beweis gestellt... Ihre Reaktionen waren geprägt von kluger Besonnenheit und zeugten vom hervorragenden Stand ihrer Ausbildung.» [26]

Mir fehlen die Worte.

Schulden und Umwelt –
Die Finanzierung des Ökozids

Die verschuldeten Länder haben mehr getan als nur Geld zu leihen – sie haben dafür ihre Zukunft und die Natur als Pfand eingesetzt. Die Umwelt ist zwar ein kaum beachtetes Opfer der Schuldenkrise in der Dritten Welt, aber eines Tages werden wir alle für die Schäden bezahlen müssen, die dem Ökosystem durch die Verschuldung zugefügt werden.

Die Rechnungs- und Planungszeiträume unserer Wirtschaften sind bestenfalls kurzfristiger Art: In den Bilanzen werden die innerhalb eines Quartals oder eines ganzen Jahres erwirtschafteten Gewinne oder Verluste erfaßt, Haushaltspläne gelten für ein Rechnungsjahr, und für einen Bankier können drei Monate eine lange Zeitspanne sein. Jeder einzelne Staat fühlt sich berechtigt, dem Planeten insgesamt Schaden zuzufügen, und bislang gibt es noch kein internationales Gremium, das die Folgekosten dieses Vorgehens berechnen oder ihm gar einen Riegel vorschieben könnte. Die meisten Länder, ob kapitalistisch oder sozialistisch, verhalten sich so, als könnten sie für alle Zeiten ungestraft weitermachen wie bisher. Vergeblich sucht man nach Anzeichen einer Verantwortlichkeit für die Zukunft. Zahlreiche neoklassische Nationalökonomen bestreiten bis heute schlichtweg selbst die theoretische Möglichkeit von Grenzen des Wachstums und widersetzen sich der Vorstellung, daß in ihren Kosten-Nutzen-Analysen auch die Kosten von Umweltbeschädigungen und -zerstörungen berücksichtigt werden müßten. Alles, was sich nicht so ohne weiteres quantifizieren läßt, wird einfach nicht berücksichtigt.[1]

Da die für den IWF und die Weltbank tätigen Volkswirtschaftler allesamt lupenreine Neoklassiker sind, liegt es auf der Hand, daß sie die ökologischen Kosten ihrer Kredit- und Strukturanpassungsprogramme weitgehend außer Betracht lassen. Es wird noch lange dauern, bis wir die Höhe dieser Kosten in vollem Umfang überblicken können (und dann kann es bereits zu spät sein), aber schon jetzt zeigt sich deutlich, daß der eingeschlagene Weg nicht nur ein Irrweg, sondern selbst unter wirtschaftlichen Gesichtspunkten eine Dummheit ist. Die Kosten für die Beseitigung der Bescherung, die gegenwärtig in der Dritten Welt angerichtet wird, werden horrende sein, und sie können nur auf die bereits bestehende Schuldenrechnung aufgeschlagen werden. In vielen Fällen werden die Schäden nie wiedergutzumachen sein.

Verschuldung und Zerstörung

Zwischen der Schuldenkrise und der Zerstörung der Umwelt besteht in zweierlei Hinsicht ein Zusammenhang. Zum einen werden mit den Krediten umweltzerstörende Projekte finanziert, und zum anderen werden diese Projekte – sowie alle anderen schuldenfinanzierten Modernisierungsvorhaben – mit dem Ausverkauf natürlicher Ressourcen bezahlt. Beides hängt untrennbar zusammen. Viele der grandiosen Projekte, die dazu beigetragen haben, daß die Länder der Dritten Welt im Teufelskreis wachsender Schulden gefangen wurden, haben an sich schon katastrophale Folgen für die Umwelt. Riesige Großprojekte gehören zum gängigen Entwicklungsmodell, und ihre Planer kümmern sich wenig um die negativen Folgen ihrer Rücksichtslosigkeit. Riesige Staudämme und «Hydroprojekte» sind hierfür typische Beispiele. Dazu gibt es inzwischen eine hervorragende Dokumentation von Edward Goldsmith und Nicolas Hildyard.[2]

Nichts ist gegen Bewässerungsanlagen oder Wasserkraftwerke einzuwenden – keine Gesellschaft kann auf die Dauer ohne hochentwickelte Landwirtschaft und eine ausgebaute Stromversorgung überleben. Doch leider lassen sich diese Ziele mit gewaltigen Staudämmen nicht annähernd so gut erreichen wie mit einer Reihe von kleineren, kostengünstigeren Dämmen, und obendrein ziehen solche Großprojekte einen Rattenschwanz von Problemen nach sich. Sie sind für die Schuldnerländer nicht einmal ein gutes Geschäft; so wird es zum Beispiel der 1976 begonnene Bau des Tucurui-Damms im brasilianischen Amazonasgebiet voraussichtlich auf Kosten von acht Milliarden Dollar bringen.[3]

Die realen Kosten des Projekts sind jedoch mit dieser Zahl noch gar nicht erfaßt, sondern lediglich die Kosten für Zement, Stahl, Arbeitskräfte usw. Die echten Kosten werden von den sogenannten «Kosten-Nutzen-Analysen» verschleiert. Bei diesem Staudamm fallen hierunter zum Beispiel der Verlust an fruchtbarem Schlamm für die flußabwärts gelegenen Felder, der Verlust an Wald- und Ackerland, das unter Wasser gesetzt wird, die Vernichtung des Bestandes an Wildtieren und eine erhöhte Versalzung der Böden. Das sind nur einige wenige der physikalischen Auswirkungen, die natürlich unmittelbare Folgen für die Menschen und deren Lebensraum haben.

Ein massiver Eingriff in den Wasserhaushalt einer Region kann direkt zum erhöhten Auftreten bestimmter Krankheiten (zum Beispiel Malaria, Bilharziose) führen. Außerdem werden immer wieder Menschen aus ihrer angestammten Heimat vertrieben. Nach einem von Bruce Rich zitierten internen Dokument der Weltbank «führten (hydroelektrische Projekte), die zwischen 1979 und 1983 von der Weltbank bewilligt wurden, in vier Kontinenten zur Zwangsumsiedlung von mindestens 400 000 bis 450 000 Menschen».[4] Vielleicht sollte man noch hinzufügen, daß «Umsiedlung» häufig ein Euphemismus ist, da viele der auf diese Weise aus ihrer Heimat Vertriebenen ohne jede Entschädigung einfach sich selbst überlassen werden.

Die Weltbank war einer der Hauptgeldgeber für den Bau von Wasserkraftwerken in Brasilien. Bis 1974 hatte sie für derartige Bauvorhaben bereits 26 Kredite gewährt; allein 1985/86 betrug das entsprechende Kreditvolumen über 1,3 Milliarden Dollar. Der Tucurui-Damm, dessen erste Ausbaustufe im Herbst 1984 in Angriff genommen wurde, ist eines der zahlreichen «Hydroprojekte», die von der Weltbank unterstützt werden. Bis jetzt hat das aufgestaute Wasser eine Fläche von 216 000 ha Wald überschwemmt. Das mit den Bauarbeiten beauftragte staatliche Unternehmen Eletronorte stand unter Zeitdruck. Statt den Wald zu roden, ließ es 13,4 Millionen Festmeter Harthölzer (ca. 2,8 Millionen Bäume) einfach stehen, die jetzt unter Wasser verrotten; zuvor war ein anderes, privates Unternehmen beauftragt worden, den Wald mit dem berüchtigten dioxinhaltigen Entlaubungsmittel *agent orange* zu besprühen, dessen verheerende Wirkungen seit dem Vietnamkrieg allgemein bekannt sind.

Angeblich mußten etwa 40 Menschen diese Entlaubungsaktion mit ihrem Leben bezahlen. Die Familien der Opfer werden höchstwahrscheinlich keine Entschädigung erhalten, aber auch damit ist die Geschichte noch nicht an ihrem Ende. «Allem Anschein nach befanden sich noch einige ungeöffnete Fässer mit *agent orange* in dem Wald, als das Wasser gestaut wurde, und jetzt weiß kein Mensch mehr, wo sie stecken... Es ist gut möglich, daß die Behälter unter dem Druck des Wassers bersten. Das Staubecken dient als Trinkwasserreservoir für die Provinzhauptstadt Belém, in der knapp 1,2 Millionen Menschen leben.»[5]

Ein Mitarbeiter der Weltbank, der ein Gutachten über die Folgen des Projekts für die Umwelt erstellte, hat in einer 1986 veröffentlichten kurzen Darstellung des Projekts das Entlaubungsmittel zwar nicht erwähnt. Erwähnenswert fand er allerdings, daß der Bau des Tucurui-Damms «die Umsiedlung von 5000 nichtindianischen Familien zur Folge hat, insgesamt etwa 30 000 Menschen», während das Land, das sich ursprünglich im Besitz der Indianer befand, durch das Staubekken, Hochspannungsleitungen und eine Überlandstraße beträchtlich verkleinert wurde.[6]

Aber auch ohne Dammbauten kann es zu Zwangsumsiedlungen kommen. Überhaupt scheint die Zerstörung der Umwelt in der Dritten Welt mit der Verachtung für ethnische Minderheiten und die Grundbedürfnisse armer Menschen Hand in Hand zu gehen. Die besten (oder genauer: schlimmsten) gegenwärtigen Beispiele bieten staatliche Umsiedlungsprogramme, durch die große Bevölkerungsgruppen in Regionen angesiedelt werden sollen, die der jeweiligen Regierung geeigneter erscheinen. Sowohl Brasilien als auch Indonesien, die beide zu den höchst verschuldeten Ländern der Erde gehören, haben kostspielige Umsiedlungsprogramme innerhalb der eigenen Staatsgrenzen ins Leben gerufen, die von bilateralen Hilfsprogrammen, multilateralen Entwicklungsbanken und von der Weltbank unterstützt werden. Das britische Wochenmagazin *The Ecologist*, das seinen Lesern immer wieder akribisch recherchierte Artikel über Umweltfragen bietet, hat dem indonesischen Umsiedlungsprogramm «Transmigrasi» eine eigene Ausgabe gewidmet.[7]

Nach dem ursprünglichen, grandiosen Entwurf sollten im Rahmen von Transmigrasi annähernd 70 Millionen Menschen aus den «übervölkerten» Inseln Bali und Java im Lauf von 20 Jahren auf die sogenannten äußeren Inseln umgesiedelt werden – Sumatra, Sulawesi, Kalimantan (das frühere Borneo), Irian Jaya und andere. Dieser Plan ist glücklicherweise drastisch beschnitten worden, denn Indonesien hat einfach nicht genug Geld, um ihn in die Praxis umzusetzen. Darüber hinaus war das Programm so offenkundig abwegig – es gibt auf den äußeren Inseln so wenige für eine dauerhafte Bewirtschaftung geeignete Bodenflächen –, daß das ursprüngliche Vorhaben modifiziert werden mußte. Trotzdem wurden bis 1984 über 3,6 Millionen indonesische Staatsangehörige umgesiedelt, und die Regierung hat ihre ursprünglichen Zielvorgaben anscheinend auf ein Drittel oder ein Viertel zusammengestrichen. Am Ende werden wohl rund 20 Millionen Menschen umgesiedelt worden sein. In dieser Zahl steckt noch nichts von dem Unrecht, das den Stammesvölkern angetan wird, die bereits auf den äußeren Inseln leben, und auch nichts von den Schäden, die der dortigen Umwelt zugefügt werden.

Trotz der humanitären Rhetorik, in die das Programm eingekleidet wurde, bestand das tatsächliche Resultat von Transmigrasi in der Mehrzahl der Fälle darin, die Umsiedler der Armut zu überantworten, den Lebensraum der Stammesvölker zu zerreißen oder gänzlich zu zerstören und die Umwelt durch das Abholzen der Wälder nachhaltig zu schädigen. Jeder Widerstand der Angehörigen der Stammesvölker gegen diese Politik wird mit militärischer Gewalt gebrochen.

So wie das Umsiedlungsprogramm ursprünglich geplant war, hätte es die indonesische Regierung und deren Geldgeber die astronomische Summe von 75 Milliarden Dollar gekostet, da die Umsiedlungskosten pro Familie auf 7000 Dollar veranschlagt wurden. Die Regierung hat mittlerweile umgeschaltet und verwendet das Geld nun eher für die Anlage von Pflanzungen auf den äußeren Inseln. Damit hofft sie, Arbeitskräfte und «spontane Umsiedler» anzulocken, für deren Umzug sie nichts bezahlen muß. Im Fünfjahresplan 1984 bis 1989 sind für das Transmigrasi-Programm immerhin noch 3,5 Milliarden Dollar vorgesehen. Die Verschuldung Indonesiens an das Ausland betrug 1984 32,5 Milliarden Dollar. Damit nimmt das Land den sechsten Platz unter allen verschuldeten Ländern der Dritten Welt ein. Transmigrasi verzehrt etwa sechs Prozent der Staatsausgaben.

1985 vergab die Weltbank ihren bislang größten Kredit für dieses Programm (160 Millionen). Seit 1974 hat sie sich daran mit über einer halben Milliarde Dollar beteiligt. Im Juni 1985 beliefen sich die gesamten Kredite für das Umsiedlungsprogramm einschließlich größerer Beträge von der Asiatischen Entwicklungsbank, aus den USA, der Bundesrepublik Deutschland und den Niederlanden auf knapp 800 Millionen Dollar. Weitere 750 Millionen an Darlehen wurden für den Bau einer Pipeline gewährt.[8]

Die Begründung der Weltbank für die Finanzierung von Transmigrasi lautet, daß mit diesem Programm das Bevölkerungswachstum und die Bodenerosion auf Java eingedämmt, bislang überhaupt nicht oder zuwenig genutztes Land auf den äußeren Inseln fruchtbar gemacht und jährlich 200000 neue Arbeitsplätze geschaffen werden können. Die Befürworter des Projekts heben hervor, daß es armen landlosen Familien die einmalige Chance bietet, eigenes Land auf den äußeren Inseln zu besitzen, und daß damit zugleich der Lebensstandard der ursprünglichen Inselbevölkerung verbessert wird. Die Autoren im *Ecologist* widerlegen diese Behauptungen bis ins Detail und führen statt dessen zahlreiche Belege für grobe Eingriffe in die Natur wie in die Menschenrechte der Stammesvölker an.

Theoretisch sollen die Siedler ein Stück gerodetes Land, Nahrungsmittelhilfen und landwirtschaftliche Produktionsmittel erhalten. In der Praxis sieht jedoch alles etwas anders aus:

«Da es zuwenig unbewohntes Land gibt, das sich für den Ackerbau eignet, bestehen die ausgewählten Standorte zumeist aus tropischem Regenwald. Gerodet wurden sie von beauftragten Privatunternehmen, ... die nur das Interesse verfolgten, den Auftrag möglichst schnell und gewinnträchtig auszuführen. Häufig wurden nur die kommerziell nutzbaren Bäume gefällt, wobei riesige Baumstümpfe einfach stehenblieben. Die Umsiedler, die so früh wie möglich auf die Inseln gebracht werden (vielfach lange, bevor das Gelände für sie vorbereitet ist), sind nicht in der Lage, die unterlassenen Rodungsarbeiten selbst zu Ende zu führen.»[9]

Die beim Roden verwendeten schweren Geräte verdichten und beschädigen den Boden, die versprochenen Häuser werden in vielen Fällen ebensowenig gebaut wie Straßen und andere infrastrukturelle Einrichtungen. Aus Berichten indonesischer Zeitungen und anderer Quellen geht hervor, daß das Land für die Anpflanzung der meisten Feldfrüchte ungeeignet ist – auf jeden Fall nicht für den Anbau von Reis, mit dem die Umsiedler aus Java vertraut sind. Was tatsächlich angebaut werden kann, wird häufig von Ratten und Wildschweinen weggefressen. Etliche Umsiedler sind dem Hungertod nahe, oder sie leben in ständiger Furcht vor den Tigern und Elefanten in ihrer Umgebung, die ihrerseits durch die Rodungsarbeiten in ihren natürlichen Revieren aufgestört wurden. Die *Jakarta Post* berichtete 1985 von einem Standort, an dem von ursprünglich 1000 umgesiedelten Familien nur noch zwölf übriggeblieben waren. Jeder Familie waren zwei Hektar Land versprochen worden, erhalten hatten sie jedoch lediglich ein Achtel davon, und das reichte nicht einmal fürs nackte Überleben.[10]

Einige Familien haben sang- und klanglos ihre Sachen gepackt und sind nach Java zurückgekehrt. Mitglieder des indonesischen Parlaments entdeckten auf einer Exkursion 1985 in Westjava, daß etliche der heimgekehrten Familien unter Aufsicht gestellt worden waren, «um sie daran zu hindern, negative Schilderungen zu verbreiten und die Begeisterung der Umsiedlungswilligen zu dämpfen».[11]

Nicolas Guppy, der sich seit 35 Jahren mit dem Studium tropischer Regenwälder beschäftigt, beschreibt mit wenigen Worten die ökologischen Schäden, die durch das Umsiedlungsprogramm angerichtet wurden, und seine wahren Hintergründe. Wir erfahren von ihm, daß Java tatsächlich «übervölkert» ist – wenn man sich die dort herrschenden ländlichen Besitzverhältnisse ansieht:

«Ein ähnlich gigantisches Programm zur Besiedlung von Regenwäldern wird seit einiger Zeit in Indonesien verwirklicht, wo der politische Druck noch stärker ist als in Brasilien... Im übervölkerten Java befinden sich 35 Prozent des landwirtschaftlich genutzten Bodens in den Händen von einem Prozent der Bevölkerung... die Hälfte der Kleinbauern verfügt über weniger als einen halben Hektar Land, und die andere Hälfte besitzt überhaupt keinen Grund und Boden. Deshalb werden Millionen von landhungrigen und politisch zuverlässigen Javanern ‹umgesiedelt›... (viele davon nach Kalimantan). Trotz der Unergiebigkeit seines Bodens (es wird angenommen, daß sich nicht einmal zwei Prozent für eine dauerhafte Bewirtschaftung eignen) sind die Wälder Kalimantans biologisch ungewöhnlich artenreich und ökonomisch außerordentlich wertvoll... (Offenbar plant die Regierung), diese Wälder vollständig zu roden und einen Teil der Gewinne aus dem Holzverkauf zur Finanzierung des Transmigrasiprogramms zu verwenden. Straßen werden trassiert, damit auch abgelegene Regionen erreicht und die Eingeborenen besser kontrolliert werden können, denn man befürchtet, daß sie unzufrieden werden – dazu haben sie auch allen Grund, denn der größte Teil des Bodens befindet sich nach ihrem traditionellen Recht, das bei der Vergabe von Konzessionen an die Umsiedler weitgehend ignoriert wird, bereits in ihrem Besitz.

... Jährlich wird dort eine Fläche von 800 000 ha abgeholzt, und die nachrückenden Umsiedler roden etwa 200 000 ha größtenteils bereits abgeholzten und beschädigten Regenwald oder Niederwald. Geht die Rodung im bisherigen Tempo weiter, dann wird es in 13 Jahren von diesen Wäldern keine Spur mehr geben... Wenn man diese Gebiete aufsucht, fällt es schwer, innerlich ruhig zu bleiben, angesichts der zahllosen zerstörten Bäume, der umgehauenen, umgeknickten und verbrannten Baumstümpfe, der am Boden im Schlamm liegenden Zweige und der tiefen Traktorspuren, die das ganze Gelände kreuz und quer durchfurchen – erst recht, wenn man sich bewußt macht, daß an den meisten Orten nie wieder etwas Vergleichbares wachsen wird. Der Anblick erinnert an die Bilder von Hiroshima... Man könnte fast den Eindruck gewinnen, daß Indonesien gegen sein eigenes Territorium eine Art thermonuklearen Krieg führt.»[12]

Bei all der Verwüstung wird nach den Bedürfnissen der Bewohner dieser Inseln überhaupt nicht gefragt, weil die Regierung in den Stammesvölkern lediglich lästige Hindernisse sieht – als «isoliert und fremdartig» werden sie offiziell bezeichnet. Ein indonesisches Gesetz läßt keinen Zweifel daran, daß «nicht zugelassen werden darf, daß die Rechte der nach ihren traditionellen Gesetzen lebenden Gemeinschaften der Verwirklichung von Transmigrasi im Weg stehen».[13] Die Regierung möchte die Angehörigen dieser Stämme ebenfalls umsiedeln, um sie der Zentralverwaltung zu unterstellen, der sie bislang größtenteils entgehen konnten, und sie als Arbeitskräfte auf den Plantagen einzusetzen. Seit 1985 spielt die Armee bei der Durchsetzung von Transmigrasi eine Schlüsselrolle. Das indonesische Sozialministerium verfolgt gegenüber den Stammesvölkern folgende Ziele:

– «Entwicklung einer monotheistischen Religion... durch die Eliminierung animistischer Denkvorstellungen

– Entwicklung ihres Bewußtseins und Verständnisses für Staat und Regierung...

– Förderung ihrer Fähigkeiten zu rationalem und dynamischem Denken...

– Steigerung ihrer Fähigkeit zur Erzeugung landwirtschaftlicher und anderer Güter...

– Entwicklung und Förderung ästhetischer Vorstellungen und Werte... (um sie in die Lage zu versetzen), künstlerische und kunstgewerbliche Arbeiten anzufertigen, die mit den Werten der indonesischen Gesellschaft in Einklang stehen

– Anleitung und Beratung, um die Mitglieder isolierter Gemeinschaften dazu zu bewegen, sich in einem Gebiet mit staatlicher Verwaltung niederzulassen...»[14]

Jeder verantwortungsbewußte Anthropologe würde derartige Einstellungen und Maßnahmen gegenüber Stammesvölkern als kulturellen Völkermord bezeichnen.

Trägt das Programm wenigstens zur Realisierung des angestrebten Zieles bei, den Bevölkerungsdruck in Java zu verringern? Nicht im geringsten. Die Auswirkungen auf das Bevölkerungswachstum sind gleich null, wie bei einem internen Seminar der Inter-Governmental Group on Indonesia (IGGI), des Zusammenschlusses der Gläubigerländer, deutlich wurde. Die vertraulichen Protokolle dieser Veranstaltung wurden der Presse zugespielt, und in ihnen finden sich die Ausführungen eines indonesischen Ministerberaters über das Programm: «Unter demographischen Aspekten wirkt sich die Umsiedlung von Menschen aus Java kaum aus, da auf dieser Insel ein hohes Bevölkerungswachstum herrscht... Es liegt auf der Hand, daß der demographische Zweck der Umsiedlung nicht ins Gewicht fällt... Aus den Unterlagen, die Ihnen, werte Anwesende, ausgehändigt wurden, ... geht hervor, daß in den letzten 15 Jahren die Umsiedlung von Bewohnern der Insel Java keine spürbaren Wirkungen gezeitigt hat.» [15]

Die Weltbank hat eine Fülle interner Direktiven und Richtlinien über die Behandlung von Umsiedlern, ethnischen Minderheiten und der Umwelt erlassen. Sie alle werden im Fall Transmigrasi von ihr systematisch verletzt. Einige Mitarbeiter der Weltbank haben ernsthafte Bedenken gegen das Programm angemeldet – in Berichtsentwürfen, die bis zu ihrer endgültigen Fassung unweigerlich umgeschrieben und verwässert werden, zum Teil, um einem Verlangen der indonesischen Regierung nachzukommen, zum Teil aber auch, um die enormen Summen zu rechtfertigen, die bereits von der Bank investiert wurden. Die Bank räumt sogar ein, daß selbst nach mehr als drei Fünfjahresplänen «eine Gesamtbeurteilung des Programms nicht möglich ist», da keine «detaillierten Bewertungen» vorliegen. Carmel Budiardjo, eine altgediente Vorkämpferin der Menschenrechte in Indonesien, sagt dazu: «Dies vermittelt den Eindruck eines Schwertransporters, der einem unbestimmten Ziel entgegenrast, ohne daß jemand die Fahrt unterbricht, um über die Konsequenzen nachzudenken.» [16]

Daß riesige Auslandskredite an einer Plünderung der Natur, an umfassender Verarmung der Bevölkerung und an Völkermord beteiligt sind, läßt sich nicht länger bestreiten. Dieses Kapitel würde übermäßig lang ausfallen, wenn ich auch nur eine lückenlose Aufzählung aller von Banken finanzierten ökologischen Verwüstungen vornehmen wollte, die gegenwärtig in Brasilien im Gange sind – zum Beispiel das Polonoreste-Projekt, das vielleicht zutreffender als der Raubbau in Rondonia bezeichnet wird (dem brasilianischen Staat im westlichen Amazonasgebiet, an der Grenze zu Bolivien), wo bis 1990 eine Fläche von der Größe Großbritanniens entwaldet sein wird, wenn die Abholzung mit derselben Geschwindigkeit weitergeht wie bisher.

Weiter im Osten wird am Grande Carajas-Eisenerzprojekt gearbeitet, dem weltweit größten einzelnen Entwicklungsprojekt, zu dem auch der Bau des Tucurui-Damms mit Kraftwerk gehört, das die erforderliche Energie liefern soll. 1980 von einem japanischen Team entworfen, wird das Carajas-Projekt voraussichtlich 62 Milliarden Dollar kosten und die vollständige oder partielle Entwaldung eines Gebiets von der Größe Frankreichs und Englands zusammengenommen zur Folge haben. Die EG-Länder sind mit 600 Millionen Dollar an dem Projekt beteiligt. Carajas mit seinen Lagerstätten von mehreren Milliarden Tonnen Eisen- und einem halben Dutzend anderer Erze wird von der brasilianischen Regierung als «nationales Exportprojekt» und als Antwort auf den lähmenden brasilianischen Schuldenberg beschrieben.[17]

1984 schuldete Indonesien staatlichen Geldgebern mehr als 23 Milliarden Dollar und dem IWF 413 Millionen; die entsprechenden Summen bei Brasilien betrugen 66 bzw. vier Milliarden.[18] Damit wurden allein an diese beiden Länder staatliche Gelder in Höhe von über 93 Milliarden Dollar ausgeschüttet. Wenn die Steuerzahler und die Inhaber von Obligationen der Weltbank in den Gläubigerländern wüßten, daß sie indirekt den Ökozid finanzieren, würde dann das Geld ebenso ungehindert fließen?

Ökologen in den USA haben dafür gekämpft, daß diese Geldquellen verstopft werden. 1985/86 hat daraufhin der US-Kongreß ein Gesetz durchgebracht, mit dem die multilateralen Entwicklungsbanken (MDBs) einschließlich der Weltbank gezwungen werden sollen, sich der Umwelt gegenüber verantwortlich zu verhalten. Da die USA der größte einzelne Geldgeber für diese Banken sind, haben Auflagen und Bedingungen, die mit der Vergabe weiterer Gelder verknüpft werden, ein besonderes Gewicht. Ich führe einige Bestimmungen dieses Gesetzes an, weil sie engagierten Umweltschützern in anderen Ländern vielleicht nützlich sein können. Das Gesetz sieht vor:

– Das US-Finanzministerium setzt «regelmäßig die Frage auf seine Tagesordnung», wie weit die MDBs «im Hinblick auf die Einhaltung von umweltschützenden Auflagen Fortschritte erzielt haben»;

– das Finanz- und das Außenministerium «machen den formellen Vorschlag», daß die Vorstände der einzelnen MDBs «innerhalb der folgenden zwölf Monate eine Sondersitzung abhalten, in der es vorrangig um die Beachtung von Fragen des Umweltschutzes sowie um eine Verbesserung von multilateralen Entwicklungsmaßnahmen zum Schutz der Umwelt und eingeborener Völker geht»;

– Finanz- und Außenministerium «unternehmen diplomatische und andere Schritte», um «die gemeinschaftliche Verwirklichung der Reformen zu gewährleisten...»

Des weiteren sieht das Gesetz vor: die Einbeziehung von Umweltgutachten in den gesamten «Projektzyklus» der Banken, die regelmäßige Überprüfung der finanzierten Projekte auf ihre ökologischen Auswirkungen, eine Beteiligung der Umwelt- und Gesundheitsministerien der Empfängerländer an allen Phasen der Planung und Ausführung sowie «die Regenerierung und Verwaltung der ökologischen Ressourcen der Schuldnerländer auf einer dauerhaften Basis».

Wegweisend ist die Aufforderung an die MDBs, «bei allen Phasen der Projektplanung» die Mitwirkung nichtstaatlicher Organisationen für den Schutz der Umwelt und von eingeborenen Völkern zuzulassen.[19]

Angesichts der Neigung der MDBs zur Geheimhaltung wird sich die letztgenannte Auflage des Gesetzes am schwersten verwirklichen lassen. In der Regel versteckt sich die Weltbank hinter dem – tatsächlichen oder angeblichen – Ersuchen der Schuldnerländer um Vertraulichkeit. Als der Umweltschützer Bruce Rich bei der Weltbank anfragte, warum sie die «ungehemmte Entwaldung von indianischem Territorium und die Zerstörung von natürlichem Boden, der für eine landwirtschaftliche Bewirtschaftung ungeeignet ist», in Brasilien finanziell fördere, erhielt er einfach zur Antwort, sie sei «nicht berechtigt, Einzelheiten über die Realisierung des Polonoreste-Projekts zu erörtern, da sie Bestandteil unserer anhaltenden Gespräche mit der brasilianischen Regierung sind. Diese Gespräche sind vertraulicher Natur.»[20]

Wer das Geld hat, bestimmt auch, und wie US-Senator Kasten in seinem Bericht in der Anlage zu dem Gesetz von 1986 bemerkte, «wurden die finanziellen Mittel für die MDBs gekürzt, weil sie bisher auf die Kritik und die Reformvorschläge des Kongreßausschusses nicht eingegangen sind». Einer seiner Kollegen im Abgeordnetenhaus ließ in seinem Bericht keinen Zweifel daran, daß der Kongreß reale, substantielle Änderungen der Kreditpolitik und Vergabepraxis erwartet und «nicht bloße Versprechungen, es besser zu machen».[21]

Die MDBs sind also in Zugzwang, sie müssen entscheiden, ob sie sich den Forderungen des US-Kongresses fügen wollen. Der Kongreß ist sich jedoch darüber im klaren, daß er allein nicht die Macht hat, eine widerspenstige Bank zu den erforderlichen Änderungen ihrer Kreditpolitik zu zwingen. Die Gesetzgeber hoffen, daß die Notwendigkeit diplomatischer Schritte auch andere Gläubiger- und auch Schuldnerländer dazu bewegen wird, die MDBs einem ähnlichen Druck auszusetzen und darauf zu bestehen, daß Umweltschutzauflagen künftig in ihre üblichen Kreditbedingungen eingehen. Dieses US-Gesetz könnte den «Grünen» in anderen Ländern als Modell dienen.

Die Natur zahlt zurück – mit Zins und Zinseszins

Die extensive Abholzung der Regenwälder wird wahrscheinlich zu einer weltweiten Klimaverschlechterung führen, wenngleich die Klimatologen sich über die Einzelheiten dieser Entwicklung noch nicht einig sind.[22] Eines wissen wir jedoch schon jetzt mit Sicherheit: Sie wird enorme wirtschaftliche Folgekosten nach sich ziehen. Denn neben ihrer Funktion als Lebensraum für zahllose Tier- und Pflanzenarten und für eingeborene Stämme sowie als Reservoir von Brennholz spielen Wälder auch eine wichtige ökonomische Rolle. Sie schützen gerade jene Projekte, in die so viel Geld investiert wird, insbesondere Staudämme.

Ein Team von Fachleuten der Weltbank hat das näher erläutert: «Wenn Wälder... gerodet werden, kommt es häufig zu verstärkter Sedimentierung im Staubecken, und die gestaute Wassermenge verringert sich. Dadurch vermindert sich auch die erzeugbare Elektrizitätsmenge (weil die Turbinen von geringeren Wassermengen durchströmt werden), und die wirtschaftliche Nutzungsdauer der Wasserkraftanlage verkürzt sich. So ist beispielsweise die Nutzungsdauer des Ambuklaodamms auf den Philippinen durch das Abholzen der umliegenden Wälder von 60 auf 32 Jahre verringert worden.»

Auch in Kolumbien hat die Rodung von Wäldern dazu geführt, daß die Kapazität eines Wasserkraftwerks auf ein Sechstel reduziert wurde, so daß die Regierung in Bogotá heute genötigt ist, die Stromzuteilung zu rationieren.

Wälder stabilisieren die Bodenkrume und verhindern deren Erosion. Wenn sie verschwinden, verschwindet auch der Waldboden – er gelangt in Flüsse, Kanäle und Hafenanlagen. «Die Abholzung der

Wälder bedeutet eine Gefährdung für den regelmäßigen Betrieb... des Panamakanals. Aufgrund der Sedimentablagerungen ist der Wasserstand während der Trockenzeit so niedrig, daß die Schleusentore für größere Schiffe nicht bedient werden können.» Auch andere Länder sind von den Folgen großflächiger Entwaldungen betroffen: «Argentinien kostet es jährlich zehn Milliarden Dollar, den Schlamm aus dem Mündungsgebiet des La Plata zu baggern und den Schiffahrtsweg nach Buenos Aires freizuhalten... In Thailand sind wichtige Wasserwege aufgrund der zunehmenden Sedimentierung infolge der Rodung von Wäldern nicht mehr schiffbar.» [23]

Die großflächige Abholzung von Wäldern macht aus Stürmen, Überschwemmungen und Dürreperioden – immer wiederkehrende und erwartete Naturerscheinungen – verheerende Katastrophen. Auch für die Landwirtschaft spielen Wälder eine bedeutende Rolle, da sie Regenwasser speichern und nur allmählich wieder abgeben, so daß die Auswirkungen der Trockenzeiten gemildert werden. «Alles in allem leben etwa 40 Prozent der Bauern in Entwicklungsländern in Dörfern, die von den wasserwirtschaftlichen Funktionen der Wälder abhängen. Der Wert der landwirtschaftlichen Exportgüter, deren Erzeuger auf die Existenz von Wäldern als Wasserspeicher und Erosionsschutz angewiesen sind, wird jährlich auf weltweit 36 Milliarden Dollar veranschlagt.» [24]

Fast jedermann weiß heute, daß tropische Waldböden sich nicht für die Landwirtschaft eignen – außer den Siedlern, die sich aus Mangel an Alternativen durch Regierungsversprechungen dorthin locken ließen. Es ist verbrecherisch, landlose Bauern in großer Zahl in gerodete Gebiete zu verbringen, wie Brasilien das noch immer tut, und ihnen leere Versprechungen zu machen, sie könnten dort durch den Anbau landwirtschaftlicher Produkte ihr Auskommen sichern.

Was zwingt ein Land wie Brasilien dazu, eine so sinnlose und in Mißkredit geratene Politik weiterzuverfolgen? Die Antwort auf diese Frage liegt in einer besonders entarteten Erscheinungsform der Schuldenkrise. Brasilien muß Jahr für Jahr 12 bis 14 Milliarden Dollar allein an Kreditzinsen aufbringen. Um seine Erzlagerstätten wie in Grande Carajas zu erschließen, wird sich das Land sogar noch weiter verschulden müssen. Der Anbau exportfähiger Agrarprodukte stellt eine der wenigen erfolgversprechenden Möglichkeiten dar, Devisen für die Zinszahlungen einzunehmen, und Sojabohnen spielen hierbei die wichtigste Rolle. Die Preise für Sojabohnen sind gegenwärtig wegen der Überproduktion in den USA und in Brasilien sehr niedrig, so daß immer größere Mengen davon angebaut werden müssen, nur um die Exporteinkünfte stabil zu halten.

José Lutzenberger, ein brasilianischer Agraringenieur und einer der exponiertesten Umweltschützer seines Landes, hat im September 1984 vor einem Ausschuß des US-Kongresses berichtet, daß Tausende von armen Bauern aus dem landwirtschaftlich reichen Süden Brasiliens nach Rondonia im Amazonasgebiet strömen, weil man ihnen ihr Land weggenommen hat. Denn die Großgrundbesitzer und die Regierung wollen dort auf großflächigen Plantagen Sojabohnen und andere Exportgüter anbauen. Die staatliche Bodenbehörde INCRA wirbt die verarmten Bauern in Fernsehspots nach Rondonia ab und verheißt ihnen: «Wir führen die größte Agrarreform der Welt durch», oder: «Gutes Land, geeignetes Land... dieses Land bietet hervorragende Möglichkeiten zur Erweiterung der landwirtschaftlichen Produktivität.» [25]*

Wie Lutzenberger erklärt, ist dieser Rummel um Rondonia gerade deshalb so notwendig, weil sich die Regierung weigert, eine echte Bodenreform durchzuführen und sich mit den Plantagenbesitzern anzulegen. Sie will die armen Landbewohner aus dem Süden in den Nordosten zu verpflanzen, damit sie in ihrer Heimat keinen Ärger machen können. Deshalb ist das Polonoreste-Projekt – zu einem Drittel finanziert von der Weltbank – zu einem unwirtlichen Schuttabladeplatz für die Bauern geworden. Sie werden niemals in der Lage sein, ihren Lebensunterhalt aus dem unergiebigen Boden zu beziehen, aus dem alle Nährstoffe ausgewaschen sind und der seiner schützenden Bäume beraubt ist. Nach Meinung Lutzenbergers und zahlreicher anderer Fachleute herrscht «in Wirklichkeit keine Knappheit an Grund und Boden... sondern lediglich eine künstlich hergestellte Knappheit durch die starke Konzentration des Landbesitzes».

Heute, da Rondonia besiedelt ist, kann der Prozeß der Waldrodung sich nur noch beschleunigen, da die Neusiedler in Massen dort gestrandet sind und nur dann ein Recht auf Grundbesitz erwerben, wenn das Land gerodet ist. «Es ist durchaus nichts Ungewöhnliches, daß Siedler ihre gerodeten Felder nach der ersten mageren Ernte wieder aufgeben. Sie müssen jedes Jahr neue Flächen abholzen. Sobald neuer Boden gerodet ist, ziehen sie nach.» Die Indianer, die in den Wäldern gelebt haben, werden kulturell und notfalls sogar physisch vernichtet. Hören wir hierzu noch einmal Lutzenberger:

* Angeblich wurde diese TV-Werbekampagne 1986 gestoppt.

«Ihre Kenntnisse von der Ökologie des Waldes, ihre Fertigkeiten, sich seinen Reichtum zunutze zu machen, sind für uns verloren, noch ehe wir sie aufzeichnen können. Der Verlust dieser Kulturen ist ebensowenig rückgängig zu machen wie der Verlust einer biologischen Art. Eine biologische Art ist das Resultat einer Jahrmillionen währenden irreversiblen organischen Evolution. Eine Eingeborenenkultur ist das Ergebnis eines jahrtausendelangen harmonischen Zusammenlebens mit dem Ökosystem.» [26]

Im Namen der brasilianischen Ökologiebewegung und «zahlreicher angeschlossener Bürgerinitiativen» hat Lutzenberger dem Kongreßausschuß die Frage gestellt, ob die Weltbank wirklich ein Drittel der Gelder für ein Projekt bereitstellen sollte, das

– es für die mächtigen Großgrundbesitzer leichter und sicherer macht, weiterhin große Ländereien im Nordosten zu unterhalten und im Süden den Ausbau von Monokulturen für den Export zu betreiben,

– an die Stelle der tropischen Regenwälder völlig ungeeignete Formen einer landwirtschaftlichen Bewirtschaftung setzt und

– aus den Wäldern die einzigen Menschen vertreibt, die Möglichkeiten entwickelt haben, die Ressourcen des Waldes dauerhaft zu nutzen. [27]

Das Gesetz, das zwei Jahre nach diesem Bericht verabschiedet wurde, zeigt, daß die Aussagen Lutzenbergers und anderer beim Kongreßausschuß nicht auf taube Ohren gestoßen sind.

Leider beschränken sich jedoch die Belastungen der natürlichen Umwelt nicht auf Brasilien. Nicolas Guppy hat eine Liste jener Länder zusammengestellt, in denen sich die ausgedehntesten tropischen Regenwälder befinden. Zufälligerweise sind die fünf Länder an der Spitze – Brasilien, Indonesien, Zaire, Peru und Kolumbien – gleichzeitig auch unter den größten Schuldnerländern. 60 Prozent der noch verbliebenen Regenwälder der Welt liegen in diesen Ländern. [28]

Der Druck, auch diese Wälder noch abzuholzen, ist beinahe unwiderstehlich. Aber wenn sie erst einmal gerodet sind, wird es nach Guppys Schätzungen 400 Jahre dauern, bis die Wälder in ihrer ursprünglichen Zusammensetzung nachgewachsen sind (vorausgesetzt, daß genügend Samen und Setzlinge zur Verfügung stehen, was sehr unwahrscheinlich ist). Manche Länder machen geltend, daß sie die gerodeten Flächen wieder aufforsten, aber diese Lösung ist trügerisch. Kommerziell nutzbare Bäume werden zwar nachwachsen, aber nur einmal. Auch sie erschöpfen die schwachen Böden, auf denen keine landwirtschaftlichen Nutzpflanzen und auch keine Bäume dauerhaft angebaut werden können. Ein tropischer Regenwald ist ein zusammenhängendes Ganzes; wenn auch nur ein einziger seiner Bestandteile fehlt, wird er mit der Zeit veröden und so karg wie eine Wüste werden.

Nicolas Guppy sieht einen komplexen und bedrückenden Zusammenhang zwischen der Abholzung der Wälder eines Landes und dessen Verschuldung:

«... Die Befürchtungen mehren sich, daß die Verfügbarkeit von Krediten (der Weltbank oder aus anderen Quellen) die Rodung der Wälder in armen Ländern nachgerade fördern wird. Kurzfristig mögen sie vielleicht einen doppelten Gewinn erzielen, indem sie zunächst das Holz verkaufen und anschließend einen Kredit erhalten, um das Gebiet wiederaufzuforsten und die Umweltschäden wiedergutzumachen – zur Abzahlung brauchen sie wieder Geld, so daß sie weitere Flächen abholzen und das Holz verkaufen müssen. Währenddessen erhalten die Banken und die Regierungen der Gläubigerländer Zinsüberweisungen und Exportaufträge und mehren ihre politische und wirtschaftliche Macht. In der Tat, kurzfristig hat jeder einen Gewinn davon, ausgenommen die natürliche Umwelt, die immer schneller ruiniert wird.» [29]

Was haben wir damit zu tun? Geht diese ganze Zerstörung nicht in Regionen vor sich, die Tausende von Kilometern von uns entfernt liegen? Zugegeben, aber dennoch ist die Biosphäre ein einziges zusammenhängendes Ganzes, und von klimatischen Änderungen ist jeder betroffen, an jedem Ort der Erde. Aber das Problem hat auch seine rein ökonomische Seite, und wenigstens dafür müßten IWF und Weltbank eigentlich offene Ohren haben: In den tropischen Wäldern wachsen mindestens 80 000 verschiedene Arten von eßbaren Pflanzen, von denen bislang noch keine vom Menschen angebaut wird. Gegenwärtig wird der Nahrungsmittelbedarf der Erde zu 90 Prozent von nicht mehr als 16 Pflanzenarten gedeckt, und jede einzelne der wildwachsenden Arten könnte wichtige Ersatzstoffe liefern. In diesen Wäldern finden sich außerdem unzählige Arten von Arzneipflanzen, «die sich in vielfältiger Weise wirtschaftlich nutzen lassen, ... für die Herstellung von Textilien, Kosmetikartikeln und für Hunderte andere Zwecke». Dennoch werden die Wälder vernichtet, nur um an die dort wachsenden 15 bis 20 kommerziell wertvollen Baumarten heranzukommen. «Häufig bleiben bis zu 98 Prozent der Bäume ungenutzt liegen, nachdem ein Stück Regenwald abgeholzt wurde.» [30]

Wenn der augenblickliche Trend anhält, so haben zwei Fachleute der Weltbank bemerkt, «dann werden im Jahr 2000 voraussichtlich 15 bis 20 Prozent der 3,5 bis 10 Millionen auf der Erde vorkommenden Pflanzen- und Tierarten ausgestorben sein... (trotz ihres) enormen Potentials als erneuerbare Energieträger, als Industrieprodukte, Arzneimittel und wichtige Genträger für die Landwirtschaft und die angewandte biologische Forschung». Die gesamte Vielfalt an Genen für jene Pflanzen, die uns ernähren, findet sich heute nur noch in den Tropen. Wir haben überhaupt keine Vorstellung davon, welche lebenswichtigen genetischen Ressourcen tatsächlich in den Regenwäldern verborgen sind, und wenn wir so weitermachen, werden wir es niemals erfahren.[31]

Aber es bestehen noch andere ganz unmittelbare Zusammenhänge zwischen der Schuldenkrise und der Zerstörung der Umwelt. Wenn der IWF eine Kürzung der Staatsausgaben zur Auflage macht, dann werden als erstes die Umweltschutzprogramme gekippt, und alle natürlichen Ressourcen, nicht nur die Wälder, werden zu Geld gemacht, damit die Zinsen bezahlt werden können. Hierfür ein paar beliebig herausgegriffene Beispiele.

Auch wenn man es nicht glauben sollte – Brasilien hat tatsächlich so etwas Ähnliches wie eine Umweltschutzbehörde. Allerdings ist deren Etat so sehr gekürzt worden, daß sie kaum noch ihre Angestellten bezahlen kann. Die personell unterbesetzten Feuerwehrbrigaden des brasilianischen Nationalparks können Feuersbrünste nicht mehr wirksam bekämpfen. Costa Rica ist auf private Spenden angewiesen, um seine Nationalparks unterhalten zu können. Mexiko pumpt unersetzliches Grundwasser an die Erdoberfläche, um damit landwirtschaftliche Nutzflächen zu bewässern, auf denen Gemüse für die USA angebaut wird. Dieses Reservoir wird in wenigen Jahren erschöpft sein. Peru hat seine reichen Fischgründe leergefischt bis fast zur völligen Ausrottung der Bestände. Bolivien verdient nicht nur Geld mit dem Drogenhandel, sondern exportiert auch in großen Mengen vom Aussterben bedrohte Tierarten. Mexiko hat vor kurzem 15 komplette Verwaltungsstellen aufgelöst, die von Unterstaatssekretären geleitet wurden, davon befaßten sich vier mit Fragen des Umweltschutzes.[32]

Mit einem Wort, «Umweltprobleme werden völlig an den Rand gedrängt», wenn Regierungen mit riesigen Schulden zu kämpfen haben, so die Meinung der Wirtschaftsexpertin Christine Bogdanowicz-Bindert. Sie muß es wissen – sie hat für den IWF gearbeitet.[33]

Ein Nachtrag: Freunde in der nordamerikanischen Umweltschutzbewegung sind der Ansicht, daß heute die Chancen besser denn je stehen, die multilateralen Entwicklungsbanken einschließlich der Weltbank zum Einlenken zu bewegen, so daß die von ihnen vergebenen Kredite tatsächlich eine anhaltende und ökologisch verträgliche Entwicklung fördern. Unter der neuen Führung von Präsident Barber Conable sieht die Weltbank allmählich ein, wie wenig sie seit langem bei ihrer Kreditpolitik die Belange der Umwelt und der eingeborenen Stammesvölker berücksichtigt hat, und sie verstärkt das Personal ihrer bislang lächerlich kleinen Abteilung für Umweltfragen. Damit diese positive Verhaltensänderung noch verstärkt wird, müssen die Umweltschutzbewegungen des Nordens unbedingt ihren Druck (auf die eigenen Regierungen und die Entwicklungsbanken) erhöhen. Dabei wird die Unterstützung aus dem Süden von wesentlicher Bedeutung sein. Zum vielleicht erstenmal schließen sich Bürgerrechtler, Umweltschützer und die Mitglieder der Bewegungen eingeborener Völker zusammen und bilden eine Front, die von den Banken nicht länger ignoriert werden kann. Wenn überhaupt, dann ist jetzt der richtige Zeitpunkt gekommen, sich dieser Bewegung anzuschließen!

Einen zukunftweisenden Schritt hat Conservation International getan, eine private Umweltschutzorganisation. Sie kaufte bolivianische Staatsschulden im Wert von 650 000 Dollar zum Discountpreis von 100 000 Dollar auf und erhielt dafür von der bolivianischen Regierung die Zusage, daß 1,5 Millionen ha Regenwald als natürliches Reservat der Pflanzen, Tiere und der dort lebenden Menschen vor dem Abholzen bewahrt werden. Die Weeden Foundation stiftete die 100 000 Dollar und beabsichtigt, ähnliche Tauschgeschäfte auch in Zukunft zu fördern. Das ist eine ausgezeichnete Idee (weitere Möglichkeiten im letzten Kapitel dieses Buches), aber ihre Verwirklichung sollte nicht allein Privatinstitutionen überlassen werden.

Teil III
Was können wir tun?

Einführung

Bislang habe ich versucht, zwei grundsätzliche Fragen über die Weltschuldenkrise zu beantworten:
- Warum befinden wir uns in einer Krise, und wer ist daran beteiligt?
- In welcher Weise wirkt sich die Schuldenkrise auf die Menschen und ihre Umwelt aus?

Die vielleicht interessanteste Frage steht jedoch noch offen, nämlich die, was wir an der Situation ändern können. Die Antwort hängt allein davon ab, wer «wir» sind. Alle, die eine Lösung der Krise anbieten, vertreten jeweils unterschiedliche Interessen, so daß ich an dieser Stelle fast jedem das Wort erteile, der glaubt, eine Antwort gefunden zu haben, am Ende natürlich auch mir selbst.

Zunächst einige Fragen: Kann der Norden jahrelang fortfahren, einen zunehmend erschöpften Süden bis auf sein letztes Hab und Gut auszusaugen? Wird es keine sozialen Ausbrüche geben, die die Machthaber davon überzeugen, daß humanere politische Maßnahmen zugleich auch besser durchzuführen sind? Eine solche Sicht der Dinge mag bequem und tröstlich sein – aber nicht gerade angemessen.

Es ist unwahrscheinlich, daß menschliches Leiden an sich und aus sich heraus einen Sinneswandel bewirkt. Das hat es noch nie getan. Auch wenn die Hungrigen und Verarmten hier und da aufbegehren, so haben sich doch in den letzten Jahren die Techniken der Unterdrückung enorm entwickelt. Ohne Verbündete unter den Eliten, einschließlich Armee und Polizeiapparat, sind Revolten heute wesentlich schwieriger durchzustehen als früher. Die Menschen müssen heute nicht nur gegen ihre eigenen Eliten und Regierungen kämpfen, sondern auch gegen deren Fähigkeit, Unterdrückungsmaßnahmen zu importieren. Sie stehen in Opposition zu ihrer eigenen herrschenden Klasse und zu den herrschenden Klassen in unseren Ländern.

Es spricht mehr dafür, daß der Lebensstandard im Süden noch weiter sinken wird. Das Leben für die Menschen dort wird noch härter und kürzer werden, es sei denn... Was könnte dieses pessimistische Szenario ändern? Zunächst müssen wir einsehen, daß wir alle Passagiere auf der «Titanic» sind, auch wenn einige von uns erster Klasse fahren. Wir haben ein Interesse daran, über Wasser zu bleiben, und nur der Druck von unten kann verhindern, daß wir mit Volldampf voraus auf eine Kollision zusteuern.

Aber was soll mit dem Druck erreicht werden? Eine Abschreibung der Schulden? Moratorien? Tabula rasa? Baker-, Bradley- oder meinetwegen auch Castro-Pläne? Alle Verantwortlichen einen Kopf kürzer machen? Hier bestehen aufrichtige Meinungsverschiedenheiten zwischen aufrichtigen Leuten. In den folgenden Kapiteln werden die wichtigsten Punkte der vorgeschlagenen Lösungen zusammengefaßt, wobei ich die für mich weniger überzeugenden Antworten an den Anfang gestellt habe. Meine eigenen Vorschläge werden manchem utopisch vorkommen. Meine Antwort auf einen solchen Vorwurf lautet, daß die Schulden in der Dritten Welt entweder eine Einbahnstraße in die Katastrophe oder eine phantastische Gelegenheit sein können, den Lauf der Geschichte zu ändern. Es liegt an uns, ob wir uns für die zweite Alternative entscheiden.

Im ersten Kapitel referiere ich mit dem größten gerade noch möglichen Wohlwollen die Antwort von IWF und Weltbank am Beispiel eines kleinen Landes – Jamaika –, das die Auflagen dieser beiden Institutionen Wort für Wort befolgt hat. Die Ergebnisse sind alles andere als ermutigend. Wir wissen, daß sich der IWF noch nie als Entwicklungsinstitution verstanden hat, aber muß er deshalb eine Institution zur Verhinderung von Entwicklung sein?

Danach geht es um die verschiedenen Vorschläge, die von den Gläubigerländern vorgebracht wurden. Eine bunte Vielfalt von Akteuren – von Erzrepublikanern über Liberaldemokraten bis zu Vertretern der Investitionsbanken – behauptet, sie wisse ein Mittel zur Bewältigung der Schuldenkrise, und deshalb sollen sie gehört werden. Inzwischen haben die Banken zusammen mit dem Konsortium konkrete Schritte unternommen, während andere noch debattieren. Einige ihrer praktischen Lösungen, vor allem im Hinblick auf die immer wiederkehrende mexikanische Krise, werden hier dargestellt.

Das dritte Kapitel verdeutlicht, in welcher Weise politische Uneinigkeit die Fähigkeit der Schuldnerländer beeinträchtigt hat, ihre eigenen Lösungen vorzuschlagen oder durchzusetzen; daneben werden auch einige Vorschläge diskutiert, die aus den Ländern des Südens stammen oder von Leuten, die sich auf die Seite des Südens gestellt haben. Und schließlich werden einige Strategien erwähnt, mit deren Hilfe die Betroffenen das Problem selbst anpacken wollen, ohne auf Maßnahmen ihrer Regierung zu warten.

Zum Schluß werde ich meine eigenen Ideen zur Lösung der Schuldenkrise vorstellen. Die Tatsache, daß es überhaupt eine anhaltende Schuldenkrise gibt, paßt gut zur Strategie des «Konflikts niedriger Intensität», der vom Norden – vor allem von den Vereinigten Staaten – gegen den Süden geschürt wird. Der anhaltende «finanzielle Konflikt niedriger Intensität» ist eine unterschätzte Bedrohung der Bestrebungen der Nationen und Völker in der Dritten Welt. Daneben sind jedoch noch andere Kräfte wirksam, Kräfte, die diese Strategie bekämpfen und die Schuldenkrise zu einem Instrument der Befreiung machen könnten.

Das Buch schließt mit einem «philosophischen Nachwort». Darin versuche ich, den Grundlagen des Modells nachzugehen, das die Schuldenkrise – und eine Reihe weiterer pathologischer Phänomene – überhaupt erst geschaffen hat. Zwar könnten wir die gesamten Schulden der Dritten Welt mit einem Schlag in den Schornstein schreiben, aber sie würden binnen kurzem aufs neue auftreten, weil sich das Modell selbst regeneriert. Mächtige Akteure im Norden wie im Süden haben ein politisches oder finanzielles Interesse an der Zementierung der Krise, und wenn wir das Übel nicht bei der Wurzel packen, bereiten wir bei unseren Lösungsversuchen lediglich die Krisen von morgen vor. Dieses Nachwort wird nicht jeden Leser unmittelbar ansprechen, aber ich bin zuversichtlich, daß all diejenigen, für deren Arbeit und deren Leben die Debatte von Bedeutung ist, diese zu ihrem eigenen Nutzen weiterführen werden.

Das IWF-Rezept – Mismanagement in Jamaika

> «Mr. Seaga fügte hinzu, sein Land habe alles getan, was sich angebotsorientierte Ökonomen oder Anhänger eines freien Unternehmertums nur wünschen könnten. Jamaika hat seine Währung abgewertet, um seine Exporte wettbewerbsfähiger zu machen, es hat staatliche Aufgaben an Privatunternehmen delegiert, sogar die Müllabfuhr und die Verwaltung von Krankenhäusern, es hat lästige Vorschriften über Bord geworfen, den Tourismus neu aufgebaut, seine landwirtschaftliche Produktion für den Binnenmarkt und den Export erhöht, und es hat mit seinen Investitionen ein Rekordniveau erreicht. Dennoch hat nach Mr. Seagas eigenem Eingeständnis all dies die Schuldenprobleme des Landes nicht gelöst.»
>
> Leonard Silk in einem Bericht der *New York Times* über die Rede von Premierminister Edward Seaga von Jamaika vor der Gemeinsamen Konferenz von IWF und Weltbank am 12. Oktober 1985 in Seoul.

Für den IWF und das übrige Konsortium gibt es nur eine einzige Antwort. Hochverschuldete Länder werden ihren Schuldenberg nur durch eine Strukturanpassung wieder los. Eine Anpassung mag schmerzhaft sein, aber ihre Unterlassung wäre mit noch schmerzhafteren Folgen verbunden. Der Fonds ist eine ehrwürdige und mächtige Institution; Hunderte von oberschlauen Ökonomen stehen ihm zu Diensten. Vielleicht hat er recht. Aber trotzdem besteht kein Anlaß, seine Verlautbarungen als eine heilige Offenbarung zu betrachten, die keines Beweises bedarf.

Ist die vom Fonds verabreichte Arznei heilsam, selbst nach seinen eigenen Begriffen von Gesundheit? Werden die Volkswirtschaften unter seiner Schirmherrschaft gesünder? Können die Menschen, die in strukturangepaßten Ländern leben, auf ein besseres Leben in der Zukunft hoffen, auch wenn sie eine Zeitlang unter mehr oder weniger starken Einschränkungen zu leiden haben? Um die Behauptungen des IWF zu überprüfen, wollen wir zunächst alle zweifelhaften Indizien für den Angeklagten sprechen lassen und ein Fallbeispiel auswählen, das als fairer und geeigneter Prüfstein für die vom Fonds behaupteten Segnungen eines jeden Anpassungsprogramms dienen kann. Ein Land, das diesen Bedingungen genügt, müßte gerade so klein sein, daß seine Wirtschaft gut zu kontrollieren ist und auf die Maßnahmen des IWF flexibel reagieren kann. Darüber hinaus müßte es die verordnete Medizin schon vor etlichen Jahren geschluckt haben, so daß deren Wirkungen zu erkennen sind. Es müßte dem Fonds gegenüber kooperationsbereit sein und mit den Auffassungen des Konsortiums übereinstimmen. Kurz und gut, es müßte in vieler Hinsicht ein Land sein wie Jamaika.

Die Vorgeschichte

Um die Wirksamkeit der IWF-Rezepte zu überprüfen, werden wir zunächst einen Blick auf die Wirtschaft Jamaikas insgesamt werfen und anschließend untersuchen, wie gut oder schlecht der jamaikanische Durchschnittsbürger zurechtkommt. Im Hinblick auf die Wirtschaft Jamaikas stütze ich mich weitgehend auf eine sorgfältige und gründliche Untersuchung, die Cameron Duncan der wirtschaftswissenschaftlichen Fakultät an der American University in Washington, D. C., als Doktorarbeit vorgelegt hat.[1] Was die Lebenslage der Jamaikaner selbst angeht, so verfüge ich glücklicherweise über ausgezeichnete Berichte aus erster Hand.

Wenn eine langjährige Befolgung der Strategien von IWF und Weltbank einer Volkswirtschaft das Heil brächte, dann müßte diese karibische Insel das Paradies sein. Wie Duncan bis ins Detail darlegt, ist Jamaika vollkommen auf den Außenmarkt orientiert und befolgt pflichtbewußt die aus der Theorie der komparativen Vorteile abgeleiteten Grundsätze: Offenheit gegenüber Auslandsinvestitionen und Außenhandel. Das Ausland kauft Jamaikas Bauxit und Zucker (fast zwei Drittel dieser Exporte gehen nach England und in die USA) und schickt einen unablässigen Strom seiner Bürger als Touristen dorthin. Das Land gehört zu den 20 Prozent der am meisten exportabhängigen Länder der Erde und importiert zehnmal soviel Nahrungsmittel pro Kopf der Bevölkerung wie der Durchschnitt der Dritte-Welt-Länder.

Ist das gut oder schlecht? Jahrelang schienen diese Strategien gut zu funktionieren. In den fünfziger Jahren erlebten Industrie und Handel einen Boom; Jamaika war ein Schulbuchbeispiel für eine rasche Entwicklung. Sein Wirtschaftswachstum nahm von 1950 bis 1962 jährlich um fünf bis sechs Prozent zu. Im selben Zeitraum stieg der Handel auf das Neunfache. Jamaika erreichte einen Lebensstandard, der unter den Entwicklungsländern seinesgleichen suchte – niedrige Säuglingssterblichkeit, hohe Lebenserwartung und beneidenswerte Leistungen im Bildungs- und Gesundheitswesen. Außerdem übernahm das Land auch die akzeptableren Aspekte des britischen Kolonialismus, zum Beispiel die parlamentarische Demokratie, Presse- und Redefreiheit und die Zulassung von Gewerkschaften.

Aber diese Politik forderte auch ihren Preis. Jamaika ist heute mit knapp 1500 Dollar pro Kopf der Bevölkerung – weit mehr als Brasilien oder Mexiko – eines der höchstverschuldeten Länder Lateinamerikas. Nach jüngsten Schätzungen muß das Land über die Hälfte seiner Exporteinkünfte für den Schuldendienst aufwenden.

Das spektakuläre Wachstum Jamaikas war außerdem zum Teil eine Illusion, da es nicht im Land selbst erzeugt wurde. Die Expansion wurde weitgehend von ausländischen Investoren finanziert, vor allem von Aluminiumunternehmen, die an den reichen Bauxitvorkommen des Landes interessiert waren. Als diese zu Beginn der siebziger Jahre die Investitionen einstellten, schrumpfte auch die übrige Wirtschaft, die Zahl der Arbeitslosen verdoppelte sich, das Volkseinkommen verlagerte sich immer mehr zugunsten der wohlhabendsten zehn Prozent des Landes, und mit den sinkenden Löhnen nahm die absolute Armut zu. Jamaika blieb nach wie vor von Importen abhängig, die mit Krediten finanziert wurden.

Das Ergebnis dieser Entwicklung ist ein Land, das seit den siebziger Jahren unausgesetzt mit wirtschaftlichen Problemen zu kämpfen hat. Seit 1977 hat der IWF in der Wirtschaftspolitik das Kommando übernommen und eine Reihe von Maßnahmen zur Strukturanpassung durchgeführt. Für Duncan ist diese Zeitspanne ausreichend, um zu Schlüssen über die Wirksamkeit dieser Maßnahmen zu gelangen.

Während der siebziger Jahre litt Jamaika unter denselben Erschütterungen wie alle übrigen Dritte-Welt-Länder – der Vervierfachung der Ölpreise, dem Rückgang der Nachfrage nach seinen Exporten und abnehmenden Investitionen in einem Klima der allgemeinen wirtschaftlichen Rezession. Ausgerechnet die Offenheit seiner Wirtschaft machte Jamaika für diese wirtschaftlichen Rückschläge besonders verwundbar.

Ein tiefgreifender politischer Umschwung gestaltete die Verhältnisse noch komplizierter. Denn der Korruption, der Mißwirtschaft und der brutalen Übergriffe der Polizei überdrüssig, wählte die Bevölkerung 1972 einen demokratischen Sozialisten (oder einen Sozialdemokraten, wenn man so will) zum Staatsoberhaupt. Die Nationale Volkspartei (PNP) unter der Führung Michael Manleys war entschlossen, eine mutige Politik zu machen, die der Mehrheit der Bevölkerung zugute kommen sollte – Festlegung von Höchstmieten und Mindestlöhnen, Verbesserungen im Gesundheitswesen, gleiche Bezahlung für Frauen, unentgeltlicher Besuch weiterführender Schulen, partielle Landreformen und Ähnliches.

Um diese Reformen zu finanzieren (insbesondere nach dem Ölpreisschock von 1973), versuchte die Regierung, eine stärkere Kontrolle über die Bauxitlager des Landes zu gewinnen. Sie belegte die Bauxitindustrie mit einer Fördersteuer und war die treibende Kraft bei der Bildung des Internationalen Bauxitverbandes, einer Organisation der Bauxitländer nach dem Vorbild der OPEC. Den multinationalen Aluminiumunternehmen gefiel das überhaupt nicht. Außerdem verfügten sie über einen größeren Handlungsspielraum als Manley und seine PNP. Um ihrem Mißvergnügen Ausdruck zu verleihen, verlegten sie einfach ihre Fördertätigkeit nach Afrika und Australien.

Auch der Fremdenverkehr fiel der Propaganda zum Opfer, die gegen die PNP gemacht wurde. Duncan erläutert: »Angeblich schädigten die Vertreter von Reisebüros das Image Jamaikas als Touristenparadies, indem sie ihren Kunden rieten, ihren Urlaub lieber auf einer anderen Insel der Karibik zu verbringen.«

Eine Zeitlang verlangsamten zusätzliche Kredite das Tempo der Teufelsspirale aus sinkenden Einkommen und steigenden Kosten. Zwischen 1971 und 1976 wuchs die Auslandsverschuldung Jamaikas um das Fünfeinhalbfache – von 150 auf 830 Millionen Dollar. Im selben Zeitraum flossen große Mengen von Kapital aus dem Land. Jamaikanische Geschäftsleute und reiche Familien schafften ihr Vermögen ins Ausland, und die multinationalen Unternehmen reduzierten ihr Sachvermögen und leiteten Überweisungen sofort an die Muttergesellschaft im Ausland weiter.

1976 wurde die PNP mit großer Mehrheit wiedergewählt, doch sie konnte die unvermeidliche harte Landung nicht länger hinauszögern. Der Devisenbestand war auf Null zusammengeschmolzen, und unmittelbar nach dem Wahlsieg war die Bank von Jamaika gezwungen, alle Zahlungen in Devisen auszusetzen. Damit war alles für das Eingreifen des IWF vorbereitet.[2] Es ist jedoch wichtig festzuhalten, daß die ausländischen Banken sich nicht gerade darum gerissen haben, alte Kredite neu zu finanzieren oder der Regierung Manley neue Darlehen zu gewähren: Selbst nachdem der IWF sein Plazet gegeben hatte, weigerte sich die Bankgemeinschaft, seinem Beispiel zu folgen. Andere Finanzquellen – zum Beispiel USAID oder die Export-Import-Bank der USA – hielten sich ebenfalls vornehm zurück. So fand sich Jamaika plötzlich isoliert, und, wie Dunkan schreibt,

«trotz eindeutiger Hinweise, daß die kritische Devisensituation primär das Produkt exogener (äußerer) Faktoren war, verhärtete sich die Position des Fonds. Er verlangte für 1980 eine deutliche Kürzung der Ausgaben um 300 Millionen Dollar, eine Summe, die 26 Prozent des Vorjahresetats ausmachte. Zu den geforderten Maßnahmen gehörte auch die Entlassung von 11 000 Arbeitern des öffentlichen Dienstes.»

Der IWF verpflichtete die Regierung außerdem zu einer totalen Abkehr von ihrer Umverteilungspolitik – mit dem vorhersehbaren (und zweifellos gewollten) Ergebnis, daß die Partei Manleys ihre Unterstützung in der Bevölkerung verlor. Die PNP sah sich einem massiven Druck von außen und innen ausgesetzt; allerdings bot die Partei auch nicht gerade ein Musterbeispiel für eine umsichtige Wirtschaftspolitik und politische Klugheit.

Duncans Zahlen zeigen für die Zeit von 1972 bis 1980, als die PNP an der Regierung war, einen Rückgang der Realeinkommen um 25 Prozent und eine Inflation von bis zu 32 Prozent. Mitbedingt durch die Reduzierung der Investitionen und die Kapitalflucht, erreichte die Arbeitslosigkeit 1979 ihren Höchststand von 31 Prozent, während die Fabriken mit weniger als einem Drittel ihrer Kapazität ausgelastet waren. Die Verschuldung stieg auf die schwindelnde Höhe von 1,7 Milliarden Dollar. Es war für niemanden eine große Überraschung, daß die PNP bei den Wahlen 1980 von Edward Seagas rechtsgerichteter Jamaica Labor Party geschlagen wurde.

Die Theoretiker mögen sich über die Fehler der PNP in Haarspaltereien ergehen. Begangen hat sie eine ganze Menge, aber sie hatte auch keine guten Karten gegen die multinationalen Unternehmen, die einen beträchtlichen Teil der Wirtschaft des Landes kontrollierten. Und auch die Vereinigten Staaten waren wie immer gegen Experimente in ihrem Hinterhof eingestellt, die nach Sozialismus rochen.

Die Machtübernahme einer konservativen Regierung in Jamaika war jedenfalls Musik in den Ohren der Reaganadministration. Premierminister Seaga war der erste ausländische Politiker, der von Reagan nach dessen Amtseinführung empfangen wurde. Nach Aussage des US-Rechnungshofes hoffte Washington, «Jamaika zu einem

Musterbeispiel dafür zu machen, welche Errungenschaften möglich waren durch die Unterstützung einer Regierung, die gemeinsam mit den USA ein Wachstum des privaten Sektors für den Garanten wirtschaftlicher Entwicklung hielt.»[3]

Der private Sektor ist schön und gut, aber eine Kapitalspritze aus dem staatlichen Sektor ist auch nicht zu verachten: Um «Jamaika zu einem Musterbeispiel zu machen», griff Washington der Regierung Seaga von 1981 bis 1984 mit 495 Millionen Dollar unter die Arme, das waren doppelt soviel wie die gesamte Hilfe der USA in den 24 Jahren zuvor. So empfing beispielsweise 1982 jeder Jamaikaner durchschnittlich etwa 57 Dollar vom nordamerikanischen Steuerzahler, sodaß in der US-Hilfe pro Kopf der Bevölkerung nur noch Israel vor Jamaika rangierte. Bis zum Jahresende 1986 hatte die Reagan-Regierung in die jamaikanische Wirtschaft Geld und Hilfsgüter im Wert von insgesamt 700 Millionen Dollar gepumpt, und im Rahmen von Reagans «Carribean Basin Initiative» (CBI) genossen die jamaikanischen Waren das Privileg des zollfreien Zugangs zum US-Markt.

Premierminister Seaga brauchte für diese Freigebigkeit noch nicht einmal ideologische Klimmzüge zu machen – er stimmte bereits von sich aus den Maßnahmen zu, die von ihm erwartet wurden. Ganz den Wünschen der USA entsprechend, brach er die diplomatischen Beziehungen zu Kuba ab und wurde zum Eckpfeiler von Reagans CBI. Seine wirtschaftspolitischen Maßnahmen waren exakte Kopien der Stabilisierungsprogramme des IWF und der orthodoxen «Reaganomics». Aber trotz aller Bemühungen der USA, ganz zu schweigen von den Krediten des IWF und der Weltbank von über 900 Millionen Dollar, kam die Wirtschaft nicht richtig auf die Beine.

Es bedurfte neuer Anpassungs- oder Stabilisierungs- oder Sparprogramme: Für welche Bezeichnung man sich auch entscheiden mochte, sie bedeutete unter anderem allein 1984 die Entlassung von 6200 Arbeitern und Angestellten aus dem öffentlichen Dienst, wobei allein 1500 Kündigungen auf den Bereich des Gesundheitswesens entfielen. Die staatlichen Investitionen gingen um 30 Prozent zurück, die Nahrungsmittelsubventionen wurden gänzlich gestrichen, und zwischen 1983 und dem Frühjahr 1985, als der Mindestlohn nur noch 8,95 Dollar pro Woche betrug, wurden die Realeinkommen erbarmungslos um knapp die Hälfte gekürzt.

Es erinnerte schon sehr an Orwell, als die Weltbank das Jahr 1984 als «ein erfolgreiches Jahr für Jamaika» bezeichnete. Die Regierung selbst posaunte: «Die Antwort von Wirtschaft und Gesellschaft auf die Herausforderung, die Zielvorgaben (des IWF) zu erreichen, läßt sich nur in Superlativen beschreiben.»[4] Wieso der Jubel? Weil die Zahlungsbilanz sich 1984 von einem Minus von 289 Millionen Dollar auf ein Plus von 225 Millionen verbessert hatte.

Der Stand der Zahlungsbilanz ist das einzige, wofür sich die Vertreter von IWF und Weltbank wirklich interessieren. Aber ist dieser bejubelte Wechsel von den roten zu den schwarzen Zahlen wirklich ein Grund zu solcher Freude? Die Wahl der Zahlungsbilanz zum einzigen Kriterium für den Fortschritt eines Landes (die Frage ist schließlich, in welche Richtung der Fortschritt eigentlich geht) wirkt doch äußerst gewagt. Denn selbst wenn man einmal außer acht läßt, wieviel dieser zweifelhafte Triumph die Bevölkerung gekostet hat: Wie kann eine Wirtschaft gesund sein, deren Schulden sich unter Seaga auf 3,3 Milliarden Dollar verdoppelt haben, ohne daß ein Ende in Sicht wäre?

Strukturanpassung in der Praxis

Wie sollen die Verbraucher reagieren, selbst wenn sie der Mittelschicht angehören, wenn die Gebühren für Trinkwasser, Telefon und elektrischen Strom um über 100 Prozent ansteigen, wie dies in Jamaika 1984 der Fall war? Oder wenn der Verbraucherpreisindex um ein Drittel ansteigt wie in der Zeit vom Frühjahr 1984 bis Mitte 1985? Diese Gesamtzahl verbirgt noch den weit drastischeren Anstieg der Preise für Grundnahrungsmittel um zwei Drittel im selben Zeitraum. 1986 ging die heimische Nahrungsmittelproduktion in Jamaika um 13 Prozent zurück, während Anfang der achtziger Jahre die Lebensmitteleinfuhren um 57 Prozent zunahmen.

Manche Bedürfnisse können durch individuelle Maßnahmen befriedigt werden – zum Beispiel der Bedarf an Nahrungsmitteln für die eigene Familie, sofern man das Glück hat, ein Stück Land zu besitzen. In anderen Fällen hingegen – vor allem im Bildungs- und Gesundheitswesen – kann nur der Staat helfen. Wenn die staatlichen Ausgaben für öffentliche Dienstleistungen gekürzt werden, dann haben darunter in erster Linie all diejenigen zu leiden, die für Privatschulen und -kliniken kein Geld haben. Nach den von Duncan zusammengestellten Zahlen gingen zwischen 1983 und 1985 die Staatsausgaben pro Kopf der Bevölkerung real um 19 Prozent zurück.

Das bereits gut ausgebaute Gesundheitswesen Jamaikas war unter der Regierung der PNP deutlich verbessert worden. Sie hatte das Hauptschwergewicht auf die ärztliche Versorgung der ländlichen Bevölkerung gelegt. Die Regierungsausgaben für das Gesundheitswesen lagen «1980 um mindestens 30 Prozent höher als 1970, und insgesamt haben sich die Aufwendungen während des Jahrzehnts real wahrscheinlich verdoppelt». In den achtziger Jahren wurden diese Errungenschaften jedoch beträchtlich wieder abgebaut. Die Regierungsausgaben im Gesundheitswesen pro Kopf der Bevölkerung fielen von 1980/81 bis 1985 um 26 Prozent.

Der Ernährungszustand der Bevölkerung ist einer der ersten Indikatoren, an denen sich eine Zunahme der Armut ablesen läßt, einfach deshalb, weil die Armen den größten Teil ihrer geringen Einkünfte für Nahrungsmittel ausgeben. Stadtbewohner sind im allgemeinen schlechter dran als die Menschen auf dem Land, da sie ihre sämtlichen Nahrungsmittel kaufen müssen. Im August 1984 hätte ein Fünfpersonenhaushalt wöchentlich 110 Jamaika-Dollar (J$) aufwenden müssen, um die empfohlenen Lebensmittelrationen zu kaufen. Leider betrug der Mindestwochenlohn im August 1984 gerade 45 J$. Selbst unter der Annahme, daß beide Elternteile den Mindestlohn verdienten – was weit übertrieben optimistisch ist angesichts der Tatsache, daß viele Haushalte von alleinstehenden Frauen geführt werden –, hätte man also 122 Prozent des Haushaltseinkommens allein für den Kauf ausreichender Nahrungsmittel verwenden müssen! Offensichtlich war 1984 für die Jamaikaner kein besonders gutes Jahr, was immer der IWF und die Weltbank öffentlich dazu zu sagen hatten.

An dieser Situation hat sich bis 1986 nichts geändert. Zwar stiegen die Mindestlöhne auf 60 J$, aber derselbe Lebensmittelkorb kostet inzwischen 175 J$. 1986 mußte also eine Familie, die von zwei Mindestlöhnen lebte, 145 Prozent ihres Einkommens für dieselben Nahrungsmittel aufwenden!

Duncan gelangt zu dem Schluß, daß «das Schrumpfen der ‹Soziallöhne› im Zeitraum 1981–1985 die Einkommen insgesamt noch weiter verringerte, da der größte Teil der durch die Anpassungsmaßnahmen erfolgten Einbußen an Sozialleistungen gerade von den Menschen verkraftet werden mußte, die ohnehin am schlimmsten dran sind».

Genau das ist es, was der IWF beabsichtigt. Nach seiner Lehre führt eine «Umverteilung der Einkommen» (sprich: «mehr für die Reichen und weniger für die Armen») zu höheren Unternehmergewinnen, die ihrerseits höhere Investitionen bewirken und damit Arbeitsplätze schaffen, so daß die Menschen mehr verdienen usw. usw. So weit die Theorie.

In der Praxis hat es zwar zweifellos eine «Umverteilung» gegeben, aber die Reichen haben mit ihren Extraprofiten keine neuen Arbeitsplätze geschaffen, sondern damit einfach spekuliert (zum Beispiel in Grundstücken) oder es auf Auslandsbanken angelegt. Hier haben wir wieder ein klassisches Beispiel dafür, daß die Banken gleich zweimal kassieren – die Zinszahlungen auf Kosten der armen Bevölkerung und gleichzeitig die Bargeldeinlagen, die sie anschließend wieder als Kredite vergeben können... ad infinitum, sofern nicht vorher irgend etwas zusammenbricht.

Jamaika wird sich wahrscheinlich nicht wieder auf das Niveau von 1981 durchkämpfen können, von einer florierenden Wirtschaft als Folge der IWF-Sparmaßnahmen ganz zu schweigen. Das Land ist heute fester denn je an die internationalen Märkte gebunden, und die Preise für seine hauptsächlichen Exportgüter sind auf einen chronischen Tiefstand abgesunken. Der Fonds kontrolliert die Wirtschaftspolitik des Landes, und nichts deutet darauf hin, daß er in nächster Zeit seinen Druck verringern wird. Die ehemals starke Gewerkschaftsbewegung ist geschwächt worden, vor allem seit nach dem Generalstreik 1985 wieder Hunderte von Arbeitern entlassen wurden. Ohne die Unterstützung von außen durch Weltbank, IWF und USAID würde die Wirtschaft Jamaikas völlig zusammenbrechen – aber diese Hilfe ist weder ideologisch uneigennützig, noch läßt sie die nationale Unabhängigkeit unangetastet. Duncan schreibt:

«Die Auflagen des Fonds und der Weltbank, die erzwungene Aufhebung früherer Regulierungen (Subventionen, Höchstpreise etc.) und Marktbeschränkungen durch die Vertreter von USAID und die Abhängigkeit von ausländischen Beratern in allen Bereichen der Politik reduzierte die Seaga-Regierung auf den Status einer geschäftsführenden Regierung, die den Staat im Interesse ausländischer multilateraler Institutionen und des internationalen Kapitals verwaltete. Je mehr die Regierung diese Verwalterrolle übernahm, desto weniger zeigte sie sich für die Vertretung der Interessen des Landes verantwortlich. Sie unterwarf sich unmittelbar den Anweisungen der Weltbank, des Fonds und anderer Auslandsinteressen, die allesamt entschlossen waren, die demokratischen Errungenschaften der siebziger Jahre wieder zunichte zu machen.»

Damit wissen wir also, was es mit dem perfekten «Laboratorium» Jamaika auf sich hat, wo die piekfeinen promovierten Wirtschaftswissenschaftler des IWF und der Weltbank sowie allerlei Funktionäre des freien Unternehmertums ihre sozialen Experimente anstellen. Schauen wir uns nun einmal näher an, was diese für die lebendigen Jamaikaner aus Fleisch und Blut bedeuten.

Armut in Jamaika

Belinda Coote arbeitet für die Abteilung «Öffentliche Angelegenheiten» der renommierten britischen Hilfsorganisation OXFAM. Im Januar 1985 reiste sie in deren Auftrag nach Jamaika. Sie sprach mit zahlreichen Jamaikanerinnen und Jamaikanern und war so entsetzt über die Auswirkungen der Finanzkrise auf die Bevölkerung, vor allem auf die Frauen, daß sie ihre Beobachtungen in einem Fallbericht für OXFAM über «Verschuldung und Armut» niederschrieb.[5]

Wie üblich in Ländern, in denen ein Strukturanpassungsprogramm durchgeführt wird, haben die Jamaikaner unter Preiserhöhungen, der Streichung von Subventionen, Entlassungen und anderen Maßnahmen zu leiden, die vor allem zu Lasten der Armen gehen. Am 14. Januar 1985 gab die Regierung eine zwanzigprozentige Erhöhung der Preise für Benzin, Dieselöl, Kerosin und Kochgas bekannt. Das bedeutete eine Verteuerung des privaten und des öffentlichen Verkehrs sowie eine unerträgliche Steuer auf die einzige Energiequelle des armen Mannes. Eine Karikatur aus dieser Zeit zeigt eine verfallene Hütte bei Nacht – mit einem dunklen Fenster, aus dem eine Sprechblase dringt: «Mensch Mama, wir können das Essen nicht sehen», worauf die Mutter antwortet: «Eins von beidem. Entweder ungekochtes Essen und Licht an oder gekochtes Essen und Licht aus.»

Für die Jamaikaner war diese Ankündigung der Tropfen, der das Faß zum Überlaufen brachte. Es kam zu Straßenunruhen, deren Augenzeugin Belinda Coote wurde:

«Am nächsten Morgen um sieben Uhr wurden auf der ganzen Insel Straßensperren aus Schrottautos, Sperrmüll und allem Möglichen errichtet. Die Luft war erfüllt vom beißenden Qualm brennender Autoreifen. Männer, Frauen und Kinder drängten sich in den Straßen und brachten den morgendlichen Frühverkehr zum Erliegen. Schulen, Büros und Fabriken mußten schließen, und das gesamte Wirtschaftsleben stand still. Bei heftigen Zusammenstößen mit den Sicherheitskräften gab es mindestens sieben Tote und zahlreiche Verletzte. Die Demonstrationen hielten zwei Tage lang an, aber es dauerte noch eine ganze Woche, bis die Straßen alle wieder passierbar waren und das Leben auf der Insel wieder seinen gewohnten Gang nahm.»

Freunde in Jamaika schickten mir Zeitungsberichte von den Demonstrationen. Hier ist ein Stimmungsbild aus dem *Daily Gleaner*: «Gegen zehn Uhr morgens wurde der Minister für Industrie und Handel, Sir Douglas Vaz, von einer Straßensperre aufgehalten... Sein Fahrer wurde bei dem Versuch, das Fahrzeug zu verlassen und das Hindernis beiseite zu räumen, mehrfach von Flaschen getroffen. Als der Minister sah, daß draußen ein Hagel von Wurfgeschossen auf seinen Fahrer niederprasselte, kletterte er vom Fond des Wagens aus ans Steuer, legte den Rückwärtsgang ein und machte sich aus dem Staub, so daß sein Fahrer hinter ihm herrennen mußte, um das davonfahrende Auto noch zu erwischen.» (Der *Gleaner* gilt als konservative Tageszeitung.)

Obwohl es bereits am ersten Tag der Demonstrationen bei Zusammenstößen mit der Polizei angeblich sechs Tote gegeben hatte, konnte dies den Jamaikanern nicht völlig ihren Sinn für Humor rauben. Der *Gleaner* berichtete: «Auf der Windward Road war eine große Menschenmenge zusammengekommen, die zu den Klängen des beliebten Kalypsos ‹Der Kapitalismus spielt verrückt› tanzte.»[6]

Für Premierminister Seaga spielte er anscheinend nicht verrückt. Über Radio und Fernsehen teilte er mit, die plötzlichen Preiserhöhungen seien wegen der Abwertung «unvermeidlich», weil diese «die Wirkung hatte, daß sich die Preise für Nahrungsmittel und Heizmaterial erhöhten, und das ist der Grund für den Kummer, der uns alle quält».

Einige bekommen den Kummer jedoch stärker zu spüren als andere. Zwar betrug nach Angaben der Weltbank 1984 das jamaikanische BSP 1150 Dollar pro Kopf der Bevölkerung, aber was bedeutet das schon, wenn die obersten zehn Prozent der Bevölkerung 65 Prozent des Nationaleinkommens kassieren. Armut ist in Jamaika vermutlich nichts Neues, aber früher waren die Menschen sozial besser abgesichert, und die damals bestehenden sozialen Dienstleistungen waren für ein Land der Dritten Welt beispiellos. Eine andere Möglichkeit, dem Elend zu entrinnen, war in Jamaika seit jeher die Auswanderung. Heute gibt es zwar 4,4 Millionen Jamaikaner auf der Erde, aber weniger als die Hälfte von ihnen lebt auf ihrer eigenen Insel.

Belinda Coote macht uns mit einigen Frauen bekannt, die versuchen, sich und ihre Angehörigen in der Heimat über Wasser zu halten. Eine von ihnen ist Erna. In gewisser Hinsicht ist sie glücklich, denn sie hat eine Arbeit und eine möblierte Einzimmerwohnung, die sie mit ihren beiden Kindern teilt. Coote traf sie an einer behelfsmäßigen Straßenbarrikade, die von ihr und den Nachbarn am Tag der «Kerosin-Unruhen» errichtet worden war. Erna sagte zu ihr: «Ich war noch nie in meinem Leben Mitglied einer politischen Partei, und wahrscheinlich werde ich das auch niemals sein, aber diese Regierung geht zu weit. Wir hatten einfach genug.»

«Genug» bedeutet, daß ihr vor einem Jahr der Strom abgestellt wurde. Als sich der Strompreis um das Vierfache verteuerte, konnte sie ihre Stromrechnung nicht mehr bezahlen. Sie arbeitet als Putzfrau in einem Krankenhaus in Kingston, aber sie hat Angst davor, ihren Job zu verlieren. Denn die Regierung hat bekanntgegeben, daß sie weitere 1500 Arbeiter und Angestellte im Gesundheitswesen zu entlassen gedenkt. «Wenn jemand kündigt, dann wird die Stelle heutzutage nicht mehr neu besetzt, obwohl wir schon jetzt überarbeitet sind. Das Krankenhaus ist schmutzig und überbelegt, und es fehlt am Allernotwendigsten, zum Beispiel an Putzmitteln. Ich rechne jeden Tag damit, daß sie mir sagen, ‹Erna, wir brauchen dich nicht mehr›, und ich weiß nicht, was ich dann machen soll.»

Verständlicherweise hat Erna sowieso schon Schwierigkeiten, mit ihrem Wochenlohn von neun Dollar auszukommen. Sie erinnert sich noch gut an die Zeit, als der Reis um 60 Prozent billiger war als heute – aber ihr Gehalt hat mit den Preissteigerungen nicht Schritt gehalten. Sie kann sich allerdings kaum noch daran erinnern, wann sie zum letztenmal ein paar Hühnerhälse oder etwas Pökelfleisch zum Reis dazutun konnte. Erna macht sich Sorgen über die Folgen der mangelhaften Ernährung für ihre Kinder. Da sie auf einem Kerosinherd kocht, bleibt ihr nur die Wahl, entweder weniger zu kochen oder an den Lebensmitteln zu sparen.

Erna ist noch wohlhabend im Vergleich zu Sandra, die zwei Kinder im Alter von sieben Monaten und sechs Jahren hat. Der Vater ihrer Kinder hatte Arbeit, und in den ersten Jahren lebten sie glücklich zusammen. «Dann verlor er seine Stelle, und wir mußten von meinen Einkünften leben. Ich verkaufte Fische und *bammy* (Kuchen aus Maniokmehl) auf dem Markt, aber Fisch wurde zu teuer, niemand konnte ihn sich mehr leisten, und deshalb mußte ich dort aufhören. Da hatten wir plötzlich nichts mehr außer einem Jungen, der zu essen haben wollte, und einem zweiten Kind, das gerade unterwegs war. Es war zuviel für ihn. Er ging fort, und seitdem habe ich nichts mehr von ihm gehört.»

Heute hält Sandra sich und ihre Kinder mit Betteln am Leben. «Wenn ich auf die Straße gehe, um etwas zu essen zu besorgen, bleibt das Baby bei meinem Jungen. Ich lasse ihn nicht in die Schule, aber was soll ich sonst machen? Manchmal schicke ich ihn auf die Straße, um mit den anderen Kindern nach Abfällen zu suchen. Es ist die einzige Möglichkeit.»

Familien ohne Vater sind in Jamaika gang und gäbe. Veronica ist eine andere Frau mit zwei kleinen Kindern, die von ihrem Mann verlassen wurde. Außerdem kümmert sie sich um ihre blinde Großmutter, die ans Haus gefesselt ist. «Manchmal bekommen die Kinder von Freunden etwas zu essen. Von dem, was ich verdiene, können wir nicht leben (von knapp vier Dollar in der Woche für eine Teilzeitarbeit, bei der sie Säcke zusammennäht). Wir leben meistens von Reis und *calaloo* (eine lokale Spinatsorte). Früher habe ich gelegentlich Hühnerhälse für die Kinder gekocht, aber die können wir uns jetzt nicht mehr leisten. Die Preise klettern nur noch hoch und immer höher. Ich darf gar nicht daran denken, was noch alles passieren kann. Eines Tages werden wir uns noch zu Tode hungern.»[7]

Um mich nicht dem Vorwurf auszusetzen, ich hätte mich bei meiner Schilderung der Verhältnisse in Jamaika auf die Ärmsten der Armen beschränkt, um so besser auf die Tränendrüsen drücken zu können – obwohl die Armen dort in der Mehrheit sind –, habe ich Kollegen in Jamaika um eine Reihe von Interviews mit Menschen gebeten, die normalerweise eher der «Mittelschicht» zugerechnet würden. Eine von ihnen ist Colleen, 31 Jahre alt, Mutter von fünf Kindern und nach den heutigen Maßstäben in Jamaika einigermaßen gut gestellt. Sie hat eine höhere Schule besucht und lebt bei ihren Eltern; ihr Vater ist seit 35 Jahren als Beamter tätig. Von 1975 bis 1982 war sie als Gemeindekrankenhelferin beschäftigt, verlor jedoch ihre Stelle, als die staatlichen Ausgaben im Gesundheitswesen gekürzt wurden. Danach hat sie es mit dem Verkauf von Waren auf der Straße versucht, allerdings ohne besonderen Erfolg.*

Colleen sagt über sich: «Früher war alles in Ordnung, Artikel wie

---

* Sofern nichts anderes vermerkt, sind im folgenden alle Geldbeträge in US-Dollar angegeben, umgerechnet auf der Basis des Wechselkurses vom Spätjahr 1986 von 1 US-Dollar = 5,50 J$.

Reis, Mehl oder Kinderkleidung waren billiger. Ein Paar Schuhe für die Schule gab es für etwa 5,50 Dollar, und der Stoff für eine Schüleruniform kostete 1,10 Dollar der Meter. Ich verdiente 64 Dollar im Monat, und damit konnte ich mich und meine fünf Kinder ernähren. Die ärztliche Versorgung war viel billiger, und mein Beruf gab mir die Möglichkeit, meine Kinder regelmäßig von einem Arzt untersuchen zu lassen. Einmal in der Woche ging ich ins Kino und häufig auch zum Tanzen...

Jeden Monat habe ich 5,50 Dollar bei der Bank und 7,25 Dollar bei meinem Sparverein eingezahlt. Wir hatten immer drei Mahlzeiten am Tag. Ich war damals als Frau viel unabhängiger und war in keiner Hinsicht auf meinen Vater angewiesen.»

Über ihr Leben seit dem Verlust ihrer Stelle bis September 1986, als das Interview geführt wurde, sagte Colleen: «Die Lage hat sich mittlerweile so sehr verschlechtert, daß ich kaum darüber reden mag, sonst werde ich verrückt. Das einzige Fleisch, das ich noch esse, ist Hähnchen, das gibt's zwei- bis dreimal in der Woche. Früher habe ich regelmäßig Rindfleisch gegessen. Die Kosten der Schulsachen sind ein Kapitel für sich.» Ein Paar Schuhe für die Schule kostet heute 12 Dollar, ein Ranzen 13,50, Stoff für die Schuluniform 4,00 Dollar der Meter, und Busfahrten und Schulfrühstück verschlingen pro Tag und pro Kind 1,45 Dollar; das sind insgesamt 7,25 pro Tag, da ihre fünf Kinder im Alter von 7 bis 14 Jahre alle zur Schule gehen.

«Ich esse weniger, weil ich mir keine drei Mahlzeiten am Tag leisten kann. Wenn ich das Geld für ein gutes Mittagessen aufgetrieben habe, kann ich abends nichts mehr kochen – ich kann nur noch einmal am Tag eine warme Mahlzeit zubereiten. Trotzdem bin ich besser dran als viele andere, denn in meinem Garten steht ein Ackeefruchtbaum. Um den Arzt für die Kinder bezahlen zu können, bin ich finanziell auf meinen Vater angewiesen. Ich bringe sie nicht mehr so oft wie früher zur Untersuchung, sondern nur noch wenn sie ernsthaft krank sind. Ich kann nichts mehr auf die hohe Kante legen. Wenn es die Väter der beiden ältesten Mädchen nicht gäbe, die heute in den USA leben, und wenn mein Vater nicht wäre, wüßte ich nicht, wie ich es schaffen sollte.»[8]

Warum können sich heute so viele Jamaikaner keine ausreichende Ernährung mehr leisten? Zum Teil deshalb, weil es die Regierung zugelassen hat, daß die für den heimischen Bedarf produzierende Landwirtschaft mit der Zeit verkam. Große Mengen von Nahrungsmitteln, die durchaus im Land selbst erzeugt werden könnten, werden aus den Vereinigten Staaten importiert – 1984 betrug ihr Importwert 145 Millionen Dollar.[9] Aufgrund der aufeinanderfolgenden Abwertungen kosten die Importe heute wesentlich mehr als 1982. Den Auflagen des IWF entsprechend wurden die Subventionen selbst für Grundnahrungsmittel gestrichen.

Das Karibische Institut für Nahrungsmittel und Ernährung (CFNI) führt Buch über die Entwicklung der Nahrungsmittelpreise und veröffentlicht regelmäßig die Kosten eines «Lebensmittelkorbs für einen Fünfpersonenhaushalt für eine Woche». In diesem Korb sind auch Obst und Gemüse, Fleisch und Fisch enthalten, obwohl diese Artikel inzwischen für die meisten Jamaikaner unerschwinglich sind. Wie bereits bemerkt, kletterten die Nahrungsmittelpreise von Ende 1983 bis Anfang 1985 in alarmierende Höhen; auch danach stiegen sie noch, allerdings weniger steil.

Aufgrund der Zahlen des CFNI ergaben sich bei einzelnen Artikeln von Dezember 1983 bis März 1986 folgende Preissteigerungen (in Prozent):[10]

Obst und Gemüse	+ 67
Getreide	+ 125
Milchprodukte	+ 125
Fleisch und Fisch	+ 146
Durchschnittlicher Preisanstieg	+ 97

Die Liste der CFNI enthält 26 verschiedene Lebensmittel, und nur in einem einzigen Fall ging der Preis eines Artikels – um atemberaubende zwei Prozent – zurück: bei der lokalen Spinatsorte *calaloo*, aber selbst hier gibt es jahreszeitlich bedingte Preisaufschläge.

Kevin Danaher vom Institut für Nahrungsmittel- und Entwicklungspolitik überprüfte im Januar 1986 die Preise in den Supermärkten von Kingston und stellte dabei fest, daß ein Dutzend Eier oder ein kleines Hähnchen soviel kosteten wie ein Mindesttageslohn. Für einen Dreivierterlliter Speiseöl mußte gut ein Wochenlohn bezahlt werden. Eine Frau erzählte ihm: «Ich gehe nicht einmal mehr in den Supermarkt. Es ist zu deprimierend.»[11]

Es gibt noch eine zweite Möglichkeit zur Beurteilung des Lebensmittelkorbs und der täglichen Ernährung der Jamaikaner, nämlich die Kaufkraft von einem Dollar in Kalorien. In der folgenden Tabelle sind für verschiedene Nahrungsmittel die Kalorienmengen angegeben, die im August 1984 und im November 1985 für einen Jamaikadollar gekauft werden konnten.[12]

Artikel	Kalorienmenge 8/84	Kalorienmenge 11/85	Änderung (in Prozent)
Weizenmehl	2232	1443	−35
Maismehl	3669	2013	−45
Reis	1649	905	−45
Hähnchen	220	174	−20
Kondensmilch	1037	508	−51
Speiseöl	1003	823	−18
Brauner Zucker	1727	1253	−27

Die Arbeitslosigkeit ist enorm angestiegen. Die offizielle Quote beträgt 25 Prozent, aber selbst der konservative *Daily Gleaner* schätzt sie auf rund 40 Prozent, und sowohl im privaten wie im staatlichen Sektor halten die Entlassungen an. Für die Beschäftigten sind nur Lohn- und Gehaltserhöhungen von maximal 12–15 Prozent zugelassen. Als beschäftigt gelten offiziell auch Tagelöhner, zum Beispiel Zuckerrohrarbeiter, die sechs Monate im Jahr gar keine Arbeit haben, weil kein Zuckerrohr geschnitten werden muß. Belinda Coote bemerkt, daß die Auflagen des IWF den Managern der Zuckerfabriken eine bequeme Ausrede in Verhandlungen mit den Gewerkschaften oder Betriebsräten an die Hand geben.

«Für den Arbeiter ist die Situation hoffnungslos. Während die Lebenshaltungskosten entsprechend der Planung jährlich um 67 Prozent ansteigen, dürfen die Gehälter nur um maximal 15 Prozent erhöht werden. Ein Zuckerrohrarbeiter verdient mitten in der Erntezeit, wenn die Löhne am höchsten sind, lediglich 18 Dollar in der Woche, wo doch allein schon die Grundnahrungsmittel für eine Familie in der Woche 36 Dollar kosten.»

Da die Preise für Nahrungsmittelimporte rapide steigen und die Unzufriedenheit in der Bevölkerung wächst, sollte man eigentlich erwarten, daß die Regierung Jamaikas die für den lokalen Markt produzierenden Kleinbauern unterstützt. Das Gegenteil ist jedoch der Fall, wie ein Gespräch zeigt, das Michael Nieta vom Kingston Social Action Centre mit dem Kleinbauern Leroy Taylor führte. Taylor hat seit 1965 21 Jahre lang seinen drei ha umfassenden Boden bewirtschaftet. Er hat die Grundschule besucht, ist mittlerweile 44 Jahre alt, bewohnt ein kleines Häuschen mit zwei Zimmern und baut Maniok,

Süßkartoffeln, Ingwer, Bananen, Kartoffeln und Gemüse an. Wie Colleen gehört auch Taylor nicht zu jenen, die Ronald Reagan zu den «wirklich Bedürftigen» zählen würde.

Aber es geht ihm auch nicht gerade gut: «(Bis 1980) habe ich zusammen mit drei Tagelöhnern, die 16 bis 20 J$ am Tag bekamen, fünf Tage in der Woche mein Land bearbeitet. Das waren schöne Zeiten damals – Saatgut, Düngemittel, Sprühgeräte, Gabeln, Macheten und Feilen waren hundertmal billiger als heute. Damals habe ich regelmäßig gegessen, meistens dreimal am Tag. Außerdem bekam ich Unterstützung von der Regierung in Form von Düngemitteln, manchmal bis zu 16 Sack.»

Taylor wußte seine Erntemengen auswendig und zählte sie der Reihe nach auf:

Süßkartoffeln 90 Doppelzentner, Bananen 30–40 Stauden, Kartoffeln 63 Doppelzentner, Ingwer 20 Doppelzentner, Gemüse 90 Doppelzentner. Das war 1980.

Seitdem hat sich die Lage ständig verschlechtert: «Alles ist schwer, ich kann keine Saaten oder Düngemittel kaufen und keine Leute beschäftigen, die auf dem Feld mitarbeiten.» Seine Erzeugerkosten sind steil in die Höhe gegangen. Das Ergebnis? «Ich kann heute nur noch einen Hektar bearbeiten.» Die Erntemengen sind entsprechend zurückgegangen. Sie betragen bei Süßkartoffeln ein Viertel, bei Gemüse zwei Fünftel und bei Kartoffeln ein Drittel der ursprünglichen Produktion. Nur bei den Bananen, die weniger Arbeit erfordern, hat sich nichts geändert.

Leroy Taylor sagt: «Mit meiner Gesundheit ist es auch nicht mehr weit her. Ich kann nicht mehr soviel anbauen wie früher – das, was ich heute esse, ist minderwertig.» Staatliche oder private Unterstützung erhält er auch nicht mehr. «1982 war ich auf der Bank wegen eines Kredit, aber sie haben NEIN gesagt. Weil die Regierung mir Ende der siebziger Jahre (Geld) gegeben hat, um Erbsen anzupflanzen. Ich bekam (72 US-Dollar), aber die Ernte ging daneben, weil das Wetter schlecht war. Jetzt sagen sie, ich solle erst mal dieses Geld samt sechs Prozent Zinsen zurückzahlen, ich kann aber keins auftreiben. Ich habe keine Ahnung, wovon ich meine Farm wieder aufbauen soll, und wenn ich richtig sehe, dann bleibt uns kleinen Bauern nur die Möglichkeit, uns zu Tode zu schuften, während der große Mann am Leben bleibt, und es wird von Tag zu Tag immer schlimmer.»

Hat Taylor schon einmal etwas vom IWF gehört? Allerdings: «Was den IWF angeht, das ist ein besonders heimtückisches System gegen den armen Mann – weil seine Regierung von Tag zu Tag härter und meine Arbeit immer wertloser wird.»[13]

Es ist nicht nur Taylors Arbeit, die an Wert verliert. Wenn seine Kosten in die Höhe schießen, kann er auch keine Landarbeiter mehr beschäftigen. Der von Kleinbauern bewirtschaftete Agrarsektor, der zahlreiche Arbeitsplätze schaffen könnte, schrumpft unerbittlich zusammen, weil der Staat mechanisierte landwirtschaftliche Betriebe, die große Flächen bewirtschaften, bevorzugt behandelt und Kredite allein an sie vergibt. Dieser Agrarpolitik, die vom IWF sanktioniert und gefördert wird, geht es nicht um die Erzeugung von Nahrungsmitteln für den heimischen Bedarf, sondern um den Anbau landwirtschaftlicher Exportgüter; auf mehr als einem Drittel der jamaikanischen Anbaufläche wird für den Export produziert. Doch Jamaika erntet noch nicht einmal die Früchte, die aus dieser Politik erwachsen sollen. Die zwei größten Landwirtschaftsunternehmen, die auf mehreren hundert Hektar Land Frischgemüse, Obst und Schnittblumen für den Export angebaut hatten, mußten dichtmachen. Zwar sind die Ursachen der Betriebsschließung nicht bis ins letzte geklärt, aber zu einem Teil lag es sicherlich an den unbeständigen Märkten, vor allem in den USA.[14]

Der Premierminister räumt ein, daß der Bananenanbau in der Krise steckt – 1970 betrug der Export noch 162000 t, 1985 hingegen nur noch 12000 t –, aber nach seinen Worten wurde dieser Sektor der Landwirtschaft «reorganisiert und steht kurz vor einer bedeutenden Ausweitung»; dasselbe gilt nach Seaga für Kaffee und Zucker. Michael Manley verweist statt dessen auf die 23000 kleinen Bananenpflanzer, die durch die Förderung landwirtschaftlicher Großbetriebe ihrer Existenz beraubt wurden. Zahlreiche Geflügel- und Viehzüchter gingen ebenfalls bankrott, weil sie die steigenden Futterkosten nicht mehr bezahlen konnten.[15]

Nachdem in Jamaika Tausende von Beschäftigten ihre Arbeitsplätze verloren haben, ohne daß neue geschaffen wurden, probieren viele ihr Glück als Straßenverkäufer. Doch das erinnert stark an den Versuch, wirtschaftliches Wachstum dadurch zu erzeugen, daß die Bevölkerung angehalten wird, sich gegenseitig die Wäsche zu waschen. Es gibt einfach zuwenig Kunden, denn kaum einer hat Geld genug, um etwas zu kaufen. Andere versuchen, in eines der wenigen in Jamaika noch möglichen lukrativen Geschäfte einzusteigen – den Anbau von Drogenpflanzen oder den Drogenhandel. Michael

Nieta schreibt: «Die illegalen Geschäfte und die Unsicherheit haben zugenommen. (Das läßt sich ablesen an) der täglichen Schlange von Wartenden vor der US-Botschaft, die alle ein Einreisevisum in die USA zu ergattern hoffen, oder an der Zahl derer, die in den Drogenhandel verwickelt oder selbst drogenabhängig sind.»

Die Lichtblicke in der Wirtschaft Jamaikas sind Textilexporte und der Fremdenverkehr. Gegenwärtig wird die Insel jährlich von einer Million Touristen besucht, und der Tourismus ist der wichtigste Devisenbringer des Landes (1985 405 Millionen Dollar). Touristen sind jedoch bekanntlich launische Leute und reagieren empfindlich auf Modeströmungen und – wirkliche oder angebliche – politische Unruhen. Dank Reagans «Caribbean Basin Initiative» (CBI) haben die zollfreien Exporte von Konfektionswaren in die Vereinigten Staaten höhere Wachstumsraten als die Exporte aller anderen Länder erzielt: im ersten Halbjahr 1986 gegenüber dem ersten Halbjahr 1985 ein Umsatzplus von 90 Prozent in US-Dollar und ein Anstieg um 158 Prozent in der Menge der verarbeiteten Stoffe.

Die Kleidung wird in der Kingston Free Zone hergestellt (17 Unternehmen, 7000 Beschäftigte, in der Mehrzahl Frauen), wo nach einem Bericht des *Daily Gleaner* «erzwungene Überstunden, unzureichende Sanitäranlagen und Eßmöglichkeiten, niedrige Löhne, ein hoher Personalumsatz und Einschüchterungen durch die ausländischen Schichtleiter in mehreren Unternehmen... Anlaß zu Beschwerden von Arbeiterinnen gegeben haben». Eine Organisation jamaikanischer Frauen bezeichnet das Industriegebiet as «Sklavenzone».[16]

IWF – Die Hunger-Agentur

Wie wir gesehen haben, zeigt sich die wirtschaftliche Misere Jamaikas zuerst im Warenkorb der Einzelhaushalte und auf dem Speisezettel. Lebensmittel in unzureichender Qualität und Menge führen wiederum zu Krankheit, Erwerbsunfähigkeit und vorzeitigem Tod. Alle seriösen Quellen stimmen darin überein, daß die Unterernährung in Jamaika zunimmt, auch wenn die Regierung diesen Sachverhalt mit ihren Zahlen eher zu verschleiern sucht.

So geht zum Beispiel aus der vom Gesundheitsministerium veröffentlichten Statistik hervor, daß der Anteil der an einer Unterernährung ersten Grades leidenden Kinder von 1978 bis 1985 lediglich um 2,5 Prozent gestiegen ist. Die Veränderungen bei der Unterernährung zweiten oder dritten Grades fallen kaum ins Gewicht. Betrachtet man jedoch die Verhältnisse in bestimmten kleineren Gebieten, dann erhält man ein weit alarmierenderes Bild. Obgleich die absoluten Zahlen noch niedrig sind, hat sich doch die Zahl der wegen Unterernährung und Magen-Darm-Katarrh in der Kinderklinik von Bustamante aufgenommenen Patienten von 1981 bis 1985 verdreifacht. Erhebungen anhand umfangreicher Stichproben bei Kindern in Kingston/ St. Andrew ergaben in der Altersgruppe von null bis drei Jahren eine steigende Tendenz beim Anteil der unterernährten Kinder: 1980 waren es 21 Prozent, 1984 26 und 1985 schließlich 29,5 Prozent.

Diese steigende Zahl unterernährter Kleinkinder wird begleitet von einer Verschlechterung des Ernährungszustands von Frauen, die ebenfalls weniger essen und infolgedessen untergewichtige Babies zur Welt bringen, die anfälliger für Krankheiten sind. Eine weitere Erhebung in Kingston/St. Andrew ergab, daß 23 Prozent der 1981 röntgenuntersuchten Mütter anämisch waren. 1984 lag dieser Anteil bereits bei 43 Prozent.[17] Heute müssen die Frauen für Mutterschaftsvorsorge und Entbindung eine Gebühr von 12,50 US-Dollar bezahlen. Das hört sich nicht teuer an, aber wir sollten uns daran erinnern, daß es mehr ist, als Erna in einer Woche verdient, und mehr als drei Wochenlöhne für Veronica.

So wird verständlich, wenn ein Arzt Belinda Coote berichtete: «Viele Frauen können es sich nicht leisten, hierher zu kommen. Die Fälle häufen sich, in denen wir schwangere Frauen zum erstenmal zu Gesicht bekommen, wenn sie schon in den Wehen liegen, ohne jede vorherige Vorsorgeuntersuchung.» In seinem eigenen Krankenhaus gab es allein im Januar 1985 vier Todesfälle bei den Müttern – gegenüber sieben während des gesamten Vorjahrs.

Der für Kingston/St. Andrews zuständige Oberamtsarzt Peter Figueroa erzählte Kevin Danaher im Januar 1986: «Es steht außer Zweifel, daß sich die Gesundheitsfürsorge unter Seaga verschlechtert... Durch die Abwertung hat sich die Versorgung mit Medikamenten und medizinischen Geräten verringert.»[18] Da die meisten wichtigen Medikamente importiert werden, sind ihre Preise zwischen 50 und 300 Prozent gestiegen – so daß viele Menschen ohne Medikamente auskommen müssen. Krankenhäuser und Kliniken verkommen im Schmutz und werden von Bakterien verseucht, wenn das Geld für Reinigungsmittel, Seife und Gummihandschuhe fehlt. Die Ausrüstung vergammelt, weil Ersatzteile fehlen, und da die Wasser-, Strom- und Telefonrechnungen nicht mehr bezahlt werden können, fehlt es in vielen Kliniken an elektrischem Strom, Telefonverbindungen und sogar an Wasser.

Durch das vom IWF geforderte Einfrieren der Löhne und Gehälter («Angebotspolitik») wird außerdem die Abwanderung von qualifizierten Fachkräften gefördert. Ein frisch examinierter Arzt kann gerade mit 3600 Dollar im Jahr rechnen und muß eine Menge unbezahlter Überstunden ableisten. Eine qualifizierte Krankenschwester verdient zwischen 1000 und 1500 Dollar jährlich. So ist es nicht verwunderlich, wenn Fachkräfte ihre Kenntnisse im Ausland gewinnbringender einzusetzen versuchen. Auf den Bahamas zum Beispiel verdienen jamaikanische Ärzte etwa fünfmal soviel wie in ihrer Heimat.

Da sich die Auswirkungen von Knappheiten und Mittelkürzungen gegenseitig verschärfen, ist das Gesamtbild weit düsterer als seine einzelnen Bestandteile. Eine Streichung von Stellen im Gesundheitswesen hat unter anderem zur Folge, daß es weniger Schwestern für eine ambulante Krankenversorgung gibt. Und die Schwestern, die ihre Stelle behalten haben, können wegen der gestiegenen Benzinpreise ihre früheren Routen nicht mehr einhalten. Wie Dr. Figueroa erklärte, mußten die ambulanten Krankenschwestern ihre monatlichen Rundfahrten von 800 auf 300 km zusammenstreichen. Von einem Mitarbeiter des Gesundheitsamts erfuhr Belinda Coote: «Wir mußten unsere Maßnahmen zur Moskitobekämpfung einstellen, weil uns das Geld für neue Spritzgeräte fehlte.» Nach Aussagen anderer Gesprächspartner mußten auch Impfprogramme für Schüler beschnitten werden. 1982 gab es erstmals seit 30 Jahren wieder Polio-Todesfälle.

Jahrzehntelang sorgte eine aufgeklärte Politik in Jamaika für eine hohe Lebenserwartung von 73 Jahren, ebenso hoch wie in Kuba oder Israel und höher als in Griechenland oder Portugal. Die Säuglingssterblichkeit lag mit 16 bis 20 Todesfällen auf 1000 Lebendgeburten wenigstens bis 1980 innerhalb der Länder der Dritten Welt extrem niedrig. Heute dagegen sterben die Menschen wieder früher. Dr. Figueroa ist überzeugt, daß die amtlichen Zahlen über die Sterblichkeit von Säuglingen und Kleinkindern nicht der Wirklichkeit entsprechen und daß zahlreiche Todesfälle bei Säuglingen nicht angezeigt werden, vor allem deshalb, weil heute weniger Frauen als früher zur Entbindung eine Klinik aufsuchen.

Die Regierung hat die Verschlechterung des Gesundheits- und Ernährungszustandes der Bevölkerung so weit zur Kenntnis genommen, daß sie ein Schulspeisungsprogramm und Lebensmittelmarken eingeführt hat. Kritiker wenden jedoch ein, daß diese Programme nur einen winzigen Bruchteil der «Zielgruppe» erreichen. Viele der Kinder, die am dringendsten eine Zusatzernährung bräuchten, gehen gar nicht mehr zur Schule.

In den Schulen sind die Klassen überfüllt, aber zugleich können es sich viele Eltern nicht mehr leisten, ihre Kinder zur Schule zu schicken, weil sie die Schulbücher, die Busfahrten, die Schuhe und die Kleidung nicht mehr bezahlen können. In Jamaika besteht theoretisch allgemeine Schulpflicht bei kostenlosem Besuch der Grundschule. Die Eltern unternehmen heroische Anstrengungen, damit ihre Kinder auf der Schule bleiben können, aber – wie eine Mutter erklärte – «es ist billiger, meine Kinder daheim zu lassen und aus dem Familientopf zu ernähren als sie zur Schule zu schicken.» Sie schafft es gerade, sie zweimal in der Woche in die Schule zu schicken, und den Weg von jeweils 5 km müssen sie zu Fuß zurücklegen. Der Bus ist für sie zu teuer, und «der Kleine (von sechs Jahren) wird dabei müde, aber was soll ich machen? Sie brauchen irgendeine Bildung, es ist ihre einzige Hoffnung.» Diese Schule wie auch viele andere kommt nicht in den Genuß eines Schulspeisungsprogramms.

Der blanke Stumpfsinn dieser vom IWF angeordneten Maßnahmen müßte jedem ins Gesicht schlagen, nur nicht den borninerten Ökonomen, die für den Fonds arbeiten und die Anpassungsprogramme zusammenstellen. Wenn heute keine Moskitos bekämpft werden, dann wird sich morgen die Malaria ausbreiten, unterlassene Impfungen bedeuten künftige Epidemien. Tote Mütter, unterernährte Babies mit Geburtsschäden und Kinder ohne Schulbildung werden die Gesellschaft in wenigen Jahren zweifellos schwer belasten. Wie können Menschen produktiv und effizient arbeiten, die vor Hunger entkräftet sind? Offenbar will der IWF nicht einsehen, daß Investitionen in eine Gesellschaft gesunder, gut ernährter und gebildeter Menschen, wie sie in Jamaika früher einmal existiert hat, die klügste wirtschaftspolitische Entscheidung ist, die ein Land überhaupt treffen kann. Für den Fonds stehen die Gläubiger an erster Stelle, und Jamaika ist mit 3,2 Milliarden Dollar verschuldet.

Die Bevölkerung hat das nicht klaglos hingenommen. Außer den «Kerosin-Unruhen» gab es einen wochenlangen Generalstreik im Juni 1985, Studentenproteste als Reaktion auf Einschränkungen des Lehr- und Lernangebots von Universitäten und Technischen Hochschulen sowie einen Ausstand der Lehrer. Die Führung der Gewerkschaften und der Kleinbauern hat die Regierung zum Rücktritt aufgefordert. Am bedeutsamsten war jedoch, daß bei den Kommunalwahlen 1986 die Partei Seagas von Manleys PNP überflügelt wurde.

Aber welche der beiden Parteien auch am Ruder ist, solange der IWF im Namen des Konsortiums das Heft in der Hand hat und solange es nicht zu größeren sozialen Unruhen kommt, so lange ist eine Änderung kaum möglich. Die tragische Ironie liegt darin, daß all der Hunger, das Elend und die Toten dem Land kein bißchen helfen, seine Schulden zurückzuzahlen – was doch angeblich der Grund dafür ist, daß diese Opfer von der Bevölkerung verlangt werden. Ohne hohe, garantierte Preise auf den Weltmärkten für Bauxit und Zucker und ohne einen unablässigen Strom betuchter Touristen aus dem Ausland hat Jamaika keine Chance. Die Jamaikaner leider Gottes auch nicht.

Wege aus der Krise –
Vorschläge aus dem Norden

Von allen Vorschlägen zur Lösung der Schuldenkrise, die aus dem Norden stammen, ist der bekannteste (und nach meiner Ansicht uninteressanteste) der sogenannte Baker-Plan, benannt nach dem US-amerikanischen Finanzminister James Baker, der ihn auf der Jahrestagung von IWF und Weltbank im Oktober 1985 in Seoul vorlegte.

Der Plan war nicht besonders gut durchdacht, und selbst wenn er voll zum Tragen käme, würde er das Problem wahrscheinlich nicht lösen, aber in einer Hinsicht war er von Bedeutung. Bakers Vortrag machte deutlich, daß die Reagan-Administration zu guter Letzt ihre Vogel-Strauß-Haltung aufgegeben hatte und die Existenz einer Krisensituation anerkannte.

Dieses Erwachen mag einige Ursachen gehabt haben: die Vernichtung von über zwei Millionen Arbeitsplätzen in den USA als unmittelbare Folge der Weltschuldenkrise, die Unmöglichkeit für die US-amerikanischen Farmer, ihre Produkte an lateinamerikanische Länder zu verkaufen, oder auch eine ungute Ahnung von der wachsenden sozialen Unruhe in einer Reihe von verschuldeten Ländern. Wenn Reagans Leute clever oder machiavellistisch genug waren (was man durchaus bezweifeln kann), dann haben sie im Baker-Plan vielleicht sogar eine Möglichkeit gesehen, die in den USA gängigen ökonomischen Lehren auf die Welt insgesamt auszudehnen, ohne daß es sie etwas gekostet hätte.

Was immer ihre Motive waren, jedenfalls signalisierte der Vorstoß Bakers das Interesse Washingtons an einer Wiederbelebung des weltweiten Wachstums sowie die Bereitschaft, zur Verwirklichung mit anderen Mitgliedern des Konsortiums zusammenzuarbeiten oder auf diese Druck auszuüben. Bei all seinen Schwächen lag der Plan doch auf einem höheren Niveau als die bisherige US-Politik. Denn die hatte sich darauf beschränkt, die Dritte Welt salbungsvoll zu ermahnen, sich am Riemen zu reißen, den Gürtel enger zu schnallen und die Schuldenkrise aus eigener Kraft zu meistern – durch eine doppelte Dosis an Selbstdisziplin und Sparsamkeit.

Die wichtigsten Vorschläge des Baker-Plans lauten:

– Die Geschäftsbanken sollen drei Jahre lang (1986–1988) den 15 am meisten verschuldeten Ländern weitere 20 Milliarden Dollar leihen.

– Offizielle multilaterale Finanzinstitutionen sollen während desselben Zeitraums ihre Kredite um 50 Prozent über dem Stand von 1985 auf insgesamt neun Milliarden Dollar aufstocken, wobei das meiste Geld von der Weltbank käme. Das ergäbe insgesamt ein Volumen von 29 Milliarden Dollar oder knapp zehn Milliarden im Jahr.

– Der Treuhandfonds des IWF von 2,7 Milliarden Dollar soll als neues Kreditreservoir für die ärmsten Länder (überwiegend in Afrika) dienen, deren jährliches Pro-Kopf-Einkommen weniger als 500 Dollar beträgt.[1]

Als Gegenleistung für diese angebliche Wachstumshilfe sollen die Schuldnerländer eine Reihe von strengen Auflagen erfüllen. Nicht alle Medien haben diesen Punkt 1 des Drei-Punkte-Programms von Baker zitiert. Er betraf die erhöhten Anstrengungen, die – entsprechend den gängigen Wirtschaftsgrundsätzen der Monetaristen – von den Schuldnerländern erwartet wurden. Sie sollten ihren Handel liberalisieren und Kontrollmaßnahmen beseitigen, die private Auslandsinvestitionen behinderten, staatliche Eingriffe in die Wirtschaft reduzieren, um unternehmerische Initiative freizusetzen, ein «angebotsorientiertes» Wachstum fördern und die Exportfähigkeit steigern.

Der Baker-Plan diente also dazu, die Auflagen des IWF zu legitimieren und ihnen Nachdruck zu verleihen, und sollte der «Reaganomics» die Millionen sicherstellen, ohne daß die USA eigenes Geld zuschießen mußten. Er forderte die Weltbank auf, mit dem IWF zusammen als «gemeinsames Vollzugsorgan» zu wirken, und wandte sich vor allem an widerspenstige Länder wie Peru. Bakers Rede in Seoul enthielt die Warnung:

«Länder, die nicht bereit sind, grundlegende Anpassungen vorzunehmen und im Rahmen der Strategie einer fallweisen Behandlung der Schuldenprobleme mit den internationalen Finanzinstitutionen zusammenzuarbeiten, können nicht darauf rechnen, in den Genuß dieses Drei-Punkte-Programms zu kommen. Andere Kredite werden nicht vergeben. Alle Versuche eines Landes, seine Probleme im

Alleingang zu lösen, werden seine Aussichten auf ein zukünftiges Wachstum nachhaltig beeinträchtigen.»[2]

Hätte er noch deutlicher werden müssen?

Wer hatte außer der US-Regierung noch ein Interesse an diesem Plan? Die Privatbanken hofften auf eine erhöhte Sicherheit ihrer Kredite, wenn sie zusammen mit dem Geld der Weltbank vergeben würden. Eine Oberaufsicht der Weltbank würde den Auflagen des IWF mehr Nachdruck und Gewicht verleihen. Die Kredite der Weltbank würden zur Finanzierung genau solcher Strukturanpassungen beitragen, wie sie von den USA und vom IWF gefordert werden. Diese 1980 eingeführten Strukturanpassungskredite der Weltbank (SALs = Structural Adjustment Loans) machen heute mit etwa 3,5 Milliarden Dollar rund zehn Prozent aller Weltbank-Kredite aus.

Im Fall einer Realisierung des Baker-Plans werden IWF und Weltbank de facto zu Beschützern der Privatbanken, da sie sowohl die Kreditvergabe als auch die Kreditauflagen koordinieren. Die Geschäftsbanken brauchen keine nassen Füße zu bekommen oder irgendwelches Geld herauszurücken, bevor das betreffende Land sich nicht mit den Direktiven des Seniorpartners einverstanden erklärt und sich zu einem Anpassungsprogramm nach dem Muster des IWF verpflichtet hat. Dies wird als die «in-together, out-together»-Formel bezeichnet.[3] Einige große Privatbanken nehmen heute bereits partnerschaftlich an den Umschuldungsverhandlungen teil, die bisher ausschließlich zwischen den Regierungen der Dritte-Welt-Länder und den offiziellen multilateralen Geldgebern stattfanden. Anscheinend funktioniert das Konsortium reibungsloser als je zuvor.

Auch der IWF und die Weltbank konnten sich für den Baker-Plan erwärmen, obwohl es von Anfang an Revierkämpfe gab. Der Präsident des Federal Reserve Board, Paul Volcker, hatte angeblich die Bemerkung fallenlassen, es sei möglicherweise an der Zeit, den IWF «aus dem Verkehr zu ziehen», und der Fonds wollte das Feld nicht der Weltbank überlassen, die nach den Vorstellungen Bakers eine gewichtigere Rolle als bisher spielen sollte.[4] Die Weltbank ihrerseits war argwöhnisch und möglicherweise verärgert über den von den Vereinigten Staaten befürworteten Plan, der vorsah, daß sie größere zusätzliche Geldbeträge lockermachte – ohne daß die USA diese selbst aufzubringen gedachten. Sie befürchteten, die Regierungen würden einfach alle notleidenden Kredite vor ihrer Tür abladen, und sie kümmerte sich wenig um Bakers öffentlich geäußerte (letztlich berechtigte) Kritik an ihrer bisherigen Praxis der Kreditvergabe.[5]

Anfang Dezember 1985 unternahmen die beiden Männer an der Spitze von IWF und Weltbank jedoch den beispiellosen Schritt, ein gemeinsames Kommuniqué herauszugeben, das von ihren Vorständen gebilligt war und in dem der Vorstoß Bakers «nachhaltig unterstützt» wurde. Im März 1986 schließlich verbündeten sich beide Institutionen, warfen ihre Einsätze zusammen in einen Topf und bewilligten einen neuen gemeinsamen Fonds von 3,1 Milliarden Dollar, um den ärmsten Schuldnerländern zu helfen.

Weltbank und IWF betreiben ihre Strukturanpassung nach einem strikten Gleichheitsgrundsatz – sie sind der Überzeugung, kein Land dürfe bei den Reformen übergangen werden, nur weil es arm oder von Schwarzen bevölkert ist. Der neue, gemeinsam verwaltete Fonds mit der Bezeichnung «Strukturanpassungs-Fazilität» ist für 60 arme Länder gedacht und «ist ein Zeichen dafür, daß IWF und Weltbank erstmals formell kooperiert haben, um schuldengeplagten Ländern zu helfen». Die Fazilität bringt sogar noch 400 Millionen Dollar mehr in den gemeinsamen Topf ein, als Baker in Seoul gefordert hatte (3,1 gegenüber 2,7 Milliarden). 80 Prozent des Geldes soll den afrikanischen Ländern südlich der Sahara zugute kommen.[6]

Kredite über diese neue Fazilität kosten jährlich 0,5 Prozent oder so gut wie keine Zinsen, aber sie werden erst bewilligt, nachdem das Gespann IWF/Weltbank mit der Regierung des Empfängerlandes eine «Rahmenvereinbarung» zur Umstrukturierung ihrer Wirtschaft getroffen hat. Das *Wall Street Journal* berichtet:

«Diese Rahmenvereinbarungen sollen als Richtlinien bei der Bewilligung und Vergabe von Krediten dienen... In den Rahmenvereinbarungen werden grobe ‹Richtwerte› festgelegt, die von den Darlehensnehmern bei der Umgestaltung der Wirtschaft ihres Landes jährlich zu erfüllen sind... Länder, die die festgesetzten Zielvorgaben nicht erreichen, werden bei der Kreditvergabe des folgenden Jahres nicht berücksichtigt... Die Annahme dieses Plans gilt als großer Erfolg der Reagan-Administration, die sich hinter den Kulissen für das neue Programm stark gemacht hatte, seit es im Oktober vom Finanzminister vorgeschlagen worden war.»[7]

Diese neue Fazilität ist nur der kleinste Bestandteil des Baker-Plans. Aber wie verhält es sich mit den vorgeschlagenen 29 Milliarden von Geschäftsbanken und multilateralen Kreditgebern? Was ist seit Oktober 1985 aus dieser Idee geworden? Nicht viel, um die Wahrheit zu sagen. Viele Beobachter sehen in der Baker-Initiative einen Schritt, der zuwenig bietet und zu spät kommt. Die Reaktionen der lateinamerikanischen Länder waren gleichgültig bis feindselig. Tatsächlich mußten die USA nach Bakers reichlich wenig durchdachtem Vorstoß in Seoul nach allen Seiten katzbuckeln, um einen Interessenten zu finden. Argentinien, dem die hohe Ehre zugedacht war, den Reigen zu eröffnen, lehnte höflich ab. Mexiko andererseits wurde wegen seiner Größe und Schwerfälligkeit als zuwenig überzeugendes Beispiel für ein «Wachstum durch Anpassung», den angeblichen Zweck des Plans, angesehen.

Nach langem Herumsuchen wurde schließlich das kleine Ecuador mit seinen acht Millionen Einwohnern und einer (relativ) geringfügigen Verschuldung von acht Milliarden Dollar zum ersten Nutznießerland des Baker-Plans erkoren. Der ecuadorianische Finanzminister machte allerdings deutlich, «daß Ecuador nicht erst auf den Vorschlag Bakers gewartet hatte, um eine Reformpolitik zur Gesundung der Wirtschaft einzuleiten. Glücklicherweise hatten wir auf diesem Weg bereits einige Fortschritte erzielt, als Mr. Baker neue Kredite für jene lateinamerikanischen Länder forderte, die mit ihren Sparprogrammen erfolgreich waren.»[8]

Es kann niemanden überraschen, daß die Schuldnerländer nicht gerade Baker die Tür eingerannt haben. Erstens sieht sein Plan nur einen geringen zusätzlichen Kreditbetrag vor – lediglich 9,6 Milliarden Dollar jährlich, wenn die 29 Milliarden in drei gleiche Teile geteilt werden. Für die größten Schuldner grenzt das ans Lächerliche. Man betrachte nur einmal den Kreditbedarf Mexikos, der sich allein für das Jahr 1986 auf zwölf Milliarden Dollar oder 129 Prozent dieser Summe belief. Warum sollten 15 oder noch mehr[9] Länder sich um Kleingeld streiten, wenn die Bedingungen zu seiner Erlangung auch noch strenger waren als die Auflagen, denen sie sich bisher schon unterwerfen mußten?

Das «Debt Crisis Network», eine Gruppe von Wissenschaftlern und Aktivisten in den USA, die versuchen, die Denkkategorien der augenblicklichen Schuldendebatte zu ändern, verweist darauf, daß Baker seinen Plan als «Programm für anhaltendes Wachstum» verkauft hat. Damit habe er die Öffentlichkeit und die Presse glauben machen wollen, «Wachstum und Weltbank» sollten an die Stelle von «Sparsamkeit und IWF» treten. Das ist jedoch nicht der Fall – kein Land wird einen Baker-Kredit erhalten, das nicht bereits den IWF-Auflagen zugestimmt hat.[10] Obendrein bekommt es eine Menge guter Ratschläge von der Weltbank (und zweifellos auch von den Privatbanken).

Darüber hinaus haben die Schuldnerländer keinen Grund, von einem Plan begeistert zu sein, der ihre realen Bedürfnisse völlig übergeht. Wie *Business Latin America* bemerkt, «ist zum Beispiel keine Rede davon, die Zinsen zu senken oder die Schulden umzuschichten. Da der Baker-Plan sich außerdem weitgehend auf Bankkredite zu variablen Zinssätzen als Quelle neuer Finanzmittel stützt, kann er die ohnedies prekäre Situation nur noch verschärfen».[11]

Die Bradley-Initiative

Genau dieser Ansicht ist auch US-Senator Bill Bradley. Nachdem Baker seinen Plan öffentlich vorgestellt hatte, behielt er acht Monate lang das Wort und einen Platz in den Medien. Bradley gab der Debatte eine völlig neue Richtung, als er rundheraus erklärte,

«da der Baker-Plan statt einer Senkung der Zinssätze und einer Reduzierung der Forderungen neue Kredite vorsieht, schafft er nicht weniger, sondern mehr Schulden. Damit wird das schon heute prekäre Engagement der Banken verstärkt bis hin zu einer möglichen Zahlungsunfähigkeit. Und die Vermehrung der Schuldenlast dieser Länder wird mögliche Investoren abschrecken und die Kapitalflucht beschleunigen. Mit anderen Worten, der Plan stellt eine Fortsetzung jener Maßnahmen dar, die die Schuldenkrise überhaupt erst hervorgebracht haben.»[12]

Für Bradley bewirkt der Baker-Plan nichts anderes als verdeckte Transferzahlungen an die Banken, da das von ihm vorgesehene Kreditniveau lediglich 20 Prozent des jährlichen Schuldendienstes der lateinamerikanischen Länder ausmacht. Nach diesem Plan «werden Neukredite lediglich wieder in Form von Zinszahlungen oder Kapitalflucht den Gläubigerländern zufließen. Kein Bargeld wechselt seinen Besitzer. Lediglich die Bücher sehen besser aus», meint Bradley. Er schlägt statt neuer Kredite eine Entlastung vor, indem den Schuldnerländern drei Jahre lang folgende Vergünstigungen gewährt werden:

– Ein Nachlaß um drei Prozentpunkte bei den Zinsen auf alle Verbindlichkeiten gegenüber Banken und Regierungen:

– eine Abschreibung von drei Prozent und ein entsprechend hoher Erlaß der Kapitalschuld bei sämtlichen Außenständen;

– projektgebundene und/oder Strukturanpassungs-Kredite im Wert von drei Milliarden Dollar von multilateralen Geldgebern, vor allem der Weltbank.[13]

Dieser Vorschlag stellt zweifellos eine Verbesserung gegenüber dem Baker-Plan dar. Aber Baker und Bradley sind sich noch immer darin einig, das Schuldenproblem im Rahmen der freien Marktgesetze zu lösen. Da Bradley ein weltweites Wachstum fördern will, schlägt er gleichzeitig Maßnahmen zur Förderung eines freien Handels vor. Er möchte, daß der US-Präsident drei Jahre lang parallel zu den vorgeschlagenen Gesprächen über eine Erleichterung der Schuldenlast einen «Handelserleichterungsgipfel» einberuft, wobei die neue GATT-Gesprächsrunde über multilateralen Handel als Forum dienen soll. Die Länder der Dritten Welt hätten einen Anreiz, daran teilzunehmen, weil «sämtliche Zugeständnisse, die sie in den Verhandlungen über eine Erleichterung des Handelsverkehrs machen würden, zugleich ihre Aussichten auf die Gewährung eines Schuldennachlasses verbessern würden.»

Bradley geht es offensichtlich darum, daß die Dritte-Welt-Länder damit aufhören, sich auf den Export zu konzentrieren und mit aller Macht in die US-Märkte zu drängen, um die für den Schuldendienst dringend benötigten Dollars zu verdienen. Die «Entlastung» soll nicht auf die Verschuldung gegenüber dem Ausland beschränkt bleiben, sondern sich auch auf US-amerikanische Industrien beziehen. Das ist ein wichtiges Anliegen der Demokratischen Partei, die im Eiltempo protektionistische Gesetze durchgepaukt hat. Wie Bradley ausführt, «hat die argentinische Exportkampagne für Sojabohnen den US-amerikanischen Sojabohnenzüchtern seit 1981 weltweit 80 Prozent der Märkte abgenommen. Von 1980 bis 1984 erhöhte sich der brasilianische Export von Textil- und Fertigwaren um das Elffache.»[14] Offenbar hofft Bradley, diese Länder würden Vernunft annehmen und sich dankbar verbeugen, wenn ihnen als Anreiz ein Teil ihrer Schulden erlassen würde.

Um zu gewährleisten, daß Neukredite auch tatsächlich dem Wirtschaftswachstum zugute kommen und nicht einfach den Weg zurück nach Norden nehmen, sollte der Wert des jährlichen Pakets zur Handels- und Schuldenerleichterung «davon abhängen, welchen Gebrauch das Empfängerland vom Paket des voraufgegangenen Jahres gemacht hat.» Von den Schuldnern wird erwartet, daß sie sechs Grundsätze befolgen: Liberalisierung des Handels, Verhinderung der Kapitalflucht, Erleichterung von Investitionen aus dem Ausland,

Förderung des wirtschaftlichen Wachstums, politische Entscheidungen, die «von breiten Bevölkerungsschichten gebilligt werden», und eine Handhabung der Schuldendienste «ohne Skandale». Ein stolzes Vorhaben, wie de Gaulle einmal gesagt hat, als einer seiner Untergebenen «allen Schwachköpfen den Tod» an den Hals wünschte.

Bradley vergleicht die Möglichkeiten, die sich in diesem historischen Augenblick bieten, mit der in Versailles nach dem Ersten Weltkrieg verpaßten Gelegenheit oder mit der nach dem Zweiten Weltkrieg durch den Marshallplan ergriffenen Chance. Wir können entweder Lateinamerika mit untragbaren Schulden belasten und zusehen, wie diese Länder ähnlich wie damals Deutschland die Zahlungen verweigern und möglicherweise zu einer faschistischen Regierungsform zurückkehren, oder wir können kühn handeln und damit das internationale Finanzsystem und die Wirtschaft der westlichen Länder stärken, die durch die Verschuldung der Dritten Welt arg gebeutelt worden sind.[15]

Wenn ich die Wahl hätte, würde ich ohne zu zögern für Bradley stimmen. Seine Argumente sind triftig, er hat einen ungetrübten Blick für die wirtschaftliche Stagnation im Norden, die durch die Schuldenkrise verursacht wird, und er bleibt dabei trotzdem nicht unzugänglich für den sinkenden Lebensstandard und die Not, die große Teile der Bevölkerung im Süden leiden müssen.

Die Banken hingegen können sich für diesen Plan aus verständlichen Gründen nicht begeistern – sie müßten auf einen Teil der Zinsen und des Kapitals verzichten. Paul Volcker und der Präsident der Weltbank, Barber Conable, haben beide den Bradley-Plan kritisiert. Bis Dezember 1986 ist im US-Kongreß noch keine Gesetzesvorlage eingereicht worden, die seine wichtigsten Punkte enthielt, aber das könnte sich bei einer demokratischen Mehrheit bald ändern.

Das besondere Verdienst Bradleys besteht darin, daß er die Vorschläge Bakers und des IWF auf einer hohen politischen Ebene in Frage stellt. Weil die Kritik von ihm kommt, muß sie auch ernst genommen werden. Er hat einem Vorschlag zu Legitimität verholfen, bei dem nicht einfach neue Schulden auf die alten draufgepackt werden, und er hat es salonfähig gemacht, laut über eine Entlastung der Schuldendienste nachzudenken. Langsam dämmert es auch den Spitzenpolitikern in Washington, daß Neukredite, die nur zur Finanzierung früherer Kredite dienen und nicht produktiv investiert werden, die potentielle Rückzahlung der Schulden in eine immer fernere Zukunft verlagern.

Das Problem besteht darin, daß Bradleys Plan nur funktioniert, wenn er weltweit von allen Beteiligten akzeptiert wird. Andernfalls wären jene Banken und Regierungen, die sich auf keinerlei Zugeständnisse einlassen, im Vorteil gegenüber allen anderen. Bradley ist dies nicht entgangen:

«Angenommen, die japanischen und britischen Banken gewähren einem bestimmten Schuldnerland einen Nachlaß, die Kanadier und die Deutschen jedoch nicht. Dann profitieren die kanadischen und die deutschen Banken davon, daß dieses Land ihnen gegenüber auf Kosten der japanischen und britischen Banken zahlungskräftiger geworden ist. Die letzteren müßten einen zusätzlichen Verlust hinnehmen und wären gegenüber den anderen Banken im Wettbewerb benachteiligt. Ein realistischer Vorschlag zur Lösung des Schuldenproblems muß sowohl die unterschiedlichen Anstrengungen der verschuldeten Länder zur Wiederherstellung eines guten Investitionsklimas berücksichtigen als auch gemeinsam von allen Gläubigern getragen sein.»[16]

«Alle Gläubiger» zur Zusammenarbeit zu bewegen – vor allem die Privatbanken, die stets auf dem Sprung sind, ihren Konkurrenten in den Rücken zu fallen –, das klingt eher entmutigend, solange es keine höhere Instanz gibt, die angerufen werden könnte.

Ein neuer Kurs beim IWF?

Wie groß ist die Chance, daß sich eine «höhere Instanz» hinter einen Plan stellt, der innovativer ist als der Baker-Plan? Im Dezember 1986 wurde nach einem langen und unschönen Gerangel zwischen den Europäern Jacques de Larosières Nachfolger als Geschäftsführender Direktor des IWF gewählt. Das Rennen machte ein Franzose: Michel Camdessus, bislang Gouverneur der französischen Zentralbank, wozu ihn Ministerpräsident Mitterrand ernannt hatte. Obgleich zwischen Camdessus und de Larosière oberflächliche Ähnlichkeiten bestehen – beide besuchten dieselbe Eliteschule und bekleideten dieselben hohen Beamtenpositionen im Pariser Finanzministerium –, ist Camdessus zweifellos der interessantere und kreativere Kopf.

Trotzdem gibt es vermutlich nur wenige, denen seine Person und seine Auffassungen gut bekannt sind. Da er mindestens bis 1992 auf dem hier behandelten Gebiet eine Schlüsselstellung einnimmt, scheint es mir sinnvoll, ihn näher vorzustellen. Zu diesem Zweck möchte ich den Inhalt eines Artikels über die Dritte Welt wiedergeben, den Camdessus für eine französische Zeitung schrieb, als noch kein Mensch damit rechnete, daß de Larosière von seinem Amt zurücktreten würde (immerhin war er erst 57 Jahre alt), oder daß Camdessus selbst für diese Spitzenposition vorgeschlagen werden könnte.[17]

In diesem Artikel, der nach der Jahreshauptversammlung von IWF und Weltbank im September 1984 verfaßt wurde, warnt Camdessus vor dem «zaghaften Gefühl der Erleichterung», das sich in verschiedenen Kreisen bemerkbar mache, sowie vor der Illusion, die Schuldenkrise gehöre der Vergangenheit an. Trotz der «entscheidenden Rolle (des Fonds) bei der Bewahrung der Weltfinanzordnung», auch wenn er die Privatbanken dazu bewogen habe, sämtliche Kredite und die Hälfte der Zinszahlungen der größten Schuldnerländer umzuschulden, und trotz abgewehrter Zahlungsunfähigkeit, niedrigeren Zinssätzen und höherem Wachstum bestehe kein Anlaß zu Euphorie. Obgleich fast alle verschuldeten Länder Strukturanpassungsprogrammen zugestimmt hätten, sei überall der Lebensstandard um mindestens zehn Prozent zurückgegangen. Außerdem habe bislang noch jede Schuldenkrise in der Geschichte seit Solon am Ende zu einer Inflation, einem Staatsbankrott oder einem Krieg geführt, und es gebe keinen Grund zu glauben, diesmal hätten wir es geschafft, auch wenn das dicke Ende vorläufig noch ausgeblieben sei.

Des weiteren erinnert Camdessus seine Leser daran, daß der IWF nicht weniger als zehn Bedingungen aufgezählt hat, die alle erfüllt sein müssen, um die Krise zu entschärfen:

Mindestens bis 1990 müssen die Strukturanpassungsmaßnahmen fortgesetzt werden; das BSP in den Industrieländern muß mindestens um 3,25 Prozent jährlich wachsen; die variablen Zinssätze müssen ebenso gesenkt werden wie die von den Banken berechneten Gebühren; die Preise von Fertigprodukten dürfen jährlich um nicht mehr als vier Prozent steigen; die Ölpreise müssen stabil bleiben; die Austauschverhältnisse («terms of trade») bei den Schuldnerländern müssen sich verbessern; die Geschäftsbanken müssen ihr gegenwärtiges Engagement mindestens bis 1990 aufrechterhalten; staatliche Entwicklungshilfen müssen real auf dem Niveau von 1984 gehalten werden, und schließlich müssen mehr private Investoren ihr Geld in der Dritten Welt anlegen. Gott hilf!

Nehmen wir einmal an, all das würde wirklich klappen – die Armen schnallen den Gürtel immer enger und die Reichen immer weiter; die fälligen Zahlungsverpflichtungen der 25 größten Schuldner werden erfüllt, obwohl sie von 35 Milliarden Dollar 1984 auf 85 Milliarden im Jahre 1987 emporgeschnellt sind. Selbst wenn wir diese unwahrscheinliche Hypothese übernehmen, können wir bestenfalls darauf hoffen, daß sich die wirtschaftlichen Eckdaten 1987 nur geringfügig verschlechtern. Verbessern werden sie sich sicher nicht. Frühestens 1990 werden sie wieder auf dem Niveau der frühen achtziger Jahre sein. Es wird keine Hebung des gegenwärtigen (extrem niedrigen) Lebensstandards und keinen Abbau der Verschuldung geben. Die Entwicklungsländer müssen an ihren Sparprogrammen festhalten – zu hohen sozialen Kosten; ihre einzige Belohnung wird darin bestehen, daß ihr Schuldenberg 1990 um keinen Fingerbreit niedriger sein wird als 1981. Dieses düstere Szenario erscheint Camdessus eindeutig als unannehmbar: Wir können nicht bis 1990 oder noch länger warten, bevor sich das Schicksal der Menschen in den Schuldnerländern zum Besseren wendet.

Die von Camdessus vorgeschlagene Lösung sieht drei Maßnahmen vor: 1. Die Kosten der Sparprogramme müssen gerechter verteilt werden. 2. Wir müssen die bestehenden Finanzierungsinstrumente besser nutzen. 3. Der Nord-Süd-Dialog über die Schuldenkrise muß zur festen Einrichtung werden, und es muß ein politischer Dialog sein.

Zu 1. Das Zentrum der Krise liegt da, wo sie auch ihren Ursprung genommen hat: in der Entwicklung von Wachstumsraten und Zinssätzen. Mitte und Ende der siebziger Jahre schwankte die durchschnittliche jährliche Wachstumsrate der Nichtöl-Länder der Dritten Welt zwischen vier und sechs Prozent, während die realen langfristigen Zinssätze vielfach negativ waren und zu keiner Zeit den Wert von +2 Prozent überschritten. Damit bestand ein enormer Anreiz zum Schuldenmachen. Seit Anfang der achtziger Jahre haben sich diese Eckdaten umgekehrt – das Wachstum derselben Entwicklungsländer ging auf ein oder höchstens zwei Prozent zurück, während die realen Zinssätze auf fünf Prozent gestiegen sind. Die Differenz zwischen Wachstumsraten und Zinssätzen bezeichnet Camdessus als «kritische Lücke». Der folgende Überblick über die Entwicklung der beiden Größen gibt einen Eindruck von den Kalamitäten der Schuldnerländer.

Aus eigener Kraft können die Schuldnerländer die Lücke nicht überwinden. Eine Wiederherstellung der wirtschaftlichen Stabilität erfordert, daß die Industrieländer dieselbe Disziplin annehmen, die der IWF von den armen Ländern verlangt. Vor allem müssen die Vereinigten Staaten unbedingt ihre Defizite reduzieren, und Europa muß seine Industrie modernisieren und seine Wachstumsraten erhöhen, um mehr Waren aus den Entwicklungsländern abnehmen zu können.

Entwicklung der Wachstumsraten und der realen Kreditzinsen der Nichtöl-Schuldnerländer (außer der VR China) von 1973 bis 1983 nach Camdessus:

Jahr	1973	1974	1975	1976	1977	1978	1979	1980	1981	1982	1983
Wachstumsrate	6,1	5,4	3,3	6,0	5,2	5,4	4,6	4,3	2,5	0,8	1,2
Realer Zinssatz	1,2	–3,5	–0,9	1,6	1,0	1,1	–0,2	0,6	4,3	6,3	6,2
Kritische Lücke	4,9	8,9	4,2	4,4	4,2	4,3	4,8	3,7	–1,8	–5,5	–5,0

Zu 2. Zur Schuldenkrise sind zahlreiche Patentlösungen vorgeschlagen worden, die alle darauf hinauslaufen, daß die faulen Kredite an eine neue, aus öffentlichen Mitteln finanzierte Institution abgetreten oder daß sämtliche Kredite refinanziert werden sollen. Das würde langfristig zweifellos in einer Inflation enden. Alle diese genialen Pläne nutzen jedoch nicht die vorhandenen Finanzinstrumente wie zum Beispiel die Sonderziehungsrechte (SZR) des IWF, die der Welt zu der dringend benötigten Liquidität verhelfen könnten. Wenn Länder mit einem Zahlungsbilanzüberschuß (wie Japan oder die Bundesrepublik) ihr Geld dem IWF zur Verfügung stellen, kann dieser es an die armen Länder weiterleiten. Mit der Vergabe dieses Geldes wären bestimmte Auflagen verbunden, damit es nicht einfach verschwendet wird.[18] Auf diese Weise könnten etwa 30–40 Milliarden Dollar zurückgeführt werden – weit weniger, als die Privatbanken in den siebziger Jahren ohne jede Bürgschaft an Krediten vergeben durften.

Daneben sollten wir eine staatliche Finanzierung des Wirtschaftswachstums in den armen Ländern durch eine Aufstockung des Kapitals der Weltbank und durch langfristige, zinsgünstige Darlehen der Vereinigung für Entwicklungshilfe, einer Unterorganisation der Weltbank, fördern. Einzelne Industrieländer könnten außerdem unmittelbar in Entwicklungsländern investieren; der private Sektor kann diese Aufgabe nicht übernehmen, ganz davon abgesehen, daß er nur dann investieren wird, wenn sich der öffentliche Sektor bereits engagiert hat. Solche Investitionen würden im Rahmen von Strukturanpassungsmaßnahmen erfolgen, so daß eine effektive Nutzung der Mittel gewährleistet wäre, und sie würden Arbeisplätze schaffen und jungen Menschen in den Schuldnerländern neue Hoffnung machen.

Zu 3. Der Dialog zwischen Schuldner- und Gläubigerländern muß sofort aufgenommen werden, und es muß ein politischer Dialog sein. Die Industrieländer müssen bereit sein, ihre eigene nationale Politik zur Diskussion zu stellen. Die politischen Führer der entwickelten Länder dürfen ihre finanziellen Beiträge nicht von den Beiträgen anderer Industrieländer abhängig machen. In dieser Forderung steckt unausgesprochen ein äußerst wichtiger Gedanke: Michel Camdessus ist offenbar bereit, den bislang unantastbaren Lösungsweg «von Fall zu Fall» aufzugeben – der noch immer darauf hinauslief, daß alle Gläubiger sich gegen ein einzelnes Schuldnerland verbündeten.

Camdessus beendet seine Ausführungen mit einer «utopischen» Liste von Vorbedingungen für ein Ende der Schuldenkrise: Europa hebt seine inneren Handelsschranken auf und verdoppelt seine Wachstumsrate; die USA verringern ihr Haushaltsdefizit und beteiligen sich aktiv an multilateralen Institutionen; Japan öffnet seine Märkte, baut seine Handelsbilanzüberschüsse ab und läßt das Geld wieder zurückfließen; die OPEC-Länder investieren direkt in die Dritte Welt, ohne die westlichen Banken dazwischenzuschalten; die Schwellenländer des Südens beteiligen sich an der Entwicklungshilfe, und jedes Land beseitigt seine protektionistischen Handelshindernisse.

Wir haben kaum etwas Besseres anzubieten als Camdessus an der Spitze des IWF! Wir dürfen jedoch nicht vergessen, daß der Geschäftsführende Direktor des IWF keine eigene Politik betreibt. Er kann seinen Einfluß geltend machen, abschwächen, verstärken oder überzeugen, aber er kann sich nicht über den Willen der Fünfergruppe oder des Zehnerklubs hinwegsetzen. Und noch viel weniger kann er etwas daran ändern, daß die USA bei den wichtigsten Entscheidungen ein Vetorecht haben.

Glänzende Ideen

Camdessus geht mit leichtem Sarkasmus auf verschiedene «Patentlösungen» und «glänzende Ideen» ein, die als Allheilmitel zur Lösung der Schuldenkrise vorgeschlagen wurden. Wir besprechen hier nur die wichtigsten dieser Vorschläge, ohne ihnen jedoch dieselbe Aufmerksamkeit zu schenken wie dem Trio Baker, Bradley und Camdessus. Die Männer des BBC-Trios haben politische Unterstützung und bekleiden politische Machtpositionen, die Leute mit den glänzenden Ideen jedoch – noch – nicht, auch wenn sie Finanzgenies sind und privat über ein enormes Vermögen verfügen.

Eine der Schwächen dieser Wunderrezepte besteht in der Ignorierung der Tatsache, daß die Schuldenkrise die Regierungen der betroffenen Entwicklungsländer nicht vor ein, sondern vor zwei gewaltige Probleme stellt: Das eine besteht natürlich darin, wie sie die alten Schulden zurückzahlen sollen; weit schwieriger und drängender ist jedoch die Frage, auf welche Weise sich die fortlaufende Beschaffung neuer Mittel sichern läßt. Sie können es sich nicht leisten, irgendwelchen Lösungen zuzustimmen, durch die lediglich die erste der beiden genannten Schwierigkeiten behoben würde.

Selbst ein idealer Plan, der sowohl eine Streckung der Rückzahlungen als auch die unproblematische Vergabe von Neukrediten vorsähe (was einer Quadratur des Kreises gleichkäme), würde noch immer unter den entscheidenden Mängeln der Pläne von Baker von Bradley leiden. Die Politiker, Bankiers und Finanzgenies sagen uns nichts zu den Fehlentwicklungsmodellen, die überhaupt erst die Schuldenlawine ins Rollen gebracht haben. Ihre stillschweigende Voraussetzung lautet, daß nach einer Bewältigung der Krise die Schuldnerländer das alte Modell beibehalten und lediglich besser in die Praxis umsetzen müssen. Aber was noch schlimmer ist, sie machen sich lediglich Gedanken über die Hauptakteure – die Mitglieder des Konsortiums – wie Regierungen, Weltbank, Geschäftsbanken, IWF usw.; auf die Bedürfnisse der einfachen Bevölkerung der Schuldnerländer (und auch in den Gläubigerländern) gehen sie nur selten ein.

Viele westlichen Pläneschmiede, die ihre Patentrezepte zur Behebung der Schuldenkrise anbieten, sind ausschließlich auf die Dritte Welt fixiert und lassen die gewaltigen und zerstörerischen Auswirkungen des US-amerikanischen Haushaltsdefizits auf die armen Länder völlig außer acht. Camdessus bildet in dieser Hinsicht eine Ausnahme, und dasselbe gilt auch für den brillanten Felix Rohatyn, dessen eigener Plan eine Fülle weiterer Varianten angeregt hat. Er war der Erfinder des Big MAC – der Municipal Assistance Corporation, die New York City refinanziert und damit vor dem Sturz in den Abgrund bewahrt hat. Was er damals für New York tat, möchte Rohatyn heute noch einmal für die ganze Welt tun.

Zunächst fordert Rohatyn, daß die bislang in den USA herrschende Unbekümmertheit in Finanzfragen durch eine echte Disziplin ersetzt wird. Die USA sollen eine Energiesteuer erheben, die

Rüstungsausgaben kürzen, die Staatsausgaben auf dem gegenwärtigen Niveau einfrieren und den Dollar abwerten, um die gefährlichen Handels- und Haushaltsdefizite zu reduzieren, die beträchtliches Kapital aus den übrigen Ländern abziehen. Rohatyn hält es außerdem für notwendig, daß die US-Regierung eine formelle Garantie für die Forderungen großer US-Banken an die lateinamerikanischen Schuldnerländer übernimmt. Wenn die US-amerikanische Regierung als Garant hinter den Geschäftsbanken steht,

«sollten wir den Einfluß, der aus dieser Verpflichtung erwächst, zur Entschärfung einer Lage nutzen, die... nicht nur den Banken, sondern ganz Lateinamerika großen Schaden zufügen kann. Das gegenwärtige Rezept zur Lösung des Problems lautet, in Lateinamerika Sparprogramme durchzusetzen, nur um den Mythos aufrechtzuerhalten, unsere Bankenkredite seien 100 Cents je Dollar wert. Ich bin überzeugt, daß ein Festhalten an dieser Politik innerhalb von zehn Jahren mehr Kommunisten hervorbringt als Fidel Castro und die Sandinisten in den nächsten 50 Jahren rekrutieren könnten.»[19]

Da etliche Schuldner de facto schon längst zahlungsunfähig sind, ohne daß das Kind beim Namen genannt würde, sind die Banken zu ihren Geiseln geworden – sie müssen immer neue Kredite bewilligen, um ihre alten Kredite nicht als notleidend deklarieren zu müssen und damit eine Vertrauenskrise zu riskieren. Das Big MAC-Rezept von Rohatyn würde darauf hinauslaufen, daß eine Institution, zum Beispiel eine Unterorganisation des IWF oder der Weltbank oder ein neu zu schaffendes Organ, die Forderungen der Gläubigerbanken mit einem Abschlag von mindestens zehn Prozent aufkauft und mit langfristigen und niedrig verzinslichen eigenen Obligationen bezahlt.

Auf diese Weise würden die Banken zwar keine weiteren Zahlungen ihrer Schuldner erhalten, aber dafür hätten sie ihre unzuverlässigsten Klienten ein für allemal vom Hals. Die Schuldner würden ihre Zahlungen nunmehr an die neue Institution leisten, die ihre Schulden übernommen hat, allerdings zu jenen niedrigen Zinsen und mit den langen Laufzeiten, die einer derartigen Institution mit staatlicher Bürgschaft möglich sind. Die Banken hätten Grund zur Freude, weil auch sie ein staatlich garantiertes Anlagevermögen (die Obligationen) in ihren Büchern nachweisen könnten statt zweifelhafter Forderungen gegenüber Dritte-Welt-Ländern, bei denen ständig damit zu rechnen ist, daß sie sich für zahlungsunfähig erklären. Damit wären ihre Verluste beim Abtreten ihrer Forderungen mit einem kräftigen Abschlag allemal ausgeglichen.[20]

Etliche andere Finanzexperten, insbesondere der New Yorker Bankier Richard Weinert, haben im Anschluß an Rohatyn ähnliche Programme vorgeschlagen. Weinert hält es für zweckmäßig, daß die Weltbank die wirklich faulen Schulden übernimmt und die relativ gesunden Kredite in den Händen der Banken läßt. Seine Variante besteht darin, daß die Geschäftsbanken nicht völlig aus ihrer Pflicht entlassen werden, sondern einen Teil ihrer Forderungen in Höhe von beispielsweise 20 Prozent behalten. Aber sie könnten ihre «notleidenderen Kredite» in Zahlung geben und ansonsten nach Belieben an ihren üblichen Konditionen festhalten.[21] Die einzige Alternative zu diesem Plan ist nach Weinert eine drastische Senkung der Zinsen, so daß die Schuldnerländer wieder zahlungsfähig würden. Einige europäische Banken scheinen dieser Lösung zuzuneigen, während die US-Banken sich ihr bislang hartnäckig widersetzt haben.

Lord Lever, selbst ein mit allen Wassern gewaschener Finanzfachmann, äußert sich zwar höflich darüber, aber im Grunde genommen hält er alle diese Vorschläge für ausgemachten Blödsinn. Wenn man versucht, eine zentrale Institution dazu zu bringen, faule Schulden gegen Obligationen einzutauschen, dann wird ein solches Vorgehen «genau die Krise heraufbeschwören, die es eigentlich bewältigen sollte». Seine Ausdrucksweise ist neutral, aber gleichwohl ist er der Meinung, daß dies ein äußerst riskantes und unsicheres Tauschgeschäft wäre, weil es auf extrem windigen Schuldverschreibungen beruht. «In der wirklichen Welt... würde jeder Markt zweiter Ordnung, der letztlich Bankschulden zu gehandelten Schuldverschreibungen umwandelt, innerhalb kurzer Zeit so große Abschläge auf die Schuld einiger der größten Schuldner bewirken, daß die Zahlungsfähigkeit der Schuldner und der Banken in Frage gestellt würde.»[22]

Alle Forderungen nach einem «Schuldennachlaß» durch eine bereits bestehende oder noch zu schaffende Institution lassen das Problem der Neukredite außer acht, dem sich die Regierungen der Schuldnerländer gegenübersehen. «Welche Bank, die ihre gegenwärtigen Forderungen an die Dritte Welt einer solchen Institution mit einem erzwungenen Abschlag, das heißt mit einem beträchtlichen Verlust abtritt, wäre wohl bereit, den verschuldeten Ländern noch weitere Kredite einzuräumen?» fragt Lever völig zu Recht. Ohne neues Kapital aber werden die gegenwärtigen Forderungen – wer immer darüber verfügt – aller Wahrscheinlichkeit nach völlig wertlos.

Levers eigener Vorschlag sieht vor, den «umgekehrten Transferzahlungen» (arme Länder zahlen mehr an Zinsen zurück, als sie an

Hilfsgeldern und Neukrediten erhalten) ein Ende zu machen und die Regierungen der reichen Länder zur Übernahme von Staatsbürgschaften für neue Kredite zu bewegen. Als Gegenleistung für diese Garantien sollen die Banken jährlich einen Teil der Schuld abschreiben und die Rückzahlung der Restschuld über einen wesentlich längeren Zeitraum strecken. Der Grundgedanke dabei ist, den Prozeß so lange auszudehnen, daß «die Ertragslage und die Liquidität» der Banken nicht übermäßig in Mitleidenschaft gezogen werden.

Daraus ergibt sich für Lord Lever die Folgerung, daß die Regierungen für die Banken ähnliche Bürgschaften übernehmen, wie sie dies schon jetzt bei Industrieunternehmen praktizieren. US-amerikanische oder britische Exporteure können sicher sein, daß sie zu ihrem Geld kommen – in den USA durch die Export-Import-Bank und in Großbritannien durch das Amt für Exportgarantie –, auch wenn Peru oder Nigeria die importierten Güter nicht bezahlen können. Was spricht dagegen, die Währung eines Landes ähnlich wie die Exportprodukte durch dieselben Behörden versichern zu lassen? Die Auflagen, die eine sinnlose Verwendung des neuen Geldes verhindern sollen, blieben dieselben, aber sie wären einem wirtschaftlichen Wachstum förderlicher als gegenwärtig.

Lever führt ins Feld, daß die Bankiers heute abgeschreckt und wahrscheinlich nicht bereit seien, der Dritten Welt freiwillig neue Kredite zu gewähren. Eine allein auf Sparmaßnahmen und Exportüberschüsse gegründete «Erholung» ist illusorisch und beläßt sowohl die Schuldnerländer als auch die Bankiers in ihrem chronisch schwachen und anfälligen Zustand. Je größer die Nettozahlungen von den armen an die reichen Länder werden, desto größer ist für ein Land die Versuchung, seine Zahlungsunfähigkeit zu erklären. Die Schuldner müssen die Möglichkeit zum Wirtschaftswachstum haben; die «Einzelheiten einer neuen Reform sind weniger wichtig, als daß in den fortgeschrittenen Gesellschaften der politische Wille aufgebracht wird, eine gefährliche und unhaltbare Situation zu ändern».[23]

Man beachte, daß alle diese mehr oder weniger glänzenden Ideen, die von Politikern oder Bankiers des Nordens zur Bewältigung der Schuldenkrise vorgeschlagen wurden, eine größere Zusammenarbeit und Koordinierung zwischen staatlichen und privaten Institutionen voraussetzen – in manchen Fällen wären sie im Hinblick auf ihren Aufgabenbereich tatsächlich nicht mehr voneinander zu unterscheiden. Bei den meisten Vorschlägen steht die Sicherung der Bankengewinne an erster Stelle, auch wenn sie von den Banken zunächst einige

Opfer fordern. Alle legen jedoch Wert auf die Feststellung, es sei nicht ihre eigentliche Absicht, «den Banken aus der Patsche zu helfen.»

Je nach individuellem Temperament kann man diese Behauptung als unaufrichtig oder als glatte Lüge bezeichnen. Wie auch immer alle diese Vorschläge formuliert sind, in der Praxis würden sie die Banken vor den Konsequenzen ihrer Leichtfertigkeit bewahren. Schon jetzt wird von den Steuerzahlern auf dem Umweg über den IWF erwartet, daß sie die Rechnung bezahlen, ohne etwas dafür zu bekommen. Man kann zwar argumentieren, für die Steuerzahler sei es noch immer vorteilhafter, mit weiterem Geld den Banken aus der Klemme zu helfen, als bei einem allgemeinen Zusammenbruch mit einem Schlag alle ihre Ersparnisse zu verlieren, aber dann sollte man es auch mit diesen klaren Worten sagen.

Der nach meiner Kenntnis einzige Vorschlag, der offen zu den Überzeugungen des freien Unternehmertums steht, stammt von einem Vizepräsidenten der Chemical Bank, der außerdem von 1980 bis 1982 als Sonderberater des US-Außenministeriums mit Umschuldungsverhandlungen befaßt war.[24]

Charles Meissner ist überzeugt, daß der Dreh- und Angelpunkt des gesamten Schuldenproblems die Zinsen sind, die ihrerseits durch die enorme Kreditaufnahme der US-Regierung zur Finanzierung ihres Defizits in die Höhe getrieben wurden. Jeder, der behauptet, das Haushaltsdefizit der USA spiele keine Rolle, betreibt nach Meissner eine Vogel-Strauß-Politik. Er stimmt mit Lever darin überein, daß eine Institution zur Übernahme der Schulden mit einem bestimmten Abschlag keine Chance hätte. Die Industrieländer und ihre Geschäftsbanken seien nicht willens, und die Weltbank und der IWF seien nicht in der Lage, die erforderlichen Kreditmittel bereitzustellen.

Die einzige Möglichkeit zur Lösung des Problems der Neuverschuldung besteht für ihn in der Einrichtung einer weltweiten Reservebank, die nicht durch staatliche Institutionen, sondern durch die Privatbanken finanziert wird. Sie würde einen Teil der gegenwärtigen Aufgaben des IWF übernehmen. Dieser könnte zwar seine üblichen Konditionen ausarbeiten, aber die «Internationale Reservebank» würde ihre eigenen Kreditentscheidungen treffen. Meissner erinnert daran, daß die Zentralbanken der Länder ursprünglich von den Privatbanken ins Leben gerufen wurden, um deren Zwecken zu dienen. «Sie finanzieren diese Organisationen, und schließlich hielten es die

Regierungen in ihrem eigenen Interesse für geboten, diese Institutionen zu kontrollieren. Finanziert von einer Gruppe aus 50 internationalen Banken, könnte die Internationale Reservebank schließlich von den Regierungen der Gläubigerländer erworben werden.»

Diese Bank würde für ihre sämtlichen Mitglieder verbindliche Durchführungs- und Rechnungslegungsbestimmungen erlassen. Wir leben in einem Zeitalter der weltweiten Bankverbindungen, und deshalb benötigen wir ein weltweites System von Richtlinien. Eine internationale Bank würde verhindern, daß eine ihrer Mitgliedsbanken sich zu sehr in einem einzelnen Land engagiert. Meissner gelangt zu dem Schluß:

«Die Banken können entweder bei der Schaffung eines neuen Organs zur Überwindung der Probleme der Vergangenheit mitwirken oder einfach die Hände in den Schoß legen, während andere an Alternativen herumbasteln. Die Entscheidung für das erstere bietet ihnen die Möglichkeit, die Zukunft zu beeinflussen, während die Entscheidung für das letztere den Verzicht auf jede Zukunft überhaupt bedeutet.»

Der «saubere Abgang» der Banken

Was tun die Banken in Wirklichkeit, im Gegensatz zu dem, was sie nach Meinung von Politikern und diversen Finanzgenies eigentlich tun sollten? Nach wie vor sind sie auf der Bühne der Weltschuldenkrise ganz konkret präsent, wenn auch gegen ihren Willen. Die «unfreiwillige Kreditvergabe» auf Geheiß des IWF und anderer mächtiger Mitglieder des Konsortiums ist seit der mexikanischen Rettungsaktion von 1982 zu einem festen Bestandteil der internationalen Finanzbeziehungen geworden. Obgleich sie noch immer gezwungen sind, Kredite zu vergeben, sehen die Banken die einzig wahre «Lösung» des Schuldenproblems darin, ihr gesamtes Engagement in extrem unsicheren Ländern so schnell wie möglich abzubauen und diese Nationen sich selbst zu überlassen – sollen sie doch zusehen, wo sie die benötigten Mittel auftreiben.

Da sie sich jedoch nicht mit einem Schlag aus ihrer Zwickmühle befreien können, suchen die Banken inzwischen nach handfesteren Sicherheiten als den Versprechungen von Regierungen und faulen

Wechseln. Sie haben damit begonnen, einen Teil ihrer Kreditforderungen gegen Kapitalbeteiligungen an den verschiedensten Unternehmen einzutauschen. Welche Strategien sie auch aushecken mögen, die Banken halten nicht still, und sie warten nicht, bis die Regierungen und internationale Organe für sie die Schuldenkrise beheben.

Wenn Sie Bankier wären, welche der beiden Alternativen wäre für Sie attraktiver: ein riskanter Kredit an eine ausländische Regierung zu acht bis zehn Prozent Zinsen, der möglicherweise nicht pünktlich oder überhaupt nicht zurückgezahlt wird, oder eine Beteiligung am Kapital und an der Führung eines Industrieunternehmens, die unter Umständen jährlich um 25 Prozent im Wert steigt? Diese polemische Zuspitzung macht die Antwort natürlich einfacher als sie ist, aber sie zeigt zugleich, wie reizvoll eine Kapitalbeteiligung gegenüber einer Schuldforderung für eine Bank sein kann. Die Chance, saftige Gewinne einzuheimsen, ist ebenso verlockend wie relativ sicher – zwischen 1976 und 1983 lagen die durchschnittlichen Jahresrenditen der Aktien von elf Börsenplätzen der Dritten Welt (darunter die von Argentinien, Brasilien, Chile und Mexiko) knapp über 25 Prozent in US-Dollar. Demgegenüber erreichten die Renditen der Aktien sämtlicher Börsen der USA während desselben Zeitraums durchschnittlich lediglich 13,5 Prozent.[25]

Eine ganze Reihe von Banken ist in aller Stille dazu übergegangen, Kreditforderungen gegen Firmenbeteiligungen einzutauschen. Bislang sind auf diese Weise zwar erst sechs Milliarden Dollar getilgt worden, aber es ist ein Trend, den man im Auge behalten sollte, und vielleicht sogar die – mehr oder weniger hohe – Woge der Zukunft, obwohl der Dritten Welt auf diese Weise auch nicht geholfen werden kann.

Die Banken können dieses Geschäft auf zweierlei Weise tätigen:
– Über die jeweilige Regierung: Die Bank tauscht ihre Forderung unmittelbar bei der Regierung des Schuldnerlandes (mit einem bestimmten Abschlag) gegen eine Firmenbeteiligung.
– Über multinationale Unternehmen: Die Bank verkauft ihre Forderung mit einem Abschlag an ein multinationales Unternehmen. Dieses verkauft sie mit einem Gewinnaufschlag an die Regierung des Schuldnerlandes und wird in der Landeswährung bezahlt. Mit dem Geld kann sie anschließend ein neues Tochterunternehmen errichten.[26]

Im Sommer 1986 gab die philippinische Regierung einen umfassenden Plan bekannt, mit dem diese Tauschgeschäfte gefördert und die Devisenabflüsse durch Kreditzinszahlungen reduziert werden sollten. 14 von insgesamt 26 Milliarden Dollar schulden die Philippinen Privatbanken; Cory Aquinos Plan sieht vor, daß die Banken ihre Forderungen mit einem Abschlag von 30–40 Prozent an die Regierung abtreten. Der Kaufpreis wird in Pesos entrichtet, mit denen sie philippinische Firmen erwerben können. Der Plan enthält jedoch Bestimmungen über die Rückführung von Gewinnen, die allein schon ausreichen könnten, um die Banken von einer Annahme des Angebots abzuschrecken.[27]

Im Spätjahr 1986 tauschten rund 60 ausländische Banken einen kräftigen Batzen ihrer Schuldforderungen gegen Beteiligungen am größten mexikanischen Mischkonzern in Privatbesitz, dem Grupo Alfa, der in Schulden zu ersticken drohte und dem das Wasser bis zum Halse stand. Die Banken erhalten Unternehmensaktien, Staatsschuldverschreibungen und 25 Millionen Dollar in bar; als Gegenleistung streichen sie Kreditforderungen an Grupo Alfa im Wert von 920 Millionen. Dieser Betrag macht weniger als ein Prozent der mexikanischen Gesamtschuld von 98 Milliarden Dollar aus, so daß Mexiko selbst kaum eine Erleichterung seiner finanziellen Belastung zu spüren bekommt. Die Verringerung der Zinsen beträgt bestenfalls 100 Millionen – ein Tropfen im Ozean der zehn Milliarden Dollar, die Mexiko jährlich an Zinsen aufbringen muß, und die allein drei Viertel der gesamten Deviseneinnahmen des Landes verschlingen. Die Banken übernehmen für diesen Nachlaß um ein Prozent ein riesiges Imperium der unterschiedlichsten Produktionsunternehmen.[28]

Viele Bankiers und hohe Beamte der mexikanischen Regierung sind überzeugt, daß insgesamt vier bis fünf Milliarden Dollar der mexikanischen Schulden gegen Firmenbeteiligungen aufgerechnet werden können; einige sprechen von maximal zehn Milliarden. Der Tauschhandel mit Grupo Alfa ist bislang der größte, aber keineswegs der einzige in seiner Art. Das Programm zur Tilgung der Schulden durch Tausch der Forderungen gegen Firmenbeteiligungen wurde offiziell im April 1986 ins Leben gerufen; zum Jahresende waren bereits 55 weitere derartige Transaktionen mit einem Schuldennachlaß von insgesamt 650 Millionen Dollar genehmigt. 30 zusätzliche im Gesamtwert von 300 Millionen harrten noch der Genehmigung. Chile hat über 26 Tauschgeschäfte 280 Millionen Dollar seiner Schulden getilgt und beabsichtigt, 1987 auf diese Weise weitere 900 Millionen loszuwerden.[29]

Die Multis erhalten ihre mexikanischen Pesos mit einem effektiven Rabatt von rund 30 Prozent. Zu den Gesellschaften, die auf dem Umweg über diese Tauschgeschäfte in Mexiko investieren, zählen Shell, Gillette, Polaroid und ein ganzer Schwarm von Automobilindustrien, darunter Volkswagen, Ford, Chrysler, Nissan, Honda und Daimler-Benz. In Chile hat Banker's Trust 51 Prozent eines Vermögensverwaltungsunternehmens und 97 Prozent einer Versicherungsgesellschaft erworben. Aber auch die Banken, die beim Zustandekommen solcher Tauschgeschäfte behilflich sind, gehen nicht gerade leer aus. «Nach Angaben von Bankanalytikern können dabei ganz ordentliche Provisionen herausspringen – bei einem Tauschvolumen von je 100 Millionen Dollar jeweils eine runde Million. Für viele Analytiker erklärt sich der Reiz, den diese Tauschgeschäfte auf die Banken ausüben, aus den Provisionen, die sich damit verdienen lassen.» Jedenfalls hat John Reed, der Nachfolger von Walter Wriston im Amt des Präsidenten von Citicorp, sich mit der ganzen Autorität seiner Person hinter diese Tauschgeschäfte gestellt – eine bedeutsame Entwicklung, da Citicorp bei allen Verhandlungen zwischen Schuldnerländern und Banken eine unangefochtene Führungsstellung innehat.[30]

Es ist dem Leser sicher nicht entgangen, daß schwer verschuldete Länder zu einer eigenständigen Wirtschaftspolitik nicht mehr in der Lage sind. Ihre Wirtschaft wird mehr und mehr von außen kontrolliert: entweder direkt durch die Unterordnung sämtlicher produktiver Investitionen unter die Erfordernisse des Schuldendienstes oder indirekt durch zunehmende Auslandsinvestitionen in Schlüsselindustrien. Von welcher Seite man es auch betrachtet, die Schuldenkrise entpuppt sich immer mehr als die beste Möglichkeit für neokolonialistische Unternehmungen, die je erfunden wurde. Der Tausch von Kreditforderungen gegen Unternehmensbeteiligungen wird dem Streben multinationaler Unternehmen nach Kapital und Einfluß einen enormen Auftrieb verleihen, ohne daß sich dadurch die Zahlungsverpflichtungen der Schuldnerländer wesentlich verringern würden. Die Länder der Dritten Welt verlieren auf beiden Seiten der Bilanz, und ihre Wirtschaftspolitik wird weniger und weniger von der eigenen Regierung bestimmt.

Seit jenem Sommer, als die drohend bevorstehende Zahlungsunfähigkeit Mexikos den Bankiers den Angstschweiß auf die Stirn trieb, haben sie jede sich bietende Gelegenheit genutzt, ihr Geld geräuschlos aus den Schuldnerländern abzuziehen. Heute haben sie weniger

Grund, sich Sorgen über ihr übermäßiges Engagement zu machen: Irgendwie ist es den US-Banken gelungen, 1984 ihre Kreditforderungen an Entwicklungsländer um insgesamt knapp zehn Prozent zu verringern, und die vier größten britischen Banken konnten ihre Forderungen von 1984–1985 um rund drei Milliarden Pfund reduzieren. (Ein Großteil dieser Forderungen wurde an japanische Banken abgetreten: Wissen sie vielleicht etwas, das alle anderen nicht wissen?)[31]

Banken verteilen ihre Risiken einerseits durch eine Erhöhung ihres Kapitals und andererseits durch eine drastische Verringerung ihres Kreditvolumens. Im Frühjahr 1985 hatten die neun größten US-Banken ihren Kredit/Kapital-Quotienten bereits auf das Niveau von 1978 heruntergedrückt.[32] War da Hexerei im Spiel? Wie schafften es die US-Banken, daß Forderungen im Wert von über 17 Milliarden Dollar aus ihren Büchern verschwanden, und wie haben es die englischen Banken angestellt, obwohl sie alle im selben Zeitraum zusätzlich erzwungene Kredite vergeben mußten?

Sicherlich ist ein Teil der Schulden einfach als uneinbringlich abgeschrieben worden, ein weiterer Teil wurde gegen Firmenbeteiligungen eingetauscht, und andere Forderungen wurden auf «Märkten zweiter Ordnung» verkauft, wo Spekulanten die Forderungen in der Hoffnung aufkaufen, dabei ihren Schnitt zu machen. Man kann beispielsweise peruanische Schulden zu 25 Prozent ihres Nennwerts erwerben und darauf setzen, daß Peru eines Tages diese Schulden zu 30 oder 35 Prozent bezahlen wird. Alle diese Mittel dienen den Banken dazu, ihr Engagement in der Dritten Welt immer weiter zu reduzieren, bis ihre Bilanzen nicht mehr durch notleidende Kredite gefährdet sind.

Heute drückt sie kaum noch der Schuh. Ich wollte, ich könnte Ihnen mitteilen, daß die Gewinne von Citicorp bereits 1985 erstmals die Schallgrenze von einer Milliarde Dollar erreicht haben. Aber dazu hätte ich die Wahrheit etwas überdehnen müssen, denn in Wirklichkeit betrugen die Gewinne von Citicorp 1985 nur 998 Millionen. Nach den Worten ihres Präsidenten John Reed «war (1985) ein mittelprächtiges Jahr, 1986 wird besser ausfallen...»[33]

Und so kam es denn auch! 1986 übersprangen die Gewinne von Citicorp die magische Schwelle von einer Milliarde Dollar. Mit diesem Polster ausgestattet konnte es sich John Reed leisten, einen außergewöhnlichen Schritt zu tun. Am 19. Mai 1987 überraschte er die Finanzwelt mit der Mitteilung, Citicorp werde seine Verlustreserven um drei Milliarden Dollar aufstocken. Das war gleichbedeutend mit dem Eingeständnis, daß seine Bank nicht mehr mit der vollen Rückzahlung ihrer Kredite an die Dritte Welt rechnete. Die Schlagzeilen der *New York Times* lauteten zwar «Citicorp erwartet große Verluste durch Auslandskredite/Weltweit düstere Aussichten», aber das war eigentlich nicht die ganze Wahrheit. Reeds Ankündigung besagte nicht, daß die Bank bereit sei, Kredite an Dritte-Welt-Länder abzuschreiben oder zu erlassen. Eine Aufstockung der Verlustreserven bedeutet noch nicht einmal, daß für die laufenden offenen Kreditforderungen Rücklagen gebildet werden – sie bedeutet lediglich eine Vorsichtsmaßnahme, falls eines fernen Tages in der Zukunft fällige Schulden nicht zurückgezahlt werden. Zwar weisen die Bankbücher für 1987 einen technischen Verlust auf, aber in Wirklichkeit wurde das Geld einfach in eine andere Tasche gesteckt. Das Geld gehört nach wie vor der Bank, und die Lage der Schuldnerländer hat sich um keinen Deut gebessert.

Vielleicht hat sie sich sogar eher verschlechtert. Reed war von allen Bankiers, mit denen es die Regierungen der Dritten Welt zu tun hatten, der härteste Brocken. Er drängte seine Kollegen, das US-Finanzministerium und die US-Notenbank unablässig, weniger Nachgiebigkeit an den Tag zu legen. Mit der von ihm angekündigten Maßnahme hat er die Stellung von Citicorp als Schrittmacher der Branche noch mehr gefestigt. Alle größere Banken mußten sich dem Signal anschließen, und im Juli 1987 hatten die 14 größten Banken der USA ihre Verlustreserven für notleidende Kredite um insgesamt 14 Milliarden Dollar erhöht.

Aber das sind Schmerzen, die bald vergehen. Die Schuldner werden nicht aus ihrer Klemme befreit. Die Strategie Reeds besteht darin, sich eines möglichst großen Teils der Kreditforderungen durch Austauschgeschäfte und Verkäufe auf den wachsenden Märkten zweiter Ordnung zu entledigen und gleichzeitig die Verhandlungsposition im Hinblick auf die Restforderungen zu stärken. Die Finanzmärkte haben Reed wegen seines «mutigen Vorgehens» rückhaltlos bewundert, und schon einen Tag nach seiner Veröffentlichung machte der Aktienkurs von Citicorp einen Sprung um sechs Prozent nach oben. Er setzte die US-Regierung davon in Kenntnis, daß Kredite in der von Baker und der Notenbank erhofften Größenordnung nicht in Frage kämen, womit er dem Baker-Plan einen weiteren Schlag versetzte. Obwohl die Banken mit ihrer Erhöhung der Verlustreserven deutlich gemacht haben, daß die Forderungen an die Länder der Dritten Welt tatsächlich keine 100 Cents je Dollar wert sind, hat sich die Schuld dadurch um keinen Cent verringert. Die Konditionen für Neukredite werden nach wie vor von Fall zu Fall festgelegt – und die Auflagen sind strenger, seit die Banken wieder auf gesünderen Beinen stehen. Zur Jahresmitte 1987 sind wir von einer umfassenden Beilegung der Schuldenkrise weiter entfernt als je zuvor.

Umschuldung in Mexiko – Die konzertierte Aktion

Wenn die Banken und die übrigen Mitglieder des Konsortiums tatsächlich die Bürde der Dritten Welt erleichtern wollten, stünden ihnen hierfür die unterschiedlichsten Möglichkeiten zu Gebote. Das Institute for International Economics, eine Denkfabrik in Washington, hat 24 verschiedene Möglichkeiten zur Reduzierung der Schuldenlast ausgeknobelt. Das Problem besteht darin, daß die meisten davon bei den Bankiers auf Ablehnung stoßen. Sie verabscheuen insbesondere alles, was nach niedrigeren und festen Zinssätzen schmeckt.

Infolgedessen war das einzige Zugeständnis, zu dem sie sich bislang durchringen konnten, eine Umschuldung oder Refinanzierung der Kredite in der Form, daß deren Tilgung bis weit ins 21. Jahrhundert hinein gestreckt wird. Die Zahlungsmodalitäten, die Höhe der Zinsen und die Gebühren für die Umschuldung – die letzteren abermals eine lukrative Einnahmequelle der Banken – sind allesamt Gegenstand ausgedehnter, in jedem Einzelfall neuer Verhandlungen. In der letzten Zeit steigt die Zahl der ausgeklügelten und stärker koordinierten Umschuldungen, wie sie vom Baker-Plan vorgesehen sind. Sie machen anschaulich, wie das Konsortium funktioniert und handelt, um die Lage unter Kontrolle zu halten.

Immer, wenn das Sammeln von Material über den neuesten Stand der Schuldenkrise für mich etwas langweilig zu werden droht, rettet mich Mexiko, das regelmäßig für Spannung und Aufregung sorgt. Am dicksten ist meine Mappe mit den Zeitungsausschnitten über dieses Land. Denn es hat ein besonderes Geschick darin, die Finanzwelt erst in Panik zu versetzen, um sich anschließend durch eine Reihe hochdramatischer Verhandlungsrunden zu lavieren und am Ende eine Umschuldung und Streckung seiner Zahlungsverpflichtungen in Milliardenhöhe zu erreichen. Daraufhin beglückwünschen sich alle Beteiligten gegenseitig und warten zwei Jahre, bis alles wieder von vorn anfängt.

Mexiko hat seine staatlichen Unternehmen in wahrhaft heroischem Umfang über Kredite finanziert und ist auf dem besten Wege, Brasilien als Spitzenschuldner zu überholen. Aufgrund seiner Erdbeben und des Verfalls der Ölpreise hat Mexiko weit mehr Pech gehabt als die übrigen Schuldnerländer. Da die Mexikaner außerdem den traurigen Rekord auf dem Gebiet der Kapitalflucht halten, herrscht hier ein unstillbares Bedürfnis nach ständig neuen Geldmitteln.

Aber mit der Gefahr wächst das Rettende auch, und mit jeder neuen Rettungsaktion wird Mexiko wieder zum Liebling des Lehrers – wenigstens eine Zeitlang. Kein Geringerer als Jacques de Larosière hat Mexiko mit Lob überschüttet, weil es aufgrund von «entschlossen durchgeführten Anpassungsmaßnahmen» 1984 ein Plus in der Handelsbilanz erreicht hatte.

«Mit dem bereits verwirklichten Fortschritt und den inzwischen ergriffenen Maßnahmen... befindet sich das Land in einer günstigen Lage, wieder ein wirtschaftliches Wachstum zu erreichen und seine Importe zu steigern; wie überdies aus dem soeben geschlossenen Abkommen mit seinen Gläubigern ersichtlich, ist es heute in einer besseren Position, Gelder aus dem Ausland zu weit günstigeren Konditionen als im vergangenen Jahr zu erhalten.»[34]

Auch in der Heimat gelten die Mexikaner, die solche Vereinbarungen zustande bringen, als Helden – bis die Seifenblase erneut platzt. So wurde Mexiko von 1982 bis 1986 praktisch von dem eleganten Yale-Absolventen Jesús Silva Herzog regiert, der als Finanzminister den Präsidenten Miguel de la Madrid in den Hintergrund drängte. Über Silva kursierte das Scherzwort: «Warum wird Silva nicht der neue mexikanische Präsident? – Weil die Verfassung keine Wiederwahl vorsieht.»[35]

Die 1986er Variante des alle zwei Jahre sich wiederholenden mexikanischen Dramas läßt sich über die Schlagzeilen der Presse rekapitulieren. Zuerst kommen unheilvolle Drohungen einer bevorstehenden Zahlungsunfähigkeit: «Mexiko bittet um Unterstützung». Tatsächlich entfallen 70 Prozent der Exporteinkünfte des Landes auf den Erdölsektor, und der Präsident kündigt an, das Land werde seinen Schuldendienst auf seine «Zahlungsfähigkeit» beschränken müssen. Die Bankiers zücken ihre Taschenrechner: Wenn Mexiko seinen Schuldendienst auf – sagen wir – 30 Prozent der Exporterlöse beschränkt, bedeutet dies Einbußen von jährlich drei Milliarden Dollar.

Silva reist im Februar nach Washington, um dringend einen Extrakredit in Höhe von sechs Milliarden Dollar zu beantragen. Die US-

Behörden antworten mit einer Aufzählung der wirtschaftspolitischen Maßnahmen, die Mexiko ergreifen muß, um zu beweisen, wie ernst es ihm mit seiner Sparpolitik und seiner Förderung der freien Marktwirtschaft ist. Die Reagan-Administration weigert sich, ohne den Nachweis «substantieller Strukturreformen» und ohne einen neu abgeschlossenen Vertrag mit dem IWF an die US-Banken heranzutreten.

Die Gespräche mit dem IWF gehen nur schleppend vonstatten, und ihr Erfolg hängt davon ab, um welchen Betrag das mexikanische Budget künftig gekürzt wird. Im Juni deutet Silva an, Mexiko sei möglicherweise gezwungen, seine Zahlungen auszusetzen, vor allem weil der Peso gerade wieder um 30 Prozent gegenüber dem Dollar abgewertet werden mußte. Die USA werden etwas nervös, da Mexiko zu den größten Handelspartnern des Landes gehört; die Reagan-Administration läßt positivere Rauchzeichen über ein Rettungspaket ab, an dem der IWF, die Weltbank, der Pariser Klub, die Privatbanken und sogar ein Neuankömmling, die japanische Regierung, mit Krediten beteiligt sind. Mit anderen Worten, der Baker-Plan kommt ins Rollen.

Ganz nach dem bewährten Muster, den Überbringer schlechter Nachrichten dafür büßen zu lassen oder mitten im Strom die Pferde zu wechseln, wird Silva im Juni überraschend entlassen und durch den Beamten Gustavo Petricioli ersetzt, der außerhalb Mexikos kaum bekannt ist. Petricioli ist ein Freund des mexikanischen Präsidenten; Silva ist vielleicht etwas zu gut mit Paul Volcker befreundet, dem Präsidenten der US-Notenbank, mit dem er gewöhnlich seinen Urlaub in Yucatan verbringt, um dort gemeinsam dem Hochseeangeln nachzugehen.

Petricioli hat nun die Aufgabe, der leidgeprüften mexikanischen Bevölkerung weitere Kürzungen der Subventionen für Nahrungs- und öffentliche Verkehrsmittel nahezubringen. Aber innerhalb eines Monats nach seiner Amtsübernahme unterzeichnet er die allgemeinen Bedingungen eines Kreditvertrags über sechs Milliarden Dollar mit der US-Regierung, dem IWF und der Weltbank, angeblich, nachdem er dem Konsortium das Messer an den Hals gesetzt hat. Mexiko hat durchblicken lassen, im Fall einer Verweigerung neuer Kredite werde es die fälligen Zinszahlungen für die ausländischen Banken so lange auf ein Sperrkonto der mexikanischen Zentralbank überweisen, bis die Devisenreserven des Landes wieder einen befriedigenden Stand erreicht hätten.

Sollten die Mexikaner diese Drohung tatsächlich wahrmachen, dann wäre das gleichbedeutend mit einer Erklärung ihrer Zahlungsunfähigkeit, und dann ständen weit größere Summen auf dem Spiel als die 74 Milliarden Dollar, die Mexiko den Privatbanken schuldet (24 Milliarden an US-amerikanische, den Rest an europäische und japanische Banken). «Den Bankiers war klar, daß innerhalb einer Woche alle übrigen lateinamerikanischen Schuldnerländer ähnliche Erklärungen abgeben würden», sagt ein Vertreter der internationalen Finanzgemeinde. «Das Damoklesschwert der Einstellung sämtlicher Zahlungen sorgte schießlich für einen erfolgreichen Abschluß der Verhandlungen.»[36]

Die entscheidende Neuerung dieses 1986 abgeschlossenen Vertrags mit Mexiko besteht darin, daß die geldgebenden Institutionen zwar zusätzliche Mittel bewilligen müssen, wenn der Ölpreis unter neun Dollar je Barrel fällt, dafür jedoch die Kreditsumme reduzieren können, wenn der Ölpreis über 14 Dollar je Barrel steigt. Die Zinsen liegen etwas niedriger als üblich, aber als Gegenleistung muß das Land sich bereit erklären, strikt die Prinzipien der «Reaganomics» einzuhalten, wie sie im Baker-Plan festgelegt sind. «Strukturänderung» heißt das neue Schlagwort. Für ein Land, in dem der Staat seit Jahrzehnten aktiv in die Wirtschaft eingegriffen und die Binnenmärkte geschützt hat (in Mexiko war dies seit der Gründung der Mexikanischen Revolutionspartei 1929 der Fall), bedeutet dies an sich schon eine Revolution.

In seinem jährlichen Bericht zur Lage der Nation Anfang September 1986 unterstreicht Präsident de la Madrid sein Einverständnis. Er erklärt der Bevölkerung, «die wirtschaftliche Sparpolitik der vergangenen vier Jahre muß zu einem festen Grundsatz werden». Außerdem verbürgt er sich dafür, daß Mexiko keinen Konflikt mit internationalen Kreditinstitutionen und Auslandsbanken suchen werde.

Aber noch immer muß man den Bankiers gut zureden. Einer von ihnen, der ungenannt bleiben möchte, läßt sich vernehmen: «Die Mexikaner kriegen... die neuen Kredite, die sie in diesem Jahr von uns gefordert haben, weil die US-Regierung uns dazu drängt, ihnen das Geld zu leihen. Aber wenn wir nicht Onkel Sams Kanone im Rücken hätten, dann gäbe es wohl kaum eine Bank, die den Mexikanern zur Zeit noch einen einzigen müden Dollar leihen würde.» Der IWF erklärt den Banken kurz und bündig, bis zum 29. September (dem Beginn der jährlichen gemeinsamen Konferenz mit der Weltbank und der gesamten internationalen Finanzwelt) müßten sie das Geld auf den Tisch legen, weil sonst das gesamte, mühsam ausgetüftelte Verhandlungsergebnis gefährdet sei.

Die 14 westlichen Mitgliedsländer des Pariser Klubs veranstalten eine außerordentliche Marathonsitzung und einigen sich darauf, vorerst alle fälligen Zahlungen zu stunden – bis 1992 braucht Mexiko auf die gesamte Schuld weder Zinsen noch Tilgungsraten zu bezahlen.* Diese Vereinbarung wird gerade rechtzeitig zur gemeinsamen Konferenz von IWF und Weltbank ratifiziert.

Noch während diese Konferenz im Gange ist, kommt unter Hängen und Würgen ein Abkommen der Großbanken mit Mexiko zustande. Bemerkenswerterweise sind es diesmal nicht die üblichen Unterhändler der Banken, die morgens um zwei Uhr völlig erschöpft den Sitzungssaal verlassen und die Zusage machen, sich mit sechs Milliarden Dollar am Rettungspaket zu beteiligen. Diesmal sind es die großen Tiere selbst – die geschäftsführenden Direktoren der Banken sowie Volcker, de Larosière und Barber Conable, der neue Präsident der Weltbank –, die gemeinsam um den runden Tisch sitzen.

Sie alle wissen, daß ein Scheitern der Gespräche für die lateinamerikanischen Länder das Signal wäre, ihre Zahlungsunfähigkeit zu erklären. Baker bezeichnet das Abkommen – das sich auf insgesamt zwölf Milliarden Dollar erstreckt – als «Meilenstein» und schreibt in seiner Rede vor der gemeinsamen Konferenz den Hauptverdienst daran sich selbst zu.[37] Anderthalb Monate später haben 90 Prozent der insgesamt 500 Banken, von denen eine Beteiligung an dem erzwungenen Kredit erwartet wird, mehr oder weniger zähneknirschend zugestimmt.

Was ist eigentlich während dieser Übung in mexikanischer Pokerpolitik wirklich passiert? Die Nachricht wurde zwar von dem wehklagenden Geschrei der Bankiers übertönt, aber dennoch machten sie bei der ganzen Sache ein unglaublich gutes Geschäft. Erinnern wir uns daran, daß mehr als drei Viertel der Schuldforderungen gegenüber Mexiko von Privatbanken gehalten werden. Die zwölf Milliarden Dollar an Neukrediten – auch wenn sie als Mittel zur «Wachstumsförderung» umschrieben werden – dienen zunächst und vor allem dazu, daß Mexiko seinen laufenden Zinsverpflichtungen nachkommen kann. Aber die Hälfte dieses Geldes wird von öffentlichen Institutionen aufgebracht: dem IWF, der Weltbank, der Interamerikanischen Entwick-

---

* Zu den Mitgliedsländern des Pariser Klubs gehören Belgien, die Bundesrepublik Deutschland, Frankreich, Großbritannien, Italien, Japan, Kanada, die Niederlande, Norwegen, Österreich, Schweden, die Schweiz, Spanien und die USA.

lungsbank und westlichen Regierungen – mit anderen Worten von den Steuerzahlern. Ob man will oder nicht, die Bürger sind bereits auf dem besten Wege, den Banken aus der Patsche zu helfen, und unschuldig, wie sie sind, merken sie es nicht einmal.

Die Verpflichtung der Weltbank, sich an dem Kredit für Mexiko mit zwei Milliarden Dollar zu beteiligen, markiert ebenfalls eine neue Entwicklung. Die Weltbank war ursprünglich nicht als Feuerwehr in Notfällen gedacht – diese Funktion sollte ihrer Schwesterorganisation, dem IWF vorbehalten bleiben. In einem Bericht heißt es, «um die Geschäftsbanken dazu zu bewegen, Kredite in der vom IWF geforderten Größenordnung zu vergeben, willigte die Weltbank ein, für Bankkredite in Höhe von mindestens 500 und höchstens 750 Millionen Dollar eine Bürgschaft zu übernehmen». Das ist genau das Gegenteil von dem, was die Weltbank nach der Bekanntgabe des Baker-Plans beteuert hat.[38] Barber Conable beeilte sich zu erklären, diese Vereinbarung stelle keinen Präzedenzfall dar, und die Weltbank werde derartige Bürgschaften nicht «zur Regel machen». Das hängt allerdings ebensosehr von Mr. Baker ab wie von Mr. Conable.

Dieses riesige Rettungspaket kann allerdings an der Notlage Mexikos nichts Grundsätzliches ändern. Das Land erhält vielleicht zwölf Milliarden Dollar, verliert jedoch für 1986/87 16 Milliarden an Erdöleinkünften im Vergleich zu den Jahren vor dem Verfall der Ölpreise. Selbst wenn alles gutgeht, kann Mexiko zwar einen Handelsüberschuß von zwei bis drei Milliarden Dollar erwirtschaften, aber es muß jährlich noch immer acht Milliarden an Zinsen aufbringen – trotz der Erleichterungen, die dem Land nach zermürbenden Verhandlungen schließlich gewährt wurden. Darüber hinaus bietet die mexikanische Wirtschaft ein leuchtendes Beispiel für «Stagflation»: Ende 1986 betrug die Inflation 100 Prozent, die Inlandszinsen waren um die Hälfte gestiegen, und über das ganze Jahr erlebte das Land eine ausgewachsene Rezession mit einem Rückgang des BSP um vier Prozent. Die Kapitalflucht geht munter weiter. Die mexikanischen Zeitungen sprechen in ihren Kommentaren zu dem schwer errungenen Rettungspakt von «Notlösungen» und «vorübergehender Erleichterung».

Ich kann es kaum erwarten, bis der nächste große Knall kommt.

Der Kampf ums Überleben – Selbsthilfe im Süden

> «Das Schuldenproblem ist letztlich ein politisches und weniger ein finanzielles Problem und sollte auch als solches behandelt werden. Es geht dabei nicht um die Bilanzen der internationalen Gläubiger, sondern um das Leben von Millionen Menschen, die die permanente Bedrohung durch repressive Maßnahmen und die Arbeitslosigkeit, die ihnen Armut und Tod bringen, nicht länger ertragen können.»
>
> Kardinal Paulo Evaristo Arns, Erzbischof von São Paulo, in einer Botschaft an die Konferenz von Havanna am 30. Juli 1985

> «Die armen Völker können nicht für die unerträglichen sozialen Kosten aufkommen und ihr Recht auf eine Entwicklung aufgeben, die ohnehin in eine immer fernere Zukunft rückt, während andere Völker ein Leben in Luxus führen.»
>
> Papst Johannes Paul II. vor kolumbianischen Führungspersönlichkeiten am 1. Juli 1986

Solche Äußerungen von hochgeachteten religiösen Würdenträgern haben bislang auf seiten ihrer weltlichen Gegenspieler noch keine konkreten Handlungen ausgelöst. Die Organisation für die Einheit Afrikas dient zwar gelegentlich als Forum für Beschwerden, aber selten für gemeinsames Handeln. Die lateinamerikanischen Regierungschefs beteuern immer wieder fügsam ihren «Willen, alles in unseren Kräften Stehende zu tun, um den Kreditverpflichtungen unserer Länder gegenüber dem Ausland umfassend und rechtzeitig nachzukommen» – wie es einer von ihnen in Cartagena, Kolumbien, im Juni 1984 ausdrückte.[1] Bislang hat sich der Süden fast provozierend schüchtern und zurückhaltend gezeigt, wenn es darum ging, gemeinsame Schritte zu unternehmen.

Die elf großen lateinamerikanischen Schuldnerländer, die zur sogenannten «Cartagena-Gruppe» gehören, haben bislang eine offene Konfrontation gescheut, aber sie haben im Dezember 1985 auf ihrer Konferenz in Montevideo einige zaghafte Schritte getan. Obgleich der argentinische Finanzminister in ihrem Namen deutlich machte, sie planten kein «Kartell der Schuldner», und betonte, «wir drohen keinem. Was wir vorschlagen, ist ein konstruktiver Dialog», witterte das *Wall Street Journal* dahinter bereits einen Aufstand.

Die Schuldnerländer hatten gute Gründe, einen kräftigeren Ton anzuschlagen. Seit der mexikanischen Krise im Sommer 1982 hatte der Norden keinen einzigen ihrer Vorschläge aufgegriffen. (Der 1985 vorgelegte Baker-Plan kann nicht als Antwort auf die Bedürfnisse Lateinamerikas angesehen werden, da er letztlich darauf abzielt, die Schuldenlast noch zu erhöhen, statt sie zu verringern.)

In Montevideo wurde folgender Vier-Punkte-Vorschlag verabschiedet:

– Eine deutliche Verringerung der realen Zinssätze;

– Trennung zwischen Neu- und Altkrediten; erleichterte Bedingungen für Altkredite gegen die Zusicherung, die jeweils üblichen Zinssätze für alle Neukredite zu bezahlen;

– Erhöhung der Kredite durch die Geschäftsbanken, um mit der internationalen Inflation Schritt zu halten;

– Orientierung der Zinszahlungen am jeweiligen inneren Wirtschaftswachstum eines Schuldnerlandes.[2]

Zum erstenmal ließen die Schuldner durchblicken, falls sie kein Gehör fänden, könnten sie genötigt sein, ihre Zinszahlungen an die Banken auszusetzen. Wie nicht anders zu erwarten, ließ der Norden die Dinge einfach laufen. Allgemeine Gespräche fanden nicht statt; Umschuldungen wurden wie gehabt von Fall zu Fall ausgehandelt, und die Vertreter der lateinamerikanischen Länder waren wieder sanft wie die Lämmer.

Ein chilenischer Exilant mit guten Beziehungen zu hohen politischen Amtsträgern in Lateinamerika hat mir eine Geschichte erzählt, die ich zwar nicht belegen kann, die mir jedoch glaubwürdig erscheint. Im Frühjahr 1986 hatten sich die lateinamerikanischen Regierungen auf eine aggressivere, einheitliche Position geeinigt. Für den folgenden Morgen hatte man eine Pressekonferenz einberufen, auf der einseitig beschlossene Maßnahmen bekanntgegeben werden sollten, unter anderem die Beschränkung des Schuldendienstes auf einen bestimmten Prozentsatz der Exporteinkünfte und eine Verringerung der Zinssätze. Noch in der Nacht erhielt der mexikanische Vertreter dringende Telefonanrufe aus Washington; er wurde darüber informiert, Mexiko werde weder von US-Banken noch von irgendeiner Regierung des Nordens oder einer multilateralen Kreditinstitution weitere Kredite erhalten, wenn es diese Erklärung mitunterzeichne. Am anderen Morgen war der mexikanische Vertreter nirgends zu finden, die Front bröckelte weiter ab, und schließlich mußte die Pressekonferenz abgeblasen werden.

Ob belegt oder nicht, diese Geschichte zeigt zumindest, auf welche Weise die Strategie der «fallweisen» Behandlung des Schuldenproblems durch den Norden unangefochten fortgesetzt werden kann. Die Schuldnerländer gleichen Patienten, die man an ein lebensrettendes System angeschlossen hat. Sie fürchten, daß jede Unterbrechung in der Versorgung mit lebenswichtigen Flüssigkeiten ihren sofortigen Tod bedeutet. Nur ein Heiliger wird sein Leben aufs Spiel setzen in der Hoffnung auf eine bessere Zukunft für alle. Da die Regierungen bislang nicht gerade für ihre Heiligmäßigkeit bekannt sind, bleibt es weiterhin extrem schwierig, jene Solidarität und Einigkeit zu verwirklichen, die für jede politische Lösung der Schuldenkrise erforderlich wären.

Ohne einen politischen Vorstoß werden die «Vorschläge» des Südens den Norden nicht im geringsten kratzen; höfliche Bitten um eine Erleichterung werden wie gewöhnlich auf taube Ohren stoßen. Anscheinend haben die Schuldnerländer wenig aus den Marathonsitzungen der siebziger Jahre über eine neue internationale Wirtschaftsordnung gelernt. Damals machte der Norden keinerlei Zugeständnisse, weil er seine Interessen nicht unmittelbar und ernstlich bedroht sah. Heute macht er wiederum keine Zugeständnisse – aus denselben Gründen. Solange die Schuldnerländer weiterhin davor zurückschrecken, sich zusammenzuschließen und ihre gemeinsame Macht auch einzusetzen, werden die Kredite an einzelne Länder wie gehabt umgeschuldet, – dann, wenn es den Gläubigern paßt, und zu ihren Bedingungen.

Die Rückzahlungen aus Lateinamerika bringen auch heute noch astronomische Summen ein. Wie bereits bemerkt, belief sich der Nettotransfer von 1982–1985 auf 106 Milliarden Dollar, und ein Ende ist nicht abzusehen. In dieser Zahl sind weder die Verschlechterung der Austauschverhältnisse («terms of trade»), die die lateinamerikanischen Exporte hinnehmen mußten, noch die Milliardenbeträge enthalten, die illegal außer Landes gebracht wurden.

So zahlen sie und zahlen. War es die Verärgerung über so viel weiche Knie und so wenig Rückgrat, die Fidel Castro 1985 in die vorderste Linie der Schuldendebatte trieb? Sah er vielleicht eine Möglichkeit, als großer alter lateinamerikanischer Staatsmann aufzutreten und seine Isolation zu durchbrechen? Was auch immer seine Motive waren, der revolutionäre Fidel hört sich fast wie ein Anhänger der freien Marktwirtschaft und ein Fürsprecher der öffentlichen Ordnung an – ob ihm das Großkapital das abnimmt oder nicht. Hier einige Zitate aus seiner Ansprache:

«Man hat mich gefragt, ‹was wollen Sie – eine Explosion in Lateinamerika?›, und ich habe geantwortet, ‹nein, wir wollen, daß diese Probleme gelöst werden; mit einer Explosion allein lassen sich die Schwierigkeiten nicht beheben›... In diesen Tagen gibt es etwas Wichtigeres als soziale Veränderung, nämlich die Unabhängigkeit unserer Länder... Den Banken (des Nordens) muß geholfen werden. Die Schulden, die von der Dritten Welt nicht mehr zurückgezahlt werden können, sollten mit Zustimmung der Abgeordneten von den Regierungen übernommen werden. Die Rüstungsausgaben werden um einen geringfügigen Anteil gekürzt, der an die Banken weitergeleitet wird... Wir sind nicht dafür, den Banken das Kreuz zu brechen; wir schlagen einen Umweg zu ihrer Rettung vor. Bei einer Kürzung der Militärausgaben um nur zehn bis zwölf Prozent könnten wir bereits ein Wunder erleben – ohne Gefährdung der nationalen Verteidigung und ohne Steuererhöhungen... Für die Industrieländer würde (ein Schuldenerlaß) die Erneuerung der Struktur bedeuten, in deren Rahmen sie bislang ihre Rohstoffe bezogen haben, einen stärkeren Handel mit den Entwicklungsländern und mehr Aufträge für die Multis. Lateinamerika könnte seine Einfuhren aus den USA gegenüber dem jetzigen Stand verdoppeln...»[3]

Dennoch wird Fidel Castros Modell zur Rettung des Kapitalismus den Kapitalisten selbst wenig behagen. Sein Grundgedanke lautet, daß die Schulden nicht zu bezahlen und uneinbringlich sind. Für ihn ist das ebenso eine mathematische und ökonomische Tatsache wie eine moralische und politische Position. Castro ist es ziemlich gleichgültig, wie wir eine Erleichterung der Schuldenlast bezeichnen – «Mir ist klar, daß Streichung sehr hart klingt... Vielleicht sollte man besser Moratorium sagen» –, aber das ändert nichts daran, daß die Schulden schlicht und einfach gestrichen werden müssen. Die Banken können von den Regierungen durch eine geringfügige Beschneidung des Verteidigungshaushalts entschädigt werden. Sein «Plan» ist ziemlich simpel: Die Schulden werden erlassen, der Norden zahlt seine Banken aus, und Lateinamerika hat reinen Tisch gemacht und ist damit vermutlich ungehindert in der Lage, denselben Entwicklungsmodellen zu folgen wie zuvor. Fidel sagt uns allerdings nicht, woher das Geld kommen soll, das sie dafür benötigen würden.

Kuba hat in dieser Angelegenheit von sich aus keine Führungsrolle angestrebt und ist ständig bereit, sie wieder aus den Händen zu geben, «wenn eine oder mehrere lateinamerikanische Regierungen sie übernehmen... Warum haben wir sie überhaupt ergriffen? Weil kein anderer sie wollte», sagt Castro.

Und daran hat sich bis heute nichts geändert. In seinem Bemühen, die lateinamerikanischen Länder in der Schuldenfrage auf eine einheitliche Haltung einzuschwören, lud Castro 1985 zu einer Reihe von Konferenzen ein. Anfang August gipfelten sie in einer fünftägigen Mammutveranstaltung, an der über 2000 Delegierte aus 37 lateinamerikanischen und karibischen Ländern teilnahmen, die jedoch in der westlichen Presse kaum Erwähnung fand. Ehemalige Präsidenten, Premierminister und Minister erschienen persönlich; Staatsoberhäupter schickten ihre Vertrauten, die katholische wie die protestantische Kirche war zahlreich vertreten, aber zur allgemeinen Überraschung auch die Geschäftswelt; außerdem jene Gewerkschafter, Nationalökonomen und Intellektuellen, mit denen man sowieso gerechnet hatte. Falls Castro tatsächlich «isoliert» ist, dann war jedenfalls auf dieser Konferenz nichts davon zu spüren, was allerdings nicht heißen soll, daß seine Vorschläge auf allgemeine Zustimmung gestoßen wären.

In seiner Rede auf der Konferenz von Havanna faßte Michael Manley, der ehemalige Premierminister von Jamaika, das seiner Ansicht nach «zentrale Problem» noch einmal zusammen:

«(Es ist) die politische Isolation jedes einzelnen Landes, das zu einem bestimmten Zeitpunkt von der Krise überrollt wird... Die erste Aufgabe dieser Konferenz besteht darin, die Politiker der Dritten Welt zu der Einsicht zu bringen, daß die Isolation, der wir alle ausgesetzt sind und die uns gegenüber der Krise so handlungsunfähig macht, eine selbst auferlegte Isolation ist und daß wir vor allem die Pflicht haben, diese Isolation zu durchbrechen.»[4]

Tatsächlich war es jedem Teilnehmer an der Konferenz von Havanna klar, daß selbst ein großes Schuldnerland durch einen Schuldenerlaß noch längst nicht aus dem Schneider sein würde. Außer starken Worten gab es jedoch keine konkreten Versuche, um die «selbstauferlegte Isolation» aufzuheben. Abgesehen von einigen verbalen Zugeständnissen waren keine besonderen Bekundungen von Solidarität für den frischgewählten peruanischen Präsidenten Alan Garcia Perez auszumachen, obgleich dieser bereits bei seiner Amtsübernahme mit dem IWF und den Gläubigerländern hart ins Gericht gegangen war. Er bewies mehr Mut als jeder andere lateinamerikanische Staatsmann vor ihm oder danach, als er nur zwei Tage vor Beginn der Konferenz von Havanna in seiner Antrittsrede vor dem Parlament ankündigte, Peru werde künftig seine Zahlungen an die ausländischen Gläubiger auf zehn Prozent seiner Exporteinkünfte beschränken.

Perus Schulden belaufen sich auf rund 14 Milliarden Dollar (einschließlich der Forderungen von Privatbanken in Höhe von vier Milliarden), während seine jährlichen Exporteinnahmen etwas über drei Milliarden betragen. Seit seiner ersten Ankündigung hat García ein wenig zurückgesteckt: Perus Zahlungen von Juli 1985 bis Juli 1986 lagen wahrscheinlich näher an 370 Millionen Dollar als an den 310–320 Millionen, die nach seinen starken Worten zu erwarten gewesen wären. Das Land ist außerdem sehr darauf bedacht, die kurzfristig fälligen Forderungen seiner ausländischen Lieferanten pünktlich zu erfüllen. Aber das alles ist weit von den rund 1,5 Milliarden Dollar an Zinsen entfernt, die Peru «unter normalen Umständen» hätte überweisen müssen. García weigerte sich insbesondere, dem IWF sämtliche Rückstände zu bezahlen, und er erklärte seine Absicht, «den Fonds wie jeden anderen Gläubiger zu behandeln».

Das war eine Kampfansage, und der Fonds schlug prompt zurück. Im August 1986 wurde Peru auf die Liste der Parias gesetzt, das heißt in der Sprache des Fonds, für «nicht anspruchsberechtigt» erklärt. Damit befand sich das Land in guter Gesellschaft mit Vietnam, Guayana, Liberia und Sudan, allesamt Länder, denen der Zugang zu den Ressourcen des Fonds (und damit im Prinzip aller anderen Kreditquellen) ebenfalls versperrt wurde. Die praktischen Konsequenzen dieser Entscheidung werden wir noch sehen. Die Weltbank und die Interamerikanische Entwicklungsbank werden sich wahrscheinlich anschließen und sämtliche Kreditzahlungen an Peru stornieren.* Auf der anderen Seite hatte der IWF seit zwei Jahren sowieso keine Kredite mehr an Peru vergeben, und die Privatbanken hatten ihre Schalter seit langem dichtgemacht. García hat demnach lediglich aus der Not eine politische Tugend gemacht, und seine Rolle als David gegen den Goliath IWF kommt in Lima sehr gut an.

Wie wird es Peru längerfristig ergehen? Nach Meinung des *Economist* wird die Wirtschaft des Landes bald völlig zusammenbrechen,

---

* Die Weltbank stoppte sämtliche Zahlungen an Peru im Mai 1987, aber im Juli erklärte der neue peruanische Finanzminister seine Absicht, wieder «gute Beziehungen» mit der Weltbank herzustellen. Wie das? «Dafür gibt es nur eine Möglichkeit: bezahlen», erwiderte der Minister.

und es klingt fast, als entspräche dies ganz dem Wunsch des Autors – im Namen einer orthodoxen Wirtschaftswissenschaft.[5] Die Devisenreserven des Landes nehmen jedoch Monat für Monat zu, und der junge Präsident (zum Zeitpunkt seiner Wahl noch nicht 36 Jahre alt) steht auf dem Höhepunkt seiner Popularität. Bei einer Meinungsumfrage im Oktober 1986 gaben ihm 78 Prozent ihre Zustimmung. Im November berichtete die Zeitschrift *South*, «die Wirtschaft (Perus) erlebt einen Boom, die Inflation wurde halbiert, und die Produktion wird (1986) voraussichtlich um 5,3 Prozent ansteigen – das beste Ergebnis seit 1974».[6]

Was für die Peruaner noch wichtiger ist, Garcia macht von dem an Zinszahlungen eingesparten Geld einen guten Gebrauch. Wenn ein lateinamerikanisches Staatsoberhaupt eine Auszeichnung dafür verdient, daß die Bevölkerung weniger hungern muß, dann Alan Garcia Perez. In seiner Ansprache zum 40. Jahrestag der Food and Agriculture Organisation (FAO) der Vereinten Nationen schilderte er anschaulich den tödlichen Zusammenhang zwischen Verschuldung und Hunger, um anschließend zu erläutern, mit welchen Mitteln er den Hunger aus seinem eigenen Land vertreiben will:

«In meinem Land waren wir durch die Auflagen des IWF gezwungen, eine fehlgeleitete Wirtschaftspolitik zu betreiben, die... zu einer Verschlechterung der Ernährung geführt hat, von der die Ärmsten am härtesten von allen getroffen wurden... Wir haben beschlossen, einen anderen Weg zu gehen. Wir halten uns nicht mehr an die Rezepte des IWF und folgen statt dessen entschieden dem Weg, den uns die FAO vorgezeichnet hat – wir bewahren die ländliche Welt als den Nährboden für unser Wohlergehen und unser tägliches Brot.»[7]

Garcia lobt zwar seinen Gastgeber, die FAO, wie es sich gehört, aber er geht weit über das hinaus, was diese UN-Organisation im allgemeinen zu tun wagt. Garcia legt die politischen Aspekte auf den Tisch, in denen der Hunger wurzelt, und er erklärt, «wie man Demokratie über die Nahrung verstehen und wie man sie mit der Sicherung der Ernährung als ihrem Ziel aufbauen kann».

Zunächst beschreibt er die zerstörerischen Auswirkungen des vorherrschenden Entwicklungsmodells und spricht darüber, wie die Peruaner unter der Parole der Modernisierung anfingen, Nahrungsmittel zu konsumieren, die auf heimischem Boden überhaupt nicht angebaut werden konnten – über dem Weizen, der in ganz anderen Regionen gewachsen war, vergaßen sie ihre Berge und ihre eigenen Nahrungspflanzen. Die Abhängigkeit einer ganzen Nation von Nahrungsmitteln, die eingeführt werden müssen, bedeutet zugleich eine Entfremdung: «Nahrungsmittelimporte sind mehr als nur ein Devisenproblem; sie bewirken auch, daß ein Land mit der Zeit das Gefühl für seine eigene Geschichte und Geographie verliert.»

Die Peruaner «haben mittlerweile Knappheit und Armut als unvermeidliche Tatsachen des Lebens hingenommen, und die Bauern sind von ihrer eigenen Geschichte ausgeschlossen, ohne daß sie aus ihren Dörfern fortgezogen wären». Einst versorgten die Inkas ein ganzes Reich mit Nahrung, ein Volk, das größer war als das heutige, weil sie die richtigen Verfahren anwendeten, insbesondere den Terrassenanbau, um den geographischen Verhältnissen gerecht zu werden. Gesellschaftliche Organisation und natürliche Umgebung hingen untrennbar miteinander zusammen.

Als der Terrassenbau mit der Zeit aufgegeben wurde, zerfiel die bäuerliche Gesellschaft, aber:

«Gesellschaften entstehen aus der Nahrung, sie leben von der Nahrung, und sie entwickeln ihr Bewußtsein von Raum und Zeit aus der Nahrung, die sie verzehren... Aus diesem Grund ist die Demokratie, die wir in Peru wollen, keine Demokratie der Stadt mit ihrer Bürokratie und ihrer Verwaltung. Peru sucht eine geschichtliche Wiederbegegnung mit dem Land, durch die nationale Behauptung unserer Nahrung und unserer Geographie... Wir wollen eine viel umfassendere Veränderung, inspiriert durch die Rückbesinnung auf unsere eigene Nahrung, weil nur auf diese Weise eine Revolution an allen Fronten möglich ist: nationale Unabhängigkeit, Gerechtigkeit und Versöhnung der gesellschaftlichen Klassen.»

Garcia ist nicht gewillt, eine ungerechte Schuld auf Kosten der Nahrungsmittelversorgung der Bevölkerung zurückzuzahlen, und andere sollen seinem Beispiel folgen:

«In diesem Augenblick, da Hunderte von Millionen Menschen in Afrika, Asien und Lateinamerika vergeblich auf Nahrungsmittel hoffen, da unseren Gesellschaften Armut und Gewalttätigkeit drohen, können die Banken warten. Die Armen haben lange genug auf Vernunft und Gerechtigkeit gewartet... Wir sind nicht bereit, Perus historische Entwicklung und die Nahrung seiner Bevölkerung den Begierden und Vorschlägen der internationalen Banken zu opfern... Es wird viel Zeit in Anspruch nehmen, aber wir sind dabei, die Lebensmittel, die wir heute verzehren, durch Nahrungsmittel zu ersetzen, die unser Land selbst erzeugen kann.»

Garcia führt zu seiner Rechten einen Kampf gegen den IWF und die Banken und muß sich zugleich auf der linken Seite der maoistischen Guerillabewegung *Sendero Luminoso* (Leuchtender Pfad) erwehren, die seit 1980 für 8000 Tote und zahllose Sabotageakte an der Wirtschaft Perus verantwortlich ist. Anderen militanten marxistischen Parteien Perus ist Garcia zu reformistisch, und trotz seiner großen Popularität muß er einen vorsichtigen politischen Kurs steuern.

Garcias Politik zielt darauf ab, die Lage der Bauern zu verbessern und sie auf diese Weise davon abzuhalten, sich den Guerillakämpfern anzuschließen. Unter seiner Führung investiert Peru zum erstenmal seit rund 400 Jahren in die Sicherung der Versorgung der Indianerstämme in den Anden mit Lebensmitteln. Die Indianer bauen für den Bedarf ihrer Familien und Dörfer an, terrassieren die Berghänge und graben Wasserkanäle und -speicher mit denselben Methoden wie ihre Vorfahren vor Hunderten von Jahren, nur daß ihnen heute die Regierung für ihre Arbeit den gesetzlichen Mindestlohn bezahlt.

Dieser «Andenplan» soll nach seiner endgültigen Verwirklichung ein Gebiet von 300 000 km^2 mit einer Bevölkerung von mehr als drei Millionen Menschen erfassen, die auf den kargen Hochebenen des Südens leben. Im Haushalt 1986 waren dafür 410 Millionen Dollar vorgesehen, mit denen das Gesundheits- und Schulsystem und die landwirtschaftlichen Arbeitsbedingungen der Landbevölkerung verbessert werden sollen, statt damit Großprojekte wie Staudämme oder Überlandstraßen zu finanzieren. Die Mittel fließen in Selbsthilfeprojekte oder werden als billige oder zinslose Darlehen an Bauern vergeben, die damit Saatgut und Düngemittel kaufen können.[8]

Dieses Vorgehen zeigt, wie eine entschlossene Regierung einen Teil der Schuldzinsen direkt abzweigen und zur Verbesserung der Ernährung und des Wohlergehens der Bevölkerung verwenden kann. Leider scheuen die meisten Regierungen die politischen Risiken dieser Maßnahmen und sehen lieber zu, wie es der eigenen Bevölkerung von Tag zu Tag schlechter geht. Da die Bevölkerung nicht darauf warten kann, bis man ihren politischen Führern das abhanden gekommene Rückgrat wieder einpflanzt, muß sie sich schlecht und recht irgendwie selbst durchschlagen.

Schöpferisches Überleben – Die PEOs in Chile

Der *New Yorker* bringt seinen Lesern regelmäßig Kurzberichte über irgendwelche katastrophalen Ereignisse, denen dann ein Journalist noch eine gute Seite abgewinnt; die Zeitung hat dieser Kolumne den Titel «Silver Lining Department» gegeben, zu deutsch etwa «Die Spalte für Optimisten». Um Mißverständnissen vorzubeugen: Genau darum geht es im folgenden nicht. Was die Schuldenkrise anbelangt, so kann kein Chor aus lauter Heinos die schlechte Nachricht übertönen, daß Menschen entsetzlich leiden müssen, weil ihre Regierungen finanzielle Verpflichtungen eingegangen sind, die sie um jeden Preis erfüllen wollen. Ich bin weit davon entfernt, die Dinge von der Schokoladenseite her zu sehen. Doch ein Loblied auf die menschliche Findigkeit und Fähigkeit, trotz widrigster Umstände zu überleben, scheint mir gleichwohl angebracht.

Vielleicht wären ohne die Schuldenkrise zahlreiche anregende und originelle Möglichkeiten der Organisation nie versucht worden. Wenn die Krise eines Tages behoben ist, werden wohl auch diese neuen Formen von gesellschaftlichen Kreativität wieder verschwinden. Gegenwärtig haben die Menschen keine Wahl – sie müssen zusammenarbeiten. Vielleicht entstehen aus den unzähligen Experimenten, die heute von Gemeinschaften in der Dritten Welt unternommen werden, morgen vielfältigere und echtere demokratische Strukturen und basisnähere, dezentralisierte Regierungsformen. Das wäre zu hoffen. Dennoch bleiben die Umstände beklagenswert, unter denen es überhaupt erst zu den neuen Initiativen gekommen ist. Noch immer ist eine Normalgeburt einer Zangengeburt vorzuziehen.

Wie wir gesehen haben, gehört Chile zu den Ländern Lateinamerikas mit den höchsten Schulden pro Kopf der Bevölkerung. Zugleich ist es ein Land, in dem die originellsten und langlebigsten sozialen Experimente stattfinden. Das mag daran liegen, daß die Armen Chiles schon länger als viele andere um ihr Überleben kämpfen müssen und ihr Land noch immer von einer Diktatur beherrscht wird, während im übrigen Lateinamerika seit einiger Zeit ein Trend zur Demokratisierung besteht.

Die Frontlinien zwischen Volk und Staat sind in Chile deutlicher ausgeprägt als in vielen anderen Ländern. Chile kennt eine lange Tradition von Kooperativen und selbstverwalteten Unternehmen. Vor allem unter Allende wurden Volksorganisationen in ländlichen und städtischen Gebieten gefördert. Sie beschränkten sich jedoch leider vorwiegend darauf, als Interessengruppen für bestimmte Teile der Bevölkerung aufzutreten – Gewerkschaften, Nachbarschaften, Frauen etc. – und in jenen Bereichen, die nicht als ausgesprochene Domäne des Staates galten, ihre Hilfe und Solidarität anzubieten. In dieser Zeit gewöhnten sich die Menschen daran, zusammenzuarbeiten, so daß sie nicht mehr ganz von vorn anfangen mußten, als die gegenwärtige Krise heraufzog. Wer heute die Armenviertel von Santiago de Chile besucht, erlebt dort «bislang völlig unbekannte Organisationsformen: Produktionswerkstätten, Arbeiterselbsthilfen, Vereinigungen unabhängiger Arbeiter, Volksküchen, gemeinsame ‹Kochtöpfe›, ‹Einkaufsgruppen›, Ausschüsse für die Obdachlosen, Gruppen zur Krankenbetreuung, Frauenkollektive usw.»

Die «schöpferische Überlebenskunst» kann vielfältige Formen annehmen. Manche versuchen eine individuelle Lösung ihres Problems, indem sie auf der Straße betteln oder hausieren. Qualifizierte Arbeitskräfte emigrieren vielleicht, oder sie bleiben daheim und beteiligen sich offen oder heimlich an politischen Aktionen. Mehr und mehr Menschen verlegen sich jedoch auf wirtschaftliche statt politische Unternehmungen der Selbsthilfe und der gegenseitigen Unterstützung.

Manche verbinden damit zugleich auch ein politisches Ziel, manche bekommen Geld von chilenischen oder ausländischen Entwicklungshilfeinstitutionen. Diese Gruppen sind in der Regel ziemlich klein, und sie haben alle Hände voll zu tun, die drängendsten Probleme des Alltagslebens zu meistern. In Chile heißen sie PEOs (People's Economic Organisations), Ökonomische Organisationen des Volkes.[9]

Der Zweck einer PEO besteht darin, eine unmittelbare Verbindung zwischen Produzenten und Verbrauchern herzustellen und dabei die nationale Marktwirtschaft möglichst zu umgehen. Die politisch bewußtesten PEO-Mitglieder verstehen ihre Bewegung als eine noch im Anfangsstadium befindliche Alternative zum Konkurrenzprinzip des Kapitalismus, das schon immer zahlreiche Menschen an den Rand der Gesellschaft gedrängt hat. Diese Organisationen haben seit dem Beginn der Schuldenkrise 1981 beträchtlich an Zahl zugenommen. Bei einer im März 1984 im Großraum Santiago durchgeführten Erhebung wurden etwa 700 PEOs festgestellt, von deren Tätigkeit rund 80000 Personen einen unmittelbaren Nutzen hatten.

Ein chilenischer Beobachter beschreibt die hauptsächlichen Organisationstypen:

– *Produktionswerkstätten.* Dies sind kleine Gruppen von drei bis 15 Arbeitern – Bäcker, Schneider, Zimmerleute, Weber, Wäscher, Friseure, Maurer, Anstreicher, Schmiede usw. –, die ihre eigenen Produkte herstellen und vermarkten bzw. ihre Dienstleistungen anbieten.

– *Arbeiterselbsthilfegruppen.* Die Mitglieder dieser Gruppen sind einander bei der Arbeitssuche behilflich, auch wenn es sich nur um Gelegenheitsjobs handelt. Man unterscheidet verschiedene Formen: *bolsas de cesantes* sind Kooperativen derjenigen, die aus politischen Gründen keine Arbeit haben und sich gegenseitig mit ihrer Arbeitskraft aushelfen; Dienstleistungszentren der Gemeinde fungieren als Arbeitsvermittlungsstelle und empfehlen Arbeitssuchende weiter; Komitees entlassener Arbeiter suchen Arbeit im eigenen Wohnviertel oder in der Nähe und werden durch internationale Organisationen wie die Caritas und deren Kampagne «Arbeit für einen Bruder» unterstützt.

– *Verbraucherorganisationen.* Sie verfolgen das Ziel, die Bevölkerung besser mit Nahrungsmitteln zu versorgen. Sie begannen mit Kantinen für Kinder, aus denen später Volkskantinen wurden. Das sind nicht nur Suppenküchen, obwohl sie auch Essensrationen ausgaben. Sie prangern den Hunger öffentlich an, und ihre Mitarbeiter sammeln Geld für den Kauf von Nahrungsmitteln, die sie auch zubereiten. «Kochtöpfe» der Gemeinde geben Essen an bedürftige Familien aus, während «Versorgungskomitees» Lebensmittelspenden von nichtstaatlichen chilenischen oder ausländischen Organisationen weiterleiten. «Einkaufsgruppen» kaufen Lebensmittel im Großhandel ein und lagern die nicht verderblichen Artikel in Gemeindelagerhäusern; außerdem beraten sie Familien in der Wahl ihrer Nahrungsmittel. In jüngster Zeit haben sie sogar städtische Gärten mit Beschlag belegt und landwirtschaftliche Kleinbetriebe gegründet, um Gemüse anzubauen und Kleinvieh zu halten. Diese PEOs sind am häufigsten und haben die größte Zahl von Nutznießern.

– *Wohnungs- und Obdachlosenkomitees.* Die Aktivitäten dieser Gruppen reichen von Verhandlungen mit Hausbesitzern und/oder Stromversorgungsunternehmen über den gemeinsamen Bau von Häusern bis hin zur Organisierung der Besetzung von unbebautem Land. Im allgemeinen wenden sie sich auch an die Öffentlichkeit, äußern sich politisch und kritisieren unmittelbar bestimmte politische Maßnahmen (oder deren Unterlassung).

Inzwischen gibt es auch PEOs, die sich um Schulbildung, Kultur und Kommunikationswesen kümmern, während andere sich den allgemeinen Nöten besonderer Gruppen wie Frauen, Kinder, Rentner usw. widmen. Fast alle sind in dieser oder jener Weise wirtschaftlich tätig.

«Schattenwirtschaft» in Peru

Vermutlich ist Alan Garcia der lateinamerikanische Staatschef, der den besten Weg zur Befreiung seines Landes aus den Fesseln der Verschuldung eingeschlagen hat, aber auch in Peru schaffen die Menschen ihre eigenen Strukturen. Auf den ersten Blick vielleicht weniger gut organisiert als die PEOs im südlichen Nachbarland Chile, weisen auch hier die gegen die Auswirkungen der Schuldenkrise improvisierten Ansätze zur Selbstverwaltung ein hohes Maß an Einfallsreichtum auf.

Zunächst einige Informationen zur Vorgeschichte: Schon früh übernahm Peru das westliche Industrialisierungsmodell und häufte einen enormen Schuldenberg an. 1968 betrugen die Schulden bereits eine Millarde Dollar, zehn Jahre später waren es allein bei den öffentlichen Krediten 4,8 Milliarden (und 3,4 Milliarden Dollar bei den Geschäftsbanken). Von 1968 bis 1978 zahlte Peru fast 4,5 Milliarden an Zinsen und Tilgung allein für seine Schulden bei multilateralen Institutionen, ein enormer Aderlaß seiner Ressourcen. Ende der siebziger Jahre sollte dieses verarmte Land jährlich über eine Milliarde für seinen Schuldendienst zusammenkratzen, was 55 Prozent seiner Exporteinnahmen entspricht. Es ist nicht überraschend, daß das Land damit überfordert war.[10]

Auf diese Weise kam Peru früher als manche anderen lateinamerikanischen Länder unter die Kuratel des IWF. Viele Peruaner behaupten, ihre damalige Regierung sei mehr als glücklich darüber gewesen, daß nunmehr der IWF als Prügelknabe für eine Politik herhalten mußte, die sie ohnehin im Sinn gehabt hätte. Aber ob Urheber oder Sündenbock, 1977 hatte der Fonds dem Land bereits eine starke Dosis seiner Arznei verabreicht, als der Preisanstieg den ersten Generalstreik in Peru seit 1919 auslöste. Die Kaufkraft ging drastisch zurück, aber nicht drastisch genug: 1978 verordnete der Fonds eine weitere Kürzung der Staatsausgaben um ein Drittel, was eine erneute Beschneidung der Arbeitsplätze in einer Wirtschaft bedeutete, in der sowieso schon die Hälfte der Bevölkerung von Arbeitslosigkeit und chronischer Unterbeschäftigung betroffen war. Im Mai 1978 wurden sämtliche Subventionen gestrichen, und die Preise für Brennstoffe, öffentliche Verkehrsmittel und Grundnahrungsmittel verdoppelten sich. Erwartungsgemäß brachen daraufhin Unruhen aus, es gab über ein Dutzend Tote, das Land wurde unter das Kriegsrecht gestellt, und Hunderte von Arbeiterführern wanderten ins Gefängnis – das alles konnte jedoch einen weiteren Generalstreik nicht verhindern.[11]

Wenn eine ganze Gesellschaft so nahe an den Abgrund gerät, muß sie neue Überlebensstrategien entwickeln, oder sie geht unter. Die «formelle» Wirtschaft war offensichtlich unfähig, den Lebensunterhalt der überwiegenden Mehrheit der Bevölkerung zu sichern. 1984 schloß das Instituto Libertad y Democracia in Lima eine vierjährige Studie über die *Villas miseria*, die Elendsviertel ab, in denen mehr als die Hälfte der Einwohner Limas lebt. Dabei stieß man auf eine Schattenwirtschaft von ungeahnten Ausmaßen, die von der Regierung weder zur Kenntnis genommen noch steuerlich oder sonstwie erfaßt wurde. Mindestens 65 Prozent aller Arbeitskräfte in Peru gehen einer Vollzeitbeschäftigung in dieser alternativen Wirtschaft nach, die sich nach Angaben des Instituts über fast alle Wirtschaftssektoren erstreckt.

So werden zum Beispiel rund 80 Prozent aller in Peru gekauften Kleidungsstücke in offiziell nicht erfaßten Betrieben produziert. Die Herstellung von Schuhen und Möbeln erfolgt zu drei Vierteln innerhalb des grauen Sektors, und allein in Lima leben 300 000 nicht registrierte Gewerbetreibende vom Verkauf der im Untergrund hergestellten Produkte – einschließlich geschmuggelter Güter aus dem Ausland.

Es mag vielleicht nicht besonders erwähnenswert scheinen, wenn Schuhe oder Hemden in Tausenden von unangemeldeten Werkstätten fabriziert werden. Überraschender ist jedoch das Untersuchungsergebnis, daß nicht weniger als 85 Prozent der Buslinien Limas ebenfalls unkontrolliert von Unternehmern betrieben werden, die offensichtlich erfolgreich auf einem Gebiet operieren, auf dem der Staat schon immer versagt hat. Das «Untergrund-»Netz von Transportmitteln macht es möglich, innerhalb des Stadtgebiets von jedem beliebigen Punkt zu jedem anderen beliebigen Punkt mit einem dieser Busse zu gelangen, ohne öfter als zweimal umsteigen zu müssen, und das alles für weniger als zehn US-Cents. Die «informellen» Busunternehmer haben eine Auge darauf, welche Strecken von der Bevölkerung besonders befahren werden, und richten ihren Streckendienst dementsprechend ein.

Ein Großteil dieser Aktivitäten erklärt sich aus der Schwerfälligkeit der staatlichen Bürokratie. Während der Untersuchung des Instituto Libertad y Democracia machten die Mitarbeiter den Versuch, zum Schein ein kleines Unternehmen zur Herstellung von Textilwaren offiziell anzumelden. Sie benötigten sieben Monate (bei 40 Wochenstunden), bis alle bürokratischen Auflagen erfüllt waren! Obgleich sie sich vorgenommen hatten, dabei keinerlei Schmiergelder zu bezahlen, mußten sie dies in sieben Fällen dennoch tun, um ihr Experiment zu Ende zu führen. Wären sie wirklich darauf angewiesen gewesen, eine solche Produktionsstätte zu eröffnen, dann hätten sie insgesamt rund dreißigmal die Beamten mit Geld gnädig stimmen müssen.[12]

Die graue oder Untergrundwirtschaft hat jedoch keine besonderen Beziehungen zum organisierten Verbrechen, obgleich viele Gewerbetreibenden gezwungen werden, Schutzgelder zu bezahlen, um sich Belästigungen zu ersparen. Und außerdem ist sie alles andere als anarchisch. Da sie außerhalb der staatlich-legalen Sphäre angesiedelt ist, mußte diese sekundäre Wirtschaft ihre eigenen Gesetze und Regelungen schaffen, um Eigentumsrechte, geschäftliche Transaktionen, Standortrechte, Transportwege usw. zu sichern. Ohne dieses hoch organisierte und entwickelte System, das mit «informell» völlig unzutreffend gekennzeichnet wäre, würden Millionen von Peruanern Hungers sterben.

Das Ganze hat natürlich seine Schattenseiten. Viele der kleinen Unternehmen sind die reinsten Ausbeuterbetriebe. In den Straßen von Lima arbeiten etwa 200 000 Kinder – zu einem Lohn, der bestenfalls einen Bruchteil der sowieso schon jämmerlich geringen Löhne für Erwachsene ausmacht. Tausende von Kindern haben keine älteren Verwandten, an die sie sich wenden könnten. Bei einer Untersuchung wurde festgestellt, daß 11 000 «Haushalte» von Kindern zwischen sechs und elf Jahren geführt werden und daß mindestens 6000 völlig verlassene Kinder ganz auf der Straße leben und arbeiten. Manche Kinder werden auch eigens zu dem Zweck «adoptiert», damit sie den ganzen Tag lang unter erschreckenden Bedingungen unentgeltlich für andere arbeiten.[13]

Es gibt aber auch Bemühungen, das Los der Kinder Limas zu verbessern. 1984 wurde für Lima die Kampagne «ein Glas Milch» als Reaktion auf die Wirtschafts- und Nahrungsmittelkrise ins Leben gerufen. An sechs Tagen in der Woche erhalten über 1,1 Millionen Kinder unter 13 Jahren sowie alle Schwangeren und stillenden Mütter ein Glas Milch umsonst. Die Regierung stellt die Trockenmilch (eine Spende der niederländischen Regierung), und 7000 Komitees in den Stadtvierteln übenehmen die Zubereitung und Verteilung. Einhunderttausend Mütter haben sich unentgeltlich zur Mithilfe bei diesem Programm – täglich bis zu drei Stunden – zur Verfügung gestellt.[14]

Zur Jahresmitte 1985 existierten in Lima 850 Gemeindeküchen, die täglich mehrere hunderttausend Mahlzeiten ausgaben. Die kleinsten dieser Küchen kochen vielleicht für acht bis zwölf Familien eines Viertels, es gibt aber auch weit größere Unternehmungen dieser Art. In der einfachsten Form schließen sich mehrere Familien zusammen, um ihre Lebensmittel im Großhandel einkaufen zu können, wobei jede Familie sich entsprechend der Anzahl ihrer Mitglieder beteiligt. Gekocht wird rundum in einer der Küchen der Beteiligten. Größere Kochgemeinschaften sind strenger organisiert und haben ihre eigenen Spielregeln; die Arbeitskräfte erhalten im allgemeinen ein freies Essen, und die Großküchen verkaufen oft Hunderte von Rationen an die nähere Umgebung. Viele Küchen erhalten Subventionen oder Spenden von nichtstaatlichen Institutionen, vor allem Nahrungsmittel. Einige haben eigene Gemüsegärten angelegt, um den Speisezettel abwechlungsreicher zu gestalten.

Allein schon unter dem Aspekt der Ernährung sind diese Küchen der Gemeinschaft offensichtlich von Nutzen, aber ebenso bedeutsam sind für viele Familien die Ersparnis an Zeit und die praktische Erfahrung der Zusammenarbeit. Diese Erfahrungen haben sich besonders auf das Leben der Frauen nachhaltig ausgewirkt. Eine Beobachterin bemerkte:

«Es ist die erste Möglichkeit, die sie jemals hatten, aus ihrer Isolation herauszugehen, miteinander zu reden und gemeinsam Überlegungen anzustellen und zu arbeiten. Die Frauen nehmen an den Aktivitäten in den Elendsvierteln gleichberechtigt mit ihren Ehemännern teil, und sie versuchen die Männer davon zu überzeugen, daß sie ihnen bei der Sorge um die Kinder helfen müssen. Viele bauen ihr eigenes Haus und nehmen sogar an den nächtlichen Streifengängen teil» (was von wesentlicher Bedeutung in einem Land ist, in dem die Bevölkerung kaum Vertrauen zur Polizei hat).[15]

In den Slums am Rande der Hauptstadt bauen die Menschen eigene Schulen und Kindertagesstätten. Sie haben tonnenweise den dort abgeladenen Müll weggekarrt und «mehr Häuser gebaut als der staatliche und der private Sektor zusammen», wie 1984 der Verband der Architekten einräumte. Eine besonders gut organisierte Gruppe in der Villa el Salvador asphaltierte mehrere Kilometer eines Holperwegs zu ihrem Slum und forderte anschließend von der Stadtverwaltung eine Busverbindung. In den letzten Jahren haben die Bewohner der Villas im Süden Limas über eine halbe Million Bäume gepflanzt. Sie streichen ihre Häuser bunt an und stellen Blumenkästen vor ihre Fenster.

Mitten zwischen den Bäumen und den Blumen werden es Alan Garcia und das peruanische Volk eines Tages geschafft haben, trotz der Banken und des IWF.

We shall not be moved – Die Menschen von Tepito

Gustavo Esteva erzählt, wie das mexikanische Erdbeben vom September 1985 die Solidarität und die Phantasie der Menschen von Tepito beflügelt hat, einem Armenviertel mitten in Mexico City.[16] Als der erste Schreck vorüber war, empfanden die Städteplaner das Beben nachträglich als einen wahren Segen: Endlich konnten sie «mit dem ganzen Schutt auch das Gesindel» loswerden und auf den Überresten von Tepito ein Regierungsviertel mitten in einem Park erbauen. Die Ausländer, die nach dem Beben nach Mexiko strömten, sahen es zu Recht als Katastrophe an und zu Unrecht als Anlaß zu wahllosen Hilfslieferungen. Nach einer von Esteva angeführten Schätzung wurden für jedes Opfer eine halbe Tonne Nahrungsmittel und Hunderte von Medizinfläschchen aus dem Ausland gespendet, obgleich in Mexiko weder an dem einen noch an dem anderen Mangel herrschte. Die Verteilung dieser Hilfsgüter nahm kostbare Zeit und wertvolle Ressourcen in Anspruch, die besser für andere Zwecke genutzt worden wären.

Die Menschen von Tepito wollten weder Hilfsgüter noch eine «Rehabilitation». Sie lehnten Nahrungsmittelspenden ab – «wir wollen keine fremden *escamocha* essen», keine Abfälle aus dem Ausland, wehrten sie sich. In Tepito gab es keine nennenswerten Fälle von Unterernährung; die Nahrungsmittelspenden waren eher eine Bedrohung, da die Bewohner des Viertels ihren Lebensunterhalt zu einem Gutteil davon bestritten, Nahrungsmittel zu erzeugen, zuzubereiten und zu verkaufen.

Tepito wollte sich durch die Tragödie nicht unterkriegen lassen.

Noch am Tag des Erdbebens schossen überall im Viertel Notunterkünfte aus dem Boden. Hier waren nur wenige Todesopfer zu beklagen, da die meisten Häuser nur ein, höchstens zwei Stockwerke hatten, aber dafür gab es zahlreiche Obdachlose. Die Bevölkerung zeigte sich der Lage durchaus gewachsen und begann sich zum Kampf zu organisieren – nicht nur gegen die Folgen des Erdbebens selbst, sondern auch gegen eine für sie noch viel unheilvollere Gefahr, die Zwangsräumung des ganzen Viertels.

Seit Jahren hatten die Sanierer und Entwicklungsplaner Tepito als ein hervorragend geeignetes Gelände im Auge. Jetzt sah es so aus, als wäre Gott auf ihrer Seite und hätte seine himmlischen Planierraupen geschickt. In Mexiko kann nach dem Gesetz niemand aus einer Wohnung mit Mietbindung gekündigt werden, und solche Wohnungen waren in Tepito die Regel. Aber welchen gesetzlichen Anspruch hatte der ehemalige Bewohner eines eingestürzten Hauses? Die Hauseigentümer folgten Gott auf dem Fuß und forderten die ehemaligen Mieter auf, sich woanders eine neue Wohnung zu suchen.

In gewisser Hinsicht bot das Erdbeben eine Möglichkeit, bestimmte bauliche Veränderungen durchzuboxen, die von offizieller Seite stets abgelehnt worden waren. Nach Esteva gehört es zu den schlimmsten, unhygienischsten und ekelhaftesten Dingen im Leben der Armen von Mexico City, daß sie «auf Schritt und Tritt von Fäkalien» umgeben sind. 20 Millionen Menschen leben in dieser immer weiter wuchernden Stadt, und das Trinkwasser muß aus einer Entfernung von 300 km in eine Höhe von 2300 m gepumpt werden. Unter diesen Umständen ist es unmöglich, daß jeder Haushalt über ein Klosett mit Wasserspülung verfügt und an die städtische Kanalisation angeschlossen ist, und doch ist genau dies der Ehrgeiz der Sanierer. Für Esteva leiden sie alle unter einem «Klosettwahn», und da sich nur die Privilegierten diesen Luxus leisten können, vermehren sich die Amöben und Salmonellen ungehindert.

Als das Erdbeben ausbrach, machten sich die Selbsthilfegruppen wie die von Esteva, die jahrelang versucht hatten, «alternative Latrinen» einzuführen, einfach an deren Bau, ohne erst eine Genehmigung abzuwarten. Innerhalb kurzer Zeit schufen sie sanitäre Einrichtungen für 80 000 Erdbebenopfer, weit mehr, als die Regierung hätte bauen können. Da die Wasserleitungen, die zuvor mehrere Millionen Einwohner mit Trink- und Brauchwasser versorgt hatten, gebrochen waren, mußte die Obrigkeit ihren «Klosettwahn» aufgeben. Jetzt, sagt Esteva, «arbeiten wir ohne Widerstand der Behörden für die vier

Millionen, die dazu verurteilt waren, neben dem kulturellen Kerker des WCs in ihrem eigenen Kot zu leben».

Die Leute von Tepito sind dabei, zu ihrem früheren Leben zurückzufinden und sich wieder jene «geselligen Räume» zu schaffen, wo die Menschen gern zusammenkommen, zu deren Errichtung die Planer jedoch nie in der Lage waren. Diese Menschen sind typisch für all die «Zeltleute» in Mexico City, die befürchten, daß sie niemals die Genehmigung erhalten werden, ihre Häuser wiederaufzubauen oder ihr Leben in den Vierteln weiterzuführen, in denen sie geboren wurden, wenn sie die von der Regierung gestellten Notunterkünfte beziehen. Der Anführer einer Gruppe, Ricardo Téller, berichtete einem Reporter der *New York Times*, in seinem Revier wohnten 426 Menschen, darunter 193 Kinder unter fünf Jahren, auf einer Fläche von etwa zwei Häuserblöcken. «Die meisten von uns sind hier geboren... Das ist unsere Heimat, und wir haben nicht vor, von hier wegzugehen. Hier haben wir ein Wohnrecht. Wenn wir weggehen, kann es sein, daß wir dieses Recht verlieren.»[17]

Ein Mitglied einer anderen Zeltgemeinschaft sagte, er werde nicht in eine Notunterkunft ziehen, wo die von der Regierung eingesetzten Verwalter die Menschen «tyrannisieren» würden. «Auch wenn wir frieren und wenn sie uns keine Nahrungsmittel mehr geben, leben wir lieber hier, weil wir hier unsere Freiheit haben. Die Notunterkünfte liegen weit weg, und das Leben dort ist zu sehr eingeengt.» Die Regierung hat Anrechtscheine für Wohnungen ausgegeben, aber die Menschen trauen weder den Versprechungen der Regierung noch den Hausbesitzern, deren Häuser vom Erdbeben zerstört wurden.

Anpassung mit menschlichem Antlitz?

Soll der Süden sich dafür einsetzen, daß der IWF aufgelöst oder durch eine bessere Institution ersetzt wird? Selbst wenn ein solcher Wunschtraum überhaupt realisierbar wäre, erscheint mir dieses Ziel nicht sinnvoll, weil der Fonds erstens eine internationale Institution und zweitens ein Instrument ist. Wenn es gelänge, ihn genügend unter Druck zu setzen, könnte er zu einem nützlichen Instrument in der Hand von Regierungen werden, die aufgeklärter sind als die der Vereinigten Staaten unter Ronald Reagan.

In letzter Zeit sind bereits mehrere erwägenswerte Alternativen zur gegenwärtigen Politik des Fonds vorgeschlagen worden, häufig von Leuten aus dem Norden mit einem Sinn für die Probleme des Südens. Sie brauchen zwar nicht unbedingt die Notwendigkeit von Strukturanpassungen in der Dritten Welt in Frage zu stellen, und vielleicht sehen sie darin sogar eine unabwendbare Lebensnotwendigkeit. Aber dennoch sind sie zutiefst beunruhigt über die gegenwärtigen wirtschaftspolitischen Eingriffe des Fonds und seine Auflagen, und dazu haben sie auch allen Grund. Sie fordern «Auflagen unter Berücksichtigung der Grundbedürfnisse» eines Landes oder eine «Anpassung mit menschlichem Antlitz».[18] Diese Forderungen nach einer Reform der Politik des IWF sollten die Grundlage für ein Minimalprogramm abgeben, um Zeit zu gewinnen, während wir bemüht sind, die Schuldenkrise zu beenden und die Kredite zu einem leistungsfähigen Mittel der Entwicklung und Demokratisierung zu machen. Doch dazu mehr im folgenden Kapitel. Eine «Anpassung mit menschlichem Antlitz» könnte vielen Menschen, die nicht auf eine endgültige Lösung warten können, das Leben retten.

Richard Gerster führt in einem bahnbrechenden Aufsatz zahlreiche Belege dafür an, daß die Programme des IWF selbst nach dessen eigenen Maßstäben weitgehend wirkungslos sind. Sie tragen nicht zu wirtschaftlichem Wachstum bei, sie verlangsamen die Inflation nicht (viele Experten sind sogar vom Gegenteil überzeugt), und sie führen nicht einmal zu einer nennenswerten Verbesserung der Zahlungsbilanz. In seinem Aufsatz, der in einer juristischen Fachzeitschrift erschien, vermittelt Gerster nützliche Einblicke in die gesetzlichen Schritte, die erforderlich wären, um die Mitgliedsregierungen des IWF zu einer an den «Grundbedürfnissen» der Empfängerländer orientierten Kreditvergabepolitik zu veranlassen. Allen Aktivisten, die darauf hinarbeiten wollen, daß in ihrem eigenen Land die Gesetzgebung im Hinblick auf den IWF verbessert wird, sei die Lektüre dieses Aufsatzes von Gerster ans Herz gelegt. Dort heißt es:

«Grundlegende Bedürfnisse und Dienstleistungen müssen definiert werden, so daß sie in der ökonomischen Analyse und Politik unterschiedlich behandelt werden können. Diese Güter und Dienstleistungen müssen den jeweiligen Verhältnissen der Einzelländer angepaßt werden. Von ihrem Genuß wurden bislang jene Bevölkerungsteile ausgeschlossen, die unterhalb der absoluen Armutsgrenze leben, und zwar durch eine ungeeignete Stabiliserungspolitik; das muß künftig verhindert werden. Deshalb sollten die Gesamtkosten der Anpassung von den Anbietern und Verbrauchern aller übrigen, nicht grundlegenden Güter und Dienstleistungen getragen werden.»[19]

Richard Jolly, Stellvertretender Direktor von UNICEF, vertritt einen ähnlichen, wenngleich weniger gesetzespraktischen Standpunkt. Er hält die gegenwärtige Orientierung der «Anpassung» nicht nur für schädlich, sondern auch wirtschaftlich für töricht:

«Die fehlende Berücksichtigung der menschlichen Seite der Anpassung ist nicht nur eine menschliche Tragödie, sie ist auch ein grundlegender ökonomischer Irrtum. Schon heute gibt es zahlreiche Belege dafür, daß Investitionen in Humankapital wirtschaftlich rentabel sind. Wer es unterläßt, Kinder in den kritischen Phasen ihres Wachstums und ihrer Entwicklung zu schützen, der fügt einer gesamten Generation dauerhafte Schäden zu, die sich auf Jahrzehnte hinaus auf das wirtschaftliche Wohlergehen eines Landes auswirken werden.»[20]

Anpassungsprogramme sollten sich in erster Linie darauf richten, Ernährung, Gesundheit und Schulbildung der gesamten Bevölkerung sicherzustellen; die Länder, in denen eine Strukturanpassung vorgenommen wird, sollten von außen durch flexiblere Kredite mit längeren Laufzeiten unterstützt werden, meint Jolly. Er spricht sich für «mehr Selbstverantwortung, Dezentralisierung, kleinere Produktionsbetriebe und Gemeindeunternehmungen, das heißt für eine Stärkung der Bevölkerung und der Einzelhaushalte» aus – ganz in unserem Sinne! Darüber hinaus ist er überzeugt, daß eine «Anpassung mit menschlichem Antlitz» kosteneffektiv ist und keineswegs den Zorn des IWF auf sich ziehen muß.

So führt Jolly beispielsweise an, daß die von der UNICEF empfohlene Methode zur Behandlung von Diarrhöe im Gegensatz zu den 50 Dollar für intravenöse Ernährung nur sechs Cents je Behandlungsdosis kostet. Viele andere Ernährungs- und Gesundheitsprogramme könnten ähnlich kostengünstig durchgeführt werden. «Es ist möglich, eine Strukturanpassung mit gesenkten Kosten und Devisenbeschränkungen durchzuführen und gleichzeitig ihren Wirkungskreis und ihre Durchschlagskraft zu vergrößern.»

Der kanadische Wirtschaftswissenschaftler Gerald Helleiner verfügt über eine jahrelange Erfahrung als Berater der Regierungen von Dritte-Welt-Ländern, die mit dem IWF verhandeln, und rät ihnen, eine eigene Liste mit alternativen Entwicklungszielen vorzubereiten, bevor sich beide Parteien an den Verhandlungstisch begeben. Auch Helleiner ist der Überzeugung, daß sich alternative Ansätze einer Strukturanpassung nicht nur unter humanen, sondern auch unter wirtschaftlichen Aspekten rechtfertigen lassen und daß es die Aufgabe der Ökonomen ist, die Kreditauflagen so festzulegen, daß die Empfängerländer ihnen auch nachkommen können. «Ich habe den Eindruck», so Helleiner, «daß einige Mitarbeiter des Fonds mehr als glücklich darüber wären, wenn sie andere Möglichkeiten hätten, die vergebenen Kredite sinnvoll einzusetzen und neue Ressourcen zu erschließen. Wahrscheinlich haben sie recht, wenn sie von sich sagen, sie seien es nicht gewohnt, sich mit Problemen der Armut zu befassen.»[21]

In der Tat, niemand, am allerwenigsten ich selbst, hat ein Interesse daran, einzelne Mitarbeiter des IWF zu verurteilen. Ihre Anweisungen und ihre Marschrichtung werden ihnen von oben vorgegeben, und sie wären durchaus in der Lage, ihr beträchtliches Fachwissen für humanere Ziele einzusetzen. Ein geeinter und entschlossener Süden könnte mit einiger Hilfe von Verbündeten aus dem Norden ihrem Denken die schönsten Anstöße geben.

Kreative Schuldentilgung – Modelle für die Zukunft

In diesem Kapitel wage ich mich selbst aufs Glatteis. Nachdem ich dargelegt habe, welche Vorschläge zur Behebung der Schuldenkrise von den verschiedensten Seiten gemacht wurden, habe ich mir wohl das Recht verdient, auch meine eigenen Vorstellungen vorzutragen. Zunächst gebe ich meine ganz persönliche Auffassung von der politischen und strategischen Bedeutung der Schuldenkrise wieder. Anschließend werde ich Vorschläge machen, wie aus der Schuldenkrise als einem Instrument der Unterdrückung ein Mittel zur wirtschaftlichen und demokratischen Entwicklung der Schuldnerländer gemacht werden könnte.

Auch derjenige, dem eine pauschale geopolitische Analyse wenig zusagt, muß sich damit befassen, wenn er verstehen will, was hinter den Kulissen und unter der Oberfläche vor sich geht, während die handgreiflicheren Aspekte der Schuldenkrise die Titelseiten der Zeitungen und das Zentrum der Bühne beherrschen. Ein solcher Ansatz ist um so notwendiger, als eine fehlerhafte Analyse unweigerlich zu fehlerhaften politischen Maßnahmen führt. Wir müssen zu verstehen versuchen, was Schulden bedeuten und welche verborgenen Kräfte ihnen zugrunde liegen.[1]

Nach dem Zweiten Weltkrieg war die weltweite Vorherrschaft der Vereinigten Staaten eine allgemein akzeptierte Tatsache. Bis zum Ende des Vietnamkrieges oder zumindest bis Ende der sechziger Jahre waren die USA die unbestrittene Supermacht Nr. 1. Wie unverzichtbar die Sowjetunion auch als Hintergrundfolie oder als Feindbild gewesen sein mochte, um dem Wettrüsten immer neue Nahrung zu geben, so konnte sie doch in keiner Hinsicht – Wohlstand, Produktionskapazität, Einfluß oder gar militärische Macht – an die USA heranreichen. Die US-amerikanische Vorherrschaft bestand auf politischer, militärischer, wirtschaftlicher, finanzieller, kultureller und selbst auf landwirtschaftlicher Ebene: In den Jahren 1975–1985 habe ich ein Gutteil meiner Zeit auf den Versuch verwendet, die Dominanz des weitverzweigten nordamerikanischen Nahrungsmittelsystems zu analysieren, darzustellen und zu kritisieren, während dieses seine Fänge nach dem Rest unseres Planeten ausstreckte.

Auf jeder der genannten Ebenen ist die nordamerikanische Macht noch immer ein wesentlicher Faktor, aber die USA halten nicht mehr überall die Spitze. Zwar wurde Rom bekanntlich nicht an einem Tag erbaut, und Großreiche zerfallen nicht innerhalb einer Woche, aber die bedrohlichen Risse in den Fundamenten des US-amerikanischen Imperiums werden zunehmend sichtbar. Je nach ihrem politischen Standort und ihrem Platz auf der Welt wird dies für sie ein Grund zur Freude oder zur Verzweiflung sein. Die Leute an der Spitze der US-amerikanischen Regierung sind sich der Risse durchaus bewußt, und sie sind fieberhaft bemüht, sie zu kitten oder doch wenigstens zu übertünchen.

Vietnam war das erste große Trauma. Danach ging die Herrschaft über eine ganze Reihe anderer Länder der Dritten Welt verloren, und Regime, die den USA freundlich gesonnen waren, mußten der Reihe nach abtreten. Einige dieser Veränderungen wurden ganz offensichtlich von nationalen Befreiungsbewegungen herbeigeführt (Nicaragua, die ehemals portugiesischen Kolonien Afrikas); andere nahmen einen weniger eindeutigen Verlauf oder waren blutrünstiger (der Sturz des Schahs durch Khomeiny im Iran); sie alle erschienen jedoch dem amerikanischen Establishment als Scheitern der Macht und der Einflußnahme der USA.

Diese Erosion der nordamerikanischen Macht hat ein neues Denken und neue Strategien hervorgebracht. Zwar können die Vereinigten Staaten in der Welt nicht mehr uneingeschränkt nach eigenem Interesse oder Gutdünken schalten und walten, doch sie haben immer noch die Macht, andere an einer solchen Einflußnahme zu hindern und jeden Fortschritt zu einem humaneren Weltsystem zu bremsen. Sie unternehmen eine ganze Menge, die Uhr zurückzustellen auf die Zeit, als sie noch ihre unangefochtene Weltmachtstellung innehatten.

Der Auftritt Ronald Reagans und seiner neokonservativen Berater auf der politischen Bühne war der nach außen sichtbare Versuch, das Rad der Geschichte zurückzudrehen. Dieser Präsident wurde geprägt von der Welt vor dem Zweiten Weltkrieg und befand sich in den fünfziger Jahren in der Blüte seiner Jugend. «Reagan» dient hier selbstverständlich nur als bequeme Kürzel für all diejenigen, die darauf hoffen, die Welt im Interesse ihrer eigenen gewinnträchtigen Vorhaben sicherer zu machen, und die noch auf der Bühne agieren werden, wenn der Filmschauspieler schon längst durch einen Metzger, einen Bäcker oder einen fundamentalistischen Prediger ersetzt sein wird (auch wenn er – eine «sie» wird es nicht geben – der Demokratischen Partei angehört).

Eine Rückkehr zu den glücklichen fünfziger Jahren erfordert eine Politik, die mit allen Mitteln bemüht ist, die vielen Fortschritte, die in den letzten Jahrzehnten von der Bevölkerung errungen wurden, zunichte zu machen. In den USA heißt das, der Friedens-, der Bürgerrechts- und der Frauenbewegung, den Arbeiterorganisationen und anderen das Genick zu brechen, die die bevorstehende «schöne neue Welt» nicht haben wollen und dagegen protestieren. Ende der achtziger Jahre ist das der US-Regierung weitgehend gelungen – wenn auch nicht für immer, wie zu hoffen steht.

Trotz aller Friedensangebote der Sowjetunion besteht nach wie vor ein alarmierend hohes Konfliktpotential, wenn man die Militärausgaben der USA betrachtet. Die Debatte reduziert sich auf haarspalterische Diskussionen über die Wachstumsrate der Verteidigungsausgaben oder die Anzahl der Dollarmilliarden, die für den Krieg der Sterne ausgegeben werden sollen. Nur noch Randfiguren, die von den «seriösen» Denkern der herrschenden Hauptströmung gar nicht erst zur Kenntnis genommen werden, wagen es noch, weiterhin grundsätzliche Fragen über Krieg und Frieden und den Fortbestand der menschlichen Zivilisation zu stellen.

In den USA werden massenhaft Arbeitsplätze vernichtet; immer häufiger trifft es auch die gutbezahlten, der gewerkschaftlichen Tarifbindung unterliegenden Stellen, die seit jeher nur an männliche Weiße vergeben wurden. Schwarze (vor allem Frauen) und andere Minderheiten sind von der Arbeitslosigkeit besonders stark betroffen. Die neugeschaffenen Arbeitsplätze befinden sich hingegen meist in den niederen Regionen des Dienstleistungsgewerbes und sind miserabel bezahlt; typisch dafür sind die Jobs bei Hamburger-Ketten wie McDonald's. Viele Unternehmen verlegen einfach den Firmensitz ins Ausland («runaway shops»), in die sogenannten Billiglohnländer; und die Manager der im Lande verbleibenden Unternehmen machen ihren Arbeitern klar, daß auch sie jederzeit gehen können, wenn es ihnen paßt. Das Kapital ist mobil, weit mehr als die Arbeiter. Ein Teil der Mittelschicht sinkt langsam in die Armut ab, die Zahl derjenigen, die buchstäblich auf der Straße sitzen, nimmt zu (genaue Zahlen sind nicht verfügbar; vorsichtige Schätzungen sprechen von zwei bis drei Millionen allein in den USA). Nach einem Bericht der «Physicians' Task Force» (unter dem Vorsitz eines Professors der Harvard School of Public Health) leben rund 20 Millionen US-Amerikaner an der Hungergrenze.

Die Proteste der Farmer werden inzwischen einfach dadurch zum Schweigen gebracht, daß es kaum noch Farmer gibt. Dieses traditionelle moralische Rückgrat der Vereinigten Staaten, der landwirtschaftliche Familienbetrieb, verschwindet zusehends. Nach Untersuchungen, die 1986 veröffentlicht wurden, ging allein von 1984 bis 1985 die ländliche Bevölkerung in den südlichen und westlichen Regionen der USA um 16 Prozent zurück. Während des Jahrzehnts von 1975 bis 1984 verringerte sich die Anzahl der Farmen mit einem Produktionsausstoß von bis zu 20000 Dollar im Jahr um 60 Prozent; fast ein Drittel der noch verbliebenen landwirtschaftlichen Betriebe wird von Farmern bewirtschaftet, die älter als 65 Jahre sind. Von 1980 bis 1985 halbierte sich die Zahl der schwarzen Farmarbeiter (von 240000 auf 120000.[2] Das ländliche US-Amerika ist in tiefen Verfall und noch tiefere Schulden geraten: Die Verschuldung der US-amerikanischen Farmer ist größer als die von Brasilien und Mexiko zusammengenommen. Unter derart demoralisierenden Umständen ist es fast unmöglich, Kräfte für einen politischen Abwehrkampf zu sammeln.

Außenpolitisch bedeutet die reaktionäre Politik Reagans eine Rivalität mit den verbündeten Staaten und eine Verstärkung ihrer Uneinigkeit und ihres wirtschaftlichen Ungleichgewichts (zum Beispiel Handelskriege gegen Europa und Japan, Einmischung in die Beziehungen zwischen Westeuropa und der Sowjetunion, Spannungen innerhalb der NATO). Der West-West-Konflikt ist nicht weniger heftig als der West-Ost-Konflikt, wenn er auch nicht so lautstark ausgetragen wird. Im Hinblick auf die Dritte Welt, die uns hier in erster Linie beschäftigt, muß verhindert werden, daß die «aufstrebenden» Nationen zu weit aufstreben. Vor allem die Befreiungs- und Volksbewegungen, die unverändert als Bedrohung der nationalen Interessen der USA angesehen werden, müssen in Schach gehalten werden.

Diese verschiedenen Motive der US-Politik können zu einem einzigen verschmelzen, so zum Beispiel, wenn der Präsident behauptet, mißliebige Bewegungen und Regierungen seien von der Sowjetunion ferngesteuert. Mit diesem Argument werden immer neue Rüstungsausgaben gerechtfertigt. Das berüchtigtste Beispiel ist Nicaragua, dessen Regierung zu einer Bedrohung der nationalen Sicherheit der

USA erklärt wurde, obgleich allein der Staat New York fünf- bis sechsmal so viele Einwohner hat wie dieses kleine Land. Auch die Befreiungsbewegungen in einigen südafrikanischen Ländern werden angeblich von Marionetten Moskaus angeführt. Solche Analysen mögen der Sowjetunion zwar schmeicheln, aber dennoch sind sie von der Realität weit entfernt. Es gibt zahlreiche autonome Bewegungen mit eigenständiger Zielrichtung; sie werden nicht von der Sowjetunion kontrolliert, auch wenn sie dies noch so sehr versuchen sollte. Die US-Regierung verschafft sich mit ihren Unterstellungen die willkommene Gelegenheit, die Spannungen zwischen Nord und Süd auf einen Ost-West-Konflikt zu reduzieren, doch mit der Wahrheit hat das nicht viel zu tun.

Militärstrategen wissen schon seit Sün-tse (*Über die Kriegskunst*, 500 v. Chr.), daß der Feldherr die Schlacht gewinnt, der sich am Gelände und den Umständen am besten anpassen kann. Die USA haben aus ihrem Scheitern im Vietnamkrieg gelernt. Auffällig sichtbare, die eigenen Kräfte schwächende und von den Medien stark beachtete Interventionen wie die in Vietnam sind der Strategie des begrenzten Konflikts (LIC – Low Intensity Conflict) gewichen. Diese Strategie ist mittlerweile zur offiziell gebilligten und allgemein praktizierten US-Strategie gegen Volksbewegungen in der Dritten Welt und gegen mißliebige Auslandsregierungen geworden.

Die Strategie des begrenzten Konflikts ist auch eine Strategie der begrenzten Kosten – jedenfalls für den Initiator. Sie erfordert einen vergleichsweise niedrigen Einsatz an Geldmitteln und Personen, und vor allem führt sie kaum zu politischer Opposition und Unruhe im eigenen Land, da sie so schwer dingfest zu machen ist. Richtiggehende Kriege müssen von einer Mehrheit der Bevölkerung befürwortet werden, oder sie sind zum Scheitern verurteilt, wie das Pentagon zu seinem Leidwesen erfahren mußte. Die Strategie des begrenzten Konflikts ermöglicht es, diese erforderliche Zustimmung oder doch zumindest Duldung im eigenen Land zu umgehen. In den USA genügt es häufig bereits, die Handlungen des «Feindes» als Bestandteil einer «weltweiten kommunistischen Verschwörung» zu brandmarken, um den Kongreß und die öffentliche Meinung erfolgreich zu manipulieren. Für die Opfer hingegen ist diese Strategie sehr kostspielig. In Nicaragua zum Beispiel verzehren die Militärausgaben knapp 60 Prozent des gesamten Staatshaushalts.

Im Gegensatz zur konventionellen Kriegführung geht es beim begrenzten Konflikt nicht darum, einen Gegner physisch zu vernichten.

Das Ziel dieser Strategie besteht vielmehr darin, ihn im eigenen Land wie im Ausland zu isolieren, ihn aus der internationalen Gemeinschaft (und von deren Hilfeleistungen) auszuschließen und seiner Regierung die Legitimität abzusprechen (oder im Fall einer politischen Bewegung deren Einfluß zu vermindern). Zu dieser Strategie gehört es, die Contras in den verschiedensten Teilen der Welt zu unterstützen und alles zu tun, damit ganze Volkswirtschaften «schmerzhaft aufschreien» oder «das Handtuch werfen», um in der Terminologie der Reagan-Administration zu bleiben – Wirtschaftsblockaden, Sabotageakte und andere Formen wirtschaftlicher Einschüchterung sind die probaten Mittel.

Die Strategie des begrenzten Konflikts verändert das Wesen des Krieges überhaupt. Die Militärgeschichte behandelt die Ziele, Verläufe und vor allem die Beendigungen von Kriegen – von Vertragsschlüssen bis hin zur bedingungslosen Kapitulation –, wobei das Ergebnis der Kriegshandlungen als «Sieg» auf einer oder auch auf beiden Seiten bezeichnet werden kann. Der Strategie des begrenzten Konflikts geht es nicht um einen derartigen «Sieg». Man hat schon viel darüber geschrieben, daß es den Contras in Nicaragua bislang nicht gelungen ist, im Lande selbst Stützpunkte zu errichten oder die Unterstützung der Bevölkerung zu gewinnen, aber so richtig diese Beobachtung auch ist, so verfehlt sie dennoch den Kern der Sache. Der Sinn der Strategie des begrenzten Konflikts kommt besonders gut in einem Brief von Sara Miles an den *Report on the two Americas* des NACLA (North American Committee on Latin America) zum Ausdruck:

«Das Besondere und Erschreckende an der Strategie des begrenzten Konflikts liegt darin, daß ein Sieg in dem Sinne, wie wir ihn verstehen, nicht mehr so entscheidend ist – zumindest weniger entscheidend als die Schaffung eines Systems zur permanenten Kriegführung in der Dritten Welt. Begrenzte Konflikte werden nicht in derselben Weise ‹gewonnen› wie konventionelle Kriege. Die meisten von uns glauben immer noch, daß die modernen Strategen Kriege als lineare Abläufe mit einem Anfang, einer Eskalation und einem Resultat begreifen. Aber in den USA haben diese Leute, wenn man so will, inzwischen die Dialektik für sich entdeckt; sie verstehen Krieg als eine permanente weltweite Auseinandersetzung. Die Strategie des begrenzten Konflikts ist nicht nur eine kurzlebige Mode, ein Zufallsprodukt oder das Aufflackern von Kampfhandlungen in Konfliktgebieten; sie ist die neue Norm der Beziehungen zwischen den Vereinigten Staaten und den Nationen der Dritten Welt.»[3]

Diese neue militärische Strategie möchte ich einen Schritt weiter entwickeln und auf die Ebene der Finanzen übertragen; auf die Ebene des «begrenzten finanziellen Konflikts». Die Verschuldung der Dritten Welt ist demnach weniger eine Krise – obwohl ich mich dem allgemeinen Sprachgebrauch angepaßt und sie bisher so bezeichnet habe – als ein anhaltender, dialektisch begrenzter finanzieller Konflikt, der gegen den Süden geschürt wird; ein ständiger weltweiter Kampf, nur nicht auf militärischer, sondern auf finanzieller Ebene. Auch hier geht es nicht um einen «Sieg», da ein völliger Sieg – die vollständige Rückzahlung aller Schulden – den totalen wirtschaftlichen Ruin der Schuldnerländer und damit den Zusammenbruch des gesamten internationalen Finanzsystems bedeuten würde. Der Krieg wäre vorbei, und alle wären die Verlierer.

Der begrenzte finanzielle Konflikt trägt jedoch dazu bei, daß die Dritte Welt sich nicht zu einer Bedrohung entwickeln, ihre eigenen Bedingungen diktieren und das politische Kräftegleichgewicht auf der Erde verschieben kann. Wenn Gläubigernationen und -institutionen diesen Konflikt schüren, dann gibt es auch hier keinen linearen Ablauf von der Art, daß Kredite aufgenommen, Rückzahlungen fällig und Schulden getilgt werden. Sie unterhalten vielmehr einen Prozeß ohne absehbares Ende, der dem Norden erlaubt, alle Ambitionen des Südens auf eine wirkliche Unabhängigkeit zu vereiteln und sich den privilegierten Zugang zu den Ressourcen des Südens und zu seiner industriellen Kapazität zu den niedrigsten Kosten zu sichern.

Die Verarmten werden zu den Geldgebern der Reichen. Bereits der französische Humorist Alphonse Allais hat im 19. Jahrhundert beobachtet, «wenn Sie viel Geld machen wollen, dann suchen Sie es dort, wo es am reichlichsten zu finden ist, bei den Armen». Die Strategie des begrenzten finanziellen Konflikts ist eine Spielart des Neokolonialismus mit einem Antlitz, das weder häßlich noch menschlich ist: Der Kolonisator braucht sein Gesicht überhaupt nicht mehr zu zeigen, um seine Ziele zu verwirklichen.

Der brasilianische Arbeiterführer Luis Ignacio Silva, besser bekannt unter dem Namen «Lula», hat diese neue Wirklichkeit empfunden und auf der Konferenz von Havanna im August 1985 vehement zum Ausdruck gebracht:

«Ohne ein Radikaler zu sein und ganz undramatisch möchte ich Ihnen sagen, daß der Dritte Weltkrieg bereits begonnen hat – ein geräuschloser, aber deshalb nicht weniger unheilvoller Krieg. Dieser Krieg zerreißt Brasilien, ganz Lateinamerika und praktisch die gesamte Dritte Welt. Anstelle der Soldaten sind es Kinder, die ihr Leben lassen müssen; statt Millionen von Verwundeten gibt es Millionen von Arbeitslosen; statt der Zerstörung von Brücken werden Fabriken, Schulen, Krankenhäuser und ganze Volkswirtschaften vernichtet... Es ist ein Krieg der Vereinigten Staaten gegen den lateinamerikanischen Kontinent und gegen die gesamte Dritte Welt. Es ist ein Krieg um die Schulden, und seine Hauptwaffe ist der Zinssatz, eine tödlichere Waffe als die Atombombe, zerstörerischer als eine Laserkanone...»

Der begrenzte finanzielle Konflikt ist der «geräuschlose Krieg»; die Finanzen sind das neue Gelände, auf dem die internationalen Beziehungen abgewickelt werden. Was bedeutet das für die Zukunft der Dritten Welt? Wie bereits früher bemerkt, stehen verschuldete Länder nicht nur vor einem, sondern vor zwei fundamentalen Problemen. Das erste besteht wenigstens vorläufig darin, den Schuldendienst in einer Weise zu handhaben, daß die Gläubiger besänftigt werden, ohne daß die Schuldnerländer sich dadurch selbst völlig aufgeben. Das zweite Problem hängt damit eng zusammen. Die Staaten der Dritten Welt müssen sicherstellen, daß sie neue Kredite erhalten, denn darauf sind sie noch für lange Zeit dringend angewiesen.

Neukredite sind für ihren Kampf um eine größere politische Selbständigkeit nachgerade unverzichtbar. Mit Ausnahme vielleicht einiger sehr großer Schuldnerländer wie Brasilien sind diese Länder nicht in der Lage, sich ausreichend zu entwickeln, wenn sie ausschließlich ihre lokalen Ressourcen einsetzen, auch wenn sie dies in Zukunft weit stärker tun müßten als heute. Sollten Schuldnerländer ihre Haut dadurch zu retten versuchen, daß sie ihre Zahlungsunfähigkeit erklären, ständen sie für eine gewisse Zeitspanne finanziell zwar etwas weniger unter Druck, aber ihre Devisenreserven würden schnell zusammenschmelzen, und nach kurzer Zeit sähen sie sich von der übrigen Welt und deren Gütern, die für sie selbst lebensnotwendig sind, abgeschnitten.

Im Gegensatz zu einigen meiner Kollegen bin ich nicht der Meinung, daß die Schulden der Dritten Welt, nicht einmal die der afrikanischen Länder, schlicht und einfach gestrichen werden sollten. Zum einen würde ein bedingungsloser Schuldenerlaß die Mobutus und Pinochets belohnen, die repressivsten, verschwenderischsten und korruptesten Regimes, die den größten Teil der Kredite für die schlechtesten Zwecke ausgegeben haben. Die umsichtigeren Länder dagegen und ihre politischen Führer, die sich nach Kräften um eine Rückzahlung ihrer Schulden bemüht haben, würden bestraft.

Schlimmer wäre jedoch, daß ein genereller Schuldenerlaß dem Westen eine willkommene Entschuldigung für die Streichung aller weiteren Hilfsgelder an die Hand geben würde. Vor allem in Afrika könnte die offizielle Hilfe reduziert oder zurückgezogen werden, mit Ausnahme der wenigen Staaten, die über Lagerstätten militärstrategisch wichtiger und knapper Rohstoffe verfügen, die sonst nirgends vorkommen. Diese Entwicklung ist schon jetzt in vollem Gange, begleitet von einem Prozeß der «Privatisierung», was nichts anderes bedeutet, als daß alles, was in Afrika noch lohnend erscheint, zu Ramschpreisen aufgekauft werden kann. Den Rest können die Afrikaner ruhig behalten.

Was die privaten Kreditgeber anbelangt, so würde keine einzige Geschäftsbank mehr mit einem Land verkehren, das mit dem Makel der Zahlungsunfähigkeit befleckt wäre, und auf nichts anderes läuft ein totaler Schuldenerlaß hinaus – wer immer die Streichung beschließt. Die Zahlungsunfähigkeit würde Nationen auf Jahre, wenn nicht Jahrzehnte hinaus zu den Parias der internationalen Finanzgemeinde machen. Wenn ein Land sich einmal als zahlungsunfähig erwiesen hat, dann haben die Gläubigerländer sicherlich kein Interesse daran, diese Erfahrung ein zweites Mal zu machen, und so würden von nun an alle Geldquellen versiegen.

Weil damit jede Kreditwürdigkeit auf Jahre hinaus zunichte gemacht würde, wäre ein totaler Schuldenerlaß ein vergiftetes Geschenk. Das gilt ganz besonders für Afrika, das heute schon nur noch eine Randexistenz innerhalb des Weltsystems führt. Auf den ganzen Kontinent entfallen weniger als fünf Prozent der weltweiten Importe und Exporte. In der Zukunft wird es vielleicht eine noch geringere, um nicht zu sagen völlig unbedeutende Rolle spielen, wenn es ihm nicht gelingt, durchzuhalten und sich zumindest halbwegs innerhalb des Systems zu behaupten. Die Afrikaner sollten allerdings nicht weiterhin ihre schwer verdienten Devisen in den Norden exportieren: Es gibt eine Alternative, sowohl zur Verschuldung wie zur Verarmung, auf die ich in Kürze zu sprechen komme.

In meinen Augen hat die Dritte Welt nur zwei Möglichkeiten. Die erste besteht in der Duldung des begrenzten finanziellen Konflikts. In diesem Fall bleibt der Süden gespalten, akzeptiert weiterhin das vorherrschende, exportorientierte, auf die Auslandsbedürfnisse gerichtete Modell, spielt das Spiel weiterhin nach den Regeln des Nordens und sieht zu, wie er selbst nach und nach durch die Rückzahlung seiner Schulden ausblutet – allerdings niemals völlig. Zeitdauer und Intensität des finanziellen Drucks werden von den Gläubigern von Fall zu Fall diktiert; es ist zu vermuten, daß sie den Vorgang so lange hinauszögern, wie es ihnen Vorteile verschafft.

Wenn der Süden sich für diesen Weg entscheidet, behält der Norden die Verfügungsgewalt über alle wichtigen Ressourcen der Erde und seine Monopolherrschaft über die entscheidende Waffe in seinem Finanzarsenal – die Zinssätze. Die Zinsen sind das ideale strategische Werkzeug zur Regulierung der politischen Kosten und der wirtschaftlichen Folgen des begrenzten finanziellen Konflikts. Der brasilianische Arbeiterführer «Lula» hat dies anschaulich beschrieben. So nimmt es kaum wunder, daß die Banken am lautesten schreien, wenn jemand – vor allem eine Schuldnerregierung – damit droht, die Zinsen willkürlich und einseitig zu senken. Für die Banken wäre eine Kontrolle der Schuldnerländer über die Zinsen und Gebühren gerade so, als würde das Opfer eines Straßenraubs die Waffe des Räubers ergreifen.

Die Ergebung des Südens in den begrenzten finanziellen Konflikt samt den damit verbundenen Zins- und Tilgungszahlungen von nun an bis in Ewigkeit bewirkt, daß der Norden im Geld schwimmt, und trägt dazu bei, daß die Vereinigten Staaten bei ihrem Wettrüsten ein riesiges Haushaltsdefizit erzeugen können, ohne eine galoppierende Inflation in Kauf nehmen zu müssen. So haben die Schuldner großen Anteil daran, daß die USA ihre Herrschaftsposition und ihre Fähigkeit behalten, jederzeit und überall auf der Welt zu intervenieren, und zwar zu einem weit niedrigeren Preis, als sie ansonsten dafür bezahlen müßten. Mit einem Wort, in diesem Fall würden die Schuldner ihre eigene Unterwerfung unter Interessen zementieren, die den ihren diametral entgegenstehen.

Jenen Regierungen, die eine solche Zinsknechtschaft für ihr Land ablehnen, steht eine zweite Möglichkeit offen, die ich als «kreativen Schuldendienst» oder als «Dreisprung-Programm» bezeichnen möchte: Schulden – Entwicklung – Demokratisierung. Ein solches Programm hängt zum Teil von einer politischen Unterstützung im Norden und im Süden ab, zum Teil aber auch von einer größeren Einigkeit unter den Schuldnerländern selbst. Es würde außerdem voraussetzen, daß die Schuldner ihre wirtschaftliche Aktivität viel entschiedener als bisher auf die Befriedigung der wirklichen Bedürfnisse der eigenen Bevölkerung statt auf die ausländischen Märkte ausrichten.

Eine stärker am Binnenmarkt ausgerichtete Wirtschaft würde vor allem für die am wenigsten entwickelten Länder Afrikas einen voll ausgebauten Agrarsektor als Grundlage für ein weiteres wirtschaftliches Wachstum schaffen. Die Landwirtschaft müßte außerdem dazu beitragen, lokale, erneuerbare Energiequellen zu erschließen. Die Eckpfeiler der Sozialpolitik wären eine allgemeine Gesundheitsfürsorge, der generelle Zugang zu Grundschulen und weiterführenden Bildungseinrichtungen sowie eine Förderung der Frauen; das alles sind Investitionen in die Zukunft. Die verfügbaren Devisen würden für den Kauf von Kapitalgütern und grundlegenden Ausrüstungen verwendet, insbesondere für ein effizientes Transport- und Verkehrssystem – nicht für Waffen oder Prestigeprojekte.

Mag sein, daß dies eine Utopie ist. Aber ähnlich wie bestimmte politische Utopien der Vergangenheit, zum Beispiel die Abschaffung der Sklaverei oder der königlichen Privilegien, ist auch eine solche kreative Handhabung der Schuldentilgung durchaus vorstellbar. Die Verschuldung könnte dazu genutzt werden, eine wirtschaftliche und demokratische Entwicklung in der Dritten Welt zu fördern. Wenn es dem Norden mit den Menschenrechten und der menschlichen Entwicklung wirklich ernst ist, dann hat er jetzt die Jahrhundertchance, dies zu beweisen, indem er die Anpassungsprogramme und die Auflagen für die Schuldnerländer von Grund auf ändert.

Es steht außer Frage, daß sich der Norden eine solche Lösung rein materiell mühelos leisten kann. Wie wir oben gesehen haben, ist eine Gesamtschuld von einer Billion Dollar in der Welt von heute gar nicht so sehr viel. Die Regierungen der westlichen Länder und die vom Westen beherrschten Institutionen werden jedoch aller Voraussicht nach nicht von dem gängigen Entwicklungsmodell und den üblichen Lösungen der Schuldenprobleme etwa nach dem Muster des Baker-Plans abrücken, solange es keinen starken und anhaltenden Druck von unten gibt. Vielleicht setzt sich der eine oder andere weitsichtige politische Führer des Nordens mit dem ganzen Gewicht seines Amtes für alternative Vorschläge ein, aber auch sie wären auf die organisierte Unterstützung durch betroffene Bürger angewiesen.

Kreative Schuldentilgung und «Dreisprung» in Afrika

Wie ließe sich unser Modell der kreativen Schuldentilgung und des Dreisprungs auf die afrikanischen Länder, insbesondere auf die völlig verarmten Nationen des südlichen Afrika anwenden? Zur Beantwortung dieser Frage müssen wir zunächst feststellen, wie groß die Schulden dieser Länder überhaupt sind, denn es gibt unterschiedliche Quellen, die nicht immer dieselben Zahlen nennen. Den Afrikanern nützt es wenig, wenn sie die Höhe ihrer Verschuldung übertreiben. Einige von ihnen sind offenbar der Überzeugung, sie könnten auf diese Weise das Mitgefühl der internationalen Gemeinde stärker wecken. Damit sind sie nicht gut beraten – weder die Bankiers noch die meisten westlichen Regierungen sind für ihre Weichherzigkeit besonders bekannt.

So hat zum Beispiel Julius Nyerere, der ehemalige Präsident Tansanias, bei verschiedenen Gelegenheiten behauptet, die in der Organisation für die Einheit Afrikas (OAU) zusammengeschlossenen Länder seien mit insgesamt 150 bis 170 Milliarden Dollar verschuldet, womit er lediglich Behauptungen der OAU wiederholte.* Man darf vermuten, daß die OAU hierbei auch die Schulden der nordafrikanischen Großschuldner Marokko und Ägypten und obendrein vielleicht sogar Südafrika mitgerechnet hat.

Nach Berichten der UNCTAD betrugen die Schulden der Länder des südlichen Afrika 1985 rund 87 Milliarden Dollar, wobei auf die sechs größten Schuldner auf der UNCTAD-Liste (Nigeria, Sudan, Elfenbeinküste, Zaire, Sambia und Kenia) 52 Milliarden oder knapp 60 Prozent der Gesamtschuld entfielen. Die kleinsten und ärmsten südafrikanischen Länder waren demnach mit insgesamt 35 Milliarden Dollar verschuldet. Demgegenüber spricht die Weltbank in ihrem Jahresbericht 1985 von 27 Milliarden Dollar Schulden der «afrikanischen Länder mit dem niedrigsten Einkommen» (leider ohne dabei diese Länder im einzelnen zu nennen).

Wenn wir allein diese kleinen, armen und über keine nennenswerten Ressourcen verfügenden Länder Afrikas nehmen, können wir demnach deren Schulden auf einen Betrag zwischen 27 und 35 Milliarden Dollar veranschlagen. Das sind höchstens 3,5 Prozent der gesamten Verschuldung der Dritten Welt. Außerdem sind nach Angaben

---

* Mitte 1987 kursierte als neue Zahl ein Betrag von 200 Milliarden Dollar.

der Weltbank nicht mehr als 18 Prozent dieser Summe – zwischen fünf und 6,5 Milliarden – Forderungen von Geschäftsbanken. Zwar liegt dieser Anteil bei den größeren südafrikanischen Schuldnerländern etwas höher, aber selbst dann entfallen auf die genannten Länder weniger als neun Prozent der gesamten Schulden der Dritten Welt und nur ein sehr kleiner Teil der Forderungen von Geschäftsbanken.

Die südafrikanischen Länder sollten diese vergleichsweise niedrigen Zahlen, die in Wirklichkeit ihre besten Trümpfe sind, vorzeigen, statt sie zu verstecken. Für die Gläubiger sind das lächerlich geringe Beträge, so bedrückend sie auch für diejenigen sind, die sie zurückzahlen sollen. Da sie überwiegend öffentlichen Institutionen geschuldet werden, besteht auch ein größerer Spielraum für das Aushandeln von politischen Lösungen als in den Fällen, wo das Geld zum größeren Teil an Geschäftsbanken zurückgezahlt werden muß.

Die Afrikaner sollten einsehen, daß ihr politischer Vorteil desto größer ist, je geringer ihre Schulden sind: Sie können den internationalen Finanzkarren überhaupt nicht bedrohlich ins Schaukeln oder gar zum Kippen bringen – wovor die Gläubiger die größte Angst haben. Gerade weil die Schulden dieser südafrikanischen Länder im Weltmaßstab so unbedeutend sind, könnten die Gläubiger es sich ohne nennenswerte Kosten leisten, ein Experiment zu wagen, als Neuerer aufzutreten und ein bescheidenes Risiko auf sich zu nehmen, wenn sie die Schuldentilgung so handhaben, daß am Ende alle Beteiligten einen Vorteil davon haben. Damit würde Afrika zum Schauplatz einer realisierten Utopie.

Auch die Gläubiger können zwischen mehreren Alternativen wählen. Eine besteht in der Weigerung, von ihrer bisherigen Position abzurücken. Vielleicht befürchten sie, daß ein unkonventioneller Zugang zur Lösung des Problems gegenüber den afrikanischen Schuldnern ein «schlechtes Beispiel» für Lateinamerika gibt. Aus Bequemlichkeit oder Absicht können die offiziellen Gläubigerinstitutionen einfach weiter wie bisher von einer Krise zur nächsten lavieren und Umschuldungsmaßnahmen von Fall zu Fall neu verhandeln. Auch wenn der Status quo dem IWF und den USA mittlerweile ans Herz gewachsen ist, das Festhalten daran erscheint von Mal zu Mal weniger sinnvoll. Vor dem Hintergrund stagnierender, niedriger Rohstoffpreise, eines schleichenden internationalen Protektionismus und des Zusammenbruchs der afrikanischen Wirtschaften sind Forderungen nach Zinszahlungen – von einer Tilgung ganz zu schweigen – nicht nur finanziell sadistisch, sondern auch höchstwahrscheinlich zwecklos.

Die zweite Alternative besteht in der ersatzlosen Streichung aller Schulden. Ich habe bereits dargelegt, warum ich von dieser Lösung nichts halte oder sie als eine Scheinlösung ansehe.

Die dritte Alternative ist der Dreisprung, die kreative Schuldentilgung. In diesem Fall müßten zugegebenermaßen die Schulden zwar zurückgezahlt werden, aber in einer Weise, daß eine echte wirtschaftliche oder demokratische Entwicklung gefördert würde. Von den drei genannten ist sie die am wenigsten utopische, am wenigsten aussichtslose und die am wenigsten verhängisvolle Lösung für alle Wirtschaften, die kurz vor dem Ruin stehen oder bereits am Ende sind. Diese Alternative läßt sich – wie bereits gesagt – außerdem politisch verwirklichen. Sie wäre für die Gläubiger mit geringen Kosten verbunden und würde den Schuldnern einen ehrenhaften Ausweg eröffnen, sie einigermaßen kreditwürdig erhalten und ihre Teilnahme am weltweiten Finanzsystem auch künftig sicherstellen. Schritt für Schritt würde es mit ihrer Wirtschaft aufwärts gehen, so daß sie schließlich auch zu zahlungskräftigen Kunden werden!

Auch eine kreative Schuldentilgung impliziert bestimmte Kreditauflagen – allerdings ganz andere, als sie gegenwärtig vom IWF vorgesehen werden. Im Gegenteil, die afrikanischen Regierungen würden einen starken Anreiz erhalten, eine größere soziale Gleichheit und eine echte demokratische Teilhabe an der nationalen Entwicklung zu verwirklichen. Sie könnten gar nicht anders als dem zuzustimmen, auch wenn sie der Demokratie ablehnend gegenüberstehen, weil sie andernfalls nicht in den Genuß der Schuldenerleichterung kämen und weiterhin finanziell abhängig wären. Die Dreisprung-Lösung wäre außerdem eine willkommene Gelegenheit, den Westen mit seiner Verpflichtung auf demokratische Werte beim Wort zu nehmen. Werden die Regierungen der Gläubigerländer und die offiziellen Kreditinstitutionen bereit sein, die Macht, die sie mit ihren Kreditforderungen in Händen halten, zur Förderung und zum Schutz dieser Werte zu gebrauchen?

In unzähligen Dokumenten der UNO ist nachzulesen, daß es hier um den «politischen Willen» geht; in diesem Fall um den des Nordens und des Südens, die geeigneten Schritte zu ergreifen, um den Dreisprung – Verschuldung, wirtschaftliche Entwicklung und Demokratisierung der Gesellschaft – zu erleichtern. Auf die praktischen Details dieses Ansatzes möchte ich hier nicht eingehen; sie lassen sich relativ einfach lösen, sobald überhaupt erst der politische Wille vorhanden ist.

Bei der kreativen Lösung des Schuldenproblems sind zwei Formen der Tilgung denkbar: in Geld oder in Naturalien.

Die Tilgung in Geld würde nicht mehr in harten, konvertierbaren Devisen erfolgen, sondern in der Währung des Schuldnerlandes, und sie würde einem gemeinsam ausgehandelten Anteil am durchschnittlichen Bruttoinlandsprodukt der – sagen wir – letzten fünf Jahre entsprechen. Damit die Schuldnerländer zur Tilgung nicht einfach ihre Notenpressen heißlaufen lassen, müßten hier Garantien vorgesehen werden. Nach der Absprache der Zins- und Tilgungsbeträge und der Fälligkeiten mit den Gläubigern (durch einen einzigen Vertreter wie den IWF oder den Pariser Klub) würde jedes dieser südafrikanischen Länder die fälligen Zahlungen in der eigenen Währung an einen nationalen Entwicklungsfonds leisten.

Nun zu den Auflagen. Die offiziellen Kreditinstitutionen (wir sprechen hier nicht von den offenen Forderungen der Banken) müßten zur Bedingung machen, daß jeder nationale Entwicklungsfonds außer von den Vertretern des Staates von demokratisch gewählten Vertretern der einzelnen gesellschaftlichen Gruppen verwaltet wird. Falls nötig, würden die Gläubiger in der Anfangsphase bei der Information, Beratung und der Auswahl dieser Vertreter (durch Wahlen oder andere – den lokalen Verhältnissen angepaßte – geeignete Verfahren) behilflich sein, um eventuelle Korruptionsversuche und Manipulationen nach Möglichkeit auszuschalten.

Eine Entwicklungsfondsverwaltung, die auf einem derart breiten Fundament ruht, kann vom Staat nicht einfach übergangen werden, obgleich die Regierung selbstverständlich an deren Entscheidungen beteiligt wäre und mit ihrem technischen Know-how einen wesentlichen Beitrag leisten könnte. Die bäuerliche Bevölkerung sollte entsprechend ihrem Anteil an der Gesamtbevölkerung vertreten sein. Durch besondere Vorkehrungen muß gewährleistet sein, daß auch die Frauen und gegebenenfalls ethnische Minderheiten angemessen repräsentiert sind.

Dieser Entwicklungsfonds würde Projekte und Programme finanzieren, die gemeinsam beraten und beschlossen werden, wobei die ländlichen Regionen vorrangig zu fördern wären. Einzelne Gruppen (Dorfräte, Jugendverbände, Zusammenschlüsse von Frauen, Künstlern, Bauern usw.) könnten beim Fonds Startkapital für ihre eigenen, selbstverwalteten Projekte beantragen. Der Fonds würde auch revolvierende Kredite in niedrigem Umfang unmittelbar an die Bauern und andere kleine Agrarunternehmer vergeben (und zwar vorrangig an die Landlosen und die Frauen).

Derartige Darlehen, die an Kleingruppen von fünf oder sechs Personen vergeben werden, haben sich in bestimmten Ländern hervorragend bewährt und wurden fast zu 100 Prozent zurückgezahlt. Der International Fund for Agricultural Development (IFAD) verfügt über umfassende Erfahrungen auf dem Gebiet landwirtschaftlicher Kleinkredite; sein Rat und seine Unterstützung sind unschätzbar und sollten von Gläubiger- wie Schuldnerregierungen schon frühzeitig aktiv eingeholt werden.

Jede Einzahlung durch eine Regierung in den eigenen nationalen Entwicklungsfonds wäre mit einer entsprechenden einfachen (oder je nach Absprache doppelten oder dreifachen) Verringerung ihrer Auslandsschulden in harter Währung durch den IWF, die multilateralen Entwicklungsbanken und die öffentlichen bilateralen Gläubiger verbunden. Mit den auf diese Weise eingesparten Devisen könnte man die am dringendsten benötigen Güter kaufen, vor allem Ausrüstungen zur Gründung lokaler Kleinbetriebe, die der Landwirtschaft und der Erhaltung der Umwelt dienen – Saatgut, Werkzeuge, Transportmittel, Anlagen zur Verarbeitung von Nahrungsmitteln usw.

Rigide Auflagen nach dem Muster des IWF würden durch ein flexibleres System ersetzt. Strukturanpassung hat bislang selbst bei einer ungesicherten Versorgung der Bevölkerung mit Nahrungsmitteln grundsätzlich eine Steigerung der Agrarexporte und drastische Kürzungen des Sozialhaushalts einschließlich der Lebensmittelsubventionen bedeutet. Kreative Auflagen würden im Rahmen von Verträgen gemacht. In einem fortwährenden Dialog zwischen den Gläubigern und den afrikanischen Regierungen würden Schwierigkeiten und Fortschritte erörtert; beide Parteien würden von ihren nichtstaatlichen Entwicklungsorganisationen unterstützt.

Erfolg oder Mißerfolg einer kreativen Schuldentilgung würden wesentlich von der Beteiligung dieser Organisationen abhängen. Sie haben ihre Leistungsfähigkeit im Hinblick auf die Verwaltung von Kleinprojekten und ihr innovatives Denken bei der Entwicklungsplanung seit langem unter Beweis gestellt. Zwar machen auch sie gelegentlich Fehler, aber zweifellos sind sie weniger korrupt als die meisten verfilzten Bürokratien und unvoreingenommener als die Mehrzahl der nationalen Eliten. Überall dort, wo nichtstaatliche Entwicklungsorganisationen noch nicht bestehen oder in ihrer Tätigkeit behindert werden, sollte ihre Gründung und Förderung Bestandteil der Vertragsbedingungen sein.

Diese Verträge würden eine unparteiische, demokratische Verwaltung des nationalen Entwicklungsfonds vorsehen und die Bedingungen dafür festlegen, welche Zielvorgaben jeweils erreicht sein müssen, damit ein bestimmter Teilbetrag der Schulden in harter Währung abgegolten werden kann. Neue Kredite zur Entwicklungsförderung könnten nach denselben Kriterien vergeben werden. Ähnliche Vertragsbedingungen sind von Edgard Pisani während seiner Zeit als Entwicklungsbeauftragter der EG im Rahmen seiner Politik der «Nahrungsmittelstrategien» vorgeschlagen worden. Bei zweckmäßiger Anwendung hat dieses Modell nichts Neokolonialistisches an sich. Jedenfalls ist eine Einwilligung in die gegenwärtigen Auflagen des IWF weit schmerzhafter als die Bedingungen solcher Verträge.

Der französische Agronom René Dumont hat mir von einem Gespräch mit dem senegalesischen Präsidenten Abdou Diouf erzählt: Diouf gab Dumont darin recht, daß jede Entwicklungsstrategie sich auf die Bauern stützen müsse, aber er als Präsident brauche die Unterstützung aus dem Ausland, um die Opposition der städtischen Mittelschicht zu überwinden, wenn er den eigenen Bauern helfen wolle. «Kreative Schuldentilgung» ist möglicherweise gerade der richtige Katalysator für dringend notwendige Veränderungen in zahlreichen Ländern Afrikas. Aufgeschlossene Regierungen mit verprellten städtischen Wählerschichten könnten die Schuld an ihrer Politik der Förderung der Landwirtschaft den Gläubigern in die Schuhe schieben.

Natürlich wären die repressivsten Regierungen auch die hartnäckigsten Gegner des Dreisprung-Programms. Die schlimmsten unter ihnen – allen voran die Militärregimes – würden als erste gegen die «unerträgliche Einmischung in die inneren Angelegenheiten eines souveränen Staates» protestieren, da sie von einer größeren demokratischen Beteiligung der Bevölkerung am meisten bedroht wären. Die Mitwirkung der Bevölkerung an einem demokratischen Prozeß im Interesse ihrer wirtschaftlichen Entwicklung wäre in der Tat eine unerträgliche Einmischung in die privaten Pläne von Despoten und Profitmachern – warum sollten sie sich sonst aufregen? Das ist genau der Grund, warum der Druck von außen gemacht werden muß.

In einigen Fällen mag es vorteilhafter sein, die Zahlungen nicht in einen nationalen, sondern einen regionalen Entwicklungsfonds zu leisten, sofern dies die Risiken einer Korruption mindert und der Macht von Regierungen entgegenwirkt, die ganz besonders unrepräsentativ sind. Solche regionalen Entwicklungsfonds hätten allerdings den Nachteil, daß sie verwaltungstechnisch zu weit entfernt von den Menschen (vor allem den Bauern) sind, die sie in Anspruch nehmen und von dem Geld ihren Nutzen haben sollen.

Tilgung in Naturalien

Die zweite Komponente des Dreisprung-Programms ist die Schuldentilgung in Naturalien. Das klingt vielleicht etwas seltsam, gründet sich jedoch auf die offensichtliche Tatsache, daß selbst das sogenannte arme Afrika natürliche, materielle und kulturelle Schätze beherbergt, die ein Teil des Erbes der Menschheit sind. Unter dem Druck der gegenwärtigen Entwicklungsstrategien werden diese Schätze in den meisten Fällen vorschnell und viel zu billig aus der Hand gegeben oder zerstört.

Wenn man den afrikanischen Staaten die Möglichkeit gäbe, einen Teil ihrer Schulden durch die Bewahrung ihres eigenen nationalen Erbes abzuzahlen, hätten alle einen Nutzen davon. Die afrikanischen Eliten, die häufig darauf bedacht sind, die Lebensart und Kultur des Westens nachzuahmen, könnten einen neuen Stolz auf ihre eigenen Traditionen entwickeln, wenn diese von außen eine Wertschätzung erfahren, die sich sogar in harter Währung niederschlägt. Die Mobilisierung der Energien der einheimischen Bevölkerung für die Mitarbeit an Projekten, die der «Schuldentilgung in Naturalien» dienen, würde zu weit sinnvolleren und billigeren Arbeitsergebnissen führen als jene Projekte, die durch internationale Entwicklungshilfen finanziert und von ausländischen Fachkräften betreut werden. Auch hier soll die Auslandshilfe lediglich dazu beitragen, die Anlaufschwierigkeiten zu überwinden.

Im folgenden gebe ich einige Beispiele für mögliche Projekte dieser Art:

– Sammlung, Erhaltung und Züchtung von (tierischen und pflanzlichen) genetischen Arten.

– Maßnahmen zum Schutz der Böden.

– Aufforstung mit lokalen Baum- und Straucharten; Anpflanzung von importierten Arten, deren Nutzen für die ansässigen Ackerbauer und Viehzüchter zuvor überprüft wurde.

– Anlage und Verbesserung von Brunnen und Bewässerungssystemen im kleinen Maßstab.

– Erhebung, Aufzeichnung und gegebenenfalls Verbesserung der Techniken des Hausbaus, insbesondere der traditionellen Lehmbauten, Errichtung von Neubauten, vor allem öffentlicher Gebäude, unter Anwendung dieser Techniken.

– Entwicklung neuer Produktionsstätten für energiereiche Biomasse als Alternative zu Brennholz und Holzkohle und als Einkommensquelle für die ärmeren Bevölkerungsschichten.

– Sammlung und Aufzeichnung des traditionellen Wissens auf den Gebieten der Landwirtschaft, Medizin, Ernährung und Heilpflanzenkunde; Einrichtung von wissenschaftlichen Instituten zur Überprüfung (und gegebenenfalls Korrektur) dieses Wissens im Licht der westlichen Naturwissenschaft und Technik, die im allgemeinen und häufig zu Unrecht als modern angesehen werden. Ein besonderes Augenmerk sollte auf das Wissen der Frauen gelenkt werden.

– Verbesserung der Speichermöglichkeiten von Wasser und Nahrungsmitteln auf lokaler Ebene.

– Einrichtung ambulanter Dienste für nomadisierende Hirten, vor allem im Gesundheits- und Bildungswesen.

– Erstellen von Wörterbüchern und Sprachlehren der lokalen Sprachen.

– Aufwertung und Verbreitung dieser alternativen Wissensbestände durch die Schulen; neue Texte, Lehrerbildung und Alphabetisierungskampagnen für Männer und Frauen, die die Verhältnisse und die Verbesserung der Lebensbedingungen zum Gegenstand haben.

Diese Aufzählung ließe sich beliebig verlängern; die Hauptsache ist jedoch der Gedanke einer ideellen und materiellen Wertschätzung vergangener und zukünftiger Beiträge afrikanischer Völker zu unserem gemeinsamen Erbe. Diese Beiträge würden in den Verhandlungen zwischen Gläubigern und Schuldnern in Geld bewertet; die Schuld würde sich mit zunehmenden Fortschritten der einzelnen Projekte verringern, und den Mitarbeitern könnte ein demokratisch festgelegter Mindestlohn gezahlt werden.

Das eigentliche Ziel einer Schuldentilgung in Naturalien und in der Landeswährung besteht in einer Stärkung der Ackerbauern, der Viehzüchter und der übrigen Landwirtschaft, um auf diese Weise den Hunger und seine Ursache, die Armut, zu bekämpfen, Umweltschäden wiedergutzumachen und für die Menschen existenzsichernde Arbeitsplätze zu schaffen.

Was haben nun die Gläubiger davon, wenn sie dem Dreisprung-Programm zustimmen? Sie sollten eine solche Lösung vor allem deshalb begrüßen, weil sie die einzige Möglichkeit ist, die afrikanischen Länder weiterhin an den globalen Wirtschaftsbeziehungen teilhaben zu lassen. Andernfalls wird der inzwischen in Gang gesetzte Mechanismus sie immer ärmer machen und zunehmend marginalisieren. Diesen riesigen Kontinent abzuschreiben und ihn seinem Schicksal zu überlassen, wäre extrem kurzsichtig – und doch ist dies die Richtung, die wir gegenwärtig eingeschlagen haben.

Zum zweiten sollten die westlichen Gläubiger diesen Vorschlag als eine letzte Waffe in der Auseinandersetzung zwischen demokratischen und totalitären Systemen ergreifen, die ihnen angeblich so sehr am Herzen liegt. Wann hätte man je erlebt, daß ein Volk, das einmal demokratische Institutionen und grundlegende Freiheiten genossen hat, diese freiwillig wieder aufgegeben hätte? Bis heute sind Schulden eines der Symptome zutiefst undemokratischer Systeme. In neun von zehn Fällen waren es auf undemokratische Weise an die Macht gekommene Staatsoberhäupter, deren Regierungen die Schulden gemacht haben. Als sich die Strukturanpassung nicht mehr bewerkstelligen ließ, wurde sie im Namen der offiziellen Gläubiger oder der Banken von Bürokraten des IWF oder der Weltbank durchgeführt, die ebenfalls kein demokratisches Mandat hatten. Antidemokratische Praktiken, wie sie in keinem einzigen der westlichen Gläubigerländer hingenommen würden, werden den Ländern der Dritten Welt aufgezwungen, ohne auch nur einen Gedanken an die «Untertanenvölker» zu verschwenden. Es ist an der Zeit, daß der Westen seinen Willen zur Demokratie unter Beweis stellt – wenn sie nicht auch in seinen eigenen Ländern untergehen soll.

Und die Schulden Lateinamerikas?

Gelten die hier vorgeschlagenen Maßnahmen auch für Lateinamerika? Bis zu einem gewissen Punkt ja. Beide Kontinente sind überlastet, aber ihre Probleme sind dennoch nicht dieselben. Ein wichtiger Unterschied betrifft die bloße Größenordnung der Schulden, ein anderer die Geldgeber.

Ich hatte bereits zuvor eine Unterscheidung zwischen öffentlichen und privaten Geldgebern getroffen und möchte jede der beiden Gruppen wiederum in zwei Kategorien einteilen. Zu den öffentlichen Geldgebern gehören die bilateralen und die multilateralen Kreditinstitutionen – beide zusammen halten bei den afrikanischen Ländern den größten Teil der Forderungen. Zu den privaten Gläubigern zählen die Banken und die Lieferfirmen von Importgütern. Aus Gründen, die auf der Hand liegen, plädiere ich dafür, daß die Schuldnerländer die Lieferanten lebenswichtiger Güter vorrangig bezahlen. (Um das Problem jedoch komplizierter zu machen, erfolgt die Finanzierung dieser Verkäufe häufig durch öffentliche Institutionen, wie zum Beispiel die US-amerikanische Export-Import-Bank – auch diese Forderungen sollten den Vorrang haben.) Die vorgeschlagenen Lösungen für Lateinamerika enthalten demnach Strategien gegenüber 1. den bilateralen und multilateralen öffentlichen Kreditinstitutionen und 2. den Privatbanken.

Zunächst zu den Schulden bei den öffentlichen Gläubigern: Stellen wir uns vor, der Norden beschließt die Einrichtung eines Hilfsprogramms nach dem Dreisprung-Modell für Lateinamerika. Die öffentlichen Gläubiger geben also bekannt, sie seien bereit, auf die ihnen geschuldeten Summen unter der Bedingung zu verzichten, daß diese in eine echte, demokratisch verwaltete Entwicklung investiert werden. Könnte Lateinamerika die auf diese Weise freigegebenen Mittel für ein Dreisprung-Programm überhaupt ausgeben?

Die Frage ist keineswegs so absurd, wie sie klingt. Das Fehlentwicklungsmodell, das dazu beigetragen hat, diese Länder überhaupt erst in den Schuldturm zu bringen, ist irrsinnig kostenaufwendig. Es ist kein Problem, für dieses Modell Milliarden auszugeben, und im großen und ganzen halten die Eliten Lateinamerika noch immer an diesem teuren Modell fest – sie wollen einfach großartige Mammutprojekte, die mit enormen Importen an Kapital und Technologie verbunden sind, genau wie sie auf westliche Konsumgüter versessen sind, je mehr desto besser.

Aber genau dieses Modell müßte bei einem Dreisprung-Programm zugunsten von Programmen und Projekten gekippt werden, die weit stärker auf die heimischen Ressourcen zurückgreifen, weit mehr auf eine Versorgung der Inlandsmärkte abzielen und eine viel größere demokratische Kontrolle des Entwicklungsprozesses vorsehen. Der Haken dabei ist, daß ein humaneres, effizienteres und eigenständigeres Entwicklungsmodell gleichzeitig weit kostengünstiger wäre als das bislang verfolgte Modell. Das könnte sich als Nachteil erweisen. Wenn wir uns an das beschriebene Prinzip halten – die Schuld gilt als «bezahlt», wenn äquivalente Summen in der Landeswährung oder in Naturalien in demokratisch verwaltete Entwicklungsvorhaben geleitet werden –, dann kann es sein, daß das Dreisprung-Programm nicht teuer genug ist, weil die lateinamerikanischen Schulden so gigantisch sind!

Die Länder des südlichen Afrika mit einer halben Milliarde Einwohnern, die in Armut leben, mit einer kaum entwickelten Infrastruktur und einem enormen Bedarf müßten durchaus in der Lage sein, über mehrere Jahre hinweg bis zu 70 Milliarden Dollar für Dreisprung-Projekte auszugeben – etwa den Betrag, den sie öffentlichen Geldgebern schulden. Demgegenüber betrugen die Schulden Lateinamerikas Ende 1986 rund 360 Milliarden Dollar, davon wurden zwei Drittel von Geschäftsbanken gehalten.

Selbst wenn die lateinamerikanischen Länder nur die öffentlichen Schulden in der Landeswährung oder in Naturalien tilgen wollten, müßten sie die immense Summe von 120 Milliarden Dollar für Dreisprung-Projekte ausgeben. Außerdem ist der Bedarf der lateinamerikanischen Länder anders strukturiert als der der afrikanischen Länder. So verfügen sie etwa über eine viel entwickeltere Infrastruktur, obgleich sich diese zum Teil wegen der drückenden Schulden in einem sehr schlechten Zustand befindet. Es wäre keine Kleinigkeit, diese vielen Milliarden unter die Leute zu bringen, es sei denn, man leistet sich aufs neue Kernkraftwerke, hochentwickelte Waffensysteme, Riesenstaudämme mit verheerenden Folgen für die Umwelt usw.

Ein Teil der lateinamerikanischen Schulden könnte zweifellos im Rahmen eines Dreisprung-Programms in Inlandswährung und Naturalien zurückgezahlt werden, aber eine umfassende Lösung für die Probleme dieses Kontinents müßte noch andere Maßnahmen vorsehen. Wir wissen insbesondere, daß die Banken sich niemals freiwillig an einer innovativen politischen Lösung beteiligen werden. Alle Vorschläge, die die Banken und die von ihnen eingeforderten Zinsen aus den 240 Milliarden Dollar außer acht lassen, haben keine Chance, da der Bedarf an neuen Krediten – zum Großteil von den kommerziellen Geldgebern – auf lange Zeit hinaus eine Grundtatsache bleiben wird. Keine lateinamerikanische Regierung möchte von internationalen Märkten abgeschnitten werden; das ist der Hauptgrund, warum sie bislang den Gläubigern gegenüber so schüchtern aufgetreten sind.

Tatsächlich ist das vordringlichste Problem zur Behebung der Schuldenkrise in Lateinamerika die extreme Unausgewogenheit der Kräfteverhältnisse. Die Gläubiger haben sich zu dem von mir so bezeichneten «Konsortium» zusammengeschlossen. Sie sprechen mit einer einzigen Stimme (wobei sie sich im allgemeinen des IWF und gelegentlich des Pariser Klubs als Sprachrohr bedienen) und erhalten auf diese Weise fast alles, was sie wollen – die politische Initiative bleibt nach wie vor in ihren Händen. Die Schuldner dagegen befinden sich bislang in ungeordneter Schlachtstellung, sind versprengt, häufig mißtrauisch und eifersüchtig aufeinander und wollen dauernd Gipfelgespräche statt regelmäßige Konferenzen des «Schuldnerklubs» abhalten.

Ebensowenig können wir die Frage der sozialen Klassen außer acht lassen. Eine Krise – auch die Schuldenkrise – ist nicht für jedermann eine Krise. Die Eliten der Schuldnerländer profitieren noch immer ganz ordentlich von der fallweisen Behandlung des Problems und den Sparprogrammen des IWF, die die Löhne drücken und eine Armee von Arbeitslosen schaffen, so daß die Unternehmer den Nutzen davon haben. Werden Privatisierungen von Staatsbetrieben zur Auflage gemacht, bietet sich den einheimischen Geschäftsinteressen die Möglichkeit, billig an Produktions- und Dienstleistungsbetriebe heranzukommen, die bislang vom Staat geführt wurden. Neue Kredite staffieren private Auslandskonten mit neuem Fluchtkapital aus. Die Oberklassen bleiben von dem durch den IWF herbeigeführten Elend verschont – ihnen kann es gleichgültig sein, ob staatliche Schulen und Krankenhäuser ihr Personal abbauen oder den Betrieb ganz einstellen müssen, denn sie haben genug Geld für Privatkliniken und -schulen.

So ist es möglicherweise vollkommen unrealistisch, die Schuldner zur Einigkeit aufzurufen, damit sie dem Block der Gläubiger geschlossen entgegentreten können, wenn die Schuldnerländer selbst überwiegend von Leuten regiert werden, deren politische Klientel von der gegenwärtigen Konstellation profitiert. Einzig in der Bevölkerung verankerte Kräfte sind in Lateinamerika in der Lage, ihre eigenen Eliten zu größerer Einigkeit zu drängen, indem sie ihnen klarmachen, daß das Maß voll ist. Leider ist eine Eskalierung der Gewalt möglicherweise der einzige Weg, sie zu überzeugen, aber hier spielt der Norden ohnehin nur eine untergeordnete Rolle.

Wie auch immer, ich merkwürdiges Wesen aus dem Norden möchte den Schuldnerländern am liebsten laut zurufen: «Seht um Himmels willen zu, daß ihr gemeinsam handelt!» Wenn das nicht gelingt, ist jedes Ergebnis, das von den grundlegenden ökonomischen und politischen Normen des Nordens abweicht, eine Illusion. Aber bei einem gemeinsamen Vorgehen könnten sie alles erreichen. Wenn wir einmal annehmen, daß allein schon der Schmerz der Rückzahlungen ein qualvolles Umdenken bewirkt oder daß ein politischer Druck zu einer plötzlichen Umkehr führt, was könnte dann dieses «alles» bedeuten?

Viele Lateinamerikaner, vor allem aus akademischen Kreisen, neigen stark zu Castros Vorschlag: Vergeßt die Schulden, stellt alle Zahlungen ein und überlaßt das Problem den Gläubigern! Dieses Rezept spricht sicherlich das Gefühl an, aber trotzdem halte ich es aus den bereits erwähnten Gründen für unausgegoren. Anfangs hätten die Schuldnerländer vielleicht eine gewisse Summe gespart, aber sehr bald wären sie von der übrigen Welt finanziell isoliert. Statt eine Isolierung sollten sie jedoch besser eine selektive Teilnahme an Handel und Gewerbe zu ihren eigenen oder zumindest zu besseren Bedingungen als bisher anstreben.

Ich selbst halte es mit Alan Garcia. Castro ist Maximalist und kann deshalb radikaler erscheinen als der peruanische Präsident, aber der letztere hat ohne jede Rückendeckung durch die übrigen lateinamerikanischen Schuldnerländer sehr mutig gehandelt, als er in seiner Antrittsrede verkündete, Peru werde künftig seine Zinszahlungen auf zehn Prozent seiner Exporteinkünfte reduzieren. Mit viel Sinn für politische Rhetorik sagte Alan Garcia wörtlich:

«Das geliehene Geld wurde in unverantwortlicher Weise ausgegeben, für unproduktive Investitionen und fast ausschließlich zum Nutzen jener 30 Prozent unserer Bevölkerung, die sich an der Spitze der Gesellschaftspyramide befinden... Die ganze Welt soll es hören: ‹Präsident Alan Garcia ist sich bewußt, daß Peru nur einen einzigen großen und vorrangigen Gläubiger hat, sein eigenes Volk, dem diese Regierung jene Mittel zufließen lassen wird, die für die Wiederherstellung von unser aller Leben erforderlich sind.›»

Castro äußert sich zwar geringschätzig über Perus «Zehnten», aber Garcia investiert das gesparte Geld immerhin in eine verbesserte Nahrungsmittelversorgung und in andere segensreiche Programme für die Bevölkerung, während nach den Vorschlägen Castros bislang noch kein einziger Dollar aus den Zinszahlungen zum Nutzen menschlicher Wesen und zur Linderung ihrer Leiden abgezweigt worden wäre.

Die Leistung Garcias ist nicht nur deshalb bemerkenswert, weil er es gewagt hat, sich ganz allein gegen seine Gläubiger zu stellen, sondern auch deshalb, weil er die Gelegenheit ergriffen hat, in wesentlichen Punkten mit dem herrschenden Entwicklungsmodell zu brechen. Peru ist im Begriff zu beweisen, daß es nicht nur darauf ankommt, durch die Verweigerung von Zinszahlungen Geld zu sparen, sondern auch darauf, wie dieses Geld verwendet wird. Gerade deshalb ist das Land das logische Ziel für einen Vergeltungsschlag, und Garcias Zukunft sieht nicht gerade rosig aus.

Nach dem Rezept des peruanischen Präsidenten könnten die lateinamerikanischen Schuldner noch einige andere Strategien in Erwägung ziehen. Der Erfolg ihrer Maßnahmen hängt jedoch weitgehend davon ab, wie weit sie gemeinsam und solidarisch vorgehen. Für diese Alternativen möchte ich einige Vorschläge machen.

Der Weg zu wirklicher Entwicklung

Die verschuldeten Länder müssen ihren Gläubigern ins Bewußtsein rufen, daß sie auch ihre eigene Wirtschaft gefährden, wenn sie zulassen, daß allein die Banken alle aus dem Süden kommenden Zahlungen einkassieren. Mit anderen Worten, die Schuldner sollten sich die bestehenden Widersprüche zwischen den Interessen der internationalen Banken und allen übrigen Sektoren der Volkswirtschaften des Nordens zunutze machen. Während die Banken an der Krise verdienen, müssen Landwirtschaft und Industrie hilflos mitansehen, wie ihr Absatz rasant in den Keller geht, da kein Land der Dritten Welt mehr viel Geld für importierte Nahrungsmittel oder Investitionsgüter übrighat.

Wenn die Schuldner das erst einmal eingesehen haben, könnten sie gemeinsam und entschlossen einen Kompromiß aushandeln, nach dem ihr Schuldendienst mit dem Kauf ausländischer Güter gekoppelt wird, die sie für ihre wirtschaftliche Entwicklung benötigen. Jede Schuldnerregierung würde eine Liste der notwendigsten Importgüter aufstellen, die im eigenen Land nicht (oder noch nicht oder nicht in ausreichenden Mengen) hergestellt werden können. Dazu gehören etwa Dünge- und Nahrungsmittel, Medikamente, Werkzeugmaschinen, Ersatzteile, Transport- und Verkehrsausrüstungen usw.

Jedes Schuldnerland würde sich sodann vertraglich verpflichten, diese Produkte aus den Gläubigerländern entsprechend seiner jeweiligen Schuldenlast zu importieren. Wenn zum Beispiel 20 Prozent der Gesamtschulden Venezuelas auf die USA entfallen, würde sich Venezuela verpflichten, 20 Prozent seiner notwendigsten Importgüter aus den USA zu beziehen. (Wenn man nach demselben Muster auch Schulden an multilaterale Gläubiger berücksichtigen wollte, könnte man weitere Käufe bei den Gläubigerländern entsprechend den anteiligen Forderungen der multilateralen Kreditinstitutionen vornehmen, aber das würde die USA übermäßig begünstigen.)

Die gesamten laufenden Kosten aller dieser Importgüter – mit der besonderen Ausnahme von Luxusgütern – würden vom jährlichen Schuldendienst abgezogen. Auf diese Weise würden die Wirtschaften der Gläubigerländer zwar den gesamten «fälligen» Betrag erhalten, aber das Geld wäre besser zwischen den industriellen und landwirtschaftlichen Produzenten und den Banken verteilt – während gegenwärtig die Banken fast alles für sich allein beanspruchen. Ein Schuldendienst nach diesem Muster würde nicht nur Arbeitsplätze in den Industrieländern sichern, sondern auch dazu führen, daß ein Großteil der Devisenreserven der Schuldnerländer für nützliche, einer Entwicklung dienliche Zwecke ausgegeben wird. Falls die Gläubigerländer es für notwendig halten, können sie die Entschädigung ihrer Banken auch selbst vornehmen. Normalerweise müßten sie dazu allein schon durch die höheren Steuereinnahmen aufgrund der gestiegenen Umsätze in der Lage sein.

Diese Käufe der Schuldnerländer sollten nach Möglichkeit keine neue Abhängigkeit schaffen, sondern der Ankurbelung der Wirtschaft dienen. Es muß ihr Ziel sein, die Investitionen zu verbessern und Arbeitsplätze zu schaffen. Vor allem die Selbstversorgung mit Grundnahrungsmitteln muß für verschuldete Länder Priorität haben, und die Lebensmittelkäufe aus dem Ausland sollten nur noch kurzfristiger Natur sein, bis die Investitionen in die heimische Landwirtschaft ihre Früchte getragen haben.

In Anlehnung an das peruanische Modell (oder als Alternative dazu) wäre es denkbar, den Schuldendienst nicht an die Exporterträge zu koppeln, wie Garcia es getan hat, sondern an das Exportvolumen. Eine solche Strategie würde einer gewissen perversen Raffinesse nicht entbehren, vor allem, wenn sie auf die multilateralen Kreditinstitutionen wie IWF und Weltbank angewendet werden. Dazu einige Erläuterungen:

Nach diesem Vorschlag verpflichten sich die Schuldner, die Forderungen der Gläubiger zwar zu befriedigen, aber zu den Rohstoffpreisen von 1979/80 in Dollar (bzw. DM, Franc, Pfund usw.), denn damals waren die Rohstoffpreise noch ziemlich hoch (für manche Waren könnte man auch ein anderes gutes Jahr während des vergangenen

Jahrzehnts wählen). Bekanntlich sind sie seit Anfang der achtziger Jahre beständig gefallen.

Der Verfall der Rohstoffpreise ist weitgehend das Resultat der exportorientierten Strategien von IWF und Weltbank und ihrer Sparprogramme, die unterschiedslos einer Vielzahl von Ländern gleichzeitig auferlegt wurden. Diese Institutionen sind mitverantwortlich für das preisdrückende Überangebot auf den Weltmärkten, weil sie darauf bestehen, daß jedes dieser Länder den Export von einigen wenigen Rohstoffen und Halbfertig- oder Fertigprodukten steigert. Deshalb sollten gerade diese beiden Institutionen in Rohstoffpreisen vor 1980 bezahlt werden – sie sollen ihre schädliche Wirtschaftspolitik nicht ungestraft betreiben und die Konsequenzen der von ihnen selbst verschuldeten Depression auch selbst zu spüren bekommen. Hier einige Beispiele für diesen Preisverfall:

Produkt	1979	1986 (Dez.)
Kaffee (kg)	5,94 $	2,77 $
Kupfer (kg)	2,20 $	1,28 $
Zucker (kg)	0,64 $	0,13 $

Jedes Land würde eine Liste seiner augenblicklichen Exportgütermengen erstellen und berechnen, welchen Exporterlös sie 1979 (oder in einem anderen guten Jahr) erbracht hätten und den entsprechenden Betrag vom fälligen Schuldendienst abziehen. Peru zum Beispiel exportiert Kupfer und würde es ablehnen, zur Tilgung von je 1000 Dollar seiner Schulden mehr als 455 kg Kupfer zu exportieren (Kupfer erzielte 1979 2,20 Dollar je kg). Dadurch würde Peru es vermeiden, seine Bodenschätze vorschnell zu erschöpfen; denn bei einem Kupferpreis von 1,28 Dollar/kg müßte es 781 kg Kupfer exportieren, um 1000 Dollar zu erlösen.

Nach demselben Muster würden die Zuckerproduzenten je 1000 Dollar Schulden nur 1562 kg Zucker exportieren, was dem Zuckerpreis von 1979 entspräche, und nicht 7700 kg, für die man Ende 1986 gerade 1000 Dollar bekam. Dasselbe gilt entsprechend für Kaffee. Eine derartige Koppelung des Schuldendienstes an das Exportvolumen ließe sich ohne weiteres mit dem Vorschlag von Alan Garcia verbinden, maximal zehn Prozent der Exporterlöse eines Landes für den Schuldendienst abzuzweigen, und sie könnte ebensogut auf Halbfertig- oder Fertigprodukte angewendet werden.

Kupferexportländer wie Peru haben keinen Einfluß auf die Weltmarktpreise für Kupfer und sollten deshalb nicht die einzigen sein, die unter dem Verfall des Kupferpreises zu leiden haben. Ebensowenig sollten die Schuldnerländer dazu verurteilt werden, ihre Rohstoffquellen einfach deshalb zu erschöpfen und ihre Umwelt zu zerstören, weil ein Markt in London oder New York bestimmt, daß Kupfer nur noch soundsoviel «wert» ist. Die «Gesetze» von Angebot und Nachfrage würden ganz anders funktionieren, wenn IWF und Weltbank sich nicht ständig in die Wirtschaft von Dutzenden von Ländern einmischten. Die Finanzreserven der Weltbank waren 1985 und 1986 erstaunlich groß – sie könnte es durchaus verkraften, wenn die fälligen Zins- und Tilgungszahlungen gegen Exporte zu den Preisen von 1979 verrechnet würden. Auch bilaterale Gläubiger sollten diese Belastung mittragen – sie sollen nicht zweimal profitieren: vom enormen Preisverfall bei Rohstoffen und von einem uneingeschränkten Schuldendienst.

Wenn die Regierungen der Schuldnerländer sich einig wären, könnten sie die Banken so unter Druck setzen, daß diese das illegal ausgeführte und bei ihnen eingezahlte Fluchtkapital zurückerstatten oder zumindest in Form von besonders zinsgünstigen Krediten zurückfließen lassen. Auch wenn diese Regierungen es vielleicht vorziehen, ihre Stärke zu ignorieren oder nicht einzusetzen, könnten sie immer noch ihre Zinszahlungen so lange aussetzen, bis die Banken kapitulieren. Die Banken wissen ganz genau, wo das flüchtige Kapital gelandet ist und wer es verschwinden ließ; sie könnten einfach die Konten aller nicht im Land ansässigen Mexikaner oder Brasilianer mit einem bestimmten Prozentsatz des Guthabens belasten, um Mexiko oder Brasilien mit neuen Mitteln zu versorgen. Die Banken könnten aber auch das Fluchtkapital behalten und dafür die Schulden der einzelnen Länder jährlich um einen festen Prozentsatz abschreiben. In jedem Fall geht es darum zu verhindern, daß sie ihren Reibach zweimal machen.

Solche Maßnahmen könnten dem endlosen Feilschen und Tauziehen ein Ende bereiten, zu dem es heute spätestens alle sechs Monate kommt, wenn die Banken sich dem vom IWF und der US-Notenbank ausgeübten Druck widersetzen und sich weigern, neues Geld zu verleihen. Die Banken behaupten, diese unfreiwillige Kreditvergabe sei ein Skandal. Dabei besteht der eigentliche – und in den Medien weitgehend übergangene – Skandal darin, daß die Banken an einem Gutteil ihrer Dritte-Welt-Kredite gleich zweimal verdienen. Leider ist es bei den meisten Regierungen der Schuldnerländer äußerst unwahrscheinlich, daß sie diese unrechtmäßigen Gewinne von den Banken zurückfordern, weil ihre eigenen Minister oder deren Spießgesellen häufig selbst zu den kofferbepackten Mitgliedern der Kapitalfluchtmafia gehören.

Diese und ähnliche Vorschläge könnten die häufiger angeführten Forderungen nach einer einseitigen Reduzierung des Zinssatzes oder die Pläne à la Baker und Bradley ergänzen oder sogar ersetzen. Sie alle haben in meinen Augen einen großen Vorteil. Sie sind darum bemüht, die Täter zu bestrafen und nicht die Opfer, und sie heben einige der hauptsächlichen Ursachen der gegenwärtigen Krise hervor – Kapitalflucht, Verfall der Rohstoffpreise, aufwendige Entwicklungsprojekte sowie die privilegierte und ungerechtfertigte Stellung der Banken. Damit tragen sie einerseits dazu bei, jene beim Namen zu nennen, die für die Misere verantwortlich sind, und andererseits zeigen sie gangbare Wege aus der Krise.

Und die Banken?

In der letzten Zeit sind unzählige technische Vorschläge in Umlauf gebracht worden, ohne daß einer davon akzeptiert worden wäre, und diese Liste möchte ich nicht noch verlängern. Es gibt allerdings eine gute Anregung aus dem Jahr 1985, die bislang noch nicht die Beachtung gefunden hat, die sie eigentlich verdient hätte. Der Wirtschaftswissenschaftler Alfred Watkins und der Kongreßabgeordnete Charles Schumer sind der Meinung:

«Den Banken sollte untersagt werden, Zinseinnahmen aus Auslandskrediten, die nur durch die Aufnahme neuer Kredite aufgebracht werden können, als Gewinne zu verbuchen. Damit würde es nicht nur weniger lohnend, neue Kredite zu vergeben, um den Schuldendienst von Altkrediten zu finanzieren; die Banken erhielten dadurch außerdem einen Anreiz, ihre Zinssätze auf ein Niveau zu senken, das den Schuldnern eine Bedienung der Kredite ermöglicht, ohne daß sie dafür neue Schulden machen müssen.»[4]

Wir sollten nicht nur auf Gerechtigkeit für die Länder der Dritten Welt bedacht sein, sondern auch für die Menschen und sogar die Banken der reichen Länder. Bei weitem nicht jede Bank ist eine reiche Bank: Erinnern wir uns allein an die 428 Zusammenbrüche von

US-Banken im Zeitraum 1982–1986; erinnern wir uns aber auch an die enorme Verschuldung zahlreicher Farmerfamilien in den USA.

Erstens nehmen Regierungen und öffentliche Institutionen wie der IWF und die Weltbank schon jetzt – wie wir gesehen haben – die Unterstützungsfonds auf die unterschiedlichste Weise kräftig zugunsten der Großbanken in Anspruch. Fairerweise sollte dann aber auch den Kleinbanken geholfen werden, die in der Klemme stecken, vor allem in den stark landwirtschaftlich geprägten Staaten der USA. In jedem Fall aber sollte die Unterstützung einer Bank mit einer entsprechenden öffentlichen Kontrolle ihrer Geschäftspraxis gekoppelt werden, zum Beispiel in der Form, daß kleinen Farmern oder Geschäftsleuten günstigere Kreditbedingungen eingeräumt werden.

In mehreren Städten der USA existiert bereits eine Initiative, die nach solchen Grundsätzen arbeitet, die «Community Reinvestment Campaign» (Initiative zur Finanzierung lokaler Projekte). In Großstädten wie Chicago und Philadelphia oder in Kleinstädten wie Harrisburg und Gary bemühen sich diese CRCs, die Banken zu mehr Verantwortungsgefühl gegenüber der Allgemeinheit zu bewegen. «Öffentliche Kontrolle» der Gewinne bedeutet in diesem Zusammenhang die Aufforderung an die ansässigen Banken, Kredite für lokale Bedürfnisse und zu verbilligten Zinssätzen zu vergeben. In Chicago gelang es der CRC beispielsweise, Continental Illinois die Zusicherung abzuringen, insgesamt 20 Millionen Dollar an Krediten für die Renovierung von Wohnungen und Häusern bereitzustellen. In Baltimore brachte eine Koalition aus Bürgerrechtlern, Studenten, Gewerkschaftern und Mitarbeitern von Bürgerinitiativen die Maryland National Bank dazu, 50 Millionen Dollar an zinsgünstigen Darlehen mit einer Laufzeit von fünf Jahren an ortsansässige Familien mit niedrigem Einkommen zu vergeben.

Diese Initiativen sehen auch den Zusammenhang zwischen der Verschuldung der Dritte-Welt-Länder und der arbeitenden Bevölkerung in den USA, die von der gegenwärtigen Politik der Banken hart getroffen wird. Im Programm der Initiative in Baltimore heißt es:

«Die Banken sollten einmal darüber nachdenken, welche Auswirkungen die von ihnen vergebenen Auslandskredite auf den Lebensstandard in der Dritten Welt und auf das Wohlergehen von Landwirtschaft und Industrie in den USA haben; die Banken sollten sich der Nöte der Armen und der arbeitenden Bevölkerung in der Ersten und in der Dritten Welt annehmen, die dringend auf eine Entschärfung der internationalen Schuldenkrise angewiesen sind.»

Die Initiative sucht Kontakte zu lokalen Bürgerinitiativen mit ähnlichen Zielsetzungen in lateinamerikanischen Schwesterstädten, um künftig mit ihnen zusammenzuarbeiten. «Wenn das gelingt, dann ist es durchaus denkbar, daß die Banken eines Tages an fortschrittliche Entwicklungsgruppen in der Dritten Welt oder an Bürgerinitiativen in den US-Städten zinsgünstige Kredite oder Zuschüsse vergeben», schreibt der *Debt Crisis Network Newsletter*.[5] Nichts spricht dagegen, daß ähnliche Initiativen auch in anderen Staaten des Nordens entstehen könnten.

Hier endet dieses Kapitel mit meinen eigenen praktischen Vorschlägen zur Behebung der Krise. Dies ist der richtige Ort, um persönlich zu werden. Manche Leser und manche Kritiker – ich höre sie schon jetzt – werden mich fragen: «Aber warum müssen Sie so aggressiv, so polemisch, so – na ja – scharf werden? Wie können Sie vom Internationalen Währungsfonds sprechen, als wäre er eine Mörder-GmbH? Das ist geschmacklos, meine Dame, und außerdem bringt es Ihnen überhaupt nichts ein. Gerade die Leute, die Sie ändern wollen, werden Sie mit diesem Buch abschrecken.»

Gerade die Leute, die ich gern ändern würde, werden ganz gewiß nicht durch ein Buch geändert – egal, von wem es geschrieben wurde. Seit 1976 mein Buch «How the Other Half Dies» (deutsch: «Wie die anderen sterben») erschienen ist – und damals sind eine ganze Reihe ähnlicher Bücher von anderen Autoren erschienen –, brauchte die Weltbank zehn Jahre, um schließlich einzugestehen, daß hinter dem Hunger die Armut steht.[6] Wir können nicht nochmals zehn Jahre warten, bis sie zugibt, daß hinter der Armut Unterdrückung und Unrecht stehen.

Die Menschen im Süden, deren Leben von den politischen Maßnahmen des Konsortiums zerstört wird, haben es eiliger als die Weltbank. Dasselbe gilt für mich und Tausende anderer Menschen im Norden. All diejenigen, die sich in Machtpositionen befinden und unsere Veröffentlichungen oder unsere Aktivitäten verächtlich als «polemisch» bezeichnen, sollten sich daran erinnern, daß dieses Wort vom altgriechischen «polemos» – «Krieg» – abstammt und daß sie es sind und nicht wir, die ihn den armen Menschen erklärt haben.

Wenn ich überzeugt wäre, daß diesen Menschen mit «Mäßigung» und leisen Tönen mehr geholfen würde, hätte ich auch so geschrieben, aber das, was ich in meiner Umgebung beobachte, ermutigt mich nicht gerade dazu. Eine Gruppe von hervorragend qualifizierten Ökonomen hat mit der vollen Unterstützung des IWF eine Untersuchung durchgeführt und dabei hieb- und stichfest nachgewiesen, daß die gegenwärtigen Kreditauflagen des Fonds ihren Zweck nicht erfüllen und besser revidiert werden sollten. Man kann sich kaum bessere Gewährsleute vorstellen als diese Wissenschaftler, die ihren Gegenstand von innen heraus untersucht haben und an deren Seriosität zudem kein Zweifel besteht.[7] Trotzdem ist es eine traurige Tatsache, daß diese Forscher – soweit man das bis jetzt beurteilen kann – nicht ernst genommen werden. Sie sind höflich und renommiert, sie schreiben ohne Schärfe, sie führen die Debatte in den richtigen Fachzeitschriften – und dennoch werden ihre Argumente vom Tisch gewischt. Es hat sich nichts Grundsätzliches geändert.

Und warum nicht? Weil es sich hier nicht um Ökonomie, sondern um Politik handelt. In der Politik geht es nicht darum, wer die besten Argumente hat, um seine Ziele zu verwirklichen. Meine Zukunft und meine Selbstachtung hängen zum Glück nicht von denen ab, die Geld und Macht haben. Eine Fügung des Zufalls und eine lange Kette historischer Umstände, auf die ich hier nicht eingehen will, hat es mit sich gebracht, daß ich eine größere Freiheit genieße als die meisten meiner Zeitgenossen.

Eine Freiheit, die ungenutzt bleibt, ist nichts wert. Das ist der Grund, warum ich – mit aller Schärfe und Polemik – behaupte, daß die Verschuldung der Dritten Welt ganz sicher nicht allein ein Problem für Finanzzeitschriften oder fähige Wirtschaftswissenschaftler ist. Sie ist ein Instrument, mit dessen Hilfe die Armen in den armen Ländern gezwungen werden können, die Reichen in den reichen Ländern zu finanzieren. Da die Schulden es den Reichen ermöglichen, ihre Herrschaft über die Armen aufrechtzuerhalten und zu verstärken, werden sie nicht ohne weiteres gestrichen. Trotzdem müssen wir alles tun, um das Schuldenproblem aus den Wirtschaftsspalten herauszuholen und es politisch zu diskutieren.

Viele Menschen im Norden werden den Kampf des Südens um einen Erlaß der Schulden einfach aus einem unmittelbaren Gefühl moralischer oder religiöser Entrüstung und der Gerechtigkeit unterstützen. Sie sind die geistigen Kinder derer, die seit jeher Änderungen zum Besseren bewirkt haben; ohne deren Vorstellungskraft wir schon längst gescheitert wären. Aber diese Menschen sind das Salz und die Hefe – nicht der Teig selbst.

Wenn wir eine Bewegung gegen die Schuldenkrise mit breiter Massenbasis ins Leben rufen wollen, dann müssen wir eine große Zahl von Bewohnern der Industrieländer davon überzeugen, daß der gegenwärtige Zustand auch uns selbst schweren Schaden zufügt. Der begrenzte Finanzkonflikt richtet sich auch gegen uns. Die Menschen in den USA verlieren ihre Arbeitsplätze und ihre Farmen. Unsere Volkswirtschaften schrumpfen, unsere Löhne werden gedrückt, unser Lebensstandard verschlechtert sich, unsere Ersparnisse sind bedroht. Auch die Chancen für unsere Kinder werden immer schlechter. Wir leben in einer Welt, die von Tag zu Tag gefährlicher wird.

Es ist nicht immer leicht, diese Zusammenhänge zu sehen, und diejenigen, die von der Schuldenkrise profitieren, verlassen sich auf unsere Blindheit für globale Strukturen. Die US-Amerikaner und die Europäer ständen zum Beispiel sofort besser da, wenn in der Dritten Welt Kredite mit der Auflage vergeben würden, zunächst die Grundbedürfnisse der Gesellschaft abzudecken, und noch besser, wenn dauerhafte «Dreisprung»-Programme durchgeführt würden. Die Ökonomien des Südens wären stärker auf den Binnenmarkt ausgerichtet und würden vorrangig die Bedürfnisse der eigenen Bevölkerung befriedigen; die Zahl der Exportgüter, die mit Exporten aus dem Norden konkurrieren, würde verringert. Am Ende hätten wir jene wirtschaftliche Blüte, bei der alle Menschen, die bislang an den Rand der Gesellschaft abgedrängt waren, wirtschaftlich tätig sein und ein Leben in Würde führen könnten.

Eine Welt, in der jedermann nach demselben, auf die Außenmärkte orientierten Modell leben muß, ist ein Unding, eine Falle und ein Wahn. Solange das Konsortium seinen Willen aufzwingen kann, so lange stehen Norden und Süden einander in einem fruchtlosen und für beide Seiten zerstörerischen Kampf gegenüber. Die Interessen und Bedürfnisse der überwiegenden Mehrheit im Norden und im Süden sind identisch. Sie können nur durch die Verwirklichung von mehr Demokratie auf beiden Seiten befriedigt werden. Wir müssen lernen, in den Völkern der Dritten Welt unsere Verbündeten zu sehen, nicht unsere Feinde, und jene Bündnisse zu schließen, die allein imstande sind, uns eine Zukunft zu schaffen, die für alle lebenswert ist.

Entwicklung gegen die Entwickler?
Ein philosophisches Nachwort

> «Obgleich ich von der Richtigkeit der ... in diesem Werke mitgeteilten Ansichten durchaus überzeugt bin, erwarte ich keineswegs auch die Zustimmung solcher Naturforscher, deren Geist von Tatsachen erfüllt ist, die sie jahrzehntelang von einem entgegengesetzten Standpunkt aus ansahen ... Aber ich sehe mit großem Vertrauen in die Zukunft. Junge, aufstrebende Naturforscher werden unparteiisch die beiden Seiten der Frage prüfen.»
>
> Charles Darwin, Die Entstehung der Arten

> «Eine neue wissenschaftliche Wahrheit pflegt sich nicht in der Weise durchzusetzen, daß ihre Gegner überzeugt werden und sich als belehrt erklären, sondern vielmehr dadurch, daß die Gegner allmählich aussterben und daß die heranwachsende Generation von vornherein mit der Wahrheit vertraut gemacht wird.»
>
> Max Planck, Wissenschaftliche Autobiographie

Ich habe zu zeigen versucht, daß die Länder der Dritten Welt tief in die Schulden geraten sind, weil sie die von der Weltbank und ähnlichen Institutionen propagierten Entwicklungsmodelle akzeptiert, internalisiert und befolgt haben. Die Schuldenkrise ist eine besonders schlimme und akute Manifestation eines chronischen Zustands, das absehbare Ergebnis von ökonomischen Strategien, die weit stärker auf den Weltmarkt als auf die lokalen Bedürfnisse setzen. Ähnlich wie das Entstehen eines Furunkels zeigt sie auffällig sichtbare Symptome, ist jedoch zugleich ein Zeichen für eine zugrundeliegende Infektion.

Nach sämtlichen üblichen Maßstäben müßten wir eigentlich zuversichtlich bestätigen können, daß diese Modelle gescheitert sind. Sie haben jene Länder, die sie übernommen haben, in eine Sackgasse manövriert, aus der sie anscheinend kaum noch herauskommen, und sie haben deren Bevölkerung unermeßliche Leiden zugefügt. Trotzdem erhalten eben diese Länder heute von Institutionen, die über wirksame Sanktionsmöglichkeiten verfügen, den Rat, dieselben Maßnahmen weiter anzuwenden, nur in verstärktem Maße, um für weitere Kredite in Frage zu kommen und um nicht aus der «internationalen Gemeinschaft» verstoßen zu werden. Es ist, als würde man Zyankali als Gegengift gegen Arsen verschreiben.

Während der Arbeit an diesem Buch hat mich die blanke Unlogik zunehmend gefangengenommen und provoziert, die in vielem von dem steckt, was als klares Denken verkauft wird; die fast einhellige Übereinstimmung im Denken derjenigen, die auf dem Gebiet der «Entwicklung» etwas zu sagen haben. Man muß das Wort heute einfach in Anführungszeichen setzen – andernfalls wäre sein Gebrauch zu irreführend. Man muß sich außerdem fragen, warum ein so augenfälliges Debakel, von dem die Schuldenkrise nur ein Teil ist, kein allgemeines Entsetzen hervorgerufen und eine ernsthafte Suche nach Theorien ausgelöst hat, die zu einem Ausweg führen könnten. Ich weiß nicht, wie sich Dogmen und Vorurteile erschüttern lassen, ich weiß nur, daß Millionen von Armen nach wie vor dafür bezahlen müssen, daß es noch keine theoretische Revolution gegeben hat. Meine Versuche, auf diese Fragen eine Antwort zu finden, gehen auf ein bemerkenswertes Buch zurück, auf das ich erstmals vor etlichen Jahren gestoßen bin, als ich noch Philosophie studierte. Ich habe es unlängst mit ganz anderen Augen noch einmal gelesen.

Dieses Buch, Thomas S. Kuhns heilsames und lehrreiches Werk «Die Struktur wissenschaftlicher Revolutionen», behandelt die Frage, auf welche Weise es in der Naturwissenschaft und in der Naturanschauung von Wissenschaftlern zu Änderungen kommt. Wenn Kuhns Erkenntnisse auch auf Theorien der Entwicklung und der Unterentwicklung anwendbar sind, können wir möglicherweise darauf hoffen und sogar rechnen, daß es auch in den heute vorherrschenden Auffassungen über die Ursachen der Massenarmut zu einer Kuhnschen Revolution kommt. Doch bevor ich auf die Chancen einer solchen Veränderung zu sprechen komme, möchte ich kurz die wichtigsten Gedanken Kuhns zusammenfassen.

Nach Kuhn geht eine jeweils gegebene wissenschaftliche Gemeinschaft ihren Alltagsgeschäften – dem «Rätsellösen» oder der «normalen Wissenschaft» – im Rahmen eines Bestandes an überkommenen Theorien und Methoden nach, durch den weitgehend festgelegt wird, welche Fragen an die Natur gestellt werden können: eine Weltanschauung, die von Kuhn als «Paradigma» bezeichnet wird. Ohne einen solchen Rahmen wäre jede wissenschaftliche Forschung unmöglich – Millionen und Milliarden von «Fakten» treiben da draußen ihr Wesen, und wir benötigen eine Anleitung, um zu entscheiden, welche von ihnen unsere Aufmerksamkeit und eine eingehendere Erkundung verdienen. Ein Paradigma definiert die Grenzen, innerhalb deren sinnvoll Forschung betrieben werden kann.

Hin und wieder kommt es vor, daß ein Paradigma aufgrund unwiderleglicher Beweise einfach überholt ist und aufgegeben wird – wenn zum Beispiel ein für allemal nachgewiesen wird, daß es die Erde ist, die sich um die Sonne dreht, und nicht umgekehrt. Andererseits gibt es Paradigmen, die lange Zeit hindurch einen erfolgreichen Forschungsrahmen abgegeben haben und sich eines Tages zwar nicht direkt als falsch erweisen, jedoch als unfähig, neu auftauchende Probleme zu lösen. So eignet sich zum Beispiel die Newtonsche Physik nach wie vor vollkommen zur Erklärung und Beschreibung der Vorgänge auf unserer Erde, aber nicht in der Raumzeit oder auf der Ebene der Elementarteilchen.

Das Rumoren einer wissenschaftlichen Revolution beginnt, wenn beobachtete Phänomene sich immer weniger in dem begrifflichen Raster unterbringen lassen, das die Theorie ursprünglich bereitgestellt hatte. Wenn die wirkliche Welt sich den Regeln widersetzt, die bislang von der Wissenschaft zu deren Erkundung angewandt wurden, kommt es zu einer Anhäufung von Anomalien und zu einer Krise. Mit der Zeit läßt sich die Krise nicht mehr eindämmen und nur noch dadurch beheben, daß eine andere Weise der Naturanschauung akzeptiert wird. Dieser neuen Auffassung entsprechend werden die bisher beobachteten Phänomene umgeordnet oder umgedeutet, und jene, die im Rahmen der alten Paradigmen nicht erklärt werden konnten, finden in der neuen Theorie ihren angemessenen Platz. Aufgegebene Paradigmen können in unserer Sprache und in Metaphern weiterleben. Ein Beispiel sind die Begriffe «Äther» und «ätherisch» (denen keine ätherische Substanz entspricht). Andere verschwinden einfach; so ist etwa der Terminus «Phlogiston» heute kein gebräuchlicher Begriff mehr, so sehr die Chemiker früher auch an die Existenz des damit bezeichneten Stoffes geglaubt haben.

Kuhn bezeichnet derartige Revolutionen im wissenschaftlichen Denken als «Paradigmawechsel». Er vergleicht sie mit dem bekannten psychologischen Phänomen der «Kippfiguren»: Je nachdem, wie man ein bestimmtes Bild betrachtet, entdeckt man die Umrisse eines Pokals oder die zweier Gesichter im Profil, oder man sieht bei einem Würfel eine seiner Linien einmal als seine vordere und einmal als seine hintere Kante. Obgleich der Gegenstand selbst «derselbe» bleibt, erfährt unsere Wahrnehmung von ihm als einem organisierten Ganzen jedesmal eine radikale Änderung. Auch die Natur bleibt «dieselbe» – der Unterschied zwischen der wissenschaftlichen Revolution und der Wahrnehmung der Kippfigur besteht darin, daß das wissenschaftliche Paradigma, einmal allgemein akzeptiert, nicht mehr in den früheren Zustand «kippen» kann.

Kuhn vergleicht den Vorgang mit einer religiösen Konversion:

«Die Übertragung der Bindung von einem Paradigma auf ein anderes ist eine Konversion, die nicht erzwungen werden kann... Der Ursprung des Widerstands ist die Gewißheit, daß das ältere Paradigma letztlich alle Probleme lösen werde, daß die Natur in die vom Paradigma gelieferte ‹Schublade› hineingesteckt werden könne.»

Mit anderen Worten, sorgfältige Beobachtung, gute Argumente und vernünftiges Zureden allein können jene Wissenschaftler nicht überzeugen, die – oft durch einen lebenslangen beruflichen Einsatz – an das alte Paradigma gebunden sind. Unerschütterlich werden sie antworten: «Gebt uns nur genügend Zeit, und ihr werdet schon sehen – unsere Theorien und Methoden werden das Problem lösen; wir verfügen einfach noch nicht über das nötige Rüstzeug, um wirklich bis an ihre Grenzen zu gehen.»

Aber zum Glück gibt es dennoch Veränderungen in der Wissenschaft:

«...wissenschaftliche Gemeinschaften (sind) doch immer wieder zu neuen Paradigmata übergetreten... Mögen auch manche Wissenschaftler, besonders die älteren und erfahreneren, unbeschränkt Widerstand leisten, so können doch die meisten auf diesem oder jenem Weg erreicht werden. Konversionen geschehen ganz allmählich, bis dann, nachdem die letzten Widerstandleistenden gestorben sind, die gesamte Fachwissenschaft wieder unter einem einzigen, allerdings nunmehr anderen Paradigma arbeitet.»

Wenn Kuhn auch selbst nicht explizit darauf zu sprechen kommt, so kann man doch noch einen weiteren Grund vermuten, warum es in der Mathematik und den Naturwissenschaften zu solchen Revolutionen kommt. Letzten Endes verfügt die Naturwissenschaft über Kriterien, denen gewöhnlich alle zustimmen können und anhand derer ihre Behauptungen sich bestätigen und erhärten lassen. Wissenschaftliche «Wahrheiten» sind vielleicht nicht immer ewige Wahrheiten, aber wenigstens für eine gewisse Zeitspanne läßt sich eindeutig entscheiden, ob sie die gestellten Fragen beantworten können oder nicht und ob die empirischen Beobachtungen ins System passen. Jede Wissenschaft muß ihre eigenen Verfahren zur Erkennung und Berichtigung von Fehlern entwickeln – andernfalls bleibt sie keine Wissenschaft, sondern wird zu einem Zeitvertreib wie die Astrologie, oder sie wird völlig aufgegeben wie etwa die Alchemie.

«Junge und aufstrebende» Biologen oder Physiker mit brillanten, unorthodoxen und häufig unwillkommenen Ideen werden es zweifellos als Zumutung empfinden, warten zu müssen – sofern ihnen tatsächlich nichts anderes übrigbleibt –, bis auch die letzten Dickschädel unter der Erde liegen; aber wie Kuhn bemerkt, können doch die meisten ihrer Kollegen «auf diesem oder jenem Wege erreicht werden». So hervorragende Wissenschaftler wie Darwin und Max Planck, die ich am Anfang zitiert habe, sind zwar pessimistisch über die Zeitdauer dieses Vorgangs, aber beide bestätigen ohne zu zögern den schließlichen Triumph einer neuen Wahrheit – sei es auch erst nach dem Tod der Unbelehrbaren.

Kehren wir nun zu unserem ursprünglichen Problem zurück. Gelten die Argumente Kuhns auch für die Sozialwissenschaften, insbesondere für die Theorie der Entwicklung? Wenn ja, haben wir dann nicht allen Grund, zuversichtlich auf eine Revolution unseres Verständnisses von Hunger und Massenarmut sowie unserer Lösungsvorschläge zu hoffen? Ich möchte es nur zu gerne glauben, nur fürchte ich, daß eine solche Revolution, sollte sie denn eintreten, andere Ursachen als die von Kuhn genannten haben wird.

Der grundlegende Unterschied zwischen den «harten» Wissenschaften, in denen es in periodischen Abständen zu einer Revolutionierung des Denkens kommt, und den «weichen» Disziplinen, zum Beispiel der Theorie wirtschaftlicher und gesellschaftlicher Entwicklung, liegt in dem Verfahren der Hypothesenüberprüfung. Im Gegensatz zu den Naturwissenschaftlern waren die der Hauptströmung folgenden Theoretiker und Praktiker der Entwicklung bislang nicht willens oder in der Lage, allgemein akzeptierte Kriterien zur Erkennung, Korrektur und Vermeidung von Fehlern festzulegen. Deshalb steht die Entwicklungstheorie auch der Astrologie näher als der Astronomie.

Naturwissenschaftler werden darin geschult, Irrtümer zu vermeiden, indem sie ihre Hypothesen systematisch überprüfen. Normalerweise müßten auch die Entwicklungstheoretiker und -praktiker darin geschult werden, ihre Hypothesen zu überprüfen, indem sie beobachten, was sie den Menschen antun, da das Ziel einer jeden Entwicklung doch wohl das menschliche Wohlergehen ist. Mit «Menschen» sind hier nicht die wohlhabenden und gutgenährten Eliten gemeint, sondern die Mehrheit der Armen und Hungrigen, deren Grundbedürfnisse gegenwärtig überhaupt nicht befriedigt werden. Wenn es trotz einer jahrzehntelangen Anwendung es herrschenden entwicklungstheoretischen Paradigmas nicht gelungen ist, ihr Leiden und ihre Bedrückung zu lindern, wenn diese im Gegenteil sogar noch zugenommen haben, dann wäre nach Kuhn dieses Paradigma eigentlich reif für eine Revolution. Ich hoffe, dieses Buch hat zur Genüge deutlich gemacht, daß die Menschen in der Dritten Welt tatsächlich in einem bislang unerhörten Ausmaß leiden, und dennoch zeigt sich keine Revolution der Theorie am Horizont.

Selbstverständlich gibt es in der Entwicklungstheorie ebenso Paradigmata wie in der Kernphysik. Sie sind überwiegend das Produkt von Wirtschaftswissenschaftlern. Soziologen, Historiker, Anthropologen, Ökologen etc. haben zu ihrem Entstehen wenig beigetragen. Zum großen Teil finanziert und angestellt von wichtigen, westlich beherrschten politischen Institutionen (Weltbank, IWF usw.), müssen sich die auf diesem Gebiet tätigen Ökonomen bis zu einem gewissen Grad den Zielen derer unterwerfen, die heute die Weltwirtschaft beherrschen und aus ihr den größten Nutzen ziehen. Es ist zwar in keiner Hinsicht das Resultat irgendeiner Verschwörung, aber dennoch spiegelt sich im herrschenden Paradigma eine Konvergenz der Weltanschauungen; eine gemeinsame Auffassung davon, wie eine ideale Gesellschaft aussehen sollte, sowie eine ausgeprägte, gemeinsame Wahrnehmung des wirtschaftlichen und politischen Eigeninteresses. Kurz, dieses Paradigma ist vollgesogen von Ideologie.

Während der letzten 30 Jahre war das herrschende Paradigma darüber, wie ganze Nationen ihrer Armut entrinnen können, durch vier Schlagworte bestimmt: im Norden durch «Wachstum», im Süden durch «komparative Vorteile», im Osten durch «Reichtum von oben nach unten» und im Westen durch «Modernisierung» oder «Technologietransfer».

Der gesamte Wirtschaftskuchen muß vergrößert werden (Wachstum), gleichgültig, wer die größten Stücke abbekommt. Denn der Segen wird letztlich von der Spitze der Gesellschaftspyramide nach unten durchsickern (Reichtum von oben nach unten). Jede Volkswirtschaft muß mit allen Kräften die größtmögliche Verbindung zum Weltmarkt herstellen. Sie muß jene Güter anbieten, die sie vermeintlich besser und billiger produzieren kann als die übrigen Länder, und muß jene Güter kaufen, die sie selbst weniger gut und kostenaufwendiger herstellen würde (komparativer Vorteil). Landwirtschaft, Industrie und überhaupt das ganze wirtschaftliche Leben müssen durch die Verwendung von technischen Verfahren und Technologien umgeformt werden, die aus den inzwischen industrialisierten Ländern stammen; im allgemeinen durch Kauf oder durch Investitionen transnationaler

Unternehmen, beaufsichtigt von ausländischen oder eigenen ausgebildeten Fachkräften (Modernisierung).

«Sub-Paradigmata» dienen dazu, die herrschende Theorie abzusichern, und hier können die Wirtschaftswissenschaftler unter Umständen andere Wissenschaften heranziehen, um ihre Argumente und Praktiken zusätzlich zu stützen. Demographen waren bei der Feststellung der «Wahrheit» behilflich, eine der Hauptursachen des Welthungers sei die Übervölkerung. Wenn wissenschaftliche Grundlagenforschung herangezogen wird, dann bestimmt das herrschende Paradigma deren Ziele – und nicht umgekehrt. Die Grüne Revolution ist hierfür ein schlagendes Beispiel. Pflanzengenetiker suchten gezielt nach Saaten, die bei maximalem Einsatz von Produktionsfaktoren aus dem Ausland am besten gediehen, während es wissenschaftlich gesehen weit zweckmäßiger gewesen wäre, weniger gefährdete, dürre- und krankheitsresistente Pflanzen für arme Bauern zu züchten, die kein Geld für Kunstdünger usw. haben.

Angewandte Wissenschaften wie Agronomie, Hydrologie oder Ingenieurwesen erhalten ihren Stellenwert ebenfalls vor dem Hintergrund der «technischen Lösungen» zugewiesen und erfüllen den Zweck, die Empfängerländer enger an die internationale Wirtschaft zu binden. Die Philosophie, die dahintersteckt – sofern es überhaupt eine solche gibt –, lautet, die Natur sei dazu da, «nutzbar gemacht» oder «beherrscht», um nicht zu sagen geplündert und vergiftet zu werden. Wirtschaftwissenschaftler machen kurzen Prozeß mit Begriffen wie «erneuerbare Ressourcen» oder «Ökologie», da der Wert der Umwelt und die Kosten ihrer Zerstörung sich schwer quantifizieren lassen.

Auch die Probleme der Ungleichbehandlung der Geschlechter sind für die Vertreter der herrschenden Entwicklungstheorien kaum in den Griff zu bekommen. Ein Arbeiter ist ein Arbeiter, aber die enormen Belastungen und die niedrigen Belohnungen von Frauen sind genau deshalb für sie von so geringem Interesse, weil ein Großteil ihrer Arbeit unbezahlt ist. Auch das Wohlergehen oder die Ausbeutung der Arbeiter ist nicht ihr Thema: Wenn ein «effizienter Arbeitsprozeß» in der Produktion der Dritten Welt die Preisgabe von Menschenrechten erfordert, dann sei's drum! Die herrschende Lehre ist zudem schlecht gerüstet, um Tagespolitik und Machtstrukturen in ihr Modell einzubeziehen – das wird schon von der Ideologie des Paradigmas selbst verhindert.

Diese Ideologie nimmt an, daß im internationalen Maßstab Harmonie herrsche (alle Nationen profitieren wegen des komparativen Vorteils gleichermaßen vom Handel; Technologietransfers werden die Empfängergesellschaft ohne alle sozialen Kosten modernisieren). Auch auf der nationalen Ebene herrscht eitel Harmonie (das Wachstum kommt allen zugute, da die Eliten ihre Gewinne mit den weniger Glücklichen durch den Sickerprozeß von oben nach unten teilen). In dieser dominanten Weltsicht haben Habgier und die Macht zur Unterdrückung anderer – Gott behüte! – kaum etwas mit dem Wohlstand der Nationen und der Lage der Individuen zu tun, aus denen sie bestehen. Mit anderen Worten, so gut wie keine der wirklichen Kräfte, die das Leben der Völker beeinflussen, kann von dem herrschenden Paradigma berücksichtigt werden. Diese Darstellung mag zu kurz erscheinen, doch ich bedaure lediglich, daß sie keine Karikatur ist.

Die meisten «aufstrebenden» Nationen haben ihre politischen Programme mehr oder weniger engagiert und effizient auf dieses Paradigma gegründet. Sie empfangen Entwicklungshilfe in dem Maße, wie sie zur Mitarbeit bereit sind, da die Weltbank, der IWF und die Entwicklungshilfeorganisationen der USA und der meisten übrigen Industrieländer darauf bestehen, daß sie dieser Regieanweisung folgen. Länder, die ein sowjetisches Entwicklungsmodell übernehmen («sozialistisch» möchte ich es nicht gerade nennen), wollen ebenfalls Wachstum, Modernisierung und ausländische Technologie, aber sie sind weniger bereit, um des Handels willen Handel zu treiben oder nach globaler Integration zu streben. Sie verharren eher innerhalb ihrer eigenen Handels- und Finanzgrenzen – und während für sie guter Rat reichlich und billig zu haben ist, empfangen sie mit wenigen Ausnahmen weit geringere Hilfsgelder.

In Übereinstimmung mit dem Kuhnschen Szenario ist das herrschende Paradigma nicht unumstritten, und zwar aus einem völlig einleuchtenden Grund: Es funktioniert nicht. Seine zahlreichen und grundsätzlichen Schwächen lassen sich nicht länger verbergen. Drei Jahrzehnte sind inzwischen vergangen, in denen das Paradigma genügend Gelegenheit hatte, seine Wunderwirkung zu entfalten, doch es hat ganz offensichtlich versagt. Wir werden Zeugen eines Fiaskos: unkontrollierbare Schulden, stagnierender Handel, unaufhaltsamer Verfall der Rohstoffpreise, tragische Hungersnot und Armut in einem historisch beispiellosen Ausmaß. Selbst die unheilbar Kurzsichtigen können erkennen, daß der Kaiser nichts am Leibe trägt.

Die Nahrungsmittelkrise in Afrika war in dieser Hinsicht vielleicht das entscheidende Ereignis. Weniger bekannte Phänomene jedoch wie der Nettotransfer von 106 Milliarden Dollar aus Lateinamerika an westliche Banken innerhalb von nur vier Jahren müßten den ehrbaren Entwicklungstheoretikern eigentlich die Schamröte ins Gesicht treiben, sobald das Wort «Entwicklung» nur erwähnt wird. Sie sollten sich schleunigst auf die Suche nach einem besseren Paradigma begeben. Das allerdings ist genau die Konsequenz, vor der sie sich fast alle erfolgreich gedrückt haben.

Was können wir tun, außer zu warten, bis auch der letzte von ihnen gestorben ist? Und selbst dann – welche Gewähr haben wir dafür, daß ihre Plätze von Menschen mit anderen Auffassungen eingenommen werden? Gibt es Herausforderungen, die bestehen bleiben und grundsätzliche Änderungen erzwingen? Diese Fragen sind von wesentlicher Bedeutung, da eine wirtschaftliche Entwicklung in einer entscheidenden Hinsicht etwas anderes ist als eine exakte Wissenschaft: Der Erfolg oder das Scheitern ihres vorherrschenden Paradigmas bemißt sich an der Zahl von Menschen, an den Rand der Gesellschaft, in die Armut und schließlich in den Tod getrieben werden.

Tatsächlich gibt es Herausforderungen des Paradigmas, obwohl sie zum Teil eher scheinbarer Natur sind. Eine erste Gruppe von Kritikern ist der Meinung, der Kaiser sei zwar nicht richtig angezogen, trage jedoch wenigstens seine Unterwäsche. Die Anhänger dieser Überzeugung sind damit beschäftigt, seine Prunkgewänder reinigen zu lassen, und sie rechnen zuversichtlich darauf, daß er jederzeit in seiner alten Pracht und Herrlichkeit wieder vor uns erscheinen kann. Diese Paradigmaputzer, die häufig ein ganzes Leben in das herrschende Dogma investiert haben, sind eine kleine Minderheit von Spitzenbürokraten in nationalen und internationalen Institutionen, durchsetzt von einigen Leuchten aus der Geschäfts- und Finanzwelt. Sie befürchten, daß die Starrköpfe in ihren eigenen intimen Kreisen mit ihrem Eigensinn und ihrer Weigerung, Fehler einzuräumen, das ganze System in Gefahr bringen.

Deshalb versuchen sie, ihre störrischen Kollegen zu überzeugen, daß Konzessionen unumgänglich sind – um desto besser das gegenwärtige System in seiner Gesamtheit zu retten. Eine zu starre Konstruktion ist auch spröde und erzeugt ein schlechtes Klima für die Geschäftswelt, die Hochfinanz und andere Formen des Strebens nach Glück. Rechtzeitige Änderungen hingegen bewahren die hauptsächlichen Vorteile des gegenwärtigen Zustands; sie können unter Umständen sogar das einzige Mittel dazu sein (was manche Könige, die bald ihren Kopf verlieren sollten, und Länder, die in katastrophale Kolonialkriege verwickelt waren, einfach nicht einsehen wollten).

Viele dieser Leute sind in der letzten Zeit auf den Privatisierungszug aufgesprungen. Man überlasse alles dem Markt, und je weniger Staat, desto besser. Während wir uns die tatsächlichen Kräfte des Marktes durchaus zunutze machen sollten, dürfen wir uns jedoch keinen Illusionen darüber hingeben, daß er jemals Nahrung, Kleidung und Behausungen – oder gar Schulbildung, Gesundheit und Kultur – für jedermann schaffen könnte. Auch diese Lehren gehören zur Geschichte der letzten 30 Jahre.

Die Paradigmaputzer kritisieren die äußere Hülle, aber nicht den Kern. Sie haben Warnungen von sich gegeben, zum Beispiel den Bericht der Nord-Süd-Kommission, der im Auftrag der Weltbank unter dem Vorsitz von Willy Brandt erstellt wurde. Namhafte Vertreter der Eliten aus der Ersten und der Dritten Welt kamen zusammen und forderten, die Eliten der Ersten Welt sollten denen der Dritten Welt einen beträchtlichen Teil ihres Wohlstandes abtreten; in ihrem Bericht ging es um zweckmäßige Möglichkeiten, die alten Ladenhüter Wachstum, «Sickertheorie», komparative Vorteile und Modernisierung noch einmal auf Hochglanz zu bringen. Die Mitglieder der Kommission wollten nicht wahrhaben, daß ein solcher Transfer von Reichtümern aus dem Norden an die Eliten des Südens bereits stattgefunden hatte. Da diese weitgehend dazu dienten, das herrschende Paradigma abzustützen, ohne selbst neuen Wohlstand zu schaffen, werden sie inzwischen als «Schulden» bezeichnet. Kurz, die Paradigmaputzer forderten eine Kosmetik statt einer Revolution; sie blieben den Beweis dafür schuldig, daß der Reichtum im Lauf der Zeit von oben nach unten durchsickern würde, und predigten nach wie vor die Integrierung in die Weltmärkte, aber zu besseren Bedingungen.

Obwohl er nichts dergleichen tat, nahm der Bericht der Nord-Süd-Kommission (der hier stellvertretend für alle ähnlichen Versuche dieser Art steht) für sich in Anspruch, ein alternatives Paradigma – sich selbst – vorzuschlagen. Zugleich unbekümmert und unheilbeschwörend war er ein Musterbeispiel für liberale Ängstlichkeit. Bislang sitzt jedoch das herrschende Paradigma fest im Sattel, und die Reformer im Kielwasser Brandts haben noch kein einziges der von ihnen geforderten Zugeständnisse erreicht (vielleicht abgesehen vom Baker-Plan), so daß wir darauf nicht weiter eingehen sollten.

Eine zweite Gruppe von Kritikern ist origineller – es sind aufrechte und humane Wirtschaftswissenschaftler und andere Entwicklungstheoretiker, die unerschrocken versuchen, aussagefähigere Variablen – Umweltfragen, die Probleme der Frauen, Menschenrechte, politische Zwänge usw. – in die herrschenden Modelle einzubeziehen. Möglicherweise finden sie einige Nischen in den Hallen (oder Besenkammern) der Machtzentralen wie der USAID, der Weltbank oder des IWF; doch sie bekommen höchst selten die Gelegenheit, einen mehr als nur marginalen Einfluß auf die Politik auszuüben. Es ist jedoch nicht ausgemacht, ob sie nicht außerhalb dieser Institutionen Nützlicheres leisten könnten. Diese großen und gesichtslosen bürokratischen Apparate brauchen eine ständige Stimme des Gewissens, auch wenn sie nur selten darauf hören.

Eine dritte Gruppe von Kritikern können wir schließlich als radikal bezeichnen, da sie die Grundvoraussetzungen des herrschenden Paradigmas ablehnen und versuchen, es an seinen Wurzeln anzugreifen. Radikale Kopfarbeiter haben sich nach besten Kräften bemüht, das herrschende Paradigma zu stürzen. Sie haben andere durch Wort und Schrift ermutigt, einem anderen Entwicklungspfad zu folgen, der je nachdem als «autonom», «selbstbewußt», «vertretbar» usw. apostrophiert wird. Im vorliegenden Fall habe ich zu zeigen versucht, auf welche Weise sogar die Schuldenkrise, kreativ gehandhabt, zum Instrument einer demokratischen Entwicklung gemacht werden könnte.

Können wir andere überzeugen? Können wir genügend Menschen bekehren und erwarten, daß nach einiger Zeit eine neue, an unsere Ideen gewöhnte Generation das Ruder übernimmt und einem neuen Paradigma folgt, das offen ist für eine Kritik von jüngeren, gescheiteren und radikaleren Leuten? Wenn es doch so wäre! Die Radikalen müßten eigntlich ihre Freude an dem Widerstand der Jüngeren, Gescheiteren – und Radikaleren haben. Dann wären wir zumindest der Beachtung wert als diejenigen, die die Höhen des Geistes besetzt haben. Von dieser Seite droht uns jedoch keine Gefahr, denn ich befürchte, daß wir versagt haben. Die tatsächlich eingetretenen Änderungen wurden eher durch die Macht der Umstände als durch die Macht neuer Ideen bewirkt. Dieses Scheitern wirft ernsthafte, «Kuhnsche» Fragen auf, wie ich sie mir auch selbst stellen muß.

Es ist nicht daran zu rütteln, daß die geistigen Höhen nach wie vor vom herrschenden Paradigma eingenommen werden und wir noch immer vor verriegelten Türen und vernagelten Köpfen stehen. Wenn es um konkrete politische Maßnahmen geht, um die Ausgabe riesiger Entwicklungsmittel oder um den Schutz der Interessen der Mächtigen, hat die alte Garde unerschütterlich das Kommando, und das

Kuhnsche Szenario verliert seine Gültigkeit. Anders als bei den Naturwissenschaften läßt sich das herrschende Paradigma auf dem Gebiet der Entwicklungstheorie nicht umstürzen, weil es im Grunde eine Ideologie ist und sich deshalb jeder Überprüfung seiner Stichhaltigkeit entzieht.

Das ist nicht nur unter den Ökonomen der Fall, obgleich sie es sind, die das Feld beherrschen. Praktiker von «Subparadigmata» können ebenfalls, ob bewußt oder nicht, den Zwecken derer dienen, die von der gegenwärtigen Sachlage am meisten profitieren. Agronomen, Ernährungswissenschaftler und andere qualifizierte Fachleute sind vielleicht der Meinung, das herrschende Paradigma sei nicht ihre Sache – ihre Paradigmata seien nicht ideologisch, sondern wissenschaftlich überprüfbar. Nachdem sie sich im Elfenbeinturm ihrer eigenen Disziplin gemütlich – und manchmal auch blasiert – eingerichtet haben, gehen sie ihrer Arbeit nach ohne zu sehen, daß das herrschende Paradigma auch das ihrige formt und umschließt, daß es sie daran hindert zu fragen, für wen sie eigentlich ihr Handwerk betreiben, und sie davon abhält, sich mit so lästigen moralischen Problemen wie Billigkeit und Gerechtigkeit auseinanderzusetzen.

Für diejenigen aber, die sich in der Wärme des herrschenden Paradigmas pudelwohl fühlen, spielt es keine Rolle, wieviele «Fehler» sie machen. Da sie von denen, deren politischen Ziele sie unterstützen und billigen, geschützt und ermutigt werden, haben sie freie Hand, immer weiter Fehler zu machen, ohne sich um die Folgen zu kümmern. Obgleich die radikalen Denker durchaus fortfahren können und sollten, das herrschende Paradigma an der Wurzel zu bekämpfen, lautet die entscheidende Frage nicht so sehr, ob wir andere überzeugen können, sondern ob wir dazu beitragen können, daß die Paradigma-Lobbyisten schließlich auch zur Rechenschaft gezogen werden. Nach wie vor beziehen sie satte Gehälter, gleichgültig, wie groß das menschliche Leiden ist, das nachweislich durch ihre politischen Programme verursacht wird. Sie brauchen kein Verdammungsurteil durch ihresgleichen zu fürchten. Nach wie vor dominieren sie die «seriösen» Veröffentlichungen und die Institutionen, in denen ihre Nachfolger ausgebildet werden. Rechenschaftspflichtig sind sie jedenfalls nicht.

Trotz alledem ist das Scheitern des Entwicklungsparadigmas auf tragische Weise offenkundig: Wieviele verlieren ihr Land, müssen ihre Dörfer verlassen, sehen ihre Kinder dahinsterben, arbeiten vierzehn Stunden und mehr am Tag für wenig mehr als nichts, trinken verschmutztes Wasser, leiden unter Hunger und vermeidbaren

Krankheiten und werden ins Gefängnis gesteckt, gefoltert oder ermordet, wenn sie versuchen, ihr Schicksal zu ändern? Kurz, wieviele Menschen müssen noch sterben, bis das herrschende Paradigma ein für allemal gestürzt ist?

Das sind die schlichten – und unangenehmen – Fragen, denen alle außer den unmittelbar Betroffenen am liebsten ausweichen möchten. Hätten wir es mit einer Wissenschaft im Kuhnschen Sinne zu tun, dann hätten ehrliche Antworten darauf das herrschende Paradigma schon längst zum Einsturz gebracht, weil es schlimmer ist als nutzlos, nämlich mörderisch. Die ehrliche Antwort auf die Frage, «wieviele müssen noch sterben?» lautet «wir wissen es nicht». Unzählige. Jedenfalls mehr als jährlich 15 bis 20 Millionen. Alle zwei Tage mehr Todesopfer als nach dem Atombombenabwurf auf Hiroshima. Ich glaube an meinen Beruf und an seinen Wert. Ich hoffe, ich kann dazu beitragen, den Boden für einen Paradigmawechsel zu bereiten. Aber die eigentlichen Urheber eines solchen Wechsels sind die bekannten und unbekannten Heldinnen und Helden in Nord und Süd, die daran arbeiten zu zeigen, daß eine demokratische Entwicklung möglich ist.

Nach einem radikalen Scherzwort ist «Entwicklung das, was die Menschen gegen die offizielle Entwicklungshilfe unternehmen». Im Norden arbeiten bereits viele außerhalb des Paradigmas, häufig als Mitglieder zahlloser Basisbewegungen, die sich für eine Änderung einsetzen, oder in ihren Kirchen, Gewerkschaften, Bürgerinitiativen usw. Im Süden entdecken und erfinden die Menschen die Mittel zu ihrem Überleben, da sie von den offiziellen Paradigma-Lobbyisten immer weiter gefährdet werden, und führen dabei einen fast aussichtslosen Kampf.

Es ist vielleicht eine Anmaßung, den eigenen Augenblick in der Geschichte als etwas Einmaliges anzusehen, weil grundlegende Entscheidungen zu treffen sind, als einen Zeitpunkt des «jetzt oder nie». Und es ist vermutlich ziemlich abgedroschen, eindringlich darauf zu verweisen, daß der von uns heute eingeschlagene Kurs über das Schicksal von Millionen in der Dritten und in der Ersten Welt entscheiden wird – für eine Zeitspanne, die die Lebensdauer eines jeden von uns übersteigt. Aber abgedroschen oder nicht, wir alle müssen Stellung beziehen; wer dies aus Unwissenheit, Gleichgültigkeit oder Feigheit ablehnt, trägt damit lediglich dazu bei, den Status quo zu zementieren. Es liegt an uns, ob wir den Hütern des herrschenden Paradigmas freie Hand lassen und in ihre Herrschaft über uns alle einwilligen oder ob wir dies ablehnen. Wir können uns der Macht und der sie stützenden Ideologie fügen, oder wir können uns dagegen wehren. Ein Drittes gibt es nicht.

Die Schuldenkrise ist eines von vielen Symptomen für eine zunehmend polarisierte Welt; organisiert zum Nutzen einer Minderheit, die vor nichts zurückschreckt, um ihre Herrschaft und ihre Privilegien zu behaupten. Die Art und Weise, wie die Krise gemeistert wird, wird ein Zeichen für den Erfolg oder Mißerfolg dieser Minderheit sein. Niemand, dem die Demokratie am Herzen liegt, kann es sich leisten, sich abseits zu halten, denn wir alle befinden uns auf dem Kampfplatz. Ob wir im Norden oder im Süden leben, es sind die Bedingungen unseres eigenen Lebens und des Lebens unserer Kinder, die auf dem Spiel stehen, ob uns das gefällt oder nicht. Das alte Paradigma wird vielleicht seine Herrschaft festigen und die Oberhand behalten. Aber wir erleben zugleich die Geburt eines neuen, und Millionen haben beschlossen, es zu schützen, zu nähren und am Leben zu erhalten. Für eine solche Revolution haben viele ihr Leben geopfert. Meine eigene Entscheidung ist klar: Das einzig Ehrenvolle besteht darin, mit ihnen gemeinsame Sache zu machen.

Danksagung

Von den vielen Menschen, die zum Entstehen dieses Buches beigetragen haben, hat niemand das Gesamtmanuskript gelesen. Damit hat die an dieser Stelle übliche Beteuerung, sämtliche Irrtümer und Fehler gingen zu Lasten des Autors/der Autorin, im vorliegenden Fall ihre besondere Gültigkeit.

Mein Dank findet sich gelegentlich innerhalb des Textes selbst, im Zusammenhang mit den darin genannten Namen, und der beginnt eigentlich bereits mit der Widmungsseite. Das Institute for Policy Studies in Washington und seine Schwester, das Transnational Institute in Amsterdam, waren seit nunmehr über zehn Jahren meine geistige Heimat und gaben mir die Zeit, die Freiheit und nicht zuletzt die Mittel, um meiner Arbeit nachzugehen, wohin sie mich immer führen mochte. Ich müßte die Namen aller früheren und jetzigen Mitarbeiter dieser beiden Institute aufführen, um den Reichtümern gerecht zu werden, die sie mit ihren eigenen Überlegungen, ihrer Solidarität und Zuneigung über mich ausgeschüttet haben. Das ist unmöglich, und deshalb danke ich wenigstens Bob Borosage, dem Direktor des IPS, als einer Art Stellvertreter für all die anderen; und ich danke John Cavanagh und Jorge Sol von unserer Arbeitsgruppe Weltwirtschaft, die mir ganz besonders behilflich waren, das Schuldenproblem zu durchdringen, und die Teile des Manuskripts mit großer Sachdienlichkeit kommentiert haben.

Wie ich bereits in der Einleitung erwähnt habe, hat die World Food Assembly die Verschuldung der Dritte-Welt-Länder als das Schlüsselproblem bezeichnet, von dem das Leben ganzer Völker abhängt. Was ich dort nicht erwähnt habe, ist die entscheidende Rolle Robin Sharps, ohne dessen visionäre Kraft und harte Arbeit die WFA niemals hätte existieren können. Robin und seine Assistentin Julie Hill haben mir materielle Hilfe geleistet – Korrespondenzen geführt oder Dokumente für mich besorgt; weit wichtiger war jedoch, daß Robin an das

Projekt glaubte, und er erkundigte sich regelmäßig mit genau der richtigen Mischung aus Zurückhaltung und Ansporn nach dessen Fortgang.

Joe Collins, Kevin Danaher und Ann Kelly vom Institute for Food and Development Policy haben Dokumente beschafft und wertvolle Kritik geäußert. Sylvie Léveillé half mir bei der Auswahl der Quellen in spanischer Sprache. Claudio Schuftan war fortwährend mit dem Ausschneiden wichtiger Zeitungsartikel beschäftigt, und auch mein Vater, Bob Akers, hielt für mich ein Auge auf die Wirtschaftspresse. Michael Latham habe ich es zu verdanken, daß das Nachwort nicht wesentlich kürzer ausgefallen ist. Als ich mich das letzte Mal bei der Person bedanken wollte, welche die Schreibarbeiten für mich übernommen hatte, mußte ich dies ohne Namensnennung tun, aber heute kenne ich ihren Namen. Ohne ihr Talent wäre ich auf halber Strecke zusammengebrochen: Tausend Dank an Gen Vaughan.

Auf beiden Seiten des Atlantik hatte ich das Glück, großartige Verleger zu finden. In England pflanzte mir zunächst einmal Andrew Franklin vom Penguins Verlag Zuversicht ein, als er sagte, «dieses Buch möchten wir gern herausbringen», noch ehe es überhaupt in Umrissen zu erkennen war. Und danach gab er ihm Fasson mit seinen Kommentaren, die immer wieder den Punkt trafen. Walt Bode in Grove (USA) gebührt das große Verdienst, meine Schreibe aufpoliert zu haben, ohne daß er jedoch zu streng mit mir gewesen wäre. Ich habe mir rund 90 Prozent der Anregungen von Andrew und Walt zu Herzen genommen; hätte ich alle ihre Ratschläge befolgt, wäre das Buch wahrscheinlich noch besser geworden. Die Hilfe und Unterstützung dieser beiden Männer kann gar nicht hoch genug geschätzt werden.

In Lateinamerika gebührt besonderes Lob und Dank Jorge Dandler und seinem Team vom CERES in Bolivien (Jorge Munoz, Carmen Medeiros, Freddy Pena, Pablo Cuba, Cesar Soto und Virginia Claros); Gustavo Esteva (COPIDER, Mexiko); Enrique Fernandez (Solidarios, Dominikanische Republik); Dr. Josefina Padilla (CIAC, Dominikanische Republik); Miguel Teubal (CEPA, Argentinien) und den Forschern von IBASE (Brasilien). Aus Gründen der Ausgewogenheit konnte ich nicht alles verwenden, was sie mühselig zusammengestellt hatten, aber das mindert meine Dankbarkeit für ihre Solidarität keineswegs.

Jetzt kommt die Stelle, an der man weiß, daß einem weitere Namen erst einfallen, wenn das Manuskript schon in den Druck gegangen ist.

All diejenigen, die unerwähnt geblieben sind, bitte ich um Verzeihung; aber wenigstens einige von denen, die mir mit Material, Ratschlägen und Ermutigung geholfen haben, möchte ich noch – in alphabetischer Reihenfolge – aufzählen:

Najib Akesbi, Jim Barnes, Jocelyn Boyden, J. B.-G., Zdenek Cervenka, Stephen Commins, Belinda Coote, Jules Devos und seine Kollegen vom NCOS in Brüssel, Cameron Duncan, Leith Dunn, Richard Gerster, Teddy Goldsmith, R. G., André Gunder Frank, Gerald Helleiner, Judith Hurley und dem Project Abraço, Tony Jackson, Richard Jolly, Claude Julien, Jonathan Kwitney, André de Lattre, Richard Lombardi, Kathy MacAfee, Anne-Marie Masse-Raimbault, Harold Miller (und andere Mennoniten überall auf der Erde), Vincent Minier, Rogathe Mshana, J. T.-M., Michael Nieta, Luisa Paré, G. P., Nick Powell, Bill Rau, Kumar Rupesinghe, Jamil Salmi, Ralph Sell, Pierre de Senarclens, Paul Streeten, Alfredo Suarez, Patricia Vandaele, Peter Weiss.

Mein ganz besonderer und persönlicher Dank geht an C. H.-G., der diesmal noch mehr ertragen mußte als üblich; an J. W. für Hilfe in einer schwierigen Phase; an K. N. und an Camille und ihre Eltern für ihr Geschenk der Freundschaft und an S. S., der/die gleich einem Kometen gerade rechtzeitig zum Ende erschienen ist.

Anmerkungen

Einleitung

1 The Debt Crisis Network: From Debt to Development, Institute for Policy Studies (1901 Que Street NW, Washington, D. C., 20009) 1985.
2 Arthur Mac Ewan: «Latin America: Why not Default?», *Monthly Review*, 38 (1986), Nr. 4.

Wieviel sind eine Billion Dollar?

1 Lord Lever et al.: The Debt Crisis and the World Economy, The Commonwealth Secretariat, London 1984, S. 10.
2 Frédérick F. Clairmonte und John H. Cavanagh: «Transnational Corporations and Services: the Final Frontier», *Trade and Development: an UNCTAD Review*, Nr. 5, 1984.
3 Zit. n. Benjamin J. Cohen: «Banking gone bad», *Worldview*, Oktober 1983.
4 André de Lattre, Direktor des Institute of International Finance, persönliches Interview in Washington, D. C., am 3. Februar 1986.
5 «Le Monde Déchiffré», Rapport Annuel Mondial sur le Système Economique et les Stratégies (RAMSES) 1985–86, Paris (Editions Atlas Economica), S. 126; Rüdiger Dornbusch: External Debt, Budget Deficits and Disequilibrium Exchange Rates, working Papier no 1336, National Bureau of Economic Research, Cambridge, Mass., April 1984.
6 Vgl. Procurement of Goods, Sample Bidding Documents, zusammengestellt von der Asian Development Bank, der Inter-American Development Bank und der Weltbank, September 1983. N.B. Die African Development Bank hält sich auffällig abseits von denen, die sich verpflichtet haben, diese Vordrucke zu benutzen.
7 Simon Watt und Conrad Taylor: «Playing with Fire», *Inside Asia*, Juni–August 1985; *Philippine Report*, Philippine Resource Center, Berkeley, 2 (1985), Nr. 8, zit. n. *Philippines Information*, Bulletin No 37, Paris, Dezember 1985.
8 Fox Butterfield: «Marcos linked to $ 80 million; Westinghouse paid ‹commission› for nuclear plant in '76», *New York Times* service, *International Herald Tribune*, 8./9. März 1986 und «Westinghouse denies charge», *IHT*, 10. März 1986.
9 James S. Henry: «Where the Money Went», *The New Republic*, 14. April 1986.
10 «Teller's Window», *South*, August 1984, wo Alexander Lamfalussy von der BIZ zitiert wird.

11 «Economic and Financial Indicators», *The Economist*, 14. März 1986.
12 James S. Henry, a. a. O.
13 Karen Lissakers: «Money in flight: bankers drive the getaway cars«, *International Herald Tribune* (*New York Times* service), 7. März 1986.
14 Rita Tullberg: «Military related debt in non-oil developing countries», SIPRI Yearbook 1985, London u. Philadelphia, S. 445–455, dies.: «World Military Expenditure and Arms Production», ebd., S. 227 f.
15 Dieses Argument wurde von Vertretern des IWF sowohl in Washington als auch in Paris vorgebracht. Nach den Grundsätzen des Fonds dürfen interviewte Mitarbeiter nicht namentlich genannt werden.
16 Angaben der Weltbank zum Bruttosozialprodukt, World Developement Report 1985; zu den Rüstungsausgaben vgl. Ruth Leger Sivard: World Military and Social Expenditures 1985, Tab. 3, S. 42 f.
17 *Defense & Technology*, zit. n. Richard House: «Taking on the Big Guns», *South*, November 1985.
18 Zahlen nach R. Tullberg, a. a. O., Tab. 12.3.
19 R. Tullberg, a. a. O., zitiert hier die US Arms Control and Disarmament Agency.
20 RAMSES 1985/86, a. a. O., S. 29.
21 Daniel Patrick Moynihan: «The ‹vig› gets too big: a formula for trouble», *International Herald Tribune*, 24. September 1984.
22 Ich stütze mich hier auf die Definition von «Zinsen» in Rupert Pennant-Rea und Bill Emmott: The Rocket Economist, London 1983.
23 William R. Cline: International debt and the stability of the world economy, Institute for International Economics, Washington, D. C., September 1983, S. 20 f; vgl. a. die gekürzte Fassung in ders.: «The issue is illiquidity, not insolvency», *Challenge*, Juli/August 1984.
24 Joseph Kraft: The Mexican Rescue, The Twentieth Century Fund, New York, 1984, S. 27.

Die Geldhändler

1 S. C. Gwynne: «Adventures in the loan trade», *Harpers*, September 1983, S. 22 ff.
2 Sämtliche Zitate bei Gwynne a. a. O.
3 Richard W. Lombardi: Debt Trap, New York, 1985.
4 Richard W. Lombardi: «Multinational Banking and the Third World», *International Herald Tribune*, 18. März 1981.
5 Lombardi, Debt Trap, a. a. O., S. 85.
6 Ebd., S. 87.
7 Lombardi: «Multinational Banking...», a. a. O.
8 Harold Lever und Christopher Huhne: Debt and Danger, London, 1985, Tab. S. 28.
9 «Bad business for almost all concerned», *International Herald Tribune*, 16. Oktober 1985.
10 Ebd.
11 Salomon Brothers Inc.: A Review of Bank Performance (1986), zit. n. «The Impact of the Latin American Debt Crisis on the US Economy», interne Studie für das Joint Economic Committee des US-Kongresses vom 10. Mai 1986, Zahlen

berechnet nach Tab. 6. Zu den britischen Banken vgl. «War on Want, Profits out of Poverty? British banks and Latin America's debt crisis», o. J. (1986), S. 11.
12 Lombardi, a. a. O., S. 100 ff.
13 Interne Studie für das Joint Economic Committee des US-Kongresses, a. a. O. (Anm. 11), Tab. 5; vgl. a. H. Lever und C. Huhne, a. a. O. (Anm. 8).
14 Wachtels Buch «The Money Mandarins: The Making of a Supranational Economic Order» (New York 1986) ist eine höchst lesenswerte, verständliche und unterhaltende Darstellung der heutigen internationalen Verflechtung der Weltwirtschaft unter der Führung der Banken. Leser, die sich mehr für die Details dieses Themas interessieren, muß ich auf dieses Buch verweisen.
15 Eric Ipsen, «After Mexico the Regionals are in Retreat», *EUROMONEY*, Januar 1983.
16 Ebd.
17 Ipsen, a. a. O.
18 S. z. B. seinen Brief an den Vorsitzenden des Interim-Ausschusses von IWF und Weltbank vom 26. März 1985.
19 «The Impact of the Latin American Debt Crisis on the US Economy», a. a. O. (Anm. 11), Tab. 4.
20 Berechnet nach ebd., Tab. 6, «Net Income at nine Money Center Banks 1982–1985»; Tab. 7, «Total Dividends Declared 1982–1985»; Tab. 8, «Market Price per Share of Common Stock 1982–1986».
21 Ebd., Tab. 4.
22 Joseph Kraft: The Mexican Rescue, Group of Thirty, New York, 1984. (725 Park Avenue, New York, N. Y. 10021).
23 Angel Gurria, zit. n. Kraft, a. a. O., S. 3.
24 Lopez Portillo, Rede vor dem mexikanischen Parlament, 1. September 1982, zit. n. Kraft, a. a. O., S. 39.
25 Walter Wriston, zit. n. Kraft, a. a. O., S. 40.
26 Paul Volcker: «Sustainable Recovery: Setting the Stage»; Rede vor der 58. Jahresversammlung des New England Council, Boston, 16. November 1982.
27 Kraft, a. a. O., S. 65.
28 Lombardi, Debt Trap, a. a. O., 9. Kapitel.
29 Ebd., 9. Kapitel, Anmerkung 11.
30 Zu den OPEC-Krediten, vgl. André de Lattre, Direktor des International Institute of Finance: «International Equilibrium – Some Longer Term Issues», Rede vor der Welthandelskonferenz, Amsterdam, 5. September 1985.
31 Zit. n. Benjamin J. Cohen, Professor für internationale Wirtschaftsbeziehungen an der Fletcher School of Law & Diplomacy, Tufts: «Banking Gone Bad», *Worldview*, Oktober 1983.
32 Cohen, a. a. O.

Der Internationale Währungsfonds

1 «Why the LCDs bear a grudge against the IMF», *World Business Weekly*, 23. Juni 1980.
2 Drei Broschüren, die alle direkt beim IWF bestellt werden können, informieren knapp über die Entstehung und Entwicklung sowie die Aufgaben des IWF: The International Monetary Fund: an introduction, o. J.; The International Monetary Fund: Its evolution, organization and activities, Pamphlet series,

no. 37, 1984; Bretton Woods at Forty (enthält Wiederabdrucke von Aufsätzen aus verschiedenen Ausgaben von Finance and Development) 1984. Hauptsitz des IWF ist 700 19th Street NW, Washington, D. C., 20431; die Anschrift der Zweigstelle in Genf lautet 58, rue de Moillebeau, 1209 Genève.
3 David Ricardo: Grundsätze der politischen Ökonomie und der Besteuerung, Frankfurt 1980, S. 110.
4 Joseph Gold: Conditionality, IMF Pamphlet Series Nr. 31, Washington, D. C., 1979.
5 The IMF: an Introduction, IWF Broschüre, August 1984, S. 21.
6 Manuel Guitian: Fund Conditionality: Evolution of Principles and Practices, IMF Pamphlet Series no. 38, Washington, D. C., 1981, S. 4. In der Sprache des IWF müssen die Schuldnerländer wieder ein dauerhaftes Gleichgewicht zwischen der aggregierten Güternachfrage und dem aggregierten Güterangebot in ihrer Wirtschaft herstellen.
7 Vgl. Jacques de Larosière: Adjustment Programs Supported by the Fund: Their logic, objectives and results in the light of recent experience, IMF, 1984.
8 «The Nonpolitical Character of the International Monetary Fund» lautet bezeichnenderweise der Titel einer IWF-Broschüre von Joseph Gold, September 1983.
9 Jacques de Larosière, «Does the Fund Impose Austerity?» Broschüre des IWF, Juni 1984.
10 Susan George: Wie die anderen sterben. Die wahren Ursachen des Welthungers, Berlin 1980, Kapitel 10.
11 IWF-Studie, 22. Mai 1978, zit. n. Richard Gerster: «The IMF and basic needs conditionality», *Journal of World Trade Law*, 16 (1982), Nr. 6, S. 511.
12 Tony Killick: IMF Stabilization Programmes, Overseas Development Institute Working Paper no. 6, London 1981.
13 Tony Killick: The Quest for Economic Stabilisation, New York, 1984, S. 246.
14 Fund Supportet Programs, Fiscal Policy and the Distribution of Income, an die Mitglieder des Vorstands vom Geschäftsführer, IMF document SM/85/113, 25. April 1985, S. 7, nicht für den öffentlichen Gebrauch bestimmt.
15 Ebd., S. 67.
16 Regans Aussage in den Hearings vor dem Unterausschuß über Internationale Finanz- und Währungspolitik des Ausschusses über Bankwesen, Wohnungsbau und Stadtplanung, US-Senat, 14. Februar 1983; zit. bei Richard Gerster: «40e anniversaire de Bretton Woods: Le Fonds Monétaire International face à l'Evolution de l'Economie Moniale», *Information Tiers Monde*, Dossier no 15, Lausanne 1984 (Mein Dank an RG für die Beschaffung des Originalzitats in englischer Sprache).
17 «Background Notes on the International Monetary Fund», in *Development Dialogue*, Sonderheft «The IMF and the New International Order», Dag Hammarskjöld Foundation, Uppsala 1982, Abs. 18–20. Alle Artikel dieses Heftes sind höchst lesenswert.
18 Jorge Sol, ehemaliger Mitarbeiter bei der Inter-American Development Bank, persönl. Mitteilung, 29. Januar 1985.
19 Felix Rohatyn: «The Debtor Economy: a Proposal», *New York Review of Books*, 8. November 1984.
20 Inter-American Development Bank, Annual Report 1985, S. 1.

21 Interview in den Räumen des IWF in Washington, D. C., am 29. Januar 1985. Eine der Grundregeln des IWF lautet, daß keine seiner Verlautbarungen einem bestimmten Mitarbeiter zugeschrieben werden kann, da diese «keine eigenständigen politischen Maßnahmen ergreifen, sondern lediglich die Politik des Vorstands interpretieren können». Deshalb ist die Nennung von Namen ohne Belang. Die folgenden als Zitate gekennzeichneten Stellen stammen alle aus demselben Interview.
22 Willy Brandt (Hg.), Hilfe in der Weltkrise. Der 2. Bericht der Nord-Süd-Kommission, Reinbek 1983, S. 68.
23 «The US feels the backlash», *South*, August 1984, S. 16.

Ein Teufelskreis aus Schulden

1 Vgl. Susan George: Feeding the Few: corporate control of food, Institute for Policy Studies, Washington, D. C., 1978, Teil I.
2 «Poor man's gift», *The Economist*, 30. November 1985, S. 13.
3 Alan Spence: «End of the Road for International Commodity Agreements?» *The Banker*, März 1985, S. 63.
4 Vgl. «Poor Outlook for Our Nations», *The Economist*, 9. November 1985, S. 73.
5 David Tinnin zitiert hier aus «International Trade 1984/85»; «World Trade Lags This Year, GATT reports», *International Herald Tribune*, 27. September 1985.
6 Brij Khindaria: «Commodity prices appear to stabilize after a small boom», *International Herald Tribune*, 19. Januar 1984; ein Bericht über das, was «die Analytiker der Vereinten Nationen» in Genf über die zukünftige Entwicklung der Rohstoffpreise zu sagen hatten.
7 CEPAL, Vorläufiger Überblick über die lateinamerikanische Wirtschaft 1985, *CEPAL Newsletter*, Dezember 1985, Tab. 14.
8 Jacques de Larosière: «Interrelationships between protectionism and the debt crisis», Rede vor einem Symposium des Schwedischen Industrieverbandes, Stockholm, 6. Februar 1985.
9 William E. Brock: «Trade and Debt: the vital linkage», *Foreign Affairs* 62 (1984), Nr. 5.
10 Berechnet nach Angaben aus: Outlook for US Agricultural Exports, USDA, 3. Februar 1986.
11 Berechnet nach: FATUS (Foreign Agricultural Trade of the United States), Kalenderjahre 1981, 1982, 1983, 1984 und Haushaltsjahr 1985.
12 «The Impact of the Latin American Debt Crisis on the US Economy», a. a. O. (Kap. 2, Anm. 11).
13 Silvia Nasar: «America's War on Imports», *Fortune*, 19. August 1985.
14 M. Winkler: Foreign Bonds, an Autopsy, zit. n. Rudiger Dornbusch: «Dealing with Debt in the 1980s», *Third World Quarterly* 7 (1985) Nr. 3.
15 R. T. MacNamar: Treasury News, US Department of the Treasury, Text der Rede vor dem Internationalen Forum der US-Handelskammer, 12. Oktober 1983.
16 Paul Fabra: «La dette du tiers monde et l'insuline», *Le Monde*, 16. April 1985.
17 Gary Hector: «Third World Debt: the bomb is defused», *Fortune*, 18. Februar 1985.

18 Paul Fabra, a.a.O.
19 Anatole Kaletsky: The Costs of Default, Twentieth Century Fund, New York 1985.
20 Der Kontrolleur der Umlaufmittel gab seine Erklärung 1984 ab. A. Kaletzky, a.a.O., S. 42 und S. 91, Anm. 10, unter Berufung auf den Artikel: «Us won't let biggest banks in nation fail», *Wall Street Journal*, 20. September 1984.
21 A. Kaletsky, a.a.O., S. 44.
22 Ebd., S. 45.
23 Ebd., S. 72.
24 «Contentieux américano-brésilien dans l'informatique», *Le Monde*, 21. Mai 1986 und Charles Vanhecke: «Les Etats-Unis accentuent leurs pressions contre la politique brésilienne d'informatisation» *Le Monde*, 30. Mai 1986.
25 Stuart Auerbach: «US tightening import access for third world», *International Herald Tribune*, 3. April 1986.

Marokko – Die bittere Ernte der «Entwicklung»

1 Laurence Tubiana: «La CEE et les Pays Méditerranéens», Referat vor der Arbeitskonferenz von «Stratégies Alimentaires, Stratégies Paysannes» in Paris am 10./11. Juni 1985.
2 Najib Akesbi: «Les illusions d'une politique de vérité des prix au Maroc», *Le Monde*, 20. März 1984.
3 Zakya Daoud: «La situation explosive de Casablanca», *Lamalif*, Juli/August 1981.
4 Sämtliche Zahlen wurden aufgrund der von Najib Akesbi freundlicherweise mitgeteilten amtlichen Zahlen über Löhne und Preise ermittelt.
5 Zit. n. Daoud, a.a.O., S. 22. Der Gefährte des Propheten war Abou Dar el Ghifari.
6 David Sedden: «A winter of discontent: economic policy and social unrest in Tunisia and Morocco», Vortrag vor der African Political Economy Conference über «die Rezession der Weltwirtschaft und die Krise in Afrika», University of Keele, England, 29./30. September 1984.
7 Najib Akesbi: «Dépendance alimentaire et ‹vérité des prix›: Mythes et réalités», Beitrag zum Internationalen Kolloquium der Vereingung marokkanischer Ökonomen über Internationale Finanzorganisationen und Entwicklungsprobleme in der Dritten Welt, 21.–24. April 1986. Dieser Aufsatz enthält eine Fülle von Belegstellen, aber ich werde an dieser Stelle Akesbis zumeist amtliche Quellen nicht angeben. Interessierte Leser werden gebeten, ihn wegen näherer Angaben unmittelbar selbst anzuschreiben: Najib Akesbi, c/o Direction du Développement Rural, Institut Agronomique et Vétérinaire Hassan II, BP 6202, Rabat-Instituts, Maroc.

Schulden in Afrika – Die Bürde des schwarzen Mannes

1 UNCTAD: World Trade Supplement 1984, Zahlen für 1982.
2 World Commodity Outlook 1987. The Economist Intelligence Unit, London 1986.
3 Bill Rau: «Conditions for Disaster: the IMF and Zambia», unveröff. Manuskript für die Interreligious Taskforce on Food Policy, Washington, D.C.,

Dezember 1983; Edward Zuckerman: «A Study in Red: Zambia succumbs to its debts», *Harper's Magazine*, April 1986.
4   Zuckerman, a. a. O., S. 50.
5   Ebd.
6   Rau, a. a. O., S. 4.
7   Blaine Harden: «As Zambia's debt rises, output and quality of life plunge», *International Herald Tribune*, 26. September 1985.
8   Zuckerman, a. a. O., S. 52.
9   Ebd.
10 Omega Bula, persönl. Mitteilung, Oktober 1986.
11 Harden, a. a. O.
12 Margaret de Vries: The IMF, 1972–1978: Cooperation on Trial, S. 370 ff.
13 International Monetary Fund, Kenya: «Staff Report for the 1982 Article IV Consultation, Supplementary Information», vorbereitet von den IMF-Abteilungen «Afrika» und «Währungs- und Handelsbeziehungen», 18. März 1983, S. 1–4.
14 Ebd., S. 4.
15 IWF: «Fund supported programs, fiscal policy and the distributions of income», Fiscal Affairs Department, SM/85/113, 25. April 1985, «nicht für den öffentl. Gebrauch bestimmt».
16 Ebd., S. 6, 2 und 68.
17 Jan Vandermoortele: «The Wage Policy in Kenya: Past Present and Future», Institute of Development Studies, University of Nairobi, Juni 1984.
18 Jan Vandermoortele: «Causes of Economic Instability in Kenya: Theory and Evidence», *East Africa Economic Review*, Dezember 1985, S. 94, Tab. 5.
19 Republic of Kenya: Third Rural Child Nutrition Survey 1982, Central Bureau of Statistics, Nairobi, Dezember 1983, Tab. 5.1 und 6.1; vergleichbare Daten für 1977 liegen nicht vor.
20 UNICEF und Kenyan Central Bureau of Statistics: Situation Analysis of Children and Women in Kenya, August 1984, Abschn. 2, berechnet nach Tab. S. 21.
21 Ebd., S. 24.
22 Muzaale und Leonard: «Women's Groups and Extension in Kenya: Their Impact on Food Production and Malnutrition in Baringo, Busia and Taita Taveta», Bericht für das Landwirtschaftsministerium (1982), zit. n. UNICEF und Central Bureau, a. a. O., Abschn. 3, S. 23.
23 Hanger und Morris... »Women and the Household Economy», in R. Chambers und J. Morris (Hg.): Mwea: an irrigated rice settlement in Kenya, Afrika-Studien Nr. 83, IFO, München, zit. n. UNICEF, a. a. O., Abschn. 3, S. 24.
24 UNICEF, a. a. O., Abschn. 3, S. 26.
25 Nguyuru H. I. Lipumba et al. (Hg.): Economic Stabilisation Policies in Tanzania, Economics Department and Economic Research Bureau, University of Dar es Salaam, 1984, S. 19.
26 W. Biermann und J. H. Wagao, University of Dar es Salaam: «Response to Crisis: The IMF and Tanzania», Vortrag vor der Conference on the World Recession and the Crisis in Africa, 29./30. September 1984, University of Keele, Staffordshire, GB.
27 Julius K. Nyerere, Rede aus Anlaß des 20. Jahrestags des Nationalen Zentrums für Zusammenarbeit in der Entwicklung in Brüssel am 17. Oktober 1986.
28 Vgl. Bericht in *Daily News*, Dar es Salaam, 29. Juni 1986.

29 Abgeordneter Stephen Wassira, in *Daily News*, 24. Juni 1986. Beide Zitate in einem Bericht der Evangelisch-Lutherischen Kirche in Tansania (ELCT, Arusha): «The economic crisis in Tanzania: can the IMF loan be a cure?», September 1986, vervielfält. Manuskript.
30 Omar Maiga: «Tanzania Rethinks Its State Sector», *AFRICASIA*, Juni 1986.
31 ELCT, a. a. O.
32 Kathy MacAfee: «Third world debt: payable in hunger», OXFAM America, *Facts for Action*, Mai 1986, Nr. 16.
33 Mitteilung der ELCT, Arusha, September 1986.
34 Paula Park und Tony Jackson: Lands of Plenty, Lands of Scarcity: Agricultural Policy and Peasant Farmers in Zimbabwe and Tanzania, OXFAM, Mai 1985, S. 14.
35 Mitteilung der ELCT.
36 Haushaltsrede vor der Nationalversammlung, 19. Juni 1986.
37 Claude Ake, Dekan der Fakultät für Sozialwissenschaften, University of Harcourt, Nigeria, auf einem Seminar am Woodrow Wilson International Center for Scholars, zit. n. *World Development Forum*, 30. Juni 1985.

Zaire – Absturz ins Bodenlose

1 Jim Chapin: «Zaire: Mobutu's kleptocracy rules while the people starve», *Food Monitor*, Sommer 1986, Nr. 37.
2 Lisa Ya Nkolo, Nr. 4, 1984 (aus belgischen Veröffentlichungen).
3 Mutombo Mpinda und Thsiamala Mupangi, zit. n. «Demain Le Monde», Beilage zu AFRIQUE, 9. März 1986.
4 Weltbank, Jahresberichte (1984, 1985, 1986), Tab. 5.1 und 5.6.
5 Marc Pain und Jean Flouriot: «L'approvisionnement des centres miniers du Sud-Shaba» Referat auf dem Kolloquium «Nourrir les villes en Afrique Sud-Saharienne», Paris, 15. November 1984.
6 Jonathan Kwitny: Endless Enemies, New York 1984, S. 19; wie Kwitny bemerkt, «finden sich nähere Einzelheiten in einem Bericht auf der Titelseite des *Wall Street Journal*, 23. April 1981».
7 *Lisa Ya Nkolo*, Nr. 3, 1984.
8 Kwitny, a. a. O., S. 21–24.
9 Lisa Ya Nkolo, a. a. O.
10 Kwitny, a. a. O., S. 21.
11 Ebd.
12 Centre de Recherche et d'Information, Brüssel: Fiche Technique d'Information du C. R. I., Nr. 3, 1985, wo *La Libre Belgique* und andere belgische Zeitungen vom 12. April 1985 zitiert werden.
13 Nancy Belliveau: «Heading off Zaire's Default», *Institutional Investor*, März 1977.
14 Ebd., S. 24f.
15 Ebd., S. 23 und 28.
16 Europäische Gemeinschaft: *Le Courrier* (Mai/Juni 1986) Nr. 97, Sonderausgabe zur Schuldenkrise, Tab. S. 88.
17 *The Economist Foreign Report*, 2. Oktober 1986.

Lateinamerika – Verschuldung und Verfall

1 Inter-American Development Bank (IDB), Annual Report 1985, Tab. 1; Weltbank, World Development Report 1985, Tab. 1.
2 IDB 1985, a.a.O.
3 Suzanne Williams et al., Survey of socioeconomic conditions and the nutritional status of children 0–5 years in three communities in Ceara, Northeast Brazil, im Auftrag von OXFAM, Januar 1984.
4 Weltbank 1985, a.a.O.
5 Vgl. World Bank Report Nr. 6369 vom 6. August 1986: Poverty in Latin America: The Impact of Depression. Dieser Bericht ist inzwischen allgemein zugänglich.
6 Francis Blanchard: Report of the Director General vor der 12th Conference of American States Members of the International Labour Organisation, Montreal, März 1986, ILO, Genf 1986.
7 Pierre Salama: «Endettement et Appauvrissement en Amérique Latine», *Amérique Latine*, CETRAL, Paris (April/Juni 1984) Nr. 18 und ders.: «Endettement et Accentuation de la Misère», in *Revue Tiers Monde*, 25 (1984) Nr. 99.
8 Instituto Brasileiro de Análisis Sociais e Económicas (IBASE): «The IMF and the Impoverishment of Brazil», São Paulo, 9. August 1985, S. 14f und Tab. 2.
9 *O Globo*, 13. April 1986 und *Folha de São Paulo*, 5. April 1986, in Project Abraço Newsletter, «Who Owns Whom?», Sommer/Herbst 1986. (c/o Resource Center for Non-Violence, P.O. Box 2324, Santa Cruz, CA. 95063).
10 Ana Lagoa: Como se Faz para Sobreviver com um Salario Mínimo, Vozes, IBASE, São Paulo, 1985. Übersetzung: Keith Elliott, in Project Abraco Newsletter, a.a.O.
11 G. Pfeffermann: «The Social Cost of Recession in Brazil», in World Bank Report Nr. 6369, a.a.O., Tab. 6, 8 und 11.
12 Alain de Janvry, Elisabeth Sadoulet und Linda Wilcox: Rural Labour in Latin America. World Employment Program Research Working Paper (WEP 10-6/WP 79), ILO, Genf, Juli 1986, Abb. 1, Tab. 4 und Begleittext.
13 Ebd., S. 52 und 81.
14 Jackson Diehl: «Lootings in Brazil: A Reflection of a Growing Crisis», *International Herald Tribune* (Washington Post Service), 13. Oktober 1983; vgl. a. Jean Pierre Clerc: «Brésil: le FMI, ennemi public numéro un», *Le Monde*, 30. September 1983.
15 Basil Caplan: «Will Brazil make it?», *The Banker*, Juli 1984.
16 Der ungenannte «Analytiker» wird zitiert in Tyler Bridges: «Venezuela's ‹informal› Economy», *International Herald Tribune* (Washington Post Service), 25. Juli 1986; weitere Information über die Wirtschaft Venezuelas in Latin America Data Base («Latin American Debt Chronicle»), 8. Januar 1987, Computerausdruck.
17 Zum Abzug der Investitionen aus Argentinien s. Julian Martel: «Domination by Debt: Finance Capital in Argentina», *NACLA* (Juli/August 1978) Nr. 4; zu den Folgen s. Hector L. Dieguez: «Social Consequences of the Economic Crisis: Argentina», in: World Bank Report Nr. 6369, a.a.O. (Anm. 5).
18 Miguel Teubal, Wirtschaftswissenschaftler am Centro de Estudios y Promoción Agraria, Buenos Aires, persönl. Mitteilung und bislang (1986) unveröffentl. Manuskript: Economía y Política de la Deuda Externa.

19 Pablo Glikman und Oscar Cismondi: «La Dette Extérieure: L'Exemple Argentin» Rom, 23. März 1985, vervielfältigtes Manuskript.
20 Dieguez, a. a. O., S. 7.
21 «Fuerte aumento del desempleo» (Bericht über die vom nationalen Institut für Statistik und Zensus INDEC veröffentlichten Zahlen), in *Clarín*, Buenos Aires, 18. Januar 1986. Die Zahlen über den Schuldendienst schwanken: Die ECLAC – die UN-Wirtschaftskommission für Lateinamerika und die Karibik – gibt für 1983–1985 55–58 Prozent an, während die argentinische Zentralbank für denselben Zeitraum von 67–69 Prozent ausgeht. Solange die Quellen – wie üblich – nicht angeben, ob ihre Zahlen sich lediglich auf die Zinszahlungen oder aber auf Zinsen plus Tilgung beziehen, ist es unmöglich, den Schuldendienst quantitativ exakt zu erfassen und mit den Exporterlösen zu vergleichen.
22 «The Social Cost of Recession in Chile», eine von der Weltbank in Auftrag gegebene Studie, vervielfält. Manuskr., Juni 1986. Die folgenden Zahlen über die wirtschaftliche Lage in Chile sind ebenfalls dieser Studie entnommen. Die aus dieser und anderen Untersuchungen gezogenen Schlußfolgerungen sind zusammengefaßt in: «Poverty in Latin America: The Impact of Depression», Weltbank, Report no 6369 (nur einem beschränkten Personenkreis zugänglich). In diesem Bericht wird Aristedes Torche als Autor der Chile-Studie genannt.
23 «The Social Cost of Recession in Chile», a. a. O., Tab. 11 und 12.
24 Alle Angaben ebd.; Einkommen S. 6 und Tab. 19.
25 Zahlen des chilenischen Gesundheitsministeriums ebd., Tab. 7.
26 Ebd., Tab. 5.
27 Giovanni Andrea Cornia, Richard Jolly und Frances Stewart (Hg.): Adjustment with a Human Face: Protecting the Vulnerable and Promoting Growth, UNICEF und (wahrscheinlich) Oxford University Press, 1987.
28 Dieser Kampf wird am umfassendsten behandelt bei Jacques Vallin und Alain López (Hg.): La Lutte contre la Mort, Protokolle eines Kolloquiums über Faktoren, die einen Einfluß auf die menschliche Lebenserwartung und Sterblichkeit haben, Paris, 28. Februar – 4. März 1983, veröff. als Heft Nr. 108 der Reihe «Travaux et Documents», Presses Universitaires de France.
29 Diese Studie hat Macedo möglicherweise für die UNICEF-Veröffentlichung (a. a. O.) durchgeführt, da er zu einem früheren UNICEF-Band ein Kapitel zu einem ähnlichen Thema beigetragen hatte. Seine Ergebnisse werden zitiert bei Guy Pfeffermann: «The Social Cost of Recession in Brazil», unveröff. Teilstudie über Brasilien im Auftrag der Weltbank, a. a. O. (Anm. 3).
30 Vgl. Ivan Beghin und Marc Vanderveken: «Les Programmes Nutritionnels», in La Lutte contre la Mort, a. a. O.
31 Ralph R. Sell und Steven Kunitz: «Debt, Dependency and Death in the 1970s: The Poltical Economy of Mortality in the Capitalist World System», Referat vor dem Jahrestreffen der International Sociological Association, New Delhi, August 1986; veröffentlicht unter dem Titel «The Debt Crisis and the End of an Era in Mortality Decline» in Studies in Comparative International Development, 1987.
32 Zahlen zusammengestellt von Hillary Creed. 1985, zit. n. Dr. Jocelyn Boyden: Children in Development: Policy and Programming for Especially Disadvantaged Children in Lima, Peru, ein Bericht für UNICEF und OXFAM, 1986.
33 Martha Llanos, zit. n. Boyden, a. a. O., S. 30.

34 Die «siete savores» bei Boyden, a. a. O., S. 84; zur «Nicovita» (gelegentlich auch: «Nicorita») vgl. R. Gerster, Koordinator der Communauté de Travail Swissaid, bei einer Pressekonferenz von vier privaten Schweizer Entwicklungsorganisationen in Bern am 9. September 1983. Der von Gerster angeführte Silva Ruete wurde zitiert in der *Los Angeles Times*, 9. Dezember 1979.
35 Moreyras Erklärung in einem Interview der *New York Times*, 24. August 1979, zit. n. Gerster, a. a. O. Weitere Bemerkungen, wie das Zitat von Oscar Trelles bei Bruno Gurtner: «Pérou: ‹Le FMI, Hérode du 20e Siècle›», Le Fonds Monétaire International et le Tiers Monde: les 40 ans de Bretton Woods, Dossier Nr. 15 des Schweizer Informationsdienstes Service Information Tiers Monde, Juli 1984.
36 Vgl. Gurtner, a. a. O., leider ohne Quellennachweis für die Angaben über die Ernährung. Wenn er irrt, dann irre auch ich.
37 Persönl. Mitteilung Miguel Teubal. Die Zahlen der unterernährten Kinder in Buenos Aires und Umgebung wurden vom Sozialminister der Provinz Buenos Aires genannt und wiedergegeben in *La Nación*, 13. Mai 1985. Diese und zahlreiche andere nützliche Informationen über die Arbeitslosigkeit und die gesellschaftlichen Folgen der Krise bei Nicolás Inigo Carrera und Jorge Podestá: Análisis de una relación de fuerzas sociales objetiva, Caracterización de los grupos sociales fundamentales en la Argentina Actual, CICSO, Buenos Aires, Studie Nr. 46, 1985.
38 Norberto Baruch: «Desnutrición: la Impunidad del Hambre» *El Porteno* 3 (April 1984), Nr. 28.
39 Juan de Onis: «Third World and Its Creditors Deadlocked», *International Herald Tribune*, 22. September 1986.
40 Kardinal Paulo Evaristo Arns, Intervies in *La Liberté*, Schweiz, 9. Oktober 1985. Wiederabdr. in «Déclaration de Berne», Pour un développement solidaire, November 1985, Nr. 81.
41 Hector L. Dieguez: «Social consequences of the economic crisis: Mexiko», Anmerkung 24; in World Bank Report Nr. 6369, a. a. O. (Anmerkung 5).
42 A. Espéndola Yánez und E. Ortiz Villasenor: El Consumo de alimentos en la ciudad de México: el impacto de la crisis, Colegio de México, Estudios Sociológicos, Nr. 8, 1985.
43 Edward Cody: «In Mexico, Repayment Squeeze Spreads into The Hinterland», *International Herald Tribune* (*Washington Post* Service), 5. September 1986.
44 André Aubry: «Mexique: Manger, un acte politique», La Lettre de SOLAGRAL 51 (September 1986).
45 Die Berechnung der Zinsen pro Kopf der Bevölkerung beruht auf zehn Milliarden Dollar pro Jahr und einer Einwohnerzahl von 77 Mio. Mexikanern.

Die wachsende Kluft zwischen Arm und Reich

1 World Bank, Poverty in Latin America: the Impact of Depression, Bericht Nr. 6369, 1986, Absatz 48 und 49.
2 «Country Life», *Economist Development Report*, September 1984 und FATUS (Foreign Agricultural Trade of the United States) USDA, November/Dezember 1986, verschiedene Tabellen. Die Exportziffern beziehen sich auf ein Haushaltsjahr, d. h. für den Zeitraum vom 1. Oktober bis zum 30. September.

3 Ebd., (beide Quellen).
4 Vgl. «Nation in Jeopardy: Mexico's crisis grows as money and the rich both seek safer places», *Wall Street Journal*, 11. Oktober 1985; und Larry Rohter: «Exit of the Skilled Dims Mexico's Future», *International Herald Tribune* (*New York Times* Service), 28. Oktober 1986.
5 Zit. n. *Wall Street Journal*, a. a. O.
6 Vincent Leclercq: «Politique d'ajustement structurel et politique agricole au Brésil 1980–1985», Referat vor den Journées d'Etude, Réseau Stratégies Alimentaires, Paris, 10. Juni 1985.
7 Patrick Postal: «L'Enlisement de la Réforme Agraire», *Le Monde Diplomatique*, November 1986.
8 Julio Prudencio und Monica Velasco: «Crisis de Abastecimiento y Estratégias de Resistencia en Bolivia: el Caso de La Paz», März 1986.
9 Zahlen aus CERES und UNICEF, Bolivien: Datos Básicos, 1985.
10 Artikel in *Presencia*, La Paz, 11. und 23. April und 14. Mai 1986.
11 SENALEP und CERES: La Crisis, Cuardernos Populares 1 (Serie Abastecimiento y Participación) Nr. 5, La Paz 1985.
12 Foro Económico, *Propuesta para la Reactivación Económica* Nr. 9, La Paz, Februar 1986, Tab. S. 10 und *Presencia*, 3. Mai 1986.
13 Pablo Ramos Sanchez: Siete Anos de Economía Boliviana, Universidad Mayor de San Andrés, La Paz 1980, S. 121, und Freddy Pena, CERES, persönl. Mitteilung.
14 «Boodle for Bolivia», *The Economist Development Report*, März 1986.
15 SENALEP und CERES, a. a. O. (Anm. 11), S. 20f.
16 Roberto Jordán Pando: «Coca, Cocaina y Narcotráfico», *Presencia*, La Paz, 14. und 15. März 1986.
17 Fallstudien in Jorge Dandler und Carmen Medeiros (Hg.): la Migración Temporal International y su Impacto en los Lugares de Orígen (Bolivia), (6. Kapitel: «Esposas de Migrantes y Mujeres Migrantes»), CIM-CIPRA Proyecto de Migración Hemisférica, 1985.
18 Presseberichte in *Presencia*, 25. April und 24. Mai 1986.
19 «Ghost towns of the Andes», *South*, November 1986 und *Economist Development Report*, a. a. O. (Anm. 14).
20 Zahlen der Mindestlöhne (1982 bis Ende 1985) in Jeroen Strengers: La Pesada Carga de la Deuda, CEDOIN, La Paz 1986, Tab. S. 39 und persönl. Mitteilung von Freddy Pena, CERES, Mai 1986.
21 Interview mit Freddy Camacho, Grundschullehrer, durch Carmen Medeiros, CERES, La Paz, Mai 1986.
22 Joseph Laure: Evolución de salarios y precios de los alimentos en la ciudad de La Paz (1975–1984), Instituto Nacional de Alimentación y Nutrición und ORSTOM (Frankreich), Tab. 34, S. 135.
23 Prudencio und Velasco, a. a. O. (Anmerkung 8).
24 SENALEP und CERES, Los Barrios Populares, Cuadernos Populares Nr. 2/6, La Paz 1985, S. 16.
25 Vgl. die Debatte über die neuen Gesetze, vor allem des Decreto Supremo 21060, das keinerlei Anreize für die lokale Lebensmittelerzeugung enthält, in *Presencia*, November 1985, verschiedene Artikel und Autoren, u. a. Miguel Urioste F. de C. und Jorge A. Munoz Garcia.
26 Diese Darstellung stützt sich auf: Christian Rudel: «Bidonvilles en Amérique

Latine», CCFD Dossiers 11, Paris (November 1986) Nr. 86; Ramón Quinones: «IFM plunges Dominican Republic into acute economic, social crisis», IDOC Internazionale (1985), Nr. 3, Akte zur Verschuldung der Dritten Welt; Françoise Barthelémy: «République Dominicaine: la porte à droite» *Le Monde Diplomatique*, Juli 1986; weitere Informationen von Dr. Josefina Padilla, CIAC (Centro de Investigación y Apoyo Cultural) in Santo Domingo, hauptsächlich zu den Ereignissen im April 1984. Die Übersetzung der Passagen aus der Rede Blancos stammt von mir, im Original lauten sie: «Las Fuerzas Armada y la Policía Nacional han dado un ejemplo de ecuanimidad revelando su grado de profesionalización con alto sentimiento humano de respeto a la vida... así como que mantuvieron sus reacciones dentro de una prudencia razonable y con una preparación excelente.»

Schulden und Umwelt – Die Finanzierung des Ökozids

1 Robert Goodland und George Ledec: «Neoclassical Economics and Principles of Sustainable Development», Environmental and Scientific Affairs, Project Policy Department, Weltbank, April 1986, Absatz 46 ff (Entwurf): «Die hier vorgetragenen Auffassungen stellen die Meinung der Autoren dar und dürfen nicht der Weltbank zugeschrieben werden...»; vgl. a. W. C. Baum und S. Tolbert: «Development Projects», Entwurf eines Beitrags für eine Veröffentlichung der Weltbank, «Die Bedeutung der Behandlung der Umwelt für eine anhaltende wirtschaftliche Entwicklung», Weltbank, Abteilung für Umweltangelegenheiten, Projects Advisory Staff, September 1983; vgl. S. 40 ff zur Frage der «Unangemessenheit des zeitlichen Rahmens von Kosten-Nutzen-Analyse».

2 Edward Goldsmith und Nicolas Hildyard: The Social und Environmental Effects of Large Dams, 3 Bde., Wadebridge Ecological Centre (Worthyvale Manor, Camelford, Cornwall PL32 9TT, U. K.) 1984–1987.

3 Robert Goodland: «Environmental Aspects of Amazonian Development Projects in Brazil», *Intersciencia 11* (1986), Nr. 1.

4 Bruce M. Rich: «Multi-lateral Development Banks; their role in destroying the global environment», *The Ecologist* 15 (1985), Nr. 1/2. Rich selbst zitiert die Weltbank, «Social Issues Associated with Involuntary Resettlement in Bank-Financed Projects» 1 (1984), internes Dokument, und zitiert verschiedene andere Quellen über bestimmte Staudammprojekte, die von der Weltbank finanziert wurden.

5 *The Economist Development Report*, London, November 1984, S. 3.

6 Goodland, a. a. O. (Anm. 3).

7 Verschiedene Autoren, *The Ecologist* 16 (1986), Nr. 2/3 (Bezugsnachweis s. Anm. 2).

8 Marcus Colchester: «Banking on Disaster: International Support for Transmigration», ebd. (Anm. 7).

9 Mariel Otten: «‹Transmigrasi›: From Poverty to Bare Subsistence», ebd. (Anm. 7).

10 Carmel Budjaro: «A Catalogue of Failures», ebd. (Anm. 7).

11 Ebd.

12 Nicholas Guppy: «Tropical Deforestation: A Global View», *Foreign Affairs* 62 (Frühjahr 1984) Nr. 4, S. 942 f.

13 J. M. Hardjono: Transmigration in Indonesia. Kuala Lumpur 1977, S. 40, zit. n. Marcus Colchester: «The Struggle for Land: Tribal Peoples in The Face of The Transmigration Program», *The Ecologist 16*, a. a. O. (Anm. 7), S. 105.
14 Maßnahmenkatalog des PKTM, der Spezialabteilung für die Behandlung der Stammesvölker im Sozialministerium, 1981, zit. n. M. Colchester, a. a. O. (Anm. 8).
15 Protokoll der Zusammenkunft zwischen dem Minsterium für Umsiedlungsmaßnahmen und der IGGI in Djakarta am 20. März 1985, zit. n. M. Colchester, a. a. O. (Anm. 8).
16 Budjaro, a. a. O.
17 Vgl. insbes. Bruce Rich, a. a. O. (Anm. 4) und «Development Beyond The Law», *The Economist Development Report*, London, November 1985, S. 2f.
18 Weltbank, World Development Report 1986, Tab. 15.
19 James N. Barnes: Threshold International Center for Environmental Renewal, Memorandum zur neuen US-Gesetzgebung über Umweltreformen für die Weltbank und andere multilaterale Entwicklungsbanken («Section 539 of Continuing Resolution on Appropriations», verabschiedet am 17. Oktober 1986); wegen näherer Informationen bitte anfragen bei Threshold, 1845 Calvert Street NW, Washington, D. C., 20036, USA.
20 Zit. n. «The Jungle Bank», *The Economist Development Report*, London, Dezember 1984, S. 5.
21 Ebd. Der «Ausschuß» ist der Unterausschuß über internationale Entwicklungsinstitutionen und -finanzierung des Ausschusses für Bank-, Finanz- und Städtewesen. Der volle Gesetzestext erscheint in *The Congressional Record*, 15. Oktober 1986.
22 Vgl. Peter Bunyard: «World Climate and Tropical Forest Destruction», *The Ecologist* 15 (1985), Nr. 3.
23 Beispiele für die Verschlammung von Flußmündungen aus J. W. Kirchner et al.: «Carrying Capacity, Population Growth and Sustainable Development», Weltbank, World Development Report VII, Office of Environmental and Scientific Affairs, November 1983, S. 26f.
24 Ebd., S. 25.
25 José Lutzenburger, Aussage vor dem Unterausschuß über natürliche Ressourcen, Agrarforschung und Umwelt des Kongreßausschusses über Wissenschaft und Technologie am 19. September 1984; Wiederabdr. in *The Ecologist*, 15 (1985) Nr. 1/2.
26 Ebd., S. 70.
27 Ebd., S. 71.
28 Guppy, a. a. O. (Anm. 13), Tab. 1, S. 930.
29 Ebd., S. 956.
30 Ebd., S. 948f.
31 Baum und Tolbert, a. a. O. (Anm. 1), S. 8. Vgl. a. Dennis Coules: «Fragile Forests», *Environmental Action*, November/Dezember 1985, S. 17.
32 Beispiele aus Thomas Lovejoy: «The debt crisis can pay an ecological dividend», *International Herald Tribune*, 8. Oktober 1984; Barbara Bramble und Tom Plant: «Third world debt and natural research conservation», o. J. (etwa März 1986), Broschüre der US National Wildlife Federation; Andy Feeney: «Sacrificing the Earth», *Environmental Action*, November/Dezember 1985.
33 Zit. n. Feeney, a. a. O. (Anm. 32).

Das IWF-Rezept – Mismanagement in Jamaika

1 Cameron Duncan, Unveröffentl. Doktorarbeit, Department of Economics, American University (4400 Massachusetts Avenue NW, Washington, D.C., 20016, USA). Vgl. a. Winston James: «The IFM and Democratic Socialism in Jamaica», in: The Poverty Brokers, Latin America Bureau, London 1983.

2 Auf den anhaltenden Kleinkrieg und die fortgesetzten Feindseligkeiten zwischen der PNP-Regierung und dem Fonds möchte ich an dieser Stelle nicht eingehen. Wer sich für dieses Thema interessiert, sei auf die Darstellung von Norman Girvan et al. verwiesen: «The IMF and the Third World: The case of Jamaica», *Development Dialogue* (Dag Hammarskjöld Foundation, Uppsala, Schweden), 1980/2. Die gesamte Nummer dieser Zeitschrift setzt sich kritisch mit dem internationalen Währungssystem auseinander; außer dem genannten beschäftigen sich noch einige weitere Aufsätze mit Jamaika, und schließlich ist auch eine kurze Botschaft des (damaligen) Premierministers Manley abgedruckt.

3 Duncan, a.a.O., unter Berufung auf das US General Accounting Office: «AID's Assistance to Jamaica», GAO/ID83-45 Washington, D.C., April 1983, S. 1.

4 Duncan, a.a.O., zitiert hier das Planning Institute of Jamaica: Economic and Social Survey 1984, 1985, S. 1.

5 Belinda Coote: «Debt and Poverty: A Case Study of Jamaica», OXFAM Public Affairs Unit, Mai 1985.

6 «Transport halted, Reds Patrol Roadblocks», *Daily Gleaner*, 16. Januar 1985.

7 Coote, a.a.O.

8 Michael Nieta vom Social Center in Kingston führte das Gespräch mit Colleen am 13. September 1986.

9 US Department of Agriculture: Foreign Agricultural Trade of the United States (FATUS), Kalenderjahr 1985, Tab. 13.

10 Berechnet nach Angaben des Caribbean Food and Nutrition Institute. Die Schätzungen des Warenkorbs legen einen fünfköpfigen Haushalt zugrunde: eine Frau (35 Jahre), einen Mann (40 Jahre), ein junges Mädchen (15 Jahre) und zwei Jungen von zehn und sechs Jahren.

11 Kevin Danaher: «Jamaica: free market fiasco», *Food* First News (IFDP, San Francisco) Nr. 24, Winter 1986.

12 Angaben des CFNI mitgeteilt von Michael Nieta.

13 Das Interview führte Michael Nieta in Kellits, North East Clarendon, Jamaica, am 14. September 1986.

14 «Spring Plain Owners Said in Receivership», *Daily Gleaner*, 3. September 1986, und Wilberne H. Persaud: «Are winter vegetables viable in Jamaica?», *Sunday Gleaner*, 7. September 1986.

15 Ed McCullough: «‹I'm not going to hand over power›, says Seaga», *Daily Gleaner*, 19. September 1986.

16 «Free zone girls tell of ‹Abuses›», *Daily Gleaner*, 19. September 1986, und *Sistren* 8 (August/September 1986), Nr. 2.

17 Ich danke Michael Nieta, der die Daten über das nationale Gesundheitswesen oder die lokalen Daten über Unterernährung, Klinikbesuche und Anämie bei jungen Müttern zusammengestellt hat. Einige der in diesem Abschnitt dargelegten Fakten wurden mitgeteilt von B. Coote und C. Duncan.

18 Mein Dank gilt Kevin Danaher, der mir seine Interviewaufzeichnungen überlassen hat.

Wege aus der Krise – Vorschläge aus dem Norden

1 Erklärung von James A. Baker III, Finanzminister der Vereinigten Staaten, vor der Jahreshauptversammlung des Internationalen Währungsfonds und der Weltbank am 8. Oktober 1985 in Seoul, in: *Treasury News*, gleiches Datum, hier zitiert als «Baker Plan». Außerdem mit genaueren Erläuterungen «Statement by Secretary of the Treasury James A. Baker III, at the IMF Interim Committee Meeting on Use of Trust Fund Reflows», 6. Oktober 1985, in *Treasury News*.
2 Baker-Plan, S. 4.
3 Zu Einzelheiten (über das «in-together, out-together») vgl. «Baking Baker», in *The Economist Development Report*, Januar 1986, «Baker's Hot Gospel in Seoul», in *South*, November 1985. Ein Beispiel für die Teilnahme einer Geschäftsbank an Kreditverhandlungen mit staatlichen Institutionen, bei denen es um einen Kredit in Höhe von 300 Millionen Dollar ging, findet sich bei A. W. Clausen, dem damaligen Präsidenten der Weltbank, in seiner Ansprache vor der Society for International Development North South Roundtable, SID World Conference, Rom, am 3. Juli 1985, S. 10.
4 Zit. n. *South*, a. a. O.
5 In seiner Erklärung vor dem Entwicklungsausschuß des IWF und der Weltbank am 7. Oktober 1985 in Seoul (in *Treasury News*) betonte Baker ausdrücklich: «Wie wir alle wissen, reichen die gegenwärtigen Reserven der Weltbank aus, um jährlich Neukredite in Höhe von 13,5 bis 14 Milliarden Dollar gegenüber 11,4 Milliarden im Jahr 1985 zu vergeben...» Art Pine schreibt im *Wall Street Journal* vom 1. Oktober 1985 («World Bank is under pressure from US to expand its role in global debt crisis»), daß nicht nur die im Rechnungsjahr 1985 von der Weltbank bewilligte Kreditsumme unter der selbstgesetzten Zielmarke lag, sondern daß außerdem «die Weltbank zu ihrer großen Verblüffung mit ihren finanziellen Transaktionen im vergangenen Jahr einen Gewinn von 1,14 Milliarden Dollar erwirtschaftet hat. Dieses Ergebnis ließ Fragen nach den Führungsqualitäten von A. W. (Tom) Clausen laut werden...» Diese Fragen wurden durch die Ernennung von Barber Conable beantwortet, der wenige Monate später den Platz Clausens einnahm.
6 Art Pine: «IMF approves loan program to help debtor countries revamp economies», *Wall Street Journal*, 27. März 1986.
7 Ebd.
8 Francisco Swett, Finanzminister von Ecuador, zit. n. Françoise Crouigneau: «Les Etats-Unis ont choisi l'Equateur pour tester le Plan Baker», in *Le Monde*, 4. Februar 1986.
9 15 oder mehr Länder, denn, so ein Sprecher des Finanzministeriums: «Diese 15 wurden nur zum Zweck der Veranschaulichung genannt, da sie die Länder mit den größten Schulden sind...», vgl. Carl Gewirtz: «Haziness of detail clouds US plan on world debt», *International Herald Tribune*, 9. Dezember 1985.
10 Debt Crisis Network (Cavanagh et al.): From Debt to Development, Institute for Policy Studies, Washington, D. C., Appendix II der 2. Auflage, Oktober 1986.
11 *Business Latin America*, 11. Dezember 1985, zit. n. Debt Crisis Network, a. a. O.
12 Senator Bill Bradley (Demokrat, New Jersey): «A Proposal for Third World Debt Management», Zürich, 29. Juni 1986. Kopien dieser Rede können in

Bradleys Büro, United States Senate, 731 Hart Building, Washington, D. C., 20510, angefordert werden.
13 Vgl. Carl Gewirtz: «US Senator Seeks Annual Debt Summit», *International Herald Tribune*, 30. Juni 1986.
14 Bill Bradley: «The Debt Challenge Is An Opportunity», *International Herald Tribune*, 8. Oktober 1986.
15 Ebd.
16 Bradley, «A Proposal...», a. a. O.
17 Die folgenden Zitate aus Michel Camdessus: «Dette: Sortie de Crise?», *Politique Internationale* 26, Winter 1984/1985.
18 Ende Dezember 1986 kündigte Japan Sonderkredite an IWF und Weltbank in Höhe von insgesamt 6,2 Milliarden Dollar an.
19 Felix Rohatyn: «The Debtor Economy: A Proposal», *New York Review of Books*, 8. November 1984, S. 16.
20 Näheres bei Rohatyn: «The State of the Banks», *New York Review of Books*, 4. November 1982; ders.: «A plan for stretching out global debt», *Business Week*, 28. Februar 1983.
21 Richard Weinert: «Banks and Bankruptcy», *Foreign Policy* (Frühjahr 1983) Nr. 50; ders., in *Journal of International Affairs*, Columbia University, Sonderheft «Perspectives on Global Debt», 38 (Sommer 1984) Nr. 1. Es ist nicht zu sehen, wie eine öffentliche Institution die «faulen» Schulden übernehmen und den Banken die «gesunden» Schulden eines Landes überlassen sollen, da die Bankaufseher vermutlich das gesamte Portefeuille eines bestimmten Landes zum selben Preis bewerten müßten.
22 Harold Lever und Christopher Huhne: Debt and Danger: The World Financial Crisis, Harmondsworth und New York 1985, S. 138f.
23 Ebd., S. 143.
24 Charles F. Meissner: «Debt: Reform Without Governments», *Foreign Policy*, (Herbst 1985) Nr. 56, S. 81–93.
25 Donald Lessard und John Williamson: Financial Intermediation beyond the Debt Crisis, Institute for International Economics, Washington, D. C., 1985.
26 Die beiden Varianten des Swapgeschäfts werden knapp dargestellt in Debt Crisis Network, *Newsletter*, 1 (Oktober 1986) Nr. 3, Washington, D. C., vervielfält. Manuskr.
27 «Les Philipines prêtes à convertir partiellement leur dette en prises de participation», *Le Monde*, 13. August 1986.
28 «Foreign banks to take control of Mexico's Alfa», *International Herald Tribune* (*New York Times* Service), 12. Dezember 1986.
29 Eric N. Berg: «Latin countries turning to debt-forequity swaps», *International Herald Tribune* (*New York Times* Service), 12. September 1986; William A. Orme Jr.: «Swaps said to have little impact on Mexico debt», *International Herald Tribune* (*Washington Post* Service), 26. Dezember 1986.
30 Berg, ebd.
31 Morgan Guaranty Trust Co.: «International banks lending trends», *World Financial Markets*, Juli 1985. Die Informationen über die vier großen britischen Banken stammen von Nick Powell, Forschungsmitarbeiter bei War on Want, London, persönl. Mitteilung.
32 Carl Gewirtz: «BIS says banks cut exposure», *International Herald Tribune*, 27. Oktober 1986.

33 Robert A. Bennett: «He calms banks while pushing Wriston's goals», Porträt des Präsidenten von Citicorp John S. Reed, *International Herald Tribune* (*New York Times* Service), 8./9. Februar 1986.

34 Jacques de Larosière: «Adjustment programs supported by the fund: their logic, objectives and results in the light of recent experience», Kurzvortrag vor dem Centre d'Etudes Financières, Brüssel, 6. Februar 1984 (Broschüre des IWF.

35 Mary Williams Walsh: «Mexico's finance minister, a hero two years ago, comes under fire as economic malaise intensifies», *Wall Street Journal*, 12. Dezember 1985.

36 William A. Orme: «Threat reportedly got US to back Mexico loans», *International Herald Tribune* (*Washington Post* Service), 5. August 1986.

37 Diese Darstellung beruht auf einigen Dutzend Zeitungsausschnitten aus: *International Herald Tribune*, *Le Monde*, *The Wall Street Journal* und *The Economist*. Es wäre müßig, die Herkunft im einzelnen nachzuweisen.

38 James L. Rowee Jr.: «Mexico rescue thrusts World Bank into a debt-crisis role», *International Herald Tribune* (*Washington Post* Service), 6. Oktober 1986.

Der Kampf ums Überleben – Selbsthilfe im Süden

1 Das Abkommen von Cartagena: Ansprache des Präsidenten von Kolumbien, Belisario Betancur, bei der Eröffnung der Konferenz der Außen- und Finanzminister, Cartagena, Kolumbien, am 21. Juni 1984. Auf dieser Konferenz waren vertreten: Argentinien, Bolivien, Brasilien, Chile, Dominikanische Republik, Ecuador, Kolumbien, Mexiko, Peru, Uruguay und Venezuela.

2 Alan Riding: «Latin debtors ask for lower interest rates», *International Herald Tribune* (*New York Times* Service), 19. Dezember 1985, und S. K. Witcher, «Latin American debtors display an unusual degree of agreement», *Wall Street Journal*, 23. Dezember 1985.

3 Erklärungen Fidel Castros bei verschiedenen Anlässen: Interview mit der mexikanischen Tageszeitung *Excelsior*, 2. März 1985; Interview mit dem US Kongreßabgeordneten Mervyn Dymally und Prof. Jeffrey Elliot, 29. März 1985; Interview mit der mexikanischen Tageszeitung *El Día*, 8. Juni 1985; Ansprache vor dem 4. Kongreß der Journalistenvereinigung Lateinamerikas, 7. Juli 1985 (Editora Política, Havana); Interview mit der brasilianischen Zeitung *Folha de Sao Paulo*, zit. n. *New Internationalist*, November 1985.

4 Manley vor der Havanna-Konferenz, zit. n. *Cuba Update*, Center for Cuban Studies, New York, (Herbst 1985) Nr. 3.

5 «Pariah» und «The IMF's rogues' gallery», *The Economist*, 23. August 1986.

6 Michael Reid: «García rides high», *South*, November 1986.

7 Alan Garcías Rede: «Peru: Food and Democracy», der die folgenden Zitate entnommen sind, war die 14. McDougall Memorial Lecture, gehalten vor der FAO-Konferenz im November 1985; Wiederabdr. im FAO-Bulletin *Ideas and Action*, 1 (1986) Nr. 166.

8 Alan Riding: «In Peru, priority in aiding Andeans» *International Herald Tribune* (*New York Times* Service) 19. November 1986.

9 José Antonio Viera Gallo: «The people's economic organisations in Chile», *Ideas and Action*, FAO, FFHC/AD (1986) Nr. 167.

10 Barbara Stallings: «Privatization and the public debt: US banks in Peru», NACLA Report on the Americas, 12 (1978) Nr. 4; Schuldendienst berechnet nach der Tabelle S. 16.
11 Ebd.
12 Enrique Ghersi berichtet über die «Economía de las ‹Villas de Miseria› en Perú», in CCPD Network Letter (Commission on the Churches' Participation in Development) Weltkirchenrat, September 1984, Nr. 21.
13 Studien zit. n. Dr. Jocelyn Boyden: Children in Development: Policy and Programming For especially Disadvantaged Children in Lima, Peru, ein Bericht für UNICEF und OXFAM (c/o «Children in Development», 94 Kingston Road, Oxford OX2 6RL) 1986.
14 Vgl. Boyden, a. a. O., S. 92f., und Jean-Michel Rodrigo: «Pérou: renaissance d'un peuple andin», Faim Développement Magazine Nr. 36, CCFD, Paris.
15 Rodrigo, a. a. O. Zu den Gemeindekirchen vgl. a. Boyden, a. a. O.
16 Gustavo Esteva (Vorsitzender des Center for Rural Development Research – COPIDER – Mexico City): «From Earthquake to Social-Quake», Oktober 1985. (Vervielfältigtes Manuskript).
17 William Stockton: «In Mexico, 12 000 homeless scorn quake shelters», International Herald Tribune, 27. Dezember 1985.
18 So z. B. Richard Gerster: «The IMF and Basic Needs Conditionality», Journal of World Trade Law, November/Dezember 1982; Richard Jolly (Vizedirektor von UNICEF): «Adjustment with a Human Face», The Barbara Ward Lecture vor der 18. Weltkonferenz der Gesellschaft für Internationale Entwicklung, Rom, 1. bis 4. Juli 1985.
19 Gerster, a. a. O., S. 512.
20 Jolly, a. a. O., S. 5.
21 Gerald K. Helleiner, persönl. Mitteilung und unveröffentl. Aufsätze. Vgl. ders.: «The IMF and Africa in the 1980s», Essays in International Finance, no 152, International Financial Section, Princeton University, Juli 1983. Helleiners wirtschaftswissenschaftliche Arbeiten über den IWF sind weitgestreut und äußerst nützlich, und er ist mehr als großzügig, wenn es um die Beschaffung von Informationen zu diesem Thema geht. Andere Wirtschaftswissenschaftler sind zweifellos als Mithelfer willkommen, wenn es um den Nachweis geht, daß Anpassungsprogramme «mit menschlichem Antlitz», die gegen eine Verarmung der Bevölkerung angehen, nicht nur möglich, sondern – aus ökonomischen Gründen – längst überfällig sind. (Gerald K. Helleiner, Department of Economics, University of Toronto, 150 St. George Street, Toronto M5S 1A1, Canada).

Kreative Schuldentilgung – Modelle für die Zukunft

1 Die für mich überzeugendsten geopolitischen Analysen stammen von meinem Freund und TNI-Kollegen Fred Halliday, dem ich vieles von dem verdanke, was sich auf den folgenden Seiten findet. S. ders.: «Beyond Irangate: The Reagan Doctrine and the Third World», erschienen in der Reihe Transnational Issues und erhältlich über TNI, Paulus Potterstraat 20, 1071 DA, Amsterdam, Niederlande.
2 Keith Schneider, unter Berufung auf die USDA/USDC Studie «Farm Population of the United States 1985», «US farm population falls sharply», Internatio-

nal Herald Tribune (*New York Times* Service) 12. August 1986; vgl. a. Andrew H. Malcolm: «On US farms, a depression of the soul», *International Herald Tribune* (*New York Times* Service) 12. Januar 1987.

3 Sara Miles, Brief an NACLA, in NACLA Report on the Americas, 20 (Juli/August 1986), Nr. 4.
4 Charles Schumer und Alfred Watkins: «Faustian Finance», *The New Republic*, 11. März 1985, zit. n. Debt Crisis Network, From Debt to Development, Institute for Policy Studies, Washington, D. C., 1985, S. 51.
5 The Debt Crisis Network Newsletter, Dezember 1986. Weitere Informationen über die «Community Reinvestment Campaigns» bei Patrick Bond, Reinvestment Research Group, 1217 Sansom St. 6th Floor, Philadelphia, PA 19107 USA oder vom Debt Crisis Network, c/o Institute for Policy Studies, 1901 Que St. NW, Washington, D. C. 20009, USA.
6 Shlomo Reutlinger, Jack van Holst Pellekaan et al.: Poverty and Hunger, A World Bank Policy Study, Washington, D. C., 1986.
7 Tony Killick et al.: The quest for Economic Stabilisation: The IMF and The Third World und The IMF and Stabilisation: Developing Country Experience, 2 Bde., London und New York in Zusammenarbeit mit dem Overseas Development Institute. Vgl. a. ders. (Hg.): Adjustment and Financing in the Developing World: The Role of the International Monetary Fund, IMF und OCD, 1982. Diese Bücher sollte jeder gelesen haben, der die Debatte ernsthaft verfolgt; der mehr allgemein interessierte Leser wird hingegen verwiesen auf T. Killick et al.: «IMF Policies in Developing Countries: The Case for Change», in *The Banker*, April 1984. Dieser Aufsatz stellt eine knappe, brauchbare Zusammenfassung der Thesen der Autoren dar: Es genügt nicht, allein auf eine ausgeglichene Zahlungsbilanz zu achten; der IWF ist nicht flexibel genug; er achtet nicht auf die Einkommensverteilung, er mobilisiert zuwenig Kapital aus anderen Quellen, er müßte seine Kreditauflagen ändern und wesentlich länger als bisher mit den einzelnen Ländern zusammenarbeiten.

blätter des iz3w

informationszentrum dritte welt - iz3w

Themen der letzten Nummern waren:

Pflanzengifte in der Dritten Welt · Schüler schreiben über Afrika · Pharmakonzerne — Gesundheit und Arzneimittel in der Dritten Welt · Verstädterung · Chile-9 Jahre Diktatur · Palästina-Konflikt

Die in 8 Ausgaben pro Jahr erscheinende Zeitschrift
- berichtet über die Lage der Dritten Welt, die Ursachen ihrer „Unterentwicklung" und über den Widerstand der unterdrückten Völker und Nationen
- gibt Aufschluß über den Zusammenhang zwischen der kapitalistischen Wirtschaftstruktur hier und dem Elend der Massen in der Dritten Welt
- beleuchtet die „Entwicklungshilfe", ihre Hintergründe und Auswirkungen
- gibt Einführungsmaterialien für Schüler in die Probleme der Dritten Welt heraus.

Probeexemplar und Materialliste anfordern!

Einzelpreis 5 DM, Jahresabo 40 DM, (DM 30 für Stud., ZDL, Azubi od. Arbeitsl.) bei 8 Ausgaben im Jahr

Adresse: Informationszentrum Dritte Welt — iz3w
7800 Freiburg · Kronenstraße 14 a · Postfach 5328
Tel.: (0761) 7 40 03

Probleme der Dritten Welt

Der Erde eine Stimme geben
Indianische Welten. Lesebuch
Herausgegeben von Claus Biegert (5219)

Hilfe in der Weltkrise
Ein Sofortprogramm
Der 2. Bericht der Nord-Süd-Kommission.
Herausgegeben und eingeleitet von
Willy Brandt (5238)

Rupert Neudeck (Herausgeber)
Radikale Humanität
Notärzte für die Dritte Welt (5743)

Harald Schumann
Futtermittel und Welthunger
Agrargroßmacht Europa – Mastkuh der
Dritten Welt (5742)

Südkorea:
Kein Land für friedliche Spiele
Herausgegeben von Michael Denis u. a.
(12237)

Herausgeber
Ingke Brodersen
Freimut Duve

C 2133/7

5737   5925

Politische Atlanten im Großformat

rororo aktuell 5031
316 Karten

rororo aktuell 5237
40 vierfarbige Karten

rororo aktuell 4726
Über 60 vierfarbige Schaubilder

rororo aktuell 5445
57 vierfarbige Karten

Herausgegeben von
Freimut Duve

Probleme der Dritten Welt

Aharon und Amalia Barnea
Mein Freund, der Feind
Der Israeli und der Palästinenser
(12259)

Gisela Frese-Weghöft
Ein Leben in der Unsichtbarkeit
Frauen im Jemen (5645)

Rainer Hörig
Indien ist anders
Ein politisches Reisebuch
(5924)

Bahman Nirumand
Iran – hinter den Gittern verdorren die Blumen (5735)

Herausgeber
Ingke Brodersen
Freimut Duve

C 2133/8 b

5918

12133

Mittel- und Lateinamerika

Gero Gemballa
«Colonia Dignidad»
Ein deutsches Lager in Chile (12415)

Anneliese Lühring
Bei den Kindern von Concepción
Tagebuch einer deutschen Entwicklungshelferin in Bolivien (4060)

Joan Jara
Victor Jara
Chile, mein Land, offen und wild
Sein Leben erzählt von Joan Jara (5523)

«Informationsbüro Nicaragua»
(Herausgeber)
Nicaragua –
ein Volk im Familienbesitz
(4345)

Hermann Schulz
Nicaragua
Eine amerikanische Vision (5254)

José Carrasco
Chile, mein gemartertes Land
Herausgegeben von Alvaro Rojas (12134)

Herausgeber
Ingke Brodersen
Freimut Duve

C 1099/10

12347

5438